Zugang zum US-Kapitalmarkt für deutsche Aktiengesellschaften

Schriften zum Kapitalmarkt • Band 1

Deutsches Aktieninstitut e.V.

Deutsche Börse

Zugang zum US-Kapitalmarkt für deutsche Aktiengesellschaften

Herausgeber
Prof. Dr. Rüdiger von Rosen
Dr. Werner G. Seifert

Schriften zum Kapitalmarkt • Band 1

Herausgegeber:
Rüdiger von Rosen, Werner G. Seifert

Typographisches Design:
Hans-Dieter Haren, Offenbach
Satz: Main-Taunus-Satz GmbH, Eschborn
Druck: Druck- und Verlagshaus
Beltz-Rübelmann GmbH & Co., Hemsbach/Bergstraße
Printed in Germany 1998
ISBN: 3-9805395-4-7

Deutsches Aktieninstitut und Deutsche Börse beginnen mit der Veröffentlichung "Zugang zum US-Kapitalmarkt für deutsche Aktiengesellschaften" eine neue Buchreihe. Fragen um die Nutzung und Effizienz der nationalen und internationalen Kapitalmärkte gewinnen immer mehr an Bedeutung. Erkenntnisse, daß hocheffiziente Kapitalmärkte den volkswirtschaftlichen Nutzen mehren und Arbeitsplätze schaffen, somit zu einer besseren Nutzung von Human- und Kapitalressourcen beitragen, gewinnen zu Recht immer mehr Anhänger. Die Herausgeber wollen dazu beitragen, daß Wissen und Verständnis für Kapitalmärkte und Aktien wächst. Gerade mit dieser Buchreihe soll eine Plattform geschaffen werden, die der Aktienakzeptanz in Deutschland neue Impulse gibt und ihr damit endlich zu dem Stellenwert verhilft, wie dies in anderen Ländern mit entwickelter Aktienkultur schon seit Jahren der Fall ist.

Frankfurt am Main, im September 1998

Rüdiger von Rosen　　　　Werner G. Seifert

Inhalt

Vorwort

Börsennotierte Unternehmen nutzen zur Finanzierung ihrer Investitionen zunehmend die internationalen Kapitalmärkte. Im Zuge der fortschreitenden Globalisierung spielen bei den Finanzierungsüberlegungen die Eigenkapitalkosten inzwischen eine größere Rolle als Bindungen an bisherige traditionelle Börsenplätze. Kenntnisse der internationalen Finanzplätze und der dort geltenden Bedingungen gehören daher heute mehr denn je zum Handwerkszeug der Gesellschaften. Daß dabei die US-Börsen im Mittelpunkt des Interesses stehen, ist durchaus verständlich: Mit einer Marktkapitalisierung von über 20 Billionen DM und über 8.000 börsennotierten Gesellschaften steht der amerikanische Markt weltweit an der Spitze. An diesem von den institutionellen und privaten Anlegern getriebenen Markt möchten Gesellschaften aus aller Welt teilhaben. Zum Vergleich: Der Börsenwert der derzeit 702 deutschen börsennotierten Aktiengesellschaften beträgt rund ein Zehntel des Wertes der US-Gesellschaften.

Eine Börsennotierung in den USA ist aber kein Wert an sich. Jedes Unternehmen muß Vor- und Nachteile eines solchen Schrittes sorgsam abwägen: Welche Chancen bietet der US-Kapitalmarkt? Welche Kosten verursacht ein Gang an eine US-Börse? Kann das Unternehmen den Anforderungen der US-Investoren gerecht werden? Für die Gesellschaften wird zunehmend wichtiger, daß sie ihren Kapitalbedarf kostengünstig und gegebenenfalls auch im Ausland decken. Die hiermit finanzierten Neuinvestitionen können auch in Deutschland Arbeitsplätze schaffen.

Das Deutsche Aktieninstitut e.V. (DAI) ist seit Jahren bestrebt, den Mechanismus einer Börsennotierung in den USA transparenter und für die Unternehmen damit risikoloser zu gestalten. Die Konstruktion der „American Depositary Receipts“ (ADR), durch die US-Anleger nicht die Aktie der Gesellschaft selbst, sondern einen Anteilsschein an einem Depot dieser Aktie erwerben, ist in Deutschland inzwischen geläufig. Ein Musterdepotvertrag, der vom DAI und internationalen Sozietäten in Abstimmung mit der amerikanischen Wertpapieraufsichtsbehörde (SEC) entwickelt worden ist, gibt den Unternehmen Rechtssicherheit bei der Gestaltung der komplexen Beziehungen zu Depotbanken und ADR-Inhabern. Er hat in der Öffentlichkeit, unter anderem bei zwei Seminaren des DAI, große Beachtung gefunden.

Einen weiteren Schritt geht das DAI mit dem vorliegenden Sammelband: Führende internationale Experten haben zu dem Buch beigetragen und beleuchten die unterschiedlichen Aspekte des Gangs an die amerikanischen Wertpapiermärkte: Die Erwartungen der Marktteilnehmer, die Funktionsweise von ADRs, Aspekte der rechtlichen Konstruktion, Fragen der Rechnungslegung, die Voraussetzungen einer Notierung von Seiten der Börsen und der Börsenaufsicht werden erläutert. Abschließend berichten deutsche Emittenten von ihren Erfahrungen mit einem Börsengang in den USA. Damit legt das DAI erstmals eine Ausarbeitung vor, die die wichtigsten Aspekte einer Kapitalaufnahme in den USA behandelt.

Die Frage des Zugangs zum US-Kapitalmarkt bleibt auch in Zukunft aktuell. Durch die stärkere Internationalisierung fördert dies gerade auch den Standort Deutschland und macht damit deutsche Unternehmen wettbewerbsfähiger.

Max Dietrich Kley

Präsident des Deutschen Aktieninstituts e.V.

Preface

I am extremely pleased by the Deutsches Aktieninstitut's efforts to assist German companies in accessing the American capital markets. This book contains articles by many noted authors that will provide a road map to foreign companies seeking listings and capital in the United States.

We encourage German companies to come to the American securities markets, and we work to make it simpler, less expensive and more productive for foreign companies to do business with us. In 1990, 434 foreign companies reported in the United States; today, we have 1,061. These issuers represent 55 countries from Argentina to Zambia. In 1997, over 170 first-time foreign private issuers registered their securities with the SEC, and the total dollar amount of securities registered by all foreign companies exceeded $120 billion. As many of you are aware, two large German companies – Hoechst AG and Veba AG – were among the foreign companies that listed their securities in the United States in 1997. These numbers attest not only to the attractiveness to foreign issuers of listing their securities in the U.S. markets; they also show that our regulatory requirements do not prevent foreign issuers from joining the ranks of publicly traded companies in the United States.

The SEC has adopted numerous measures that make it simpler for foreign companies to raise capital and to list their securities in the United States. We keep the registration process as informal as possible and we encourage prospective foreign issuers to consult with our staff of professionals about any concerns they may have about the registration process. We will review and comment on foreign disclosure documents on a confidential basis before filing to assist foreign companies that may not be used to our transparent review process. We also are committed to meeting your time schedule when your U.S. listing is part of a larger, global offering or if it presents other timing concerns.

While the SEC has made it simpler for foreign companies to access our markets, we are unwilling to compromise the integrity of the U.S. marketplace. Our markets are the deepest and most liquid securities markets in the world. I believe that it is our regulatory scheme, and the transparency and integrity it engenders, that have created what many view as the most efficient markets in the world.

Most importantly, both foreign and domestic issuers provide full and fair disclosure to enable U.S. investors to make informed investment decisions. I cannot overemphasize the importance we place on our disclosure system, including its high-quality financial reporting requirements. Capital markets are fueled by information. We compete for listings and capital not with low standards, but with the highest. I urge you to keep this in mind when assessing whether to come to the U.S. securities markets. Although our system imposes rigorous disclosure standards, in the end, the additional effort pays off by lowering the cost of capital for all issuers and by improving the market's efficiency. By maintaining a focus on investor needs – our goal in the United States – we serve not only the needs of domestic investors and corporations, but also the global markets. The benefits of the United States' open and efficient domestic markets extend beyond the direct participants in those markets. In the end, it is the global economy and all investors, entrepreneurs, and employees worldwide who benefit when our market and other major capital markets can be readily accessed at the lowest possible costs.

Arthur Levitt

Chairman
U.S. Securities and Exchange Commission

I.
American Depositary Receipts – attraktiver Weg zum US-Kapitalmarkt

American Depositary Receipts - attraktiver Weg zum US-Kapitalmarkt

Prof. Dr. Rüdiger von Rosen
Deutsches Aktieninstitut e.V.

Inhalt

Für deutsche Aktiengesellschaften bietet neben dem heimischen bzw. europäischen Kapitalmarkt zunehmend ein Zugang zum US-amerikanischen Kapitalmarkt Attraktivität und gewährt die Möglichkeit damit enorme Kapitalquellen zu erschließen. Während noch vor einigen Jahren, als die Daimler-Benz AG als erstes deutsches Unternehmen eine Zulassung an der New York Stock Exchange erreichte, Wirtschaft, Politik und Öffentlichkeit aufhorchten, sind Überlegungen zur Kapitalaufnahme in den USA heute selbstverständlich. Hierbei zählen insbesondere ein Listing an einer US-Börse, einem US-Wertpapierhandelssystem wie der NASDAQ oder zumindest eine Privatplazierung der Aktien des deutschen Unternehmens bei institutionellen US-Investoren. Bei größeren deutschen Unternehmen besteht zudem fast schon eine Erwartungshaltung, einen solchen Schritt an den US-Markt zu vollziehen.

Die Gründe für diese Entwicklung mögen unter anderem in positiven Marketingeffekten liegen, die sich mit einer publikumswirksamen Notierung an der Wall Street erreichen lassen. Gerade dieser Effekt mag bei dem einen oder anderen Unternehmen auch eine erhebliche Rolle gespielt haben. Unternehmen konzentrieren sich aber inzwischen verstärkt auf die Interessen ihrer Aktionäre. Der Gang an den US-Kapitalmarkt läßt sich im wesentlichen auch als Shareholder Value-Instrument begreifen, denn der Zugang zum US-Kapitalmarkt ist kein Selbstzweck. Mit diesem Schritt, der schließlich auch mit erheblichen Kosten verbunden ist, verfolgen Unternehmen Ziele, an deren Erreichung später auch der Erfolg eines solchen Schrittes gemessen werden kann oder muß. Dabei wird es sich in der Regel um ein ganzes Zielbündel handeln, dessen Zusammensetzung und Gewichtung von Emittent zu Emittent individuell variiert.

Das kürzlich bekannt gewordene Zusammengehen der Daimler Benz AG mit der Chrysler Corporation hat einen weiteren Aspekt mehr als verdeutlicht: Gerade die Börsenzulassung in den USA ermöglicht den Aktientausch und macht damit Akquisitionen amerikanischer durch deutsche Unternehmen vergleichsweise einfach. Für diese Gesellschaften bietet der U.S.-Markt damit eine zusätzliche Attraktivität, die tunlichst in die strategischen Überlegungen für den Börsengang einbezogen werden sollten.

1. Welche Gründe sprechen aus Sicht deutscher Unternehmen für den Zugang zum US-Kapitalmarkt?

Im Vordergrund stehen in aller Regel die finanziellen Ziele des Unternehmens durch die Aufnahme neuen Kapitals am amerikanischen Markt.

Selbst größere Emissionen stellen für die Aufnahmekapazität des US-amerikanischen Kapitalmarktes mit einer Marktkapitalisierung von umgerechnet weit über 10 Billionen DM im Jahre 1997 praktisch kein Problem dar. Die amerikanischen privaten und institutionellen Investoren sind sehr an neuen ausländischen Werten interessiert, um ihr Portefeuille auch international zu streuen. Gerade Pensionsfonds, aber auch private Anleger, die in den USA in weitaus größerem Maße für die persönliche Vermögensbildung und private Altersvorsorge in Aktien investieren, wissen, daß ein auch international breit diversifiziertes Portefeuille bei einer langfristigen Anlagestrategie wesentlich ertragreicher und auch sicherer ist als die von der überwiegenden Zahl deutscher Anleger noch immer bevorzugte reine Rentenanlage oder das Versicherungssparen.

Auf der anderen Seite kann der amerikanische Kapitalmarkt aber gerade auch für kleine und mittlere Unternehmen interessant sein, deren Kapitalaufnahme noch immer Hindernisse entgegenstehen. Der amerikanische Markt akzeptiert in hohem Maße auch Emissionen von jungen, wachstumsstarken Unternehmen, nicht nur aus den „High Tech“-Branchen. Die Bereitschaft privater Anleger wie auch Kapitalbeteiligungsgesellschaften, der sog. Venture Capital-Firmen, sich an Unternehmen zu beteiligen, die möglicherweise erst in der Phase der Entwicklung marktfähiger Produkte sind, kann auch deutschen Unternehmen den Zugang zu dringend benötigtem Eigenkapital erleichtern. Dies um so mehr, als in Europa eine entsprechende Bereitschaft noch nicht ausreichend ausgebildet ist.

Ein anderes Ziel kann die Eröffnung oder Unterstützung des Sekundärhandels in der eigenen, bereits an einer deutschen Börse notierten Aktie am amerikanischen Markt sein. Eine gewünschte Verbreiterung der Aktionärsbasis durch eine gezielte Streuung der Aktien bei amerikanischen Anlegern kann durch die Eröffnung des Sekundärhandels in der Aktie bzw. in entsprechenden Aktienzertifikaten erreicht werden. Dabei sind, je nach der gewählten Art des Zugangs zum US-Kapitalmarkt, mehrere Varianten möglich, über die unterschiedliche Anlegerkreise angesprochen werden können.

Der Zugang zu einer US-Börse lenkt zudem in besonderem Maße die Aufmerksamkeit von Analysten auf das Unternehmen und trägt damit dazu bei, den Emittenten am amerikanischen Kapitalmarkt bekannt zu machen. Aber auch über die Eröffnung oder Unterstützung eines außerbörslichen Handels können institutionelle Investoren und amerikanische Privatanleger erreicht werden.

Neben finanzwirtschaftlichen Aspekten erfolgt der Zugang zum US-Kapitalmarkt in aller Regel aber gerade auch aus Marketinggründen. Die Erhöhung der „Visibilität“ des Emittenten, nicht nur am Kapital-, sondern auch an den Produktmärkten, kann über eine entsprechende Marketingbegleitung des Zugangs zum US-Kapitalmarkt erreicht werden. Hier sind nicht nur die „Road-Shows“ gemeint, in denen der Emittent sich amerikanischen Analysten präsentiert oder die „One-to-one-Meetings“ mit ausgewählten institutionellen Investoren, die für ein längerfristiges Engagement gewonnen werden sollen. Der Zugang zum US-Kapitalmarkt bietet vielmehr auch einen Aufhänger für weitere Produktwerbung.

Im Hinblick auf die von vielen deutschen Unternehmen verfolgte Shareholder Value-Orientierung bietet der Gang an den US-Kapitalmarkt auch die Chance, das Unternehmen einem erhöhten Performancedruck seitens der Investoren auszusetzen und damit unternehmensintern ein Zeichen zu setzen. Das Unternehmen wird damit dem Vergleich mit anderen Unternehmen am US-amerikanischen und damit faktisch am Weltkapitalmarkt ausgesetzt.

2. Wie kann der Weg an den US-Kapitalmarkt für deutsche Unternehmen gelingen?

Der klassische Weg, sich den US-Kapitalmarkt zu erschließen, stellt die Auflage eines American Depositary Receipt (ADR)-Programms dar. Dabei gibt eine amerikanische Depotbank in der Regel in Zusammenarbeit mit dem Emittenten Aktienzertifikate aus, die am US-Kapitalmarkt wie amerikanische Aktien gehandelt werden können (sog. „sponsored" ADR-Programm). Möglich ist zwar auch, daß eine amerikanische Bank diese Aktienzertifikate auf eigene Initiative hin ausgibt (sog. „unsponsored" ADR-Programm), jedoch wird dieser Weg immer seltener beschritten. Die US-amerikanischen Aktionäre erwarten ein hohes Maß an Investor Relations seitens der Emittenten und eine entsprechend intensive Betreuung, die bei einem unsponsored ADR-Programm i.d.R. nicht erbracht werden kann.

Mit dem ADR-Programm können sowohl neu ausgegebene Aktien als auch bereits ausstehende Aktien an den US-Kapitalmarkt gebracht werden. Häufig wird über die Auflage eines ADR-Programms für bereits ausstehende Aktien zunächst der Einstieg in den US-Markt gesucht, um dem Unternehmen zunächst breitere Aktionärsschichten zu erschließen und einen Namen als Anlagewert für eine spätere Kapitalaufnahme durch Ausgabe neuer Aktien zu verschaffen. Technisch kann dies durch ein sog. „upgrading" des ADR-Programms geschehen.

Diese Strategie hat zudem den Vorteil, daß ein ausländisches Unternehmen, wenn es bereits ein Jahr lang den periodischen Berichtspflichten gegenüber der Wertpapieraufsichtsbehörde Folge geleistet hat, ein verkürztes Registrierungsverfahren für eine öffentliche Kapitalaufnahme am amerikanischen Kapitalmarkt bekommen kann. Wird hingegen der Weg über eine Privatplazierung bei institutionellen US-Investoren gewählt, dürfen diese Aktien zunächst für mindestens zwei

Jahre auch nur zwischen besonderen institutionellen US-Investoren gehandelt werden, was z.B. über das Quotierungssystem PORTAL geschehen kann.

3. Welche Grundstruktur haben American Depositary Receipt (ADR)-Programme?

Allen American Depositary Receipt (ADR)-Programmen ist gemeinsam, daß es sich bei den ADRs um auf Dollar lautende, von den Depotbanken ausgegebene Aktienzertifikate handelt, die eine bestimmte Anzahl im Heimatland hinterlegter Aktien repräsentieren. Die den ADRs unterliegenden Aktien werden in der Regel im Heimatland des Emittenten für die Depotbank verwahrt. Jedes ADR kann ein oder mehrere Aktien, sowie Bruchteile von Aktien verkörpern. Als ADR wird dabei das gehandelte physische Zertifikat bezeichnet, das die Wertpapiere repräsentiert, die wiederum als American Depositary Shares (ADSs) die Rechte in den hinterlegten Aktien repräsentieren. Hinsichtlich des Pricings der Aktie können durch die Festlegung der Zahl der unterlegten Aktien amerikanische Größenordnungen (i.d.R. 15-30 US-$) erreicht und so die Attraktivität der Aktie gewährleistet werden. Die Depotbanken sorgen dafür, daß die Dividenden an die amerikanischen Aktionäre in US-Währung ausgezahlt werden.

Zudem stellen sie sicher, daß der US-Investor auch die periodischen Unternehmensinformationen sowie die erforderlichen Materialien für die Stimmrechtsausübung erhält. Die Stimmrechtsausübung selbst kann bei entsprechender Beauftragung durch den ADR-Halter ebenfalls durch die Depotbank erfolgen. Darüber hinaus können die Depotbanken auch Hilfestellung bei den Anträgen der ADR-Halter für die Rückerstattung von Quellensteuern leisten. Für die Emittenten ist zudem der Überblick über die Zahl und die Struktur der US-Investoren wichtig, was über die Depotbanken ermittelt werden kann.

Für ausländische Unternehmen, die sich in den USA eine institutionelle Investorenbasis erschließen wollen, ist die Auflage von ADR-Programmen auch noch aus einem anderen Grund erforderlich. Insbesondere staatliche Pensionsfonds, Lebensversicherungsgesellschaften sowie Kreditinstitute unterliegen einzelstaatlich vorgeschriebenen Begrenzungen hinsichtlich des Investments in ausländischen Wertpapieren. Verständlicherweise müssen ausländische Wertpapiere in der Regel die gleichen Qualitätsstandards aufweisen wie amerikanische Wertpapiere.

Häufig wird auch ein Listing an einer US-Börse verlangt. Dieses Ziel kann häufig erst mit der Ausgabe von ADRs, die als US-amerikanische Papiere gelten, erreicht werden.

4. Welche verschiedenen ADR-Programme stehen zur Verfügung?

Für einen leichten Zugang deutscher Emittenten zum US-Kapitalmarkt bieten sich vier Arten von unterschiedlich ausgestalteten ADR-Programmen an, die den Emittenten eine den eigenen Zielvorgaben entsprechende Ausgestaltung des Zugangs zum US-Kapitalmarkt ermöglichen. Für die Erreichung der für den Zugang zum US-Kapitalmarkt gesteckten Ziele, ist die Auswahl des geeigneten Programms ein ganz entscheidender Faktor. Hierbei sind natürlich auch die in ihrer Intensität sehr unterschiedlichen notwendigen Vorbereitungsarbeiten und Kosten zu berücksichtigen.

4.1 Level-I ADR-Programme

Level-I ADR-Programme eignen sich besonders für den ersten Schritt an den amerikanischen Kapitalmarkt, wenn zunächst noch kein Listing der Aktienzertifikate an einer US-Börse geplant ist. Gegenstand sind bereits ausstehende Aktien, für die ein Sekundärhandel in den USA eröffnet oder unterstützt werden soll. Mittels eines Level-I ADR-Programms kann daher kein neues Kapital aufgenommen werden. Für deutsche Emittenten liegt der entscheidende Vorteil eines Level-I ADR-Programms zweifellos darin, daß keine Befolgung der amerikanischen Rechnungslegungsregeln, der Generally Accepted Accounting Principles (US-GAAP), erforderlich ist und sich der Rückgriff auf den gemeinsam vom Deutschen Aktieninstitut e.V. und international erfahrenen Rechtsanwaltskanzleien[1] im Jahr 1996 erarbeiteten Musterdepotvertrag für Level-I ADR-Programme anbietet.

Um die Rechtsbeziehungen zwischen dem Emittenten und der Depotbank sowie die Ausgestaltung der ADRs festzulegen, ist der Abschluß eines sog. Depotvertrags zwischen dem Emittenten und der Depotbank erforderlich. Dieser Musterdepotvertrag enthält Gestaltungen, die typischerweise den Interessen der Emittenten gerecht werden und auch

---

1) Es handelt sich um die Rechtsanwaltskanzleien Bruckhaus Westrick Heller Löber, Cleary, Gottlieb, Steen & Hamilton, Shearman & Sterling sowie Sullivan & Cromwell, vgl. auch deren Beiträge in diesem Buch

den Erwartungen der Depotbanken entsprechen. Der von einem Erläuterungsmemorandum begleitete Vertrag wurde von der Securities and Exchange Commission (SEC) als Grundlage für künftige Genehmigungen akzeptiert und kann somit das individuelle Registrierungsverfahren zwar nicht entbehrlich machen, dieses aber auf Grund der intensiven Beschäftigung der SEC mit dem Musterdepotvertrag wesentlich beschleunigen. Der Musterdepotvertrag unterstützt die individuellen Verhandlungen der Emittenten, zudem durch einige bereits vorformulierte Wahlmöglichkeiten, z.B. im Bereich der „pre-release"-Regelungen, ohne jedoch präjudizierend für weitere individuelle Verhandlungen mit der SEC zu wirken. In den Vertrag sind die Vorstellungen der meisten DAX-Unternehmen, der drei großen amerikanischen Depotbanken sowie Kommentierungen der SEC eingeflossen. Auf seiner Basis können durch kleinere Änderungen auch entsprechende Depotvereinbarungen für Level-II und Level-III ADR-Programme entstehen.

Die Kernfragen von ADR-Programmen, für die der Musterdepotvertrag in der Praxis bewährte Lösungen bereitstellt, betreffen z.B. die Details der Stimmrechtsausübung, die Mitteilungspflichten der Gesellschaft, das sog. „Pre-Release", bei dem die Depotbank bei entsprechender Nachfrageentwicklung ADRs emittieren kann, bevor die unterlegten Aktien deponiert sind, sowie die Haftungsregelungen und die Rolle der Depotbanken bei dem Steuerrückerstattungsverfahren für amerikanische ADR-Halter.

4.2 Level-II ADR-Programme

Wird ein Listing bereits ausstehender Aktien an einer US-Börse angestrebt, kommt das Level-II ADR-Programm in Betracht. Ein solches Programm erfordert jedoch die Erstellung von Berichten nach amerikanischen Rechnungslegungsregeln.

4.3 Level-III ADR-Programme

Die Aufnahme von Kapital durch Emission neuer Aktien im US-Kapitalmarkt und deren Handel über eine US-Börse ist letztlich das Ziel vieler Unternehmen, die bislang erst den Einstieg über ein Level-I ADR-Programm oder eine Privatplazierung bei institutionellen Investoren gesucht haben. Hierfür ist ein Level-III ADR-Programm notwendig, das allerdings für deutsche Unternehmen, wie z.B. die

Daimler Benz AG oder auch die Telekom AG, zwingend eine Konzernbilanzierung nach US-amerikanischen Rechnungslegungsregeln erforderlich macht.

4.4 Rule 144A Privatplazierung

Der Zugang zum US-Kapitalmarkt im Wege einer Privatplazierung ist eine Alternative zu den an die Öffentlichkeit gerichteten Level I-III ADR-Programmen. Die Privatplazierung richtet sich an spezielle institutionelle Käufer, sog. Qualified Institutional Buyers (QIBs) und erfordert kein aufwendiges Registrierungsverfahren und auch nicht die Beachtung der US-amerikanischen Rechnungslegungsstandards, da es sich um sog. „restricted securities“ handelt und kein öffentliches Angebot i.S.d. amerikanischen Wertpapiergesetze vorliegt. Von dieser Möglichkeit haben bereits einige deutsche Emittenten Gebrauch gemacht, da es sich um eine sehr effektive Methode zur echten Kapitalaufnahme am US-Kapitalmarkt handelt.

5. Welche Registrierungserfordernisse stellt ein ADR-Programm?

Der Zugang zum US-Kapitalmarkt über ADR unterliegt einer Reihe von gesetzlichen Regeln, die geschaffen wurden, um den Privatanleger zu schützen. Auch wenn heute institutionelle Anleger eine immer wichtigere Rolle am US-Kapitalmarkt spielen und sie auf eine Anpassung dieser Regeln an die gewandelten Umstände am Kapitalmarkt drängen, was z.B. zu den erleichterten Bedingungen für Privatplazierungen nach Rule 144A geführt hat, gehören diese Regelungen sicher noch immer zu den strengsten Wertpapiergesetzen der Welt.

Dies sollte deutsche Unternehmen jedoch nicht abschrecken, mit entsprechender Beratung dennoch den Zugang zum US-Kapitalmarkt zu wagen, zumal inzwischen die SEC aktiv die ausländischen Emittenten bei ihrem Vorhaben unterstützt und ermuntert. Die SEC läßt sich bei ihrer Aufsichtstätigkeit im Bereich öffentlicher Aktienemissionen insbesondere vom Prinzip der „full disclosure“ leiten, damit den Anlegern alle für die Anlageentscheidung als notwendig erachteten Informationen vermittelt werden können.

Das öffentliche Angebot und der Wertpapierhandel unterliegen dabei neben den sog. „Blue Sky Laws“ der einzelnen US-Bundesstaaten insbesondere den Securities Exchange Acts von 1933 und 1934. Die

Securities Acts regeln auf Bundesebene das öffentliche Angebot von Wertpapieren mittels weitgehender Offenlegungspflichten durch Emissionsprospekte und umfangreiche periodische Berichterstattungen sowie eine Registrierungspflicht der Wertpapiere vor dem öffentlichen Angebot. Da die SEC die ADRs als neuemittierte Wertpapiere ansieht, gilt dies auch für ADR-Programme, die sich an die Öffentlichkeit wenden. Bei ADR-Programmen für bereits ausstehende Aktien (Level-I und Level-II ADR-Programme) muß jedoch keine zusätzliche Registrierung der ausstehenden unterlegten Aktien erfolgen. Konsequenz der Registrierung nach dem Securities Act ist zudem, daß der Emittent grundsätzlich periodischen Berichtspflichten unterliegt. Soweit die Wertpapiere an einer US-Börse zugelassen, über das NASDAQ-System gehandelt oder öffentlich angeboten werden, muß zusätzlich noch eine Registrierung nach dem Exchange Act erfolgen, die jedoch wegen der weitgehenden Übereinstimmung der Offenlegungspflichten kein besonderes Erschwernis darstellt.

Die SEC muß die Registrierung für wirksam erklären, bevor die Wertpapiere öffentlich angeboten oder verkauft werden können. Dabei sind insbesondere die Phase vor dem Registrierungsantrag sowie die Phase vor der Wirksamkeitserklärung für den deutschen Emittenten von Bedeutung. In dieser Zeit dürfen in keinem Fall Angebote bzw. Verkäufe von Aktien bzw. ADRs erfolgen. Bei Verstößen gegen diese Vorschriften kann die SEC die Emission erheblich verzögern, indem sie die Wirksamkeitserklärung verweigert. Da der Begriff des „Angebots" sehr weit ausgelegt wird, muß in diesen Phasen besondere Vorsicht hinsichtlich veröffentlichter Unternehmensinformationen geübt werden. Das Anlegerschutzkonzept baut darauf auf, daß der Anleger das Angebot ausschließlich aufgrund des Emissionsprospektes beurteilen soll, der die Informationen enthält, die die SEC für eine informierte Anlegerentscheidung für notwendig hält. Informationen, die in anderen Jurisdiktionen durchaus erlaubt sind, dürfen daher z.T. nicht auf den US-amerikanischen Markt gelangen und auch für Research-Ergebnisse und vor dem Angebot anberaumte Treffen mit Analysten nicht verwendet werden.

Nach dem Exchange Act unterliegt jedes ausländische Unternehmen, dessen Wertpapiere an einer US-Börse zugelassen sind oder im NASDAQ-System gehandelt werden oder das über ein Kapital von mehr als 5 Mio. US-$ verfügt und mindestens 300 US-Aktionäre (weltweit mindestens 500 Aktionäre) hat, der Registrierungspflicht nach § 12(g) des Exchange Act, sowie nach § 12(b) des Exchange Act, falls ein Listing an einer US-Börse angestrebt wird. Für Unternehmen, die keine Emission im Wege eines öffentlichen Angebots durchführen und keine 300 US-Aktionäre haben, bedeutet dies aber andererseits auch, daß keine Registrierung bei der SEC notwendig ist.

Die Berichts- und Offenlegungspflichten können nunmehr mittels eines einheitlichen Formulars, der Form 20-F erbracht werden, die als Leitfaden zur Erstellung der notwendigen Dokumentation dient und aus vier Teilen mit unterschiedlichen Informationsanforderungen besteht. Im ersten Teil müssen detaillierte Informationen über das Unternehmen und seine Wirtschaftstätigkeit gegeben werden. Im zweiten Teil wird eine detaillierte Beschreibung der Wertpapiere und der ADRs verlangt. Dabei wird, obwohl nicht gesetzlich verlangt, i.d.R. eine Beschreibung der wesentlichen Charakteristika des Gesellschaftsrechts, dem der ausländische Emittent unterliegt, beigefügt. Im dritten Teil sind Informationen über die Verschuldung des Unternehmens und wesentliche Beteiligungen zu geben. Der vierte Teil besteht aus ausführlichen Finanzinformationen.

Dabei werden in der Regel nach US-Rechnungslegungsregeln erstellte oder übergeleitete sowie geprüfte Unterlagen für mehrere zurückliegende Jahre gefordert. Interessant ist, daß im Gegensatz zu den amerikanischen Unternehmen ausländische Unternehmen bei der Registrierung keine detaillierte Aufschlüsselung der Gehälter der Führungskräfte geben müssen. Es reicht vielmehr aus, die Bezüge der Gesamtgruppe anzugeben.

6. Rechnungslegung nach US-GAAP oder IAS ?

Die auf der Basis der Form F-20 an die SEC eingereichten Finanzberichte müssen heute noch entweder nach den US-GAAP erstellt oder zumindest auf US-GAAP-Standard übergeleitet sein. In diesem Fall ist der Überleitungsrechnung eine Erläuterung der wesentlichen Unterschiede zwischen den benutzten Rechnungslegungsregeln und den US-GAAP sowie von Ergebnisunterschieden oder abweichenden Bilanzansätzen beizufügen.

Das Beharren auf Erfüllung dieser Anforderungen an die Rechnungslegung der Unternehmen steht im Gegensatz zu der an den meisten Kapitalmärkten der Welt geübten gegenseitigen Anerkennung auch ausländischer Rechnungslegung, sofern die für das Publikum des Heimatlandes bereitgestellten Informationen auch dem Publikum im ausländischen Kapitalmarkt zur Verfügung gestellt werden. Die mehr oder weniger vollständige Übernahme der US-GAAP durch andere Staaten wird nach Ergebnissen einer Umfrage der C&L Deutsche Revision[2] jedoch inzwischen von einer Mehrheit der befragten Führungskräfte der deutschen Wirtschaft wie auch der Wissenschaft als weltweit dominierender Rechnungslegungsstandard erwartet, obwohl sie den Einzelregelungen der US-GAAP eher ablehnend gegenüberstehen. Bei dieser Lösung würden jedoch ohne Not bewährte Vorteile der deutschen HGB-Bilanzierung aufgegeben, ohne daß wenigstens der Versuch unternommen würde, diese in einen als Basis für weltweite Börsenzulassungen geeigneten internationalen Standard einzubringen.

Eine Anerkennung internationaler Rechnungslegungsstandards sowohl für in- als auch für ausländische Unternehmen scheint deshalb die bessere Lösung zu sein und daher auch von den US-Börsen gewünscht zu werden. Die Einrichtung eines deutschen Rechnungslegungsgremiums zur Beeinflussung dieser Entwicklung kommt möglicherweise relativ spät. Sie ist aber dennoch zu begrüßen, um zumindest für die Schaffung eines internationalen Bilanzstandards für Börsenzulassungen deutschen Einfluß geltend zu machen.

Erforderlich ist die Implementierung eines internationalen Rechnungslegungsstandards, der den Unternehmen, die nicht nur „Global Player" an den Produkt-, sondern auch an den Kapitalmärkten sein wollen, nicht den Übergang von einer nationalen Rechnungslegung zu einer anderen nationalen Rechnungslegung aufzwingt. Diese müßte später evtl. wiederum in eine internationale Rechnungslegung überführt werden. Dies würde nicht nur zu unnötigen, erheblichen Kosten bei den Unternehmen führen, sondern wäre auch geeignet, die Anleger zu verwirren und der Attraktivität der Aktienanlage zu schaden. Das deutsche Kapitalaufnahmeerleichterungsgesetz trägt diesem Gedanken bereits Rechnung, indem es den Unternehmen, die einen Zugang zu ausländischen Kapitalmärkten suchen, für die Erstellung ihrer Konzernbilanz die Wahl zwischen der deutschen Rechnungslegung, der internationalen Rechnungslegung nach IAS oder der Rechnungsle-

2) Mandler/Glaum, C&L Deutsche Revision, Harmonisierung der Rechnungslegung, Welche Standards bringt die Zukunft?, 1995, S. 35f

gung nach den Standards des ausländischen Kapitalmarktes, insbesondere also der US-GAAP, läßt.

Letztlich muß die internationale Vergleichbarkeit von Unternehmensbilanzen das Ziel sein, um den Unternehmen den globalen Kapitalmarkt zu öffnen und den Anlegern weltweit die Möglichkeit zur informierten Beurteilung der Anlagealternativen zu geben. Die Bestrebungen der IOSCO, die für das Jahr 2000 plant, eine Bilanzierung nach den International Accounting Standards (IAS) als Kompromißlösung zwischen der anglo-amerikanischen und der kontinental-europäischen Bilanzwelt zum internationalen Standard für Börsenzulassungen zu machen, sind daher der richtige Weg und voll zu unterstützen. Hiervon können sowohl die deutschen Unternehmen als auch der nach interessanten europäischen Anlagen suchende amerikanische Kapitalmarkt profitieren.

II.
Funktionsweise von American Depositary Receipts

ADR-Programme - Funktion und Vielfalt

Dr. Christoph W. Stanger
Goldman, Sachs & Co. oHG

Inhalt

1. Einführung und Überblick

Internationale Kapitalmärkte sind global. Investoren investieren weltweit und sind nicht durch Landesgrenzen oder regionale Aktienbörsen beschränkt. Die europäische Integration und die Bildung neuer Indizes führt zu enormen Portfolioumschichtungen und Kapitalflüssen. Sektoren gewinnen an Bedeutung, Landesgrenzen verschwinden.

Vor diesem Hintergrund ist der American Depository Receipt (ADR) ein Instrument, welches dem US Investor den Zugang zu ausländischen Aktien erleichtert und dem zugrundeliegenden Emittenten den Zugang zum US Kapital verschafft. Angebot und Nachfrage, Investoren und Emittenten werden zusammengebracht.

Aus der Sicht des US Investors wird das ausländische Wertpapier über den ADR quasi zum US Wertpapier.

Das Wachstum von ADR Programmen ist beachtlich. Per Ende 1997 bestanden insgesamt 1358 Programme, im ersten Quartal 1998 kamen weitere 43 dazu (Bild 1). Emittenten aus aller Welt gewannen dadurch Zugang zum US Markt (Bild 2).

Im Jahr 1997 wurden durch öffentliche Angebote von ADRs $13.0 Milliarden (Bild 3) und durch Privatplazierungen $5.6 Milliarden (Bild 4) aufgebracht.

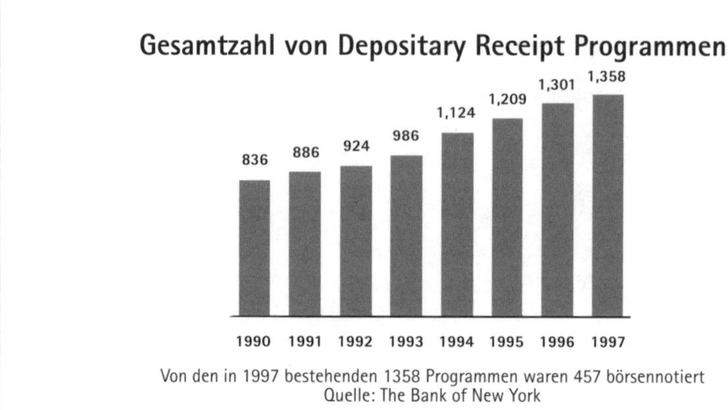

Bild 1

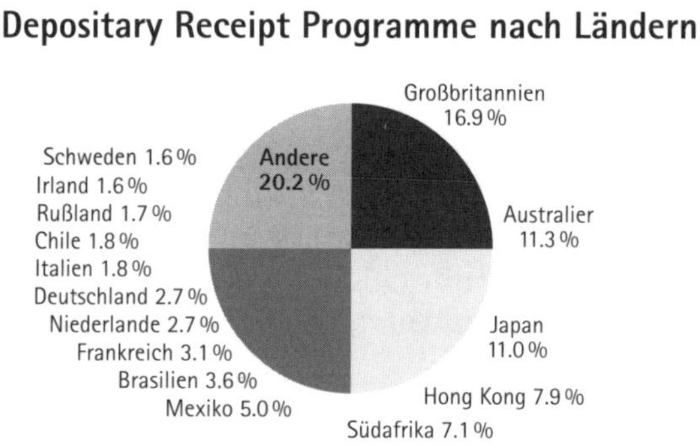

Bild 2

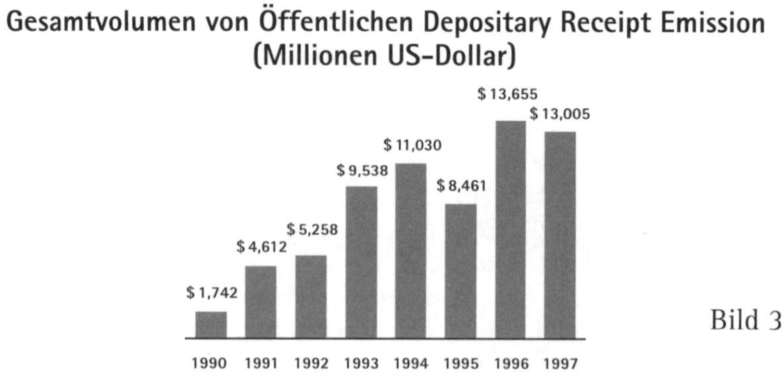

Bild 3

Gesamtvolumen von Depositary Receipt Privatplazierungen (Millionen US-Dollar)

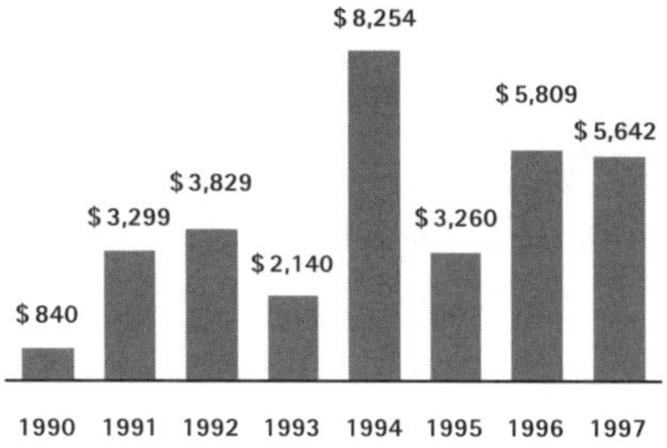

Bild 4

Das jährliche durchschnittliche Handelsvolumen von gelisteten ADRs betrug $503 Milliarden in 1997, Tendenz stark steigend (Bild 5).

Jährliches Handelsvolumen von Börsennotierten Depositary Receipts (in Milliarden US-Dollar)

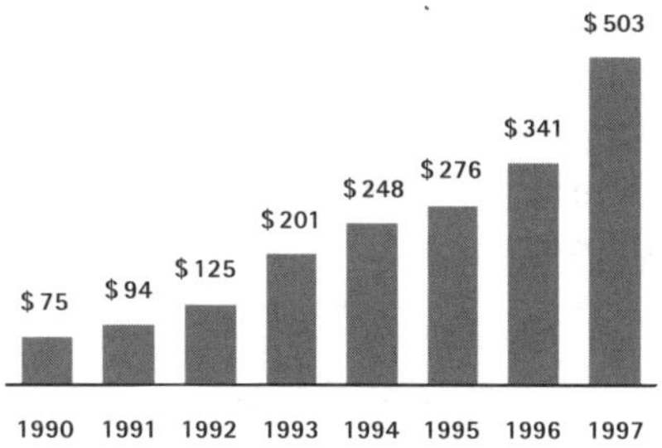

Bild 5

Auch deutsche Emittenten bedienen sich zunehmend der ADRs, um sich Zugang zum US Markt zu verschaffen. Per Ende des 1. Quartals 1998 bestanden 47 ADR Programme von 40 Emittenten. Sieben deutsche Emittenten (Daimler Benz, Deutsche Telekom, Fresenius Medical Care, Hoechst, Pfeiffer Vacuum Technology, SGL Carbon und Veba) notieren an der NYSE und zwei (Digitale Telekabel und Realax Software)[1] an der NASDAQ.

Wir gehen davon aus, daß mittelfristig ein Großteil der DAX Gesellschaften ein Listing in den USA anstreben wird.

1) Die Neuer Markt Unternehmen Qiagen, LHS und SCM, die auch an der NASDAQ notieren, werden als ausländische Gesellschaften betrachtet, da die Muttergesellschaften im Ausland gegründet wurden.

2. Arten von ADRs

ADRs sind fungible Wertpapiere, die die Rechte aus dem zugrundeliegenden ausländischen Wertpapier verbriefen. Sie lauten auf US Dollar und haben eine Stückelung, die den US Usancen entspricht (z.B. eine VIAG Aktie wird durch 10 ADRs vertreten). Technisch werden ADRs von US Depotbanken gegen Hinterlegung des ausländischen Wertpapiers bei einer ausländischen „Custodian" Bank ausgegeben.

Üblicherweise unterscheidet man drei Stufen von ADRs: Level One, Level Two und Level Three. Die Unterscheidung knüpft daran an, ob (neue) Aktien im Rahmen eines öffentlichen Angebots plaziert werden (Level Three) oder bloß bestehende Aktien dem US Markt eröffnet werden sollen (Level One und Level Two) und ob die ADRs börsennotiert sind (Level Two und Level Three) oder lediglich OTC (Level One) verfügbar sind.

- Bei Level One Programmen handelt es sich demnach um OTC Programme über bestehende Aktien. Der Emittent muß geringfügige Informationspflichten gegenüber der SEC erfüllen (im wesentlichen Zurverfügungstellung von Informationsmaterial, welches nicht US Aktionären zugänglich gemacht wird).

- Bei Level Two Programmen handelt es sich um US börsennotierte Programme über bestehende Aktien. Volle SEC Registrierung ist erforderlich, insbesondere Erstellung der Registrierungserklärung (20-F) und US GAAP Überleitung der Finanzdaten.

- Level Three Programme verbinden die öffentliche Plazierung von Aktien in den USA mit einer US Börsennotierung. Volle SEC Registrierung ist erforderlich.

Neben diesen Programmen bestehen auch sogenannte Rule 144A ADR Programme, die eine Privatplazierung von ADRs an institutionelle Investoren (Qualified Institutional Buyers - QIBs) ermöglichen.

Eine weitere Art der Unterscheidung ist in „sponsored" (d.h. vom Emittenten der ausländischen Aktien initiierte) und „unsponsored" (d.h. auf Initiative von Broker-Häusern erstellte) ADR Programme. Nur Level One Programme können unsponsored sein.

3. Wozu ADRs?

Ökonomisch betrachtet, ist der ADR eine Dienstleistung der Depotbank gegenüber dem US Investor. Anstelle eines komplexen und wenig transparenten Kaufs-/Verkaufsprozesses an einer ausländischen Börse bekommt der US Investor ein auf US$ lautendes Wertpapier mit einem Preis, der im Rahmen üblicher US Aktienkurse liegt. Die Papiere können OTC oder an einer US Börse zu US Geschäftszeiten gehandelt werden. Dividenden werden automatisch in US Dollar überwiesen. Die Liquidität erhöht sich und Transaktionskosten werden reduziert. Ein US börsennotierter ADR unterscheidet sich somit auf den ersten Blick nicht von einem US amerikanischen Wertpapier.

Dies darf nicht darüber hinwegtäuschen, daß es sich beim zugrundeliegenden Wertpapier um ein ausländisches handelt. Der US Investor bleibt damit insbesondere dem Wechselkursrisiko auch bei Dividendenzahlungen ausgesetzt.

Beim ADR handelt es sich, wie gesagt, um eine freiwillige Dienstleistung. Oftmals nehmen global aktive institutionelle Investoren diese Leistung nicht in Anspruch und investieren direkt in das zugrundeliegende Auslandspapier (gerade dann, wenn es sich um wenig liquide, nicht börsennotierte ADRs handelt).

Der Hauptvorteil der ADRs aus Sicht des Emittenten liegt in der Erschließung des US Kapitalmarkts. Insbesondere wird es durch den ADR, der den SEC Vorschriften genüge tut, möglich, auch das US Retail Publikum anzusprechen.

Die dem Emittenten durch die Auflage von ADRs unmittelbar entstehenden Kosten sind gering. Oftmals werden Programmneuauflagen von den Depotbanken finanziell und anderweitig (Roadshows, Mitteilungsblätter, Rechtsberatung bei der Erstellung des Depotvertrags etc.) unterstützt.

4. Börsennotierte ADRs

Daimler-Benz erwirkte im Jahr 1993 die erste Börsennotierung eines ADRs einer deutschen Gesellschaft an der NYSE. Mittlerweile folgten zahlreiche deutsche Unternehmen diesem Beispiel. Immer wieder stehen deutsche Unternehmen vor der Frage, ob der mit einer US-Börsennotierung verbundene Aufwand durch den entstehenden Nutzen gerechtfertigt ist. Hierzu einige Überlegungen:

Die Börsennotierung in den USA erfordert SEC-Registrierung und damit die Erstellung einer Art Geschäftsbericht (20-F), der unter anderem die Überleitung der Finanzausweise nach US GAAP erfordert. Überleitung bedeutet nicht volle Berichterstattung nach US GAAP, wie dies Daimler-Benz nunmehr auf freiwilliger Basis tut, sondern insbesondere Überleitung des Jahresüberschusses und des Eigenkapitals sowie Erläuterung der wesentlichen Unterschiede. In der Konsequenz bedeutet dies allerdings letztlich, daß sämtliche Positionen nach US GAAP zu rechnen sind. Der damit verbundene Aufwand ist zweifelsohne erheblich.

In Deutschland besteht zur Zeit eine klare Tendenz in Richtung international anerkannter Rechnungslegungsvorschriften. So sehen etwa die Vorschriften des Neuen Marktes die Erstellung bzw. Überleitung der Finanzausweise nach IAS oder US GAAP auf vierteljährlicher Basis vor. Dieses Erfordernis nach erhöhter Transparenz tat dem Erfolg dieses neuen Handelssegments keinen Abbruch.

Das am 24. April 1998 in Kraft getretene KapitalaufnahmeerleichterungsG (neuer §292a HGB) sieht vor, daß deutsche Unternehmen, die Finanzabschlüsse nach „international anerkannten Rechnungslegungsgrundsätzen“ erstellen, von der Verpflichtung zur Erstellung konsolidierter Abschlüsse nach deutschen GOB befreit sind. Die Doppelbelastung (konsolidierte Abschlüsse nach US GAAP und HGB) entfällt damit. Durch die SEC Registrierung von ADRs wird dem ausländischen Emittenten nicht nur die Börsennotierung von ADRs ermöglicht, sondern ganz grundsätzlich der Zugang zum US Kapitalmarkt (z.B. Fremdkapital oder Hybridkapitalemissionen im US Markt) eröffnet.

Oftmals stellen Emittenten die Frage, ob der Zugang zum US Markt nicht auch ohne eine Börsennotierung hergestellt werden kann. Eine Untersuchung des Investitionsverhaltens der fünfzig größten US Institutionen zeigt, daß ca. 94% der in ADRs investierten Geldmenge in börsennotierten ADRs und lediglich 6% in nicht börsennotierten ADRs ist. Die Gründe hierfür sind vielfältig: mangelnde Liquidität, interne Richtlinien oder Beschränkungen seitens des Investors betreffend Investitionen in nicht-notierte ausländische Wertpapiere usw.

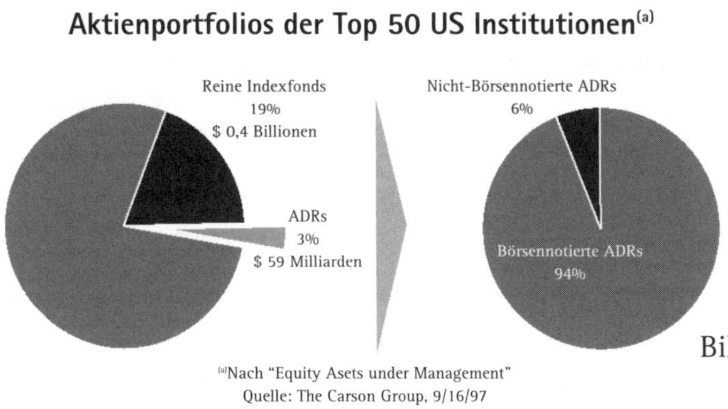

Bild 6

5. Börsennotierte registrierte Namensaktien

Um eine US Börseneinführung zu erwirken, ist bislang für deutsche Emittenten die Verwendung von ADRs zwingend. Dies wird sich ändern. So bestehen bereits jetzt die sogenannten „Registered Share Programs", bei denen die zugrundeliegende ausländische Aktie direkt an der US Börse zugelassen ist. Diese Möglichkeit wurde vereinzelt von insbesondere holländischen Emittenten in Anspruch genommen. Zur Zeit laufen wichtige Pilotprojekte im Hinblick auf deutsche Emittenten, die den direkten Handel deutscher Aktien in registrierter Form auch in den USA ermöglichen. Voraussetzung hierfür ist die Einführung registrierter Namensaktien auch im deutschen Markt. Es ist zu erwarten, daß die registrierte Namensaktie damit auch in Deutschland erheblich an Bedeutung gewinnen und der ADR als Instrument zur Börsennotierung deutscher Aktien in den USA an Bedeutung verlieren wird.

6. Spezialsituationen

ADRs beziehen sich auf Aktien. Neben ADRs bestehen sogenannte ADNs (American Depository Notes), die sich auf Schuldverschreibungen beziehen, und dem US Investor den Bezug von ausländischen, nicht auf US Dollar lautenden Wertpapieren in US Dollar und den Handel in den USA ermöglichen.

Dieses Instrument wurde jüngst von Daimler-Benz für die Pflichtwandelanleihe 1997/2002 (Mandatory Convertible Notes) verwendet. Diese

Anleihe, die sich am Ende der Laufzeit zwingend in Aktien der Daimler-Benz AG wandelt, wurde mit Bezugsrechten weltweit plaziert. US Investoren bekamen die Wahl, das Instrument in Form von ADNs zu beziehen und an der NYSE zu handeln. Alternativ wurden für US Anleger sogenannte BES (Book Entry Securities) kreiert, die den Direktbezug des DM-Papiers in den USA ermöglichten. Wie bei ADRs auch, bleibt bei ADNs das zugrundeliegende Wertpapier ein DM-Papier und der US Investor dem zugrundeliegenden Wechselkursrisiko ausgesetzt. Bei Wandlung hat der Investor die Wahl zwischen dem Bezug von Daimler-Benz Aktien in ADR-Form oder in Form der deutschen Aktie. Das Beispiel verdeutlicht das große Maß an Flexibilität, das Emittenten Investoren durch die Verwendung von ADRs oder ADNs einräumen können. Die Pflichtwandelanleihe wurde von US Investoren mit sehr positiver Resonanz aufgenommen.

Die Rolle der Depositärbank bei der Auflage von ADR-Programmen

Rainer Wunderlin
The Bank of New York

Im technischen Sprachgebrauch werden ADRs (American Depositary Receipts) und GDRs (Global Depositary Receipts) als DRs bezeichnet. ADRs und GDRs sind identisch, deshalb verwendet der Verfasser im folgenden Text den Begriff DR.

Eine DR-Depotbank hat folgende Funktionen

1. Hinterlegungsstelle (Broker Service)

DRs werden grenzüberschreitend ausgegeben und annuliert; die Übertragung erfolgt über den Kauf bzw. Verkauf eines DR-Anlegers von/an einem/n anderen DR Anleger.

1.1 Ausgabe der Depositary Receipts (DRs) bei gleichzeitiger Einlieferung der Originalaktie im Heimatland

Nach Hinterlegung der Heimatmarktaktien bei einer deutschen Depotbank emittiert die Depositärbank DRs. Die Hinterlegung von Heimatmarktaktien ist in der Regel die Folge eines Sekundärerwerbs von Heimatmarktaktien durch ein lokales (z.B. deutsches) Brokerhaus bzw. eine Bank (dies ist die einzig zulässige Hinterlegung im Rahmen von Level I- und Level II-Programmen) oder resultiert aus der Begebung neu emittierter Wertpapiere durch die Gesellschaft (was ein Level III DR-Programm oder ein eingeschränktes DR-Programm nach Rule 144A (Privatplazierung) erfordert). Die Ausgabe von DRs erfolgt meistens nach folgendem Muster: Ein DR-Anleger reicht einen Kaufauftrag für DRs bei seinem DR-Brokerhaus ein. Nach Überprüfung durch den DR-Broker mit computergestützten Börsenhandelssystemen und anderen Datenquellen gibt er dem Anleger den jeweils relevanten Angebotszeichnungskurs. Der DR-Broker muß dann entweder sich bereits im Markt befindliche DRs kaufen oder DRs schaffen (Ausgabe), indem er das betreffende Brokerhaus am Heimatmarkt anweist, eine entsprechende Anzahl von Heimatmarktaktien zu erwerben und diese Aktien bei der lokal durch die Depositärbank beauftragten Depotbank (z.B. Dresdner Bank) einzuliefern. Sobald die Heimatmarktanteile hinterlegt wurden, benachrichtigt die Depotbank die Depositärbank über die Anteilshinterlegung und die Depositärbank gibt neue DRs an das DR-Brokerhaus aus.

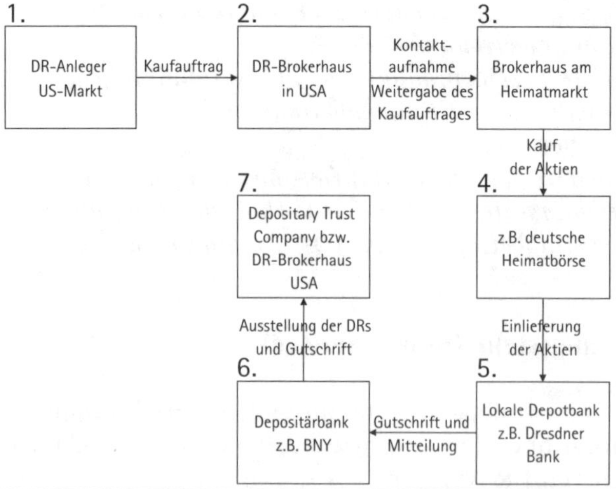

Bild 1

1.2 Übertragungen

Nach der Ausgabe verhalten sich die DRs auf dem Markt ebenso wie jedes andere Wertpapier. Verkauft ein DR-Anleger an einen anderen, wird das DR einfach vom Verkäufer auf den Käufer übertragen. Die meisten Übertragungen werden auf elektronischem Wege abgewickelt und erfolgen über automatisierte zentrale Depositärbanken, wie beispielsweise die New Yorker DTC (Depository Trust Company), die Brüsseler Euroclear oder die Luxemburger CEDEL. Eine geringe Anzahl von Übertragungen findet auf physischem Wege bei der Depositärbank statt, welche das alte Zertifikat annuliert und ein neues ausstellt. Handelsgeschäfte mit DR-Übertragungen von einem Anleger auf den anderen werden als DR-zu-DR-Geschäfte oder als Binnenmarkthandel bezeichnet (im Gegensatz zu grenzüberschreitenden Handelsgeschäften oder Arbitrage).

1.3 Rücknahme der DRs und gleichzeitige Freigabe der Originalaktie im Heimatmarkt

Die Depositärbank annuliert DRs und gibt Heimatmarktanteile frei, wenn ein Anleger oder dessen Brokerhaus DRs abgibt und dadurch Heimatmarktanteile einlöst. Am häufigsten erfolgt eine Auflösung wenn folgende Situation vorliegt: Ein DR-Anleger reicht einen Verkaufauftrag bei seinem DR-Brokerhaus ein. Nach Überprüfung über die computergestützten Börsenhandelssysteme und über andere Informationsquellen gibt das Brokerhaus seinen Geldkurs an den Anleger weiter. Zur Abwicklung des Verkaufsauftrages veräußert das DR-Brokerhaus die DRs entweder zum Angebotskurs an einen anderen Anleger oder es werden die Heimatmarktanteile durch das lokale Korrespondenz-Broker-Haus verkauft. Nun überträgt bzw. übergibt das DR-Brokerhaus die (zum Geldkurs erworbenen) DRs des Anlegers an die Depositärbank, die wiederum ihre lokale Depotbank damit beauftragt, eine entsprechende Anzahl von Heimatmarktanteilen an das lokale Brokerhaus zu übertragen, um damit den Handel zum Abschluß zu bringen.

In den Anfangsphasen eines DR-Programms werden die meisten Handelsgeschäfte mit DR-Ausgaben und DR-Auflösungen grenzüberschreitend abgewickelt. Sobald sich ein liquider DR-Markt entwickelt, findet in der Regel mindestens 95% der Handelstätigkeit auf dem betreffenden Binnenmarkt bzw. von DR-zu-DR statt. Arbitrage bzw. die

Fähigkeit dazu ist jedoch der Grund dafür, daß die DR-Kurse den Aktienkursen auf den Heimatmärkten entsprechen bzw. nahezu entsprechen (Parität).

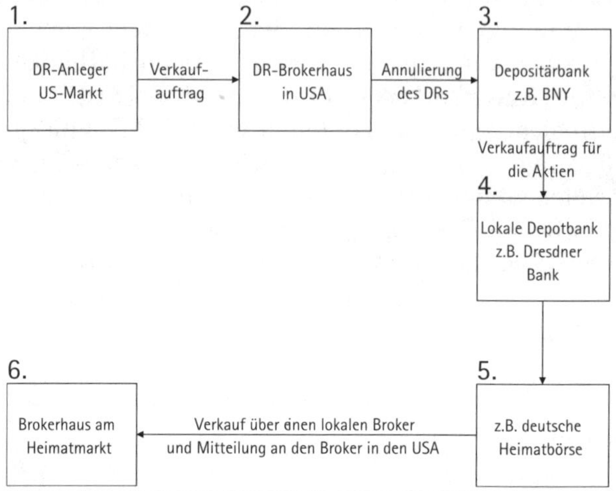

Bild 2

1.4 Sicherung eines ordnungsgemäßen Marktes durch die Vorausgabe (Pre-Release) von ADRs

1.4.1 „Pre-release und collateral for pre-release"

Die Praxis des Einsatzes von Pre-Releases geht auf Mitte der fünfziger Jahre zurück. Nachdem die SEC den ADR Registrierungsprozeß von einem „per Transaktion" Format zu einem „kontinuierliche Ausstellung" Format geändert hat, wurde der grenzüberschreitende Handel möglich.

Um den Unterschied der Wertpapierabwicklungszeiten zwischen USA (T+3) und ausländischen Märkten zu überbrücken, mußte ein „Pre-Release" Mechanismus eingefürt werden. Das Pre-Release ist durch einen Pre-Release-Vertrag zwischen der Depositärbank und dem jeweiligen Broker geregelt. Dieser Vertrag regelt auch das Pre-Release-Limit für den Broker.

Der Broker verpflichtet sich, Sicherheiten (Collaterals) in Höhe des Marktwerts zuzüglich eines Aufschlags von 2% und höher zu stellen.

(Die Höhe des Aufschlags richtet sich nach der Kreditwürdigkeit des Brokers.) Der Broker versichert der Depositärbank außerdem, daß er die Wertpapiere im Heimatmarkt gekauft hat bzw. besitzt. Pre-Release ist auf keinen Fall mit „stock lending" zu verwechseln.

Die Depositärbank überprüft ständig den Marktwert und wird eventuell zusätzliche Sicherstellung verlangen.

Unter Pre-Release versteht man das Ausstellen von ADRs, bevor die zugrundeliegenden Wertpapiere deponiert sind, oder umgekehrt, die Freigabe der zugrundeliegenden Wertpapiere, bevor die ADRs eingeliefert und gelöscht sind. Im Falle von kürzeren Abwicklungszeiten, wie zum Beispiel in Deutschland, ist Pre-Release von ADRs beim Kauf in der Regel kaum erforderlich.

Pre-Release von ADRs ist auch erforderlich, um Transaktionsfehler oder Verzögerungen beim Depot von Wertpapieren zu überbrücken.

1.4.2 Auflösung eines Pre-Releases

Wenn die Depositärbank ein Pre-Release eingeht, hat sie das Recht, das Pre-Release innerhalb von 5 Werktagen zu kündigen. Falls der US-Broker nicht in der Lage ist, die Wertpapiere fristgerecht zu liefern, ist die Depositärbank berechtigt, ab dem 6. Werktag unter Zuhilfenahme der Barhinterlegung die Wertpapiere zu besorgen. Das Pre-Release eines jeden Brokers wird ständig überwacht und auf der Basis der Kapitalausstattung des Brokers bestimmt.

2. Umschreibungs- und Registerstelle (Shareholder Service)

2.1 Abwicklung der ADR-Übertragungen

Aktientransfer (Registerführer)

Die Dienstleistung des Transfer-Agent (Umschreibungsstelle) und Registrar (Registerstelle) hat eine der bedeutendsten Funktionen in Bezug auf ein erfolgreiches ADR-Programm. Der Umfang und die Qualität dieser Serviceleistung gegenüber den Investoren des Unternehmens wird dadurch maßgeblich beeinflußt. Die Dienstleistungen des Transfer-Agent schließen die Verwaltung des Aktienregisters, die Ausschüttung der Dividendenzahlungen, die Bearbeitung von Informationsanfragen, den Versand von Stimmrechtskarten und Jahresberichten und die Berichterstattung an die US-Behörde bezüglich Dividendenzahlungen und Eigentumsübertragungen ein.

Eine Depotbank muß auf diesem Gebiet ausgezeichnete Leistungen vorweisen können. Alle zentralen Serviceleistungen sollten intern, mit modernster Technologie und erfahrenem Personal implementiert sein. Zunehmend etablieren sich US-Gesellschaften und Unternehmen anderer Nationalität auf den US und globalen Märkten. Daraus resultiert ein allseitiger Konkurrenzkampf um die Kapitalressourcen von US-Anlegern.

Die Fähigkeit, Aktionäre anzuwerben und mittels erstklassigem Transfer- und Registerführer-Service sowie einem umfassenden Angebot an wertschöpfenden Leistungen für Anleger und Mitarbeiter gleichermaßen zu halten, wird also von immer größerer Wichtigkeit sein. Die Qualität und der Umfang des Services beeinflussen das DR-Programm einer Gesellschaft auf drei wichtige Arten:

- Kultivierung von Anlegertreue: Die Fähigkeit einer Depositärbank, den alltäglichen Bedürfnissen eines Gesellschaftsaktionärs kompetent zu begegnen, ist von entscheidender Bedeutung, wenn fortgesetztes Investoreninteresse an dem DR-Programm des Unternehmens gesichert werden soll. Eine Depotbank muß über geeignete Betriebskapazitäten und ein engagiertes Aktientransfer-Personal verfügen, um dieselben Transfer- und Registerführerdienste liefern zu können, die ein US-Aktientransfer-Agent für die Aktionäre eines inländischen US-Unternehmens bereitstellen würde.
- Forderungen der Anleger: Die Fähigkeit der Depotbank, Investoren wertschöpfenden Service bieten zu können, wie z.B. direkte Aktienerwerbs- und -verkaufspläne, Mitarbeiterprogramme und Dividenden-Reinvestitionspläne. Dadurch wird maßgeblich beeinflußt, wie attraktiv die DRs der Gesellschaft für Anleger sind.
- Ansehen und guter Ruf: US und globale Investoren sind bezüglich Serviceleistungen sehr anspruchsvoll. Wenn Anleger nicht den Qualitäts-Service erhalten, den sie erwarten, so hat dies negative Auswirkungen auf Ansehen und Ruf des Unternehmens.

Der Aktientransfer-Service gehört als Hilfestellung für Unternehmen bei der Einhaltung von Verpflichtungen gegenüber den Gesellschaftsaktionären zum Kernpunkt. Der Service sorgt für die Beachtung aller Vorschriften im Zusammenhang mit dem Transfer von DR-Zertifikaten und der Führung vollständiger und korrekter Aktionärsunterlagen. Die primären Aktientransfer-(Registerführer-)Funktionen, sind:

- Erhalt und Transfer von DR Zertifikaten
- Führung der DR-Konten und tägliche Aktualisierung der Unterlagen für alle DR-Aktionäre
- Koordinierung der Aussendung von Stimmrechtsvollmachten, Sonderbenachrichtigungen und Finanzberichten
- Beantwortung schriftlicher und telefonischer Anfragen von DR-Aktionären
- Vorbereitung und Einreichung aller Steuerinformationen, wie z.B. Formulare 1099 und 1042
- Bearbeitung von Dividendenzahlungen und anderer Unternehmenstransaktionen
- Bereitstellung von On-Line-Dividenden-Scheckersatz
- Organisation und Leitung eines Programmes, das Aktionären die Wahl zwischen der Auszahlung einer Bardividende oder dem Erwerb zusätzlicher DRs gibt
- Annahme von Reinvestitionsplänen, bei denen mittels Neuinvestition von Dividenden zusätzliches Kapital beschafft wird.

2.2 Führung eines Registers über alle ADR-Halter

Ein wichtiger Aspekt für den Erfolg eines DR-Programmes ist die Aufnahmebereitschaft bzw. Kaufbereitschaft des Anlegers. Es gibt zahlreiche Maßnahmen, mit deren Hilfe Investoren, Broker und Institutionen zuverlässig über die Lancierung eines sponsored DR-Programmes in Kenntnis gesetzt werden können.

Der Service kann unabhängig eingesetzt werden oder auch in Kombination mit dem eigenen Anlegerbetreuungsprogramm des Unternehmens. Einige dieser Maßnahmen sind: Erstellung umfangreicher Adressenlisten, Treffen in Person mit Brokern und institutionellen Anlegern.

Recherchierung materieller Rechtsinhaber

Aktionär-Identifizierung

Es ist zweifellos sehr wichtig, die Identität materieller Rechtsinhaber von DRs festzustellen. Es wurden deshalb verschiedene Wege und Methoden zur Sicherung dieser Information entwickelt. Nachstehend finden Sie eine detaillierte Beschreibung der Recherchierungskapazitäten der Bank of New York (BNY):

- Die BNY unterhält ein rechtlich geschütztes, internes System als Kunden-Support bei der Identifizierung von institutionellen DR-Inhabern. Das System bietet Zugriff auf identifizierende, historische Aktionärs-Informationen aus einem Pool von mehr als 5.000 institutionellen Inhabern (käuferseitig). Auf der Grundlage von 13-F Registrierungen, Investmentfonds- und Versicherungsregistrierungen, die von Vickers Stock Research Corporation zusammengestellt wurden, liefert die BNY ihren Kunden Berichte, die im einzelnen aktuelle und historische DR-Inhaberschaft von Investment-Institutionen sowie spezifische Hinweise zur Kontaktaufnahme bereitstellen, damit die Kunden bei der jeweiligen Institution nachfragen können. Diese Berichte können dazu beitragen, daß Kunden einen Überblick über ihren institutionellen Aktionärskreis erhalten und das US-Anlegerbetreuungsprogramm vergrößern können. Die BNY stellt diese Informationen mittels monatlichen oder wöchentlichen Statusberichten in Druckform bzw. On-Line durch unser per PC aufrufbares Remote Inquiry System (Fernanfragesystem) zur Verfügung.
- Es werden auch Beziehungen mit Firmen wie z.B. ADP Proxy Services, die darauf spezialisiert sind, „Broker-Recherchen" anzustellen, gehalten. Mit den Beiträgen dieser Firmen ist man in der Lage, die eindeutigen materiellen Rechtsinhaber (Non-Objecting-Beneficial-Owners, NOBOs) einer spezifischen DR-Emission zu bestimmen. US Broker und Banken sind verpflichtet, dem Emittenten innerhalb von fünf Geschäftstagen die Namen und Adressen aller eindeutigen materiellen Aktionärskonten zur Verfügung zu stellen. In der Regel sind 50 bis 80 Prozent aller Konten eindeutig (Non-Objecting). Um als nicht eindeutig (Objecting) eingestuft zu werden, muß der materielle Rechtsinhaber den Broker oder die Bank schriftlich davon in Kenntnis setzen, daß er gegen die Preisgabe seines Namens Einspruch erhebt.

Normalerweise ist die Depotbank in der Lage, begrenzt auch unabhängige Recherchierungsaufgaben auszuführen. Hierfür benötigt man Teilnehmerlisten von den Clearingstellen (DTC, Pacific & Co. etc.). Mit den Teilnehmerlisten, die die Clearingstellen zur Verfügung stellen müssen, sowie den Listen der registrierten Aktionäre, können die Broker und Banken identifiziert werden, die DR-Positionen für ihre eigenen Konten oder im Namen ihrer Kunden halten. Sofern erforderlich, kann man sich mit diesen Parteien in Verbindung setzen und versuchen festzustellen, wer die materiellen Rechtsinhaber dieser Parteien sind.

- Sofern die beteiligten Parteien zustimmen, können in der Depotverwahrungs-Vereinbarung verschiedene Mechanismen integriert werden, die sicherstellen, daß das Unternehmen die notwendigen Methoden zur Feststellung ihrer materiellen Rechtsinhaber zur Hand hat. Mit diesem Ziel vor Augen wurden verschiedene Konzepte entwickelt. Eines dieser Konzepte sieht vor, daß eine Klausel in die Depotverwahrungs-Vereinbarung aufgenommen wird, demnach der DR-Käufer sich verpflichtet, den Namen des materiellen Rechtsinhabers anzugeben, bevor die DRs in seinen Besitz übergehen können. Ein weiteres Konzept befähigt den Emittenten, die Brokerfirma, auf dessen Namen die Wertpapiere des Kunden registriert sind, zu zwingen, die Namen ihrer materiellen Rechtsinhaber preiszugeben. Nichteinhaltung dieser Maßnahme würde dazu führen, daß die Brokerfirmen Stimmrechte verlieren würden und/oder gezwungen werden, ihre DRs zu verkaufen. Dies kann sich jedoch negativ auf den DR-Handel insgesamt auswirken und sollte nur in Ausnahmefällen Berücksichtigung finden.

2.3 Aktionärsbetreuung

Die Abteilung für Aktionärsbetreuung ist damit betraut, alle Fragen und Probleme von DR-Inhabern prompt und mit persönlichem Einsatz zu behandeln. Jede Anfrage sollte von einem hochqualifizierten Mitarbeiter bearbeitet werden, der mit den Feinheiten des DR-Geschäfts und Aktientransfers gut bekannt ist. Die Beantwortung der Korrespondenz von DR-Aktionären hat dabei Priorität. Manche Depositärbanken vergeben diese wichtigen Aufgaben an andere Servicebanken.

Auf Grund der Aktivitäten im Aktientransfergeschäft ist eine solche Depotbank den strikten Regeln der SEC (Securities and Exchange

Commission, U.S. Börsenaufsichtsbehörde) für Beantwortung der Korrespondenz von DR-Aktionären unterworfen. Schriftliche Nachfragen werden bei der BNY innerhalb von 72 Stunden beantwortet, womit die von der SEC als maßgeblich festgelegte 5-Tage-Frist unterschritten wird. Auf telefonische Anfragen wird im Durchschnitt in weniger als 25 Sekunden reagiert.

Die Kapazitäten zur Beantwortung von DR-Aktionärsanfragen können u.a. umfassen:

Bilderzeugende Verarbeitung: Bei Posteingang wird alle Korrespondenz von DR-Aktionären in einen optischen Speicher eingelesen. Die Manager gewinnen hiermit ein realzeitliches Inventar unerledigter Post, was für die flexible Zuteilung von Support-Mitarbeitern zur Erledigung spezifischer Bedürfnisse zuträglich ist.

Interactive Voice Response (IVR): Zur Beantwortung telefonischer Anfragen von DR Investoren setzt die BNY z.B. ein interaktives Voice Response (IVR) System ein. Das IVR System ist direkt per Schnittstelle dem Bank of New York Aktientransfer-Softwaresystem, für welches die Bank of New York Schutzrechtinhaberin ist, angeschlossen. Es ist das einzige On-Line-Realzeitsystem dieser Art, das für die Bearbeitung von Aktionärstransaktionen besteht. Das IVR System ermöglicht DR-Aktionären auf automatisierter 7 Tage/24 Stunden Basis Zugriff zu den folgenden Leistungen:

- Bestätigung der letzten Transaktion
- Inhaberkontostände
- Ersatz verlorener Schecks
- Zertifikatersatz
- Anweisungen bzgl. Transfers und Adressenänderungen
- Steueraufstellungskopien und Steuerformulare
- Dividenden-Anmeldungsmappen
- Neuinvestition, Direkteinlage und Vollmachten zur Übertragung von Aktien

Internet-Anfragen: Über die Website (www://bankofny.com/adr) können Aktionäre sich z.B. bei der BNY Zugang zu den eigenen Konten verschaffen sowie Informationen über Gesellschaften, in deren Namen gehandelt wird, einholen.

2.4 Weitere Serviceprodukte für die Aktionärspflege

2.4.1 Erwerb von DRs ohne die Einschaltung eines Brokers

Im Laufe der letzten Jahre war ein rasches Wachstum in Anzahl und Typenvielfalt von Dividenden-Neuinvestitions- und direkten Aktienerwerbsprogrammen zu verzeichnen, die von US-Gesellschaften angeboten werden. Einige ausländische, d.h. nicht-US-amerikanische (Gesellschaften) haben diese Tendenz erkannt und offerieren ihren DR-Inhabern ähnliche Programme. Ihnen ist klar geworden, wie unerläßlich es bei der Anwerbung und Kultivierung von Anlegerloyalität ist, den eigenen Investoren denselben Service bereitzustellen wie US-Unternehmen ihren Anlegern bieten.

Wenige Depositärbanken sind in der Lage, direkte Aktienkäufe und einen Dividenden-Neuinvestitionsplan intern für DR-Investoren anzubieten. Das Programm, welches bei der Bank of New York den Namen Global BuyDIRECT trägt, ermöglicht bestehenden und neu hinzukommenden Anlegern, DRs ohne Broker zu erwerben. Global BuyDIRECT animiert Investoren durch Bereitstellung der Möglichkeit bequemer und unmittelbarer DR-Investitionen sowohl erste als auch Folgekapitalanlagen zu tätigen und reduziert gleichzeitig Broker-Provisionen und Spesen.

Global BuyDIRECT gibt bestehenden Aktionären sowie neuen Investoren eine kosteneffektive Alternative für den Kauf und Verkauf von DRs. Dieser Plan eignet sich hervorragend für Unternehmen, die ihre bestehenden Investment-Programme modifizieren oder einen Plan zum ersten Mal implementieren wollen. Auch Firmen, die keine Dividenden zahlen, können davon profitieren, denn ein direktes Kaufs- und Verkaufsprogramm kann dazu beitragen, den registrierten Aktionärskreis eines Unternehmens zu vergrößern und kann auch als alternative Methode zur Kapitalbeschaffung dienen.

Unter Umständen ist es auch nützlich, wenn die Anzahl der DRs eines Kunden, die auf dem US-Markt emittiert werden, angehoben werden soll. Denn die Nachfrage wird dann stimuliert, wenn neue Investoren angezogen werden, die ansonsten nicht investieren würden.

Ein solches Programm steht auch den in den USA lebenden Angestellten des Unternehmens zur Verfügung. Es ist eine bequeme, kosteneffektive Methode, den Mitarbeiter-Inhaberanteil an der Firma aufzustocken. An Global BuyDIRECT teilnehmende Mitarbeiter profitieren von denselben Plan-Eigenschaften und -Leistungen, die den U.S. Privatanlegern angeboten werden, einschließlich Dividenden-Neuinvestierung und eine automatische Investment-Option. Mehr Angestellten-Mitinhaberschaft verbessert unter Umständen Produktivität und Firmentreue der US-Beschäftigten und bietet letzteren gleichzeitig eine Chance, am Wachstum der Firma teilzuhaben.

Das Programm bietet vollständigen Service, einschließlich Kontenverwaltung, Buchführung und die pünktliche Abwicklung von Kaufaufträgen, Liquidierungen, Registrierungen und/oder Zertifikatemissionen. Kontoauszüge und Bestätigungen, die vergangene Transaktionsabläufe reflektieren, werden Teilnehmern fristgerecht zugestellt. Das Programm ist eine attraktive, komplikationslose und wirtschaftliche Alternative für Investoren zur Aufstockung von DRs. Global BuyDIRECT steht zur Zeit nur für Level II und Level III DR-Programme zur Verfügung und wird automatisch in diese integriert. Für Level I Programme ist es vorgesehen.

2.4.2 The Bank of New York ADR Index

Die Bank of New York hat am 23. März 1998 den ersten Realtime-Index für an US-Börsen notierte ADRs und GDRs eingeführt. Es handelt sich um einen kapitalisierungsgewichteten Index, in den z. Zt. 431 Unternehmen aus 36 Ländern mit einem kumulierten Marktwert von 3,1 Billionen Dollar einbezogen sind. Die Index-Informationen, die auch Kurse und Handelsvolumen beinhalten, werden kontinuierlich neu berechnet und bereitgestellt. Der Bank of New York ADR Index enthält einen Composite Index sowie vier regionale Indizes (Europa, Asien, Lateinamerika, Emerging Markets) und 25 Länderindizes. Weiterhin sind Teilindizes für einzelne Branchen wie z.B. Telekommunikation, Öl und Gas und Pharma geplant. Der Index kann durch:

- Bridge,
- Reuters oder
- die Website der Bank of New York

eingesehen werden.

3. Kontoverwaltung und Kundenbetreuung (Company Service)

3.1 Assistenz bei der Strukturierung des Programms

Durch die zentrale Rolle der Depotbank ist der Verwaltungs-Service für bestehende DR-Kundenprogramme ganz besonders wichtig. Dabei sollten den Kunden Support-Dienste für die Erfüllung der jeweiligen Zielstellungen ihrer DR-Programme zur Verfügung gestellt werden. Nachstehend werden diese Leistungen noch einmal im einzelnen herausgestellt.

3.1.1 Organisationsstruktur

Da garantiert werden soll, daß jeder Kunde die ihm zustehende individuelle Aufmerksamkeit erhält, muß ein einzigartig organisiertes DR-Geschäft konzipiert werden, das von Natur aus ansprechbar, flexibel und innovativ ist. Die DR-Division selbst besteht aus Verwaltungs- und Betriebsbereichen, welche die Einrichtung kontrollieren und überwachen. Spezialisierte Abteilungen innerhalb der Stock Transfer Division (Aktientransferabteilung) und Broker Clearance Division (Broker-Clearance-Abteilung) liefern den eigentlichen Service für den Betriebsbereich.

Die DR-Division z.B. der Bank of New York beschäftigt eine Gruppe von mehr als 150 Experten in New York sowie 50 engagierten Firmenkundenvertretern, die im Rahmen motivierter Support-Gruppen in allen wichtigen internationalen Finanzmärkten aktiv sind. Der Leiter der DR-Division ist für alle Aspekte der DR-Betriebsabwicklung, Verwaltung, Systeme und Marketing verantwortlich. Diese Organisationsstruktur garantiert schnelle Entscheidungsfähigkeit und zentrale Kontrolle aller Geschäftsaktivitäten.

3.1.2 Transaktions-Team

Nach der Erteilung eines ADR-Mandats sollte ein Transaktions-Team (Etablierungs-Team) bestehend aus erfahrenem Personal in den Bereichen DR-Betriebsabwicklung, Aktientransfers, Verarbeitungssysteme, Wertpapiergesetzgebung, Marketing, Planung und DR-Verwaltung zusammengestellt werden. Ein permanenter Verwalter und Stellvertreter sollten zur Aufgabenerfüllung im Kontext des Projektteams ernannt werden.

Diese Administratoren sollten auch nach Abschluß der Aufbauphase des Programms mit dem Kunden weiter zusammenarbeiten. Der Verwalter ist intensiv mit DR-Betriebsabwicklungen, Handelsgeschäften und mit Fragen behördlicher Geschäftsaufsicht vertraut.

3.1.3 Website im Internet

Die Depositärbanken haben zum Teil ausführliche Internet Sites entwickelt, um der zunehmenden Informationsnachfrage über den DR-Markt zu begegnen und dem Kunden und seinen bestehenden und potentiellen DR-Investoren besseren Service bereitstellen zu können. Unter Zuhilfenahme der Websites können Broker, Investoren und andere interessierte Parteien notwendige Informationen in Erfahrung bringen, die für den Handel, die Abrechnung und den Transfer von DRs erforderlich sind, sowie alle branchenweit verfügbaren Daten und spezifischen Informationen hinsichtlich der Gesellschaften aufrufen, für die die jeweilige Depositärbank zuständig ist. Informationen werden weiterhin auch mittels anderer Websites einem breiten Publikum zugänglich gemacht.

Durch die Internet Website ist auch eine Ankoppelung (link) an die Home Pages der Firmenkunden möglich. Diese Option gibt Investoren direkten Zugriff zu den aktuellsten Informationen, die über die DR-Kunden in Erfahrung zu bringen sind.

3.2 Berichterstattung über den Verlauf des Programms

Es ist sehr wichtig, den DR-Kunden rechtzeitig relevante Informationen zugänglich zu machen. Deshalb haben die Depositärbanken die notwendigen Systeme entwickelt, um ihren Kunden eine weitreichende Auswahl an Management-, Informations- und statistischen Berichten, die im Zusammenhang mit dem jeweiligen DR-Programm stehen, zu liefern (z.B. DR Management Report). Dies ist ein wertschöpfender Service, der zur Förderung der strategischen Ziele des jeweiligen DR-Programmes konzipiert wurde.

Er bietet einen Überblick über die zentralen Bestandteile des DR-Programmes mit detaillierter Information über das Abschneiden eines DRs, die Aktivitäten des DR-Programmes und Hinweise hinsichtlich der Anlegerbasis. Diese Fakten können auf täglicher, wöchentlicher oder monatlicher Basis in Druckform bezogen werden. Bei der Bank of

New York sind diese Fakten auch On-Line über das PC-aufrufbare INFORM Programm möglich. INFORM macht es möglich, neue Berichte oder auch bestehende Berichte exakt Kundenspezifikationen anzupassen. Das DR Advantage Berichterstattungsprodukt ist eine hochentwickelte Datenbank, die analytische Informationen über institutionelle Inhaberschaft, grenzüberschreitende Handelsgeschäfte und Analysen bzgl. Unternehmen derselben Sparte bereitstellt.

3.2.1 Inform

Fortschrittliche Berichterstattung für das Unternehmen

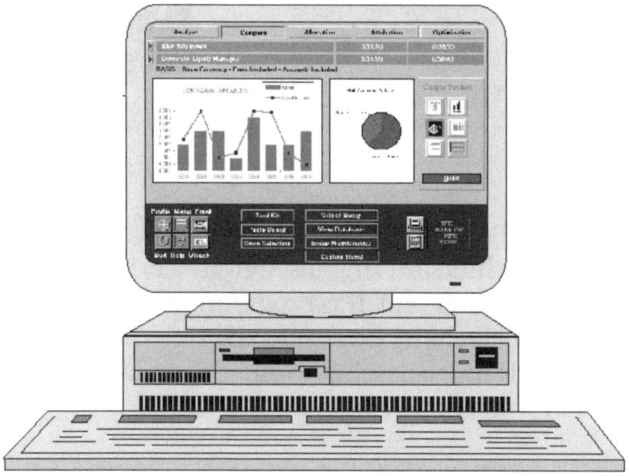

Bild 3: Inform

INFORM ermöglicht es dem Kunden, direkt über seinen PC mit Internet Software dic neuesten Informationen über sein ADR-Programm anzusehen, zu drucken und auf seiner Festplatte zu speichern. Berichte, die bisher nur einmal monatlich zugesandt wurden, können jetzt jederzeit durch Internet heruntergeladen werden.

Der Kunde kann somit noch zeitnaher alle Informationen über sein ADR-Programm (Activity Report, Price Performance Charts, Trading Volumes, Issues Outstanding sowie Informationen über die Aktionäre) betrachten. Alle Daten sind durch den Gebrauch von ID-Nummern und Passwörtern geschützt.

3.2.2 DR Advantage

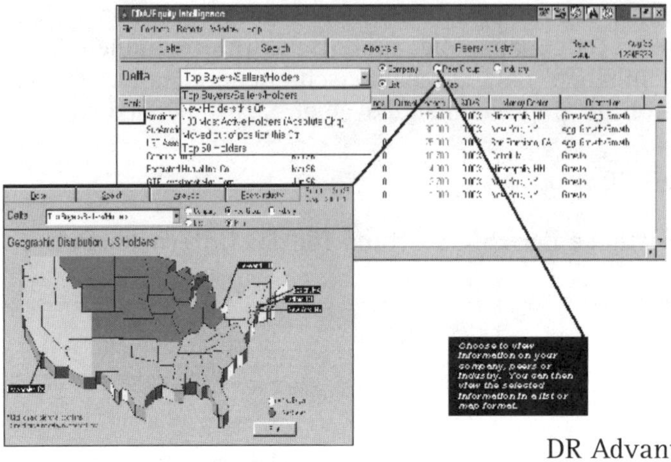

DR Advantage

Das DR Advantage Programm ist eine hochentwickelte Management-Datenbank zur Berichterstattung. Es liefert wertvolle Kundenbetreuungshinweise im Hinblick auf DR-Programme. Behandelt werden u.a. institutionelle Inhaberschaft, grenzüberschreitende Broker-Aktivitäten und vergleichbare Handelsgeschäfte auf Sekundärmärkten sowie das Abschneiden von Kursen.

Darüber hinaus hat DR-Advantage effektive Klassifizierungs-, Recherchen- und graphische Kapazitäten, die bei der Identifikation institutioneller Aktionäre Unterstützungsdienste leisten, neue Anleger ansteuern, Inhaber der gleichen Sparte und Branche identifizieren und die Anlageorientierung und Unternehmensprofile ausgewählter Investoren im Überblick aufzeichnen. DR Advantage ist ein mit WindowsTM betriebenes Software-Paket und wird direkt in den PC programmgeladen. Zur Wahl stehen die CD-ROM oder die Diskettenversion.

Beide werden jedes Quartal auf den neuesten Stand gebracht. DR Advantage kann ohne weiteres ein Anlegerbetreuungsprogramm stützen, indem es einen Beitrag zur Ansteuerung, dem Vergleich und der Messung von Schlüsselkomponenten eines DR-Programmes leistet.

3.3 Marketingbetreuung bei ADR-Programmen

- Identifizierung der existierenden Aktionärbasis
- Erschließung möglicher neuer Aktionärskreise
- Unterstützung bei der Planung von Roadshows
- Aufrechterhaltung eines ständigen Kontakts mit der Verkäufer- (Broker) und der Käuferseite (Fund Manager)
- Er- und Zustellung von Pressemitteilungen und sonstigen Informationen über das Unternehmen bzw. Corporate Update
- Unterstützung bei der Planung von Einzeltreffen mit z.B. Analysten, Gruppentreffen mit z.B. Presse, Konferenzen und speziellen Investment Seminaren

Motive für die Auflage von ADR-Programmen

Dr. Claus Löwe
J.P. Morgan GmbH

Inhalt

1. Einleitung

Der direkte Zugang zum Kapitalmarkt der Vereinigten Staaten durch die Etablierung eines ADR-Programmes oder durch ein Listing an einer US-Börse ist für viele deutsche Unternehmen bisher noch die Ausnahme und liegt im internationalen Vergleich noch weit hinter anderen Ländern mit einer entwickelten Aktienkultur. Die Gründe für die bisherige Zurückhaltung deutscher Unternehmen, die amerikanischen Kapitalmärkte stärker in Anspruch zu nehmen, liegt in der fehlenden Notwendigkeit, sich einer diversifizierten und anspruchsvollen Aktionärsgruppe zu öffnen. In der Vergangenheit erfolgte das Unternehmenswachstum fast ausschließlich durch Innenfinanzierung.

Die Außenfinanzierung beschränkte sich meist auf Kredite der Hausbanken, begünstigt durch die steuerliche Bevorzugung von Fremdkapital und die in Deutschland vorherrschenden, am Gläubigerschutz orientierten Rechnungslegungsvorschriften. Die für ein volles US-Listing eines deutschen Unternehmens zu akzeptierenden amerikanischen Standards (bzw. eine Überleitung auf diese) stellen ein großes Hindernis für deutsche Unternehmen dar, ihr Aktienkapital an einer der amerikanischen Börsen zu plazieren.

Die globalen Wirtschaftstrends verstärken jedoch in erheblichem Maße die Bereitschaft und Notwendigkeit, sich den internationalen Kapitalmärkten zu öffnen, um im weltweiten Wettbewerb zu bestehen.

Es gibt verschiedene Möglichkeiten für nicht-amerikanische Unternehmen, ihr Aktienkapital US-Anlegern anzubieten. Für deutsche Aktiengesellschaften, die amerikanischen Investoren den Zugang zu ihren Aktien erleichtern möchten (sei es durch den Handel ihres Aktienkapitals im amerikanischen Freiverkehr (OTC) oder durch ein volles Listing an einer der amerikanischen Börsen) bietet sich als erster Schritt die Etablierung eines ADR-Programms an.

In diesem Kapitel soll eine komprimierte Einführung über die verschiedenen Arten (Levels) von ADR-Programmen gegeben werden; vor allem sollen aber die vielfältigen Motive der Unternehmen untersucht werden, ein ADR-Programm aufzulegen.

Das Listing von nicht-amerikanischen Aktien in den Vereinigten Staaten ist[1] in Form von American Depositary Receipts - ADRs - möglich. Durch das Auflegen eines ADR-Programmes werden aus nicht-amerikanischen Aktien US-Wertpapiere, die in USD gehandelt werden, die Dividenden in USD ausbezahlen und die über die amerikanische Depository Trust Company -DTC- (entspricht unserer Deutschen Börse

---

1) Emissionen von ausländischen Aktien an den US-amerikanischen Börsen werden oft durch die unterschiedlichen Zulassungskriterien verhindert. Das Handeln von in Deutschland emittierten Aktien scheitert an der umständlichen Abwicklung des Aktienhandels. Die für die Wertpapierabwicklung zuständige Stelle in Amerika, Depositary Trust Company (DTC), akzeptiert eine Hinterlegung der Aktien beim Deutschen Kassenverein (DKV) nicht. Der dadurch notwendige physische Transport der Ordinary Shares in die USA ist mit entsprechenden Kosten und zeitlichen Nachteilen verbunden. Eine Ausgabe von American Shares, welche speziell auf den Amerikanischen Kapitalmarkt zugeschnitten sind, wird vom Deutschen Recht untersagt. § 6 AktG legt fest, daß der Nennbetrag einer ausgegebenen Aktie auf Deutsche Mark zu lauten hat.

Clearing) abgewickelt werden können. ADRs sind daher „amerikanisierte" ausländische Wertpapiere und erleichtern US-Staatsbürgern und institutionellen Investoren den Erwerb und Handel mit ausländischen Wertpapieren. ADRs werden genau wie jedes andere US-Wertpapier gehandelt, entweder im Freiverkehr oder an einer der US-Börsen. ADRs werden durch die SEC reguliert. Die verschiedenen Programmtypen unterscheiden sich bezüglich der Anforderungen der SEC an den Emittenten und der Handelbarkeit der ADRs.

Ausgestellt werden ADRs von einer in den USA ansässigen Depositary Bank gegen Hinterlegung von Aktien der inländischen Gesellschaft bei einer Wertpapierdepotbank im Land der emittierenden Gesellschaft. Die Depositary Bank stellt sicher, daß ADRs nur dann ausgestellt werden (Issuance), wenn die unterliegenden Aktien im Depot der lokalen Wertpapierdepotbank befindlich sind.

2. Arten von ADR-Programmen

Nach Grad der Regulierungen und der Anforderungen wird zwischen fünf ADR-Programmen unterschieden. Wichtig für den Emittenten ist es, das richtige ADR-Programm zu wählen.

Arten von ADR-Programmen

Unsponsored	ohne Beteiligung der Gesellschaft
Sponsored	mit Beteiligung der Gesellschaft
Level I	ausstehende Aktien: keine U.S. Börsenzulassung (OTC); keine Neuemission
Level II	ausstehende Aktien; U.S. Börsenzulassung
Level III	neu emittierte Aktien: U.S. Börsenzulassung
Rule 144 A	Privatplazierung nur bei institutionellen Investoren

Tabelle 1

2.1 Unsponsored ADR

Unsponsored ADR-Programme werden auf Initiative einer Depositary Bank ohne Zustimmung des betreffenden Unternehmens durchgeführt und nur im Freiverkehr gehandelt. Durch die fehlende Involvierung des Unternehmens und der damit ebenfalls fehlenden Investor-Relations-Aktivitäten verlieren unsponsored ADR-Programme immer mehr an Bedeutung und spielen in Deutschland praktisch keine Rolle mehr.

2.2 Sponsored ADRs

Um die Kontrolle über den Handel ihrer Aktien zu behalten der Investor Relations Aktivität zu stärken, entschließen sich immer mehr deutsche Unternehmen zu einem „sponsored" ADR-Programm oder einem US-Listing. Das Mandat hierzu erteilen sie einer in den USA ansässigen Depotbank, die das ADR-Programm künftig als Depositary Bank begleiten wird.

Es werden drei verschiedene „Levels" von sponsored ADR-Programmen unterschieden.

2.2.1 Level I ADR

Als erster Schritt in den US-amerikanischen Kapitalmarkt eignen sich Level I ADRs. Ein solches ADR-Programm ist für das begebende Unternehmen in kurzer Zeit und mit geringerem Aufwand umzusetzen. Im Vergleich mit den höherrangigen ADR-Programmen bietet ein Level I ADR den Vorteil, daß das Unternehmen nicht verpflichtet ist, seine Rechnungslegung umzustellen. Durch die Vermeidung der amerikanischen Rechnungslegung und einer einfacheren Registrierung sind außerdem die Kosten für ein Level I ADR-Programm bedeutend niedriger. Entscheidender Nachteil eines Level I ADR-Programmes ist aber, daß die ADRs nur im Freiverkehr gehandelt werden dürfen. Insofern dürften das Interesse der US-amerikanischen Anleger und der Marketingeffekt eines solchen Programmes eher gering sein. Zudem ist der Freiverkehr durch teilweise minimale Umsätze gekennzeichnet.

2.2.2 Level II ADR

Level II ADR-Programme werden von nicht-amerikanischen Unternehmen aufgelegt, um US-Investoren den Kauf von ausländischen

Aktien an einer amerikanischen Börse zu ermöglichen. Wie im Level I Programm wird ein die Zuständigkeiten regelnder Vertrag, ein sogenanntes „Deposit Agreement“, zwischen dem Emittenten und einer Partnerbank in den USA vereinbart.

Voraussetzung für ein Level II ADR-Programm ist die Rechnungslegung des emittierenden Unternehmens nach den Bilanzierungsgrundsätzen der SEC. Dies bedeutet derzeit, daß ein Abschluß nach US GAAP erfolgen muß.

Während bei der amerikanischen Rechnungslegung der Aktionärsschutz im Vordergrund steht, schützt die deutsche Rechnungslegung eher den Gläubiger. So dürfen deutsche Unternehmen in weitaus größerem Maße Rückstellungen und stille Reserven bilden als ein amerikanisches Unternehmen.

Stellt ein deutsches Unternehmen seine Bilanz auf den US GAAP-Standard um, muß es die Gewinne aus der Auflösung der Reserven versteuern. Nach amerikanischem Recht müssen Konzerne für jede Sparte den Aktionären einen detaillierten Bericht erstellen. Die erforderliche Umstellung der Bilanz ist wahrscheinlich der größte Hinderungsgrund bei der Durchführung eines Level II ADR-Programmes. Ein Kompromiß zwischen anglo-amerikanischem und europäischem Bilanzierungsrecht stellen die Bilanzierungsgrundsätze nach den International Accounting Standards (IAS) dar. Die Bestrebungen der IOSCO, eine Bilanzierung nach IAS als weltweiten Standard einzuführen, bieten die Möglichkeit, einen IAS-Abschluß nicht nur international bei den jeweiligen Börsen als Voraussetzung eines Listings anzuerkennen, sondern auch in Deutschland die nationale Rechnungslegung abzulösen. Unternehmen wie z.B. Adidas, Bayer und Deutsche Bank führen schon jetzt einen Rechnungsabschluß nach dem IAS-Standard durch. Sobald nun die Bilanzierung nach IAS durch die SEC akzeptiert wird, können diese Unternehmen ohne größere Schwierigkeiten höhergradige ADR-Programme auflegen.

2.2.3 Level III ADR

Erst bei einem Level III ADR-Programm können neue Aktien an einer US-amerikanischen Börse emittiert werden. Hier sind die Vorschriften der SEC strikter als bei den niedrigeren ADRs. Trotz der Kosten und der zeitlichen Dauer, die durch die Umstellung der Bilanzierung und der Einhaltung sonstiger Regulierungsbestimmungen entstehen, sind Level III ADR-Programme bei Neuemissionen sinnvoll, wenn die Kapitalisierung im heimischen Kapitalmarkt zu gering ist.

2.3 Rule 144A-Privatplazierung

Im Gegensatz zu den strikt regulierten Level I - III ADR-Programmen bietet sich mit der Rule 144A die Privatplazierung von ADRs bei institutionellen Investoren (QIBs - Qualified Institutional Buyers) an. Solch große Finanzinstitute benötigen keinen Aufklärungsschutz. Sie wissen selbst, welche Informationen sie benötigen, und wie sie sie sich beschaffen können. Gleichzeitig nimmt die Bedeutung der Privatanleger im Laufe der Zeit ab und die Marktmacht der institutionellen Anleger zu.

Der Vorteil einer ADR-Plazierung unter der Rule 144A liegt in der geringeren Anzahl von Regulierungsvorschriften, was geringere Kosten und auch Zeitvorteile bei der Finanzierung verspricht. Marketingeffekte wie bei einem US-amerikanischem Börsengang lassen sich dadurch aber nicht realisieren.

3. Motive eines Engagements am US-amerikanischen Kapitalmarkt

Die strategische Entscheidung eines Unternehmens, seine Aktien dem US-Markt in vereinfachter Form zur Verfügung zu stellen, kann mehrere Gründe haben.

3.1 Finanzierungskosten

Aus dem gleichen Grund, der viele Unternehmen veranlaßt, ihr Geschäft international zu diversifizieren, kann sich ein Unternehmen durch eine breitgestreute Finanzierung über Länder- und Währungsgrenzen hinaus von den konjunkturellen und strukturellen Entwicklungen seines Heimatmarktes und somit auch von der lokalen Veränderung der Finanzierungskosten unabhängig machen.

3.2 Marktliquidität

Einer der wesentlichen Vorteile des US-amerikanischen Finanzmarktes ist die enorme Marktkapitalisierung und seine heterogene Anlegerstruktur. Während deutsche Sparer vor einer direkten Unternehmens-beteiligung durch Aktienkäufe zurückschrecken und eher Rentenpapiere und Sparanlagen bevorzugen, neigen in Amerika die Anleger – sowohl institutionelle als auch private Investoren – eindeutig zu Aktienanlagen. Sie gehen davon aus, daß ein breitgefächertes Portfolio eine höhere Rendite bei gestreutem Risiko verspricht.

Durch die hohe Marktkapitalisierung und die hohe Liquidität entstand ein Markt, auf dem sich selbst größte Aktienemissionen plazieren lassen. Auch kleinen wachstumsstarken Firmen bietet er die Möglichkeit, risikofreudige Investoren anzuziehen.

3.3 Erweiterung der Aktionärsstruktur

Die Aktionärsstruktur eines Unternehmens zu erweitern, erscheint aus unterschiedlichsten Gründen sinnvoll. So nimmt die Abhängigkeit des Unternehmens von einzelnen großen Investoren durch Erweiterung des Aktionärskreises ab, und feindliche Übernahmen gestalten sich schwieriger. Bei einer breiten Aktionärsstruktur vergrößert sich zudem die Liquidität des Sekundärhandels der Aktien, wodurch die Volatilität des Aktienkurses im allgemeinen abnimmt.

3.3.1 Institutionelle Investoren

Institutionelle Investoren wie Pensions- oder Investmentfonds dürfen häufig aufgrund von Gesetzen oder Statuten nur in US-amerikanische Wertpapiere investieren. Da ADRs als US-amerikanische Wertpapiere gelten, bieten sie institutionellen Investoren die Möglichkeit, ihr Portfolio durch Kauf von ADRs zu internationalisieren.

Wie die nachstehende Tabelle (Tabelle 2) zeigt, haben große institutionelle Investoren einen erheblichen ADR-Anteil in ihrem Gesamt-Portfolio.

3.3.2 Privatanleger

Im Gegensatz zu Deutschland ist die Aktienkultur bei Privatanlegern in den Vereinigten Staaten weit entwickelt. Ausländische Aktien finden bei US-amerikanischen Privatanlegern aber bisher oft geringen Zuspruch; amerikanische Aktien werden aufgrund der besseren Unternehmenskenntnis sowie kostengünstigeren Abwicklungs- und Verwahrungsgebühren häufig bevorzugt.

Institutioneller Investor	Wert des ADR-Investment (in $-Millionen)	Gesamtes Aktienportfolio (in $-Millionen)	Anteil der ADRs am gesamten Aktienportfolio
Fidelity Management & Research	11.573	236.183	4,90%
Brandes Investment Partners	5.753	7.792	73,83%
Capital Research & Management	5.607	104.803	5,35%
Franklin Advisors, Inc.	4.588	29.830	15,38%
Invesco Capital Management	5.607	104.803	5,35%
Putnam Investment Management	3.562	152.222	2,34%
Capital Guardian Trust Company	3.479	20.882	16,66%
J.P. Morgan Investment Management	3.301	55.666	5,93%
Wellington Management Company	3.221	54.593	5,90%
Merrill Lynch Asset Management	2.665	35.628	7,48%

(Quelle: J.P.Morgan)

Tabelle 2

Diese Hemmnisse können durch die Emission eines ADR-Programmes umgangen werden.

Der von US-amerikanischen Privatanlegern oft als zu „schwer“ empfundene Kurs deutscher Aktien schreckt Kleinaktionäre ab, die häufig für geringe Summen Aktien kaufen. Ein ADR kann auch dieses Problem umgehen, indem der Emittent das Verhältnis Aktie / ADR so auswählt, daß ein „ADR-Preis“ entsteht, der den amerikanischen Gepflogenheiten entspricht.

3.3.3 Coverage durch Aktienanalysten von US-Investmentbanken

US-Investmentbanken verfolgen erfahrungsgemäß eher den Handel mit Wertpapieren in den Vereinigten Staaten als den an ausländischen Aktienmärkten, für die ein unbedeutender Markt in den USA existiert. Gründe für diese Konzentration sind in erster Linie nationale Unterschiede der Buchführung und Bilanzierung. Mit dem Gang an eine US-Börse kann deshalb ein deutsches Unternehmen in besonderem Maße die Aufmerksamkeit von Analysten erregen und sie zu einer Berichterstattung veranlassen.

Die ständige Beurteilung durch die Banken und deren Kaufempfehlungen ist einer der entscheidenden Faktoren für die Bedeutung des Kapitalmarktes der Vereinigten Staaten.

3.4 Positive Effekte auf die eigene Produktbekanntheit

Die Plazierung von Aktien an US-amerikanischen Börsen bietet eine gute Möglichkeit für weitere Produktwerbung. Die sich durch den Aktienkauf ergebende Bindung an das Unternehmen kann sich positiv auf das Kaufverhalten von amerikanischen Anlegern auswirken.

Solch eine positive Verbindung zwischen dem Gang an die US-Börse und dem Produktmarketing gelingt aber nur, wenn potentielle Anleger entsprechend durch Werbung und Informationen angesprochen werden.

3.5 Mitarbeiterbeteiligungen

Die Mitarbeiterbeteiligung in Form von Aktien ist in Deutschland derzeit ein zentrales Thema. Durch die Bindung des Mitarbeiters an den Erfolg des Unternehmens (durch Teilhabe an Aktienkurssteigerung) und der damit verbundenen stärkeren Identifikation des Mitarbeiters mit dem Unternehmen erhoffen sich Aktiengesellschaften eine positive Rückkopplung auf den Unternehmenserfolg. Von internationalen Aktienanalysten wird eine weitreichende Mitarbeiterbeteiligung an der Aktienkursentwicklung als sehr positiv eingestuft. In den USA gehört die Vergabe von Aktienoptionen an Fach- und Führungskräfte zur üblichen Vergütungsstruktur.

US-Mitarbeiter von US-Töchtern deutscher Unternehmen können allerdings bisher kaum durch Aktienoptionen etc. am Unternehmenserfolg beteiligt werden, da bei der weitreichenden Vergabe von Aktien oder Optionen an US-Mitarbeiter das Unternehmen eine sogenannte „Reporting Company“ ist, d.h. den SEC-Vorschriften genügen muß.

3.6 Erhöhung der Visibilität

Mit der Etablierung eines ADR-Programmes in den USA stehen häufig nicht nur Interessen in den Vereinigten Staaten im Vordergrund, sondern auch Marketingmotive im eigenen Land. Solange das Listing von deutschen Unternehmen an den US-Börsen noch zu den Ausnahmen im deutschen Finanzgeschehen zählt, ist solch eine Emission immer auch mit entsprechender Beachtung von Seiten der deutschen Medien und der deutschen Analysten verbunden.

3.7 Unternehmenskäufe in den Vereinigten Staaten

Unternehmensakquisitionen werden oftmals nicht vollständig bar bezahlt, sondern auch durch einen Aktientausch. Eine Finanzierung einer M&A Transaktion durch einen Aktientausch vermindert die Notwendigkeit der Fremdkapitalfinanzierung, verringert somit die Zinsbelastung, schaltet das Kursrisiko aus und wirkt sich günstig auf die Liquidität des kaufenden Unternehmens aus. Auch die Bilanzrelationen des akquirierten Unternehmens werden durch einen solchen Tausch verbessert.

Die bei einem Aktientausch in den USA angebotenen Wertpapiere müssen bei der SEC registrierte Wertpapiere sein. Sofern es sich also um Aktien eines nicht-amerikanischen Unternehmens handelt, die US-Investoren im Tausch gegen Aktien des zu übernehmenden Unternehmens angeboten werden, sind ADRs das geeignete Instrument.

3.8 Verbesserte Kommunikation mit den US-Investoren

Der Gang an die US-Kapitalmärkte läßt sich zu einer Verbesserung der Kommunikation mit US-Investoren benutzen. Durch Roadshows und One-on-One-Gespräche mit Investoren kann sich der Emittent den amerikanischen Anlegern präsentieren und den Dialog intensivieren.

4. Zusammenfassung

Erst in den letzten Jahren haben sich deutsche Unternehmen entschlossen, an den US-amerikanischen Kapitalmarkt zu gehen. Die Motive hierfür liegen hauptsächlich in der Senkung der Kapitalnebenkosten und der Ausnutzung der großen Liquidität des US-Kapitalmarktes. Neben diesen finanziellen Motiven können Marketingüberlegungen und die Steigerung des Bekanntheitsgrades bei amerikanischen Investoren für ein solches Engagement sprechen.

Nachdem in den letzten Jahren verschiedene deutsche Firmen ADRs des Level I als ersten Schritt zur Finanzierung auf dem US-Kapitalmarkt benutzt haben, lassen nun schon Unternehmen ihre ADRs an der Börse in New York listen. Das größte Hindernis ist die momentan noch notwendige Doppelbilanzierung nach deutschem Recht und dem amerikanischen Standard US GAAP. Mit der bevorstehenden Anerkennung der International Accounting Standards (IAS) werden voraussichtlich vermehrt Unternehmen die Möglichkeit einer Notierung mit Hilfe eines Level II und III ADRs an einer amerikanischen Börse nutzen.

Erfahrungen einer globalen Depositärbank mit den ADR-Programmen deutscher Emittenten

Friedrich W. Menzel
Citibank AG

Inhalt

1. Interesse an ausländischen Kapitalmärkten nimmt zu

Die Bilder gingen um die Welt: Ron Sommer, Vorstandsvorsitzender der Deutsche Telekom AG, in den Hallen der New York Stock Exchange (NYSE), den Blick fest auf die elektronische Anzeigetafel geheftet. Dort erscheint, am 18. November 1996, erstmals der Kurs des jüngsten New Yorker Börsenneulings - der Deutschen Telekom. 20 Dollar. Beifall brandet auf.

Rund zwei Jahre zuvor hatte sich nahezu dieselbe Szene schon einmal abgespielt. Damals hatte die Daimler Benz AG ebenfalls per American Depositary Receipts (ADR) als erstes deutsches Unternehmen den Schritt an die größte Börse der Welt vollzogen. In beiden Fällen war die Citibank als emissionsbegleitendes Institut und Depotbank dabei. Aber auch bei vielen anderen, weniger spektakulär gestarteten ADR-Programmen, die von deutschen Unternehmen in den verschiedenen ADR-Marktsegmenten aufgelegt wurden, stand die Citibank Pate, so beispielsweise bei der Henkel KGaA, der VIAG AG, der Merck KGaA und der Tarkett Pegulan AG.

Die Betreuung namhafter deutscher Unternehmen bei ihrem Schritt an den amerikanischen Kapitalmarkt hat die Citibank inzwischen auch hierzulande, wie weltweit seit langem schon, zum Marktführer beim

Handel mit börsennotierten ADR-Programmen gemacht. Gemessen an der Zahl der umgesetzten Shares entfielen im ersten Quartal 1997 nahezu zwei Drittel auf die Citibank, und auch beim gehandelten Dollarvolumen der ADR-Programme deutscher Unternehmen liegt sie an erster Stelle.

Zugleich - und vor allem - bildete sich dadurch bei der Citibank inzwischen ein großer Erfahrungsschatz hinsichtlich der Wünsche und Bedürfnisse deutscher Emittenten, deren Umsetzungsmöglichkeiten sowie der spezifischen Erfordernisse in jedem Einzelfall bei der Installation derartiger Programme und ihrem anschließenden Management. Dabei kommt selbstverständlich auch das globale Know-how der Citibank zum Tragen. Das speist sich aus der Betreuung von mehr als 500 der weltweit 1733 ADR-Programme, die zum Jahresbeginn 1997 von 696 Unternehmen aus dem asiatisch-pazifischen Raum, 660 aus Europa, 249 aus Lateinamerika und 128 aus Afrika an den US-Börsen- und Kapitalmärkten eingeführt waren.

Als Ergebnis der regionalen wie internationalen Erfahrung der Citibank kann zunächst ganz allgemein festgehalten werden, daß im Zuge der Globalisierung der Wirtschaft auch deutsche Unternehmen seit einigen Jahren zunehmend eine Verbreiterung ihrer Aktionärsbasis durch ausländische Investoren anstreben. Dabei sind für die deutsche Wirtschaft unterschiedliche Motive ausschlaggebend:

- Grundsätzlicher Bedarf an zusätzlichem Kapital, der am heimischen Markt nicht oder nicht zu optimalen Konditionen gedeckt werden kann;

- außergewöhnliche Finanzierungserfordernisse durch den Erwerb einer ausländischen Tochter, deren Eigenkapital vor Ort beschafft werden soll;

- die Absicht, die Kapitalbeschaffungsmöglichkeiten international zu streuen, um auf diese Weise die Abhängigkeit von der Performance eines einzelnen Börsenplatzes zu neutralisieren und im Bedarfsfalle den jeweils günstigsten Markt nutzen zu können;

- die Erkenntnis, daß der Handel der eigenen Wertpapiere an mehreren Plätzen und in verschiedenen Zeitzonen die Liquidität und damit möglicherweise die Kurse steigert;

- die Erfahrung, daß sich die Strukturen auf Seiten der Kapitalanbieter zwischenzeitlich völlig verändert haben, weil zunehmend institutionelle Anleger wie Pensionsfonds die Szene beherrschen, die einerseits längst global agieren, andererseits oft aber auch bestimmten Restriktionen beim Erwerb von Aktien unterworfen sind und deshalb beispielsweise an deutschen Börsen notierte Aktien gar nicht kaufen dürfen;

- der Wunsch zur Nutzung des mit einer Aktienplazierung verbundenen PR-Effektes - nicht zuletzt hinsichtlich des Bekanntheitsgrades der eigenen Produkte (Brand name recognition) -, weil insbesondere über börsennotierte Unternehmen vor Ort natürlich intensiv in der Presse berichtet wird. Und schließlich

- die Anpassung an veränderte interne Erfordernisse des eigenen Unternehmens durch ein verstärktes Auslandsengagement, die sich beispielsweise auch bei den Gehaltskompensations- und Altersversorgungssystemen manifestiert.

Denn mit dem immer massiveren Aufbau oder dem Erwerb von Tochtergesellschaften in anderen Ländern sehen sich die deutschen Muttergesellschaften automatisch mit dem Problem konfrontiert, ihre Mitarbeiter nach den dortigen Gepflogenheiten zu entlohnen und für sie Altersversorgungen nach landesüblichen Regeln aufbauen zu müssen. Dort spielen vor allem Aktien des eigenen Unternehmens häufig eine zentrale Rolle - ein Fakt, der in Deutschland im Zuge der mittlerweile sehr akuten Probleme in der gesetzlichen Rentenversicherung, aber ebenso durch die Diskussion um eine stärkere Beteiligung der Arbeitnehmer am Produktivvermögen erst allmählich größere Beachtung findet.

Als Konsequenz dieser Entwicklungen ist zu beobachten, daß auch bei deutschen Unternehmen traditionelle, lange Zeit als kaum überwindbar angesehene Akzeptanzprobleme gegenüber ausländischen Kapitalmärkten mehr und mehr abgebaut werden. Dies gilt beispielsweise für die Bilanzierungsmethoden nach den US-Rechnungslegungsvorschriften GAAP oder die größeren Publizitätsanforderungen, aber ebenso mit Blick auf andere Unternehmensphilosophien wie den Shareholder-value-Denkansatz. Außerdem erkennen deutsche Aktiengesellschaften zunehmend, daß sie sich den Wünschen und Gewohnheiten ausländischer Anleger beim Erwerb und dem Handel der Aktien anpassen und aktiv auf die Investoren zugehen müssen. Depositary Receipts (DRs), also nach den Gepflogenheiten, zu den Konditionen und in der Währung der angepeilten Investoren handelbare, von Banken auf dem jeweiligen Heimatmarkt ausgestellte Zertifikate, rücken deshalb auch bei ihnen zwangsläufig immer stärker in ihr Blickfeld.

2. Umfassende Betreuung durch die Depositary Bank ist notwendig

Um dieses Instrument jedoch maßgeschneidert und nachhaltig erfolgreich einsetzen zu können, bedarf es der umfassenden und nachhaltigen Betreuung durch eine erfahrene Depositary Bank. Deren Aufgabe besteht nämlich keineswegs allein in der rein technischen Installation und Betreibung des Programms, also der Schaffung der erforderlichen Strukturen in Zusammenarbeit mit Anwälten, Wirtschaftsprüfern und Treuhändern, der Erledigung aller notwendigen Registrierungsformalitäten bei Börsen und Aufsichtsbehörden. Auch nicht allein in der Ausstellung und Ausgabe der Zertifikate, der Bestellung von Marketmakern und - über eine Tochtergesellschaft oder eine Partnerbank am Ort des emittierenden Unternehmens - dem Erwerb und der treuhänderischen Verwahrung (einschließlich Dividendentransfers und eventueller Ausübung der Stimmrechtsvollmacht) der Aktien, die als Basis für die Emission der Depositary Receipts hinterlegt werden. Vielmehr muß die Unterstützung bereits weit im Vorfeld einsetzen, nämlich bei der Identifizierung der vom Unternehmen angestrebten Ziele und der dementsprechenden Auswahl des Instrumentes und des Marktsegmentes.

So standen bei der Plazierung der ADRs der Deutsche Telekom AG an der NYSE neben der angestrebten Internationalisierung der Aktionärsstruktur und der Optimierung künftiger Kapitalmaßnahmen ganz konkret die sofortige Schöpfung zusätzlichen Kapitals und zugleich die Nutzung des Publizitätseffekts im Pflichtenheft. Unter den verschiedenen ADR-Varianten, die zur Verfügung stehen, bot sich damit nur ein sogenanntes Public-Offering Level-three an, der umfassendste, aber auch aufwendigste Weg für ein ausländisches Unternehmen an den US-Kapitalmarkt. Denn damit verbunden ist die vollständige Einführung an einer US-Börse – NYSE, Amex oder Nasdaq – zu vergleichbaren Bedingungen, wie sie auch für US-Unternehmen gelten. Dies schließt die Registrierung bei der US-Börsenaufsicht SEC entsprechend dem Securities Act von 1933 nach Form F-1 und F-6 für die Erstplazierung, nach Form 20-F im Jahresrhythmus und nach der

Kurzform F-2 und F-3 für Folgeplazierungen ein. Außerdem die vollen Berichtspflichten einschließlich Rechnungswesen nach GAAP gemäß dem Securities Exchange Act von 1934.

Der Einsatz des im Vergleich zu einem Public Offering Level-three wesentlich kostengünstigeren und organisatorisch weit einfacheren ADR-Typs Level-one, der ausschließlich am OTC-Markt gehandelt wird, nur den vereinfachten SEC-F-6-Registrierungsvorschriften nach dem Securities Act unterliegt und von den strengen US-Berichtspflichten befreit ist, schied für die Telekom dagegen allein schon deshalb aus, weil Kapitalbeschaffungsmaßnahmen unter diesen Regularien schlicht untersagt sind. Die angepeilte, möglichst breite PR-Wirkung ist mit diesem Instrument ebenfalls nicht erreichbar. Denn die Kurse der Level-one-ADR werden nur in den sogenannten Pink Sheets und/oder den NASD's OTC Bulletins veröffentlicht, die ausschließlich Brokern und Händlern zur Verfügung stehen. Nebenbei: Daß in diesen vom National Quotation Bureau bzw. der National Association of Securities Dealers (NASD) erstellten Kurszetteln außerdem auch die aktuellen Preise der sogenannten Penny stocks von meist noch sehr jungen und oft hoch riskanten US-Unternehmen notiert sind, hat dieses ADR-Segment für den auf den Aufbau eines internationalen Renommees bedachten früheren deutschen Staatskonzernes ebenfalls weniger attraktiv gemacht.

Für andere deutsche Unternehmen, die sich beispielsweise nur vorsichtig und prophylaktisch an den US-Markt herantasten und nicht sofort neues Kapital akquirieren wollen, kann sich die Situation allerdings völlig anders darstellen. Dies zumal dann, wenn für sie – zumindest vorerst – auch der mit einer Börseneinführung verbundene PR-Effekt nicht vorrangig ist. So hat beispielsweise die VIAG AG bei ihrem ADR-Programm 1996 zunächst ganz bewußt den außerbörslichen OTC-Markt gewählt.

Imagefragen wie bei Level-one-ADRs stellen sich bei einem ADR des Typs Level-two nicht. Denn auch damit ist automatisch die prestigeträchtige Notierung an der Nasdaq, der Amex oder gar der NYSE verbunden, obwohl bei dieser ADR-Variante im Prinzip ebenfalls die vereinfachte SEC-Registrierung ausreicht und die Berichtspflichten nach Form 20-F zwar schon wesentlich umfangreicher sind, aber beispielsweise immer noch die teilweise Erfüllung der GAAP-Normen genügt. Für die Telekom kam auch diese ADR-Form gleichwohl nicht in Frage, weil die Beschaffung neuen Kapitals nicht zulässig ist. Denn Level-Two-ADRs können nur auf der Basis an den Heimatmärkten bereits emittierter Aktien ausgegeben werden und somit ausschließlich der Verbreiterung der Aktionärsstruktur und zur Erhöhung des Bekanntheitsgrades dienen.

3. ADR der Daimler Benz AG mit spezieller Konzeption

Genau diese Ziele standen beim ADR-Programm der Daimler Benz AG zunächst im Vordergrund. Allerdings sollten sie außer am amerikanischen Markt zugleich auch an anderen Börsen umgesetzt werden. Deshalb wurde das American-Depositary-Receipts-Programm für Daimler Benz von der Citibank in den Vereinigten Staaten als Level-three-Programm konzipiert. Parallel hierzu wurde der Wert in Singapur als Daimler Benz SDR (Singapore Depositary Receipts) Programm an der Singapore Stock Exchange aufgenommen. Als zusätzliche Neuerung wurden bei diesem Modell deutsche Bezugsrechtsangebote in das Programm integriert und auf diese Weise von Anfang an indirekt die Beschaffung neuen Kapitals an ausländischen Märkten ermöglicht.

Eine weitere Möglichkeit der schrittweisen Annäherung an den US-Markt besteht für ausländische Unternehmen in der Form eines zunächst nur privat plazierten ADR-Programms (Privateplacement Rule 144A). Diese – von deutschen Unternehmen ebenfalls bereits gewählte – Variante bietet sich vor allem an, wenn die ergiebigste Kapitalbasis der Welt zwar sofort erschlossen und dafür zugleich ein entsprechendes Standing in US-Fachkreisen geschaffen werden soll, aber weder auf einen breiten Anlegermarkt noch auf große Publicity-Effekte Wert gelegt wird.

Denn gehandelt werden darf dieser ADR-Typ nur von sogenannten Qualified Institutional Buyers. Das sind in der Regel institutionelle Anleger wie Banken, Versicherungsgesellschaften oder Pensionfonds, die mindestens ein Wertpapierdepot in der Größenordnung von 100 Millionen US-Dollar verwalten, und Broker mit einem Wertpapierumsatz von mindestens 10 Millionen Dollar. Die Marktliquidität wird bei dieser ADR-Form durch das Computerhandelssystem PORTAL sichergestellt, das ebenfalls von der NASD betrieben wird. Für deutsche Unternehmen, die auf der Suche nach US-Kapital sind, besteht der besondere Charme dieser weiteren ADR-Alternative in der Befreiung vom Berichtswesen nach den US-Bilanzierungsrichtlinien GAAP, die für sie wegen der abweichenden deutschen Vorschriften bislang regelmäßig eine doppelte Rechnungslegung notwendig machen und wegen der völlig unterschiedlichen Bewertungsmethoden außerdem oft hohen Erklärungsbedarf bei ihren heimischen Aktionären auslösen.

4. Permanente Weiterentwicklung des ADR-Angebots

Die permanente Weiterentwicklung des ADR-Angebots erlaubt inzwischen aber auch die maßgeschneiderte Kombination der einzelnen Varianten, um so ganz speziellen Bedürfnissen der Unternehmen entgegenzukommen. So führt das parallele Fahren eines Rule 144A- und eines Level-one-ADR-Programms, „Side-by-side“ genannt, beispielsweise dazu, daß sowohl die Möglichkeit zur Kapitalgenerierung auf dem US Markt gegeben ist und gleichzeitig breite Anlegerkreise angesprochen werden können. Gleichwohl müssen - anders als bei einem Public Offering Level-three – die strengen US-Berichts- und Registrierungspflichten bei dieser Kombination aber nicht erfüllt werden. Erstmals beschritten wurde dieser Weg 1990 von Alcatel Alsthom. Bereits zwei Jahre später hievte der französische Telekommunikationsanbieter sein Level-one-Programm dann allerdings trotzdem auf die NYSE-gelistete Level-three-Stufe.

Kombinationslösungen aus Level-one- oder Level-two-Programmen und einem Private Placement können sich aber beispielsweise auch dann als optimale Lösung anbieten, wenn im Rahmen des Vergütungs- oder Altersversorgungssystems bei der US-Tochter eines ausländischen Unternehmens eigene Aktien in einen speziellen Fonds eingebracht werden sollen. Diese Konstruktion entwickelte die Citibank 1993 zunächst speziell für den französischen Pharmakonzern Rhône-Poulenc. Zwischenzeitlich wird sie als Employee Stock Ownership Plan (ESOP), bei dem allein der ausländische Arbeitgeber die Finanzierung eines ADR-Fonds übernimmt, und als Employee Stock Purchase Plan (ESPP) – hier erwerben die Arbeitnehmer selbst aus ihrem laufenden Einkommen oder aus Abfindungen die ADRs – auch in standardisierter Form angeboten.

Zuweilen werden solche Side-by-Side-Konstruktionen jedoch sogar zwangsläufig notwendig, um nicht mit gesetzlichen US-Vorgaben wie den SEC-Vorschriften in Konflikt zu geraten. Dies ist beispielsweise der Fall, wenn über ein privat plaziertes ADR-Programm ganz gezielt institutionelle Investoren angesprochen werden sollen, aber gleichzeitig über ein Level-three-ADR auch breite Anlegerkreise, um den Bekanntheitsgrad des Unternehmens zu steigern. Ähnliches gilt bei Global Depositary Receipts, wie sie 1990 erstmals für die koreanische Samsung Corporation aufgelegt wurden. Hier muß nämlich sichergestellt werden, daß die in dritten Ländern angebotenen Depositary Receipts von den US-Regelungen gemäß der Regulation S (Reg S) ausgenommen sind.

5. 'N Shares' und 'unsponsored' Programme

Umgekehrt ermöglichen die 1994 entwickelten „N Shares" ausländischen Unternehmen, sich über Depositary Receipts Eigenkapital an den US-Märkten zu besorgen, obwohl ihre Aktien aufgrund der gesetzlichen Vorgaben eigentlich ausschließlich an Investoren in ihren Heimatmärkten verkauft werden dürfen. Diese Konstruktion wurde speziell für Emittenten in Ländern entwickelt, deren Märkte sich noch in einem relativ frühen Entwicklungsstadium befinden, oder wo – wie in China – der Staat die Kontrolle über die Unternehmen behalten will.

Eine Innovation in eine ganz andere Richtung wurde schließlich für LM Ericsson entwickelt. Der schwedische Telekommunikationskonzern sah sich Anfang der achtziger Jahre der Tatsache gegenüber, daß für seine Aktien in den USA zu diesem Zeitpunkt bereits ein sogenanntes „unsponsered" – also nicht von ihm selbst, sondern von einer US-Bank ohne sein Zutun initiiertes – ADR-Programm existierte. Dies ist nichts Ungewöhnliches, hat für das betroffene Unternehmen allerdings den Nachteil, daß es über keine Einfluß- und Steuerungsmöglichkeiten verfügt. Andererseits signalisiert allein das Vorhandensein der unsponsered ADRs das offensichtlich besonders ausgeprägte Interesse an dieser Aktie, denn für die Investoren ist der Erwerb solcher ADRs im Vergleich zu solchen aus „sponsored" Programmen in der Regel mit deutlich höheren Kosten verbunden.

1983 entschloß sich Ericsson daher, dem bis dahin unsponsered ADR-Programm seinen offiziellen Segen zu geben und ließ es an der Nasdaq listen. Zehn Jahre später, 1993, nutzte das Unternehmen die Gunst der Stunde, um seine Kapitalbasis zu verbreitern. Es betrat dabei mit Unterstützung der Citibank jedoch völliges Neuland. Denn erstmals wurden Depositary Receipts nicht mit Aktien, sondern mit einer Art Wandelanleihen unterlegt. Ergebnis dieser Premiere waren die American Depositary Debentures (ADDs), die es von da an ermöglichten, auch internationale Schuldverschreibungen in den USA handelbar zu machen und ausländischen Unternehmen somit eine zusätzliche Möglichkeit zur Kapitalbeschaffung zu erschließen. Für ein deutsches Unternehmen (Daimler Benz) wurde zuletzt 1997 ein American Depositary Note (ADN) und ein Deutsche Mark-Book Entry Securities (DM-BES) von der Citibank aufgelegt.

Über diese oft sehr diffizilen Feinheiten bei der Einrichtung und Gestaltung von ADR-Programmen hinaus ist für deren nachhaltigen Erfolg aber auch die laufende Betreuung durch die Depositary Bank entscheidend. Dies gilt nicht nur mit Blick auf eine professionelle und kostengünstige technische Abwicklung des laufendes Geschäfts, sondern auch hinsichtlich der ständigen Marktbearbeitung durch Investor-Relations- und Research-Aktivitäten.

Die Citibank stellt dafür mit dem „Issuer Access" und dem „Broker Access" zwei ausgefeilte, PC-basierte Informationsinstrumente zur Verfügung. "Broker Access" gibt den ADR-Händlern ein Informations- und Abwicklungssystem für den Handel mit ADRs an die Hand und trägt so zur Steigerung der Marktliquidität bei. Über „Issuer Access" können sich die Emittenten der Aktien, die den ADR zugrunde liegen, permanent über Umsätze und Kursentwicklungen ihrer ADRs – dies sogar aufgeteilt nach einzelnen Regionen – unterrichten lassen und die Aktivitäten der Broker nachvollziehen. Auch Profile der ADR-Käufer sind abrufbar. So werden im Bedarfsfalle ganz gezielte Aktionen im Vertriebs- und Marketingbereich ermöglicht.

6. Mehr Kontaktpflege deutscher Unternehmen in den USA gefordert

Demselben Ziel dient auch der Research, den die Depositary Bank für ihre Kunden betreibt. So hat die Citibank beispielsweise in einer Studie über die Haltung institutioneller Anleger in den USA ein seit einigen Jahren generell wachsendes Interesse gegenüber deutschen Aktien festgestellt. Dieser potentiellen Nachfrage steht allerdings oft die Tatsache entgegen, daß viele der institutionellen Investoren per Satzung oder gesetzlichen Vorschriften ausschließlich in Wertpapiere investieren dürfen, die in den USA gelistet sind. Hier bieten ADRs den optimalen Ausweg, damit sich auch deutsche Unternehmen diese wichtige Zielgruppe erschließen können.

Bemängelt wird der Studie zufolge von den US-Investoren allerdings, daß deutsche Unternehmen noch immer zu wenig zur Kontaktpflege täten. Dies empfinden die US-Investoren insbesondere bei kleineren deutschen Unternehmen nach wie vor als sehr erheblichen Mangel. Und selbst größere Aktiengesellschaften würden beispielsweise bei Roadshows in den USA häufig den Fehler machen, nur den Osten des Landes oder gar ausschließlich New York zu bereisen und sich dabei zudem auf die ganz großen Investmentfirmen zu konzentrieren.

Daß hier ein Umdenken dringend erforderlich ist, ergibt sich aus einer weiteren Studie, die von Andrews Research Associates im Auftrag der Citibank angefertigt wurde und bei der das generelle Interesse der US-Investment-Manager an Auslandsengagements abgefragt wurde. Danach gehen rund 69 Prozent der Befragten davon aus, daß sie künftig verstärkt Wertpapiere ausländischer Emittenten nachfragen werden, wobei die erwartete Steigerungsrate mit 55 Prozent bei ADRs die einer Direktanlage - 47 Prozent - deutlich übersteigt. Bevorzugt werden ADRs insbesondere von Investoren mittlerer Größe - also exakt dem Segment, das deutsche Unternehmen derzeit noch stark vernachlässigen, aber - wie ebenfalls aus der Umfrage zu entnehmen ist - die höchsten Steigerungsraten aufweist.

Und auch in regionaler Hinsicht präsentiert die Studie einige Ergebnisse, die deutsche Unternehmen mit ADR-Ambitionen künftig sehr sorgfältig in ihr Kalkül einbeziehen sollten: Denn im US-Durchschnitt bevorzugen 51 Prozent der befragten Portfoliomanager bei einem Auslandsengagement ADRs, gegenüber 32 Prozent, die den unmittelbaren Aktienerwerb vorziehen. Im mittleren Westen der USA sieht diese Verteilung mit 74 zu 18 Prozent jedoch dramatisch anders aus, im Süden mit 69 zu 24 Prozent ebenfalls, und an der - aus deutscher Unternehmenssicht offenbar sehr fernen - Westküste gibt es mit 44 zu 23 Prozent noch immer eine deutliche Vorliebe für ADRs. Ausgerechnet im Nordosten dagegen, wohin sich deutsche Aktienunternehmen häufiger zur Investorenpflege auf den Weg machen, überwiegt mit 44 gegenüber 37 Prozent der Anteil derjenigen, die den direkten Erwerb ausländischer Aktien den ADRs vorziehen.

III.
Rechtliche Aspekte und Musterdepotverträge

Depotverträge für ADR-Programme deutscher Emittenten

Christof von Dryander
Cleary, Gottlieb, Steen & Hamilton

Inhalt

Die USA bilden den größten Kapitalmarkt der Welt. Im Zuge wachsender Internationalisierung bemühen sich deutsche Unternehmen deshalb zunehmend um Börsenzulassungen an der New Yorker Börse und anderen US-Börsen. Aktienplazierungen deutscher Unternehmen in den USA, sei es im Wege eines öffentlichen Angebotes oder einer Privatplazierung nach der sog. *Rule 144A*, nehmen ständig zu. Keine größere deutsche Aktiengesellschaft kann heute den US-Kapitalmarkt völlig ignorieren. Die geplante Zusammenführung der Daimler-Benz AG und der Chrysler Corporation unterstreicht eine weitere Bedeutung der Präsenz ausländischer Unternehmen auf dem US-Kapitalmarkt. Nur die Gesellschaft, deren Aktien wie im Fall der Daimler-Benz AG in den USA öffentlich gehandelt werden können, kann ihre Aktien auch für den Erwerb von Anteilen an einer börsenzugelassenen US-Gesellschaft als „Akquisitionswährung“ verwenden.

Der Schlüssel für den Zugang zum US-Kapitalmarkt ist das *American Depositary Receipt* (ADR). Unabhängig davon, ob die ausländische Gesellschaft eine Börsenzulassung in den USA anstrebt, ob sie neue Aktien im Wege eines öffentlichen Angebotes vertreiben möchte oder ob sie lediglich eine Privatplazierung beabsichtigt, der Handel von ausländischen Aktien in den USA erfolgt zumeist über ADRs. Ausnahmen gelten vornehmlich für Privatplazierungen bei großen Anlegern, die bereit sind, die Aktien unmittelbar im Ausland zu halten.

1. Die Rechtsnatur von ADRs

ADRs stellen Anteile an einem im Ausland gehaltenen Bestand von Aktien dar.[1] Emittent der ADRs ist eine amerikanische Bank, die Depotbank, die die ausländischen Aktien über eine ausländische Verwahrstelle hält. Der Inhaber eines ADRs wird nicht rechtlicher Miteigentümer an dem zugrundeliegenden Bestand an Aktien.

Eigentümer ist die Depotbank, die den Inhabern der ADRs die Stellung von wirtschaftlichen Eigentümern an den Aktien vermittelt. Praktisch darf sich deshalb der Inhaber eines ADRs als Aktionär der ausländischen Gesellschaft fühlen. ADRs erfüllen somit einen ähnlichen Zweck wie die Zertifikate, die der Auslandskassenverein in Deutschland lange Jahre über ausländische Namensaktien ausgegeben hat.[2]

2. Gründe für die Verwendung von ADRs

Für die Verwendung von ADRs gibt es rechtliche und wirtschaftliche Gründe. Die New Yorker Börse, die wichtigste Börse für die Zulassung ausländischer Aktien in den USA, läßt Aktien in Inhaberform derzeit nicht unmittelbar zum Handel an der Börse zu.[3] Der Hauptgrund für

1) Neben dem Begriff „ADR“ findet auch der Begriff „ADS“ *(American Depositary Shares)* Verwendung. Dieser Begriff sorgt oft für Verwirrung, denn es gibt kein Wertpapier oder sonstiges Dokument, das den Namen „ADS“ trägt. Ein ADS ist letztlich eine Fiktion. Nach amerikanischem Rechtsverständnis ist ein ADR nämlich nur ein *„Receipt“*, d.h. eine Beweisurkunde über ein oder mehrere zugrundeliegende ADS.

2) Heute sind viele ausländische Aktien unmittelbar in der Deutsche Börse Clearing AG (Clearing AG) übertragbar, da die Clearing AG gemäß § 5 Abs. 4 Depotgesetz mit zahlreichen ausländischen Zentralverwahrern einen grenzüberschreitenden Girosammelverwahrverkehr eingerichtet hat.

3) Andere wichtige US-Börsen beschränken die Zulassung gleichfalls auf Namenspapiere.

diese Praxis ist die Sorge, daß die US-Kleinaktionäre Mitteilungen über Ausschüttungen und andere wichtige Ereignisse nicht rechtzeitig erhalten. Ein weiterer Grund dafür, daß ausländische Inhaberaktien nicht zum Börsenhandel in den USA zugelassen werden können, liegt darin, daß die Depositary Trust Company (DTC), das US-Clearing- und Verwahrsystem, derzeit keine Inhaberaktien zur Verwahrung annimmt. ADRs erleichtern zudem den Handel von Aktien ausländischer Gesellschaften in den USA. Die Abwicklung von Geschäften in ADRs erfolgt im Einklang mit der üblichen US-Frist von drei Geschäftstagen (T+3).

Bei Geschäften in den Aktien selbst folgt die Abwicklung demgegenüber oft den Regelungen im Heimatmarkt der Aktien, was zu Verzögerungen bei der Abwicklung führen kann. Eine weitere wichtige abwicklungstechnische Erleichterung bei der Verwendung von ADRs besteht bei der Durchführung des Verfahrens zur Erstattung ausländischer Quellensteuern auf Dividenden (bei deutschen Aktien der Kapitalertragsteuer). US-Aktionäre, die die ausländischen Aktien unmittelbar halten, müssen diese Erstattungsansprüche in Einzelanträgen bei der ausländischen Erstattungsstelle geltend machen. Dieses Verfahren ist für Kleinanleger zu aufwendig. Für ADRs übernimmt deshalb in der Regel die US-Depotbank die Durchführung des Erstattungsverfahrens.[4)]

Über ADRs lassen sich zudem die oftmals „schweren" ausländischen Aktien in kleinere Einheiten zerlegen, deren Marktkurs den amerikanischen Gepflogenheiten eher entspricht. Liegt zum Beispiel in den USA der allgemeine Marktwert von Konsumwerten zwischen US$ 30 und US$ 50, so würde ein ausländischer Konsumwert, der zum fünf- oder zehnfachen Kurs notiert wird, in den USA unter Anlegern wenig Anklang finden. Dadurch, daß ein einzelnes ADR einen Bruchteil der ausländischen Aktie verbriefen kann, läßt sich diese auf eine den Marktgepflogenheiten in den USA angemessene Einheit herunterbrechen. Für deutsche Aktien hat dieser Vorteil nach Herabsetzung des gesetzlichen Mindestnennbetrages von DM 50 auf DM 5 an Bedeutung verloren.

ADRs lauten zudem auf US-Dollar und werden in den USA in US-Dollar gehandelt und übertragen. ADRs erleichtern deshalb die Aus-

---

4) Siehe dazu im einzelnen unten unter 5.2

zahlung von Dividenden und sonstigen Ausschüttungen in US-Dollar durch die Depotbank. Ein weiterer Vorteil der Verwendung von ADRs ist, daß bestimmte Gruppen von US-Anlegern hinsichtlich der Anlage in Wertpapieren, die nicht auf US-Dollar lauten, beschränkt sind. In vielen Fällen gilt diese Beschränkung nicht oder nur in geringerem Umfang für ADRs, die die zugrundeliegenden ausländischen Aktien verbriefen. Letztlich kann die US-Depotbank auch als Bindeglied zwischen der ausländischen Gesellschaft und den US-Aktionären der Gesellschaft aus *Investor Relations*-Sicht eine wichtige Rolle spielen.

3. Arten von ADR-Programmen

Der Begriff „ADR-Programm" bezeichnet den vertraglichen Rahmen für die Ausgabe der ADRs. Man unterscheidet allgemein zwischen sog. *„sponsored"* ADR-Programmen und *„unsponsored"* ADR-Programmen. Der Begriff *„unsponsored"* bedeutet, daß die ausländische Gesellschaft nicht an der Auflegung und Verwaltung des Programmes mitwirkt.

Ein *„unsponsored"* Programm kommt auf Initiative der US-Depotbank oder US-Wertpapierhändler *(„Broker")* zustande. Bei einem *„sponsored"* Programm trägt die ausländische Gesellschaft die Kosten des Programms (Gebühren der Depotbank und des Verwahrers der Aktien, Spesen bei Umwechslung von Dividendenzahlungen in Dollar etc.) und sorgt dafür, daß die Depotbank die üblichen Aktionärsmitteilungen erhält.[5] Bei einem *„unsponsored"* Programm fallen die Kosten des Programms den Anlegern zur Last, und die ausländische Gesellschaft ist auch nicht anderweitig an dem Programm beteiligt.[6]

Zudem unterscheiden Fachleute zumeist zwischen verschiedenen Arten oder Ebenen *(„Levels")* von *„sponsored"* ADR-Programmen:

Ein *„Level I"*-Programm bezieht sich nur auf bereits ausstehende Aktien. Es wäre nach den US-Wertpapiergesetzen nicht zulässig, neu ausgegebene Aktien in ein *„Level I"*-Programm einzuliefern.[7] Demnach

5) Angesichts des zunehmenden Wettbewerbs unter den Depotbanken sind diese jedoch oft zu erheblichen Zugeständnissen bei der Kostenübernahme bereit, um attraktive Gesellschaften an den US-Markt zu bringen.

6) Depotbanken fragen jedoch zumeist aus geschäftlichen Erwägungen, ob die Gesellschaft Einwände gegen die Auflegung eines *„unsponsored"* ADR-Programms hat.

7) Beschränkungen bestehen aber auch hinsichtlich der Einbeziehung von Aktien, die Großaktionäre halten, in das Programm.

ist ein *„Level I"*-Programm nicht dazu geeignet, der Gesellschaft neues Eigenkapital zuzuführen. Zur Auflegung eines *„Level I"*-Programms ist keine Registrierung der zugrundeliegenden Aktien mit der US-Wertpapieraufsichtsbehörde, der *Securities Exchange Commission („SEC")*, erforderlich. Auch einer Überleitung *(„reconciliation")* der ausländischen Abschlüsse auf die US-Rechnungslegungsvorschriften *(„US-GAAP")* bedarf es nicht.[8] Dafür dürfen die unter einem *„Level I"*-Programm begebenen Aktien auch nicht an einer US-Börse notiert werden.

„Level II" bedeutet, daß die ADRs an einer US-Börse notiert werden. Dazu bedarf es einer Registrierung der zugrundeliegenden Aktien mit der *SEC*, mit den damit verbundenen Anforderungen - also insbesondere Erstellung umfangreicher Registrierungsunterlagen einschließlich einer Überleitung der Abschlüsse auf die US-Rechnungslegungsvorschriften.

Die nächste Ebene, *„Level III"*, bezieht sich auf ein ADR-Programm für neu ausgegebene Aktien, die öffentlich angeboten werden. Auch bei einem solchen Programm ist eine Registrierung mit der *SEC* erforderlich. *„Level II"* und *„Level III"*-Programme können in ein einheitliches Programm integriert werden.

Die *SEC* erlaubt kein Nebeneinander von *„unsponsored"* und *„sponsored"* ADR-Programmen. Die Auflegung eines *„sponsored"* ADR-Programms für die Aktien einer ausländischen Gesellschaft erfordert deshalb die Beendigung etwaiger *„unsponsored"* ADR-Programme für die Aktien.[9]

Daneben gibt es noch den Begriff *„restricted"* Programm. Dabei handelt es sich um ein Programm, in das lediglich Aktien, die nach der sog. *Rule 144A* plaziert worden sind, eingebracht werden. Auch ein *„restricted"* Programm ist ein *„sponsored"* ADR-Programm, da die ausländische Gesellschaft an der Auflegung des Programms mitwirkt.

---

8) Statt der Überleitung der ausländischen Abschlüsse auf *US-GAAP* kann die ausländische Gesellschaft auch auf der Grundlage von *US-GAAP* erstellte Abschlüsse verwenden.

9) Die Depotbank für das *„sponsored"* Programm übernimmt in der Regel die Kosten der Beendigung.

4. Rechtliche Anforderungen an die Auflegung von ADR-Programmen

Die Auflegung eines *„sponsored“* ADR-Programms setzt den Abschluß eines Depotvertrages *(„Deposit Agreement“)* zwischen der ausländischen Gesellschaft und der Depotbank sowie die Erfüllung gewisser US-wertpapierrechtlicher Anforderungen voraus.

Es bestehen zumindest zwei US-wertpapierrechtliche Anforderungen:

4.1 Rule 12g3-2(b)

Das US-Wertpapierrecht unterwirft ausländische Gesellschaften, die mehr als 300 in den USA ansässige Aktionäre haben, grundsätzlich der Pflicht zur Registrierung bei der *SEC*.[10] Die *SEC* hat jedoch im Verordnungsweg (durch Erlaß der Rule 12g3-2(b)) ausländischen Gesellschaften, die kein öffentliches Angebot von Aktien in den USA machen und deren Aktien nicht an einer US-Börse zugelassen sind, von der Registrierungspflicht freigestellt, sofern die Gesellschaften der *SEC* regelmäßig die in ihrem Heimatland oder an anderen Börsen veröffentlichten Informationen und an Aktionäre versandten Mitteilungen (sog. *„home country disclosure“*) zusenden, wo sie dann den US-Aktionären der Gesellschaft zugänglich sind. Die Freistellung setzt einen formlosen Antrag an die *SEC* voraus, dem die im vergangenen Geschäftsjahr veröffentlichten Informationen und Aktionärsmitteilungen beizufügen sind. Informationen und Mitteilungen, die direkt an die Aktionäre versandt werden, müssen – soweit vorhanden – in englischer Sprache vorgelegt werden. Gibt es keine englische Fassung, so genügt eine kurze Beschreibung des Dokuments auf Englisch.

Die Rule 12g3-2(b) Ausnahme ist auch dann erforderlich, wenn eine US-Depotbank ein *„unsponsored“* ADR-Programm auflegen möchte. Aus diesem Grund kann deshalb eine ausländische Gesellschaft letztlich auch bestimmen, ob *„unsponsored“* Programme für ihre Aktien in den USA aufgelegt werden können.

---

10) Hierbei handelt es sich um eine von der Neuausgabe von Aktien im Wege eines öffentlichen Angebots unabhängige Pflicht, die sich aus dem Wertpapiergesetz von 1934 *(„Securities Exchange Act of 1934“)* ergibt. Die Anforderungen an die Registrierungsunterlagen decken sich jedoch weitgehend mit denen, die sich aus dem Wertpapiergesetz von 1933 *(„Securities Act of 1933“)* für die Neuausgabe von Wertpapieren im Wege eines öffentlichen Angebots ergeben.

4.2 Registrierung der ADRs

Rechtlich stellt auch die Ausgabe von ADRs eine Neuemission von Wertpapieren dar, die bei der *SEC* zu registrieren ist, sofern der Erwerb der ADRs nicht auf Anleger, die im Wege der Privatplazierung erwerben, beschränkt ist[11]. Sofern es sich wie bei einem *„Level I"*-Programm jedoch bei den zugrundeliegenden Aktien um bereits ausstehende Aktien handelt (und deshalb keine Registrierung der Aktien selbst erforderlich ist),[12] muß der Registrierungsantrag lediglich Angaben über die Depotbank und die ADRs enthalten.

Mit dem Antrag sind der Depotvertrag und ein Muster der ADRs der *SEC* vorzulegen. Der Antrag ist von der Depotbank und der ausländischen Gesellschaft zu unterzeichnen. Die Unterzeichnung für die ausländische Gesellschaft hat durch den Vorstandsvorsitzenden *(chief executive officer)*, den Finanzvorstand oder -chef *(chief financial officer)*, den Chief Controller (sofern abweichend vom Finanzvorstand oder -chef) sowie einer Mehrheit der Vorstandsmitglieder zu erfolgen.[13] Zudem bedarf es der Unterzeichnung durch einen bevollmächtigten Vertreter in den USA (z.B. ein Angestellter einer US-Tochtergesellschaft).[14]

Die Antragsvoraussetzungen sind relativ einfach, sofern die Depotbank und die ausländische Gesellschaft berechtigt sind, den Antrag auf *„Form F-6"* zu stellen. In der Praxis wird diese Form für alle ADR-Programme, die eine Registrierung der ADRs mit der *SEC* erfordern, verwendet. Dazu sind zwei Bedingungen zu erfüllen: (a) Den Inhabern der ADRs muß das Recht gegeben werden, die ADRs jederzeit gegen die zugrundeliegenden Aktien auszutauschen (vorbehaltlich ge-

---

11) Eine solche Beschränkung gilt nur bei *"registered"* Programmen. Unter einem *"Level-I"*-Programm begebene ADRs können demgegenüber auch Privatanleger unbeschränkt erwerben.

12) Die US-Wertpapiervorschriften erlauben grundsätzlich den freien Verkauf von ausstehenden Wertpapieren ohne *SEC*-Registrierung.

13) Zumeist unterzeichnen jedoch alle Vorstandsmitglieder der Gesellschaft den F-6 Registrierungsantrag. Eine Unterzeichnung durch den Aufsichtsrat ist nicht erforderlich.

14) Sofern die Gesellschaft keine Tochtergesellschaft in den USA hat oder diese die Rolle des bevollmächtigten Vertreters nicht übernehmen möchte, kann die Gesellschaft die CT Corporation oder ein sonstiges auf die Übernahme von Zustellungsaufgaben spezialisiertes Unternehmen beauftragen. Die Depotbank ist oft nicht bereit, diese Aufgabe zu übernehmen.

wisser vertraglicher Zurückbehaltungsrechte); und (b) die zugrundeliegenden Aktien müssen mit der *SEC* registriert werden (*Level II* und *III*-Programme) oder in den USA ohne Registrierung frei verkäuflich sein (*Level I*- Programme) ; und (c) die ausländische Gesellschaft muß von der *SEC*-Registrierungspflicht nach Rule 12g3-2(b) freigestellt sein (siehe oben unter 4.1).

Der Inhalt der *Form F-6* ist einfach. Teil I muß eine kurze Beschreibung der ADRs, der zugrundeliegenden Aktien und des Depotvertrages (einschl. der Gebührenstruktur) sowie Angaben zu den Informationen, die die ausländische Gesellschaft der *SEC* gemäß Rule 12g3-2(b) mitteilt, enthalten. Teil II verlangt die Vorlage verschiedener Dokumente (Depotvertrag; etwaige andere Verträge, die die ADRs betreffen; ein Rechtsgutachten zur Wirksamkeit der ADRs; und eine Liste der Banken, die an der Auflegung oder Durchführung des Programms mitwirken) sowie gewisse Zusagen der Depotbank. Die *SEC*-Registrierungsgebühren sind gering und werden häufig von der Depotbank übernommen.

4.3 Registrierung der Aktien

Einer Registrierung der zugrundeliegenden Aktien bedarf es nur bei „*Level II*“ oder „*Level III*“-Programmen. Eine solche Registrierung erfordert die Erstellung umfangreicher Registrierungsunterlagen einschließlich der Überleitung der ausländischen Abschlüsse auf die US-Rechnungslegungsvorschriften. Diese Anforderungen haben bisher viele deutsche Gesellschaften von der Zulassung ihrer Aktien an einer US-Börse abgehalten.[15]

5. Der Depotvertrag

5.1 Grundkonzeption

Der Depotvertrag regelt die Rechtsbeziehungen zwischen der ausländischen Gesellschaft und der Depotbank (u.a. die Ausgabe und Übertragung der ADR-Zertifikate, die Ausschüttung von Dividenden und die Einbringung neuer Aktien in das Programm) sowie die Rechte der

---

15) Es ist unklar, ob und wann sich die *SEC* und ausländische Wertpapieraufsichtsbehörden auf einheitliche Rechnungslegungsvorschriften, wie z.B. die sog. *International Accounting Standards (IAS)*, einigen werden.

ADR-Inhaber (u.a. Tragung von Kosten und Gebühren, Ausübung von Aktionärsrechten und Umtausch der ADRs in die zugrundeliegenden Aktien). Die US-Depotbanken verwenden ähnliche Vertragsformulare, so daß die Aushandlung des Depotvertrages zumeist zügig vonstatten geht. Im Februar 1996 hat das Deutsche Aktieninstitut e.V. unter Mitwirkung verschiedener Anwaltskanzleien einen Mustervertrag entwickelt, der die besonderen rechtlichen und praktischen Bedürfnisse deutscher Gesellschaften berücksichtigt.[16]

Die einzelnen Rechtsbeziehungen lassen sich wie folgt darstellen:

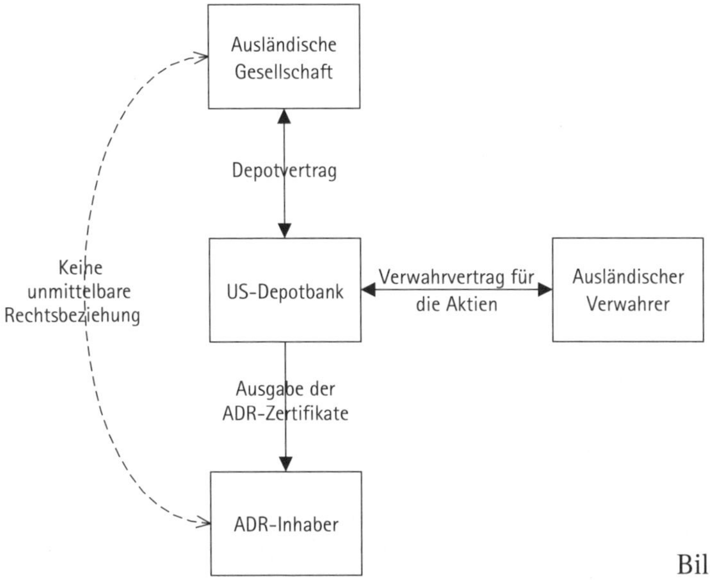

Bild 1

Der Depotvertrag besteht grundsätzlich aus zwei Teilen, dem Vertrag zwischen der ausländischen Gesellschaft und der Depotbank und dem als Anlage zum Vertrag beigefügten Muster der ADR-Zertifikate, die die Depotbank an die Anleger (die ADR-Inhaber) ausgibt. Der Vertrag

16) Der Mustervertrag ist beim Deutschen Aktieninstitut e.V. erhältlich. Der Mustervertrag gilt für „*Level I*"-Programme und bedarf gewisser Anpassungen und Ergänzungen bei Verwendung für „*Level II*" oder „*Level III*"-Programme.

regelt die Rechtsbeziehungen zwischen der ausländischen Gesellschaft und der Depotbank, während das ADR-Zertifikat die Rechtsbeziehung zwischen der Depotbank und den Anlegern regelt. Zwischen der ausländischen Gesellschaft und den ADR-Inhabern gibt es keine unmittelbaren Rechtsbeziehungen. Aus rechtlicher Sicht ist die Depotbank Aktionär. Bei ADRs, die sich auf deutsche Aktien beziehen, hat nur die Depotbank die Rechte eines Aktionärs nach dem Aktiengesetz.

Die Inhaber der ADRs können Rechte grundsätzlich nur gegenüber der Depotbank geltend machen. Der Depotvertrag ist insoweit kein Vertrag zugunsten Dritter. Die Rechtstellung der ADR-Inhaber entspricht der Rechtslage bei Unterbeteiligungen nach deutschem Recht. Ansprüche der ADR-Inhaber gegen die ausländische Gesellschaft können sich allenfalls auf gesetzliche oder sonstige außervertragliche Haftungsgrundlagen stützen.

Diese Rechtslage hat zur Folge, daß die Aktionärsrechte, wie z. B. Stimmrechte, Dividendenansprüche und Bezugsrechte, der Depotbank zustehen. Die Inhaber der ADRs sind jedoch aus wirtschaftlicher Sicht Aktionäre. Demzufolge sind ihnen die Dividenden und sonstigen vermögensrechtlichen Elemente der Aktionärsstellung zuzurechnen. Die Inhaber der ADRs sind deshalb auch Aktionäre aus steuerlicher Sicht. Aus diesen Gründen hat die ausländische Gesellschaft ein erhebliches Interesse an der Ausgestaltung der Rechtsbeziehung zwischen der Depotbank und den Inhabern der ADRs.[17)]

Der Depotvertrag unterliegt New Yorker Recht, da dort die US-Depotbanken ansässig sind. Die Verwendung deutschen Rechtes dürfte nicht sachgerecht sein, da der Hauptregelungsbereich des Depotvertrages Sachverhalte in den USA zwischen US-Parteien, nämlich der Depotbank und den ADR-Inhabern, betrifft. Eine wichtige Bestimmung des Depotvertrages ist auch die Regelung der Beendigung. Grundsätzlich können sowohl die ausländische Gesellschaft als auch die US-Depotbank den Depotvertrag jederzeit unter Einhaltung gewisser vertraglicher Kündigungsfristen beenden. Falls das ADR-Programm bei Beendigung nicht mit einer anderen Depotbank weitergeführt wird, würde die Beendigung zu dem Umtausch der ADRs in die zugrundeliegenden Aktien führen.

17) Neben diesem rechtlichen Interesse spielen natürlich auch geschäftspolitische Interessen eine wichtige Rolle.

5.2 Abwicklungstechnische Regelungen

Der Depotvertrag enthält zunächst einige grundsätzliche Regelungen zu abwicklungstechnischen Fragen. Die Depotbank verpflichtet sich, den ADRs zugrundeliegenden Bestand an Aktien bei einer deutschen Verwahrstelle zu unterhalten. Gegen diesen Bestand wird sie ADRs entsprechend dem dem Depotvertrag angefügten Muster ausgeben. Weitere technische Regelungen betreffen die Einlieferung weiterer Aktien im Austausch gegen ADRs durch Anleger sowie den Rücktausch von ADRs in Aktien.

Der Depotvertrag regelt ferner die Übertragung der ADRs. Wie US-Aktien, so sind auch ADRs Namenspapiere. Die Übertragung von ADRs erfordert deshalb die Umschreibung in den Büchern der Depotbank. Dieses Erfordernis schließt ADRs jedoch nicht von der Einbeziehung in Clearing-Systeme, insbesondere das Clearing- und Verwahrsystem der Depositary Trust Company (DTC), aus.[18] Die Übertragung der ADRs erfolgt deshalb in der Regel im Giroverkehr über die Bücher der DTC und der beteiligten Mitgliedsfirmen, ohne daß bei jeder Übertragung eine Änderung der Bücher der Depotbank notwendig ist.

5.3 Materielle Rechtsstellung der ADR-Inhaber

Der Depotvertrag und das ADR-Zertifikat enthalten umfangreiche Bestimmungen über die Vermittlung der Aktionärsstellung durch die Depotbank an die Inhaber der ADRs. Die Depotbank ist das Bindeglied zwischen der ausländischen Gesellschaft und dem ADR-Inhaber, also dem Aktionär, in wirtschaftlicher Hinsicht. Zum einen sorgt die Depotbank dafür, daß die ADR-Inhaber über wichtige Entwicklungen bei der ausländischen Gesellschaft informiert werden. Dazu gehören insbesondere Mitteilungen über Hauptversammlungen, Änderungen in der Kapitalstruktur, Dividendenausschüttungen und sonstige bedeutsame Entwicklungen.

Daneben sorgt die Depotbank dafür, daß den ADR-Inhabern soweit wie möglich die aktienrechtliche Stellung eines Aktionärs vermittelt wird. Dabei ist zwischen Vermögensrechten und Stimmrechten zu unterscheiden.

---

18) Die Eintragung in den Büchern der Depotbank lautet dann auf einen von der DTC benannten Repräsentanten *(Nominee)*.

5.3.1 Vermögensrechte

Als Grundprinzip gilt, daß die Depotbank die vermögensrechtliche Stellung des Aktionärs so weit wie möglich an die ADR-Inhaber weitergibt. Demzufolge hat die Depotbank Dividenden und sonstige Ausschüttungen grundsätzlich unverzüglich in US-Dollar an die ADR-Inhaber weiterzuleiten. Der Depotvertrag enthält in der Regel ausführliche Regelungen zur Umrechnung. Die ausländische Gesellschaft sollte sicherstellen, daß die Umrechnung zu einem fairen Kurs erfolgt und daß die ADR-Inhaber die Gutschrift unverzüglich erhalten.

Im Zusammenhang mit Ausschüttungen finden sich ferner Regelungen zur Geltendmachung von Steuererstattungsansprüchen nach dem Doppelbesteuerungsabkommen (DBA). Nach dem DBA zwischen Deutschland und den USA erhalten die Inhaber der ADRs die deutsche Kapitalertragsteuer in Höhe von 25% (plus Solidarzuschlag) der Bruttodividende auf Antrag insoweit erstattet, als der Steuersatz 10% der Bruttodividende überschreitet. Die Depotbank oder die ausländische Gesellschaft übernimmt in der Regel die Durchführung des Erstattungsverfahrens für die ADR-Inhaber.

Diese verwaltungstechnische Vereinfachung bedeutet einen erheblichen Vorteil von ADRs gegenüber dem unmittelbaren Erwerb der ausländischen Aktien, bei denen der US-Aktionär das Erstattungsverfahren selbst zu betreiben hat. Die ausländische Gesellschaft sollte bei der Verhandlung des Depotvertrages mit der Depotbank sicherstellen, daß diese (und nicht die ausländische Gesellschaft) in erster Linie die Verantwortung für die Durchführung des Erstattungsverfahrens übernimmt. Bei ADRs, die sich auf deutsche Aktien beziehen, besteht grundsätzlich die Möglichkeit, daß die US-Depotbank das gesamte Verfahren einschließlich der Antragstellung auf Erstattung beim Bundesamt für Finanzen in Bonn ohne Mitwirkung der deutschen Gesellschaft durchführt.

Auch sonstige Vermögensrechte sind grundsätzlich von der Depotbank an die ADR-Inhaber durchzuleiten. Diese Durchleitungsverpflichtung findet jedoch ihre Grenze an den Beschränkungen des US-Wertpapierrechts. Gratisaktien dürfen in der Regel an die ADR-Inhaber ausgeschüttet werden, da der Erwerb keine neue Anlageentscheidung durch die ADR-Inhaber erfordert. Im Gegensatz dazu wirft die Behandlung von Bezugsrechten oft große Schwierigkeiten auf. Die

Bezugsrechte stehen rechtlich der Depotbank als Aktionär der Gesellschaft zu. Die US-Wertpapiergesetze erlauben die Ausübung der Bezugsrechte für Rechnung der ADR-Inhaber nur dann, wenn die neuen Aktien mit der *SEC* registriert werden, da der Erwerb der neuen Aktien zumeist ein öffentliches Angebot in den USA darstellen würde.[19] Deshalb enthält der Depotvertrag Regeln, die der Depotbank den Verkauf der Bezugsrechte für Rechnung der ADR-Inhaber gestatten. Die ADR-Inhaber erhalten dann den Nettoverkaufserlös. Die damit verbundene Verwässerung führt immer wieder zu Unzufriedenheiten bei US-Anlegern.[20] Die *SEC* hat deshalb im Jahr 1991 den Entwurf einer Verlautbarung veröffentlicht, die eine besondere Ausnahme vom Registrierungserfordernis für die Teilnahme von US-Anlegern an Bezugsrechtsemissionen ausländischer Gesellschaften schaffen würde.[21] Die Verlautbarung würde es ausländischen Gesellschaften erlauben, die über Bezugsrechte neu auszugebenden Aktien in einem vereinfachten Verfahren mit der *SEC* zu registrieren. Die beiden hauptsächlichen Erleichterungen würden in der Verwendung des im Heimatland erstellten Prospektes sowie dem Verzicht auf die Überleitung der ausländischen Abschlüsse auf die US-Rechnungslegungsvorschriften bestehen. Leider hat sich die *SEC* bisher nicht dazu durchringen können, die Verlautbarung endgültig zu verabschieden.

5.3.2 Stimmrechte

Interessante Fragen wirft ferner die Regelung zur Ausübung von Stimmrechten auf. Die Depotverträge sehen in der Regel vor, daß die Depotbank in der Hauptversammlung auftritt und das Stimmrecht nach Weisung der ADR-Inhaber ausübt. Gibt ein ADR-Inhaber keine Weisung, so enthält sich die Depotbank der Stimme. Auf Wunsch einzelner ADR-Inhaber stellt die Depotbank auch Vollmachten aus, die den ADR-Inhabern den Besuch der Hauptversammlung ermöglichen. Ein ADR-Inhaber kann sein Stimmrecht dann als Vertreter der Depot-

---

19) Zu prüfen wäre im Einzelfall, ob zumindest größeren Aktionären der Erwerb der neuen Aktien nach *Rule 144A* oder auf der Grundlage einer anderen Ausnahme vom *SEC*-Registrierungserfordernis gestattet werden könnte.

20) Deutsche Gesellschaften werfen auch immer wieder die Frage auf, ob ein Zwangsverkauf der Bezugsrechte mit dem deutschen Aktienrecht vereinbar ist. Dies sollte der Fall sein, da die Depotbank rechtlich als Aktionär gilt und die ausländischem Recht unterliegenden vertraglichen Regelungen zwischen den ADR-Inhabern und der Depotbank den Verkauf ausdrücklich vorsehen.

21) *SEC* Release No. 33-6896 (5. Juni 1991).

bank selbst ausüben. Das Erfordernis, daß die zugrundeliegenden Aktien, hinsichtlich derer ein ADR-Inhaber das Stimmrecht ausüben möchte, hinterlegt werden müssen, hat sich in der Praxis allerdings oft als Hindernis für die Ausübung von Stimmrechten durch die US-Depotbank auf Weisung der ADR-Inhaber erwiesen. Da die Depotbank die Hinterlegungsanweisung an ihre deutsche Verwahrstelle weitergeben muß, ist der ADR-Inhaber gezwungen, seinerseits die Anweisung zur Hinterlegung an die Depotbank bereits einige Zeit vor dem letztmöglichen Zeitpunkt zur Hinterlegung in Deutschland zu geben. Dadurch verlängert sich die Hinterlegungsfrist für die ADR-Inhaber über den nach deutschem Recht erforderlichen Zeitraum hinaus. Das deutsche Hinterlegungserfordernis ist eine für US-Aktionäre oft schwer verständliche Regelung. Da Aktien in den USA ausschließlich als Namensaktien ausgegeben werden, richtet sich das Stimmrecht nach dem Stand des Aktienbuches an einem Stichtag, ohne daß eine Hinterlegung von Aktien erforderlich ist.

Einzelne Depotverträge haben Stimmrechtsregelungen, die von dem Grundprinzip, daß die US-Depotbank das Stimmrecht nur bei entsprechender Weisung der ADR-Inhaber ausübt, abweichen. Da das US-Recht keine Beschränkungen für die Regelung zur Stimmrechtsausübung zwischen der Gesellschaft und der Depotbank vorschreibt, sind die Parteien grundsätzlich frei, die Bestimmungen zur Stimmrechtsausübung im Depotvertrag im Rahmen der geltenden Gesetze auszugestalten.[22] So wäre es grundsätzlich möglich, daß die Depotbank auch das Stimmrecht für die Aktien ausübt, für die sie keine Weisung erhalten hat. Depotbanken sind jedoch angesichts möglicher Haftungsrisiken in der Regel nicht gewillt, Stimmrechte ohne entsprechende Weisung auszuüben.[23] Grundsätzlich ließe sich auch daran denken, das Stimmrecht auf einen von der Gesellschaft benannten Vertreter zu übertragen oder eine Stimmrechtsausübung entsprechend den Bestimmungen des § 135 Aktiengesetz vorzunehmen.

---

22) Allerdings ergeben sich bei „*Level II*" und „*Level III*"-Programmen Beschränkungen für die Regelung der Stimmrechtsausübung aus den Zulassungsbestimmungen der Börse, an der die ADRs notiert werden. So verlangt z.B. die New Yorker Börse grundsätzlich, daß die Gesellschaft oder die Depotbank Vollmachten *(Proxies)* zur Stimmrechtsausübung einholt.

23) Bei „*Level II*" und „*Level III*"-Programmen sollte der US-Depotbank auch deshalb kein Ermessen bei der Stimmrechtsausübung eingeräumt werden, da die Depotbank sonst u.U. als Aktionär für Zwecke der Mitteilungspflichten nach dem US-Wertpapiergesetz von 1934 gelten könnte. Diese Regelungen sind den Mitteilungspflichten gemäß §§ 21ff. Wertpapierhandelsgesetz ähnlich.

5.4 Haftungsregelung

Erheblicher Verhandlungsbedarf ergibt sich bei Depotverträgen häufig aus der Haftungsregelung. Die Depotbank versteht sich als Dienstleister, der im Auftrag und für Rechnung der Gesellschaft Mittler zwischen der Gesellschaft und den US-Aktionären ist. Dementsprechend erwartet die Depotbank eine umfassende Freistellung von allen Haftungsrisiken durch die Gesellschaft. Derartige Risiken können sich insbesondere aus den US-Wertpapiergesetzen ergeben, die gesetzliche Haftungsvorschriften für falsche oder unvollständige Angaben in den Registrierungsunterlagen (z.B. „*Form F-6*“) vorsehen.[24] Auch bei der Abwicklung von steuerlichen Erstattungsansprüchen oder der Durchleitung von Ausschüttungen bestehen gewisse Haftungsrisiken, für die die Depotbank eine Freistellung beansprucht. In der Praxis sind bisher allerdings keine Klagen von ADR-Inhabern gegen Depotbanken, für die die Haftungsfreistellungsregelungen der Depotverträge eingreifen, bekannt geworden.

5.5 Pre-release

Eine für deutsche Gesellschaften oft schwer verständliche Regelung im Depotvertrag betrifft die Bestimmungen zum sog. *Pre-release. Pre-release* bedeutet die vorzeitige Ausgabe von ADRs (bzw. Aktien), bevor der entsprechende Bestand an Aktien (bzw. ADRs) bei der Depotbank oder ihrem Verwahrer eingeht. Gibt zum Beispiel ein US-Wertpapierhändler eine Anweisung zur Lieferung von Aktien in Deutschland an den Verwahrer der US-Depotbank für das ADR-Programm, so dauert es in der Regel zwei Geschäftstage, bis die Gutschrift der Aktien auf dem Depot der Depotbank bei dem Verwahrer in Deutschland erfolgt.

Es stellt sich deshalb die Frage, ob die Depotbank bereits vor Gutschrift der Aktien die entsprechenden ADR-Zertifikate in den USA ausgeben kann. Die Depotbanken beanspruchen grundsätzlich das Recht zu einem solchen *Pre-release*, da der *Pre-release* eine der Möglichkeiten ist, mit einem ADR-Programm zusätzlich Geld zu verdie-

---

24) Derartige Haftungsrisiken entstehen in der Praxis allerdings nur bei „*Level II*“ oder „*Level III*“-Programmen, da nur diese Programme eine Darstellung der Finanzlage und Geschäftstätigkeit der ausländischen Gesellschaft erfordern. Da diese Angaben sich auf die ausländische Gesellschaft beziehen, erscheint es sachgerecht, daß diese die Depotbank von etwaigen Ansprüchen freistellt.

nen.[25] Denn der durch den *Pre-release* begünstigte US-Wertpapierhändler muß der Depotbank für den *Pre-release* eine besondere Gebühr zahlen. Für die Gesellschaft beinhaltet ein *Pre-release* das Risiko, daß ADRs ausgegeben werden, ohne daß der entsprechende Bestand an Aktien verfügbar ist. Daraus könnten sich steuerliche und sonstige rechtliche Probleme ergeben. Da die *Pre-release*-Vorschriften im Interesse der Depotbank bestehen, sollte diese die Gesellschaft im Depotvertrag umfassend für alle Risiken aus den *Pre-release*-Aktivitäten der Depotbank freistellen.[26]

6. Die Zukunft von ADRs

ADRs sind letztlich Hilfsmittel zur Überwindung von Unzulänglichkeiten in der Abstimmung nationaler Wertpapierhandels- und Übertragungssysteme. Die zunehmende Harmonisierung der internationalen Bestimmungen im Wertpapierbereich dürfte deshalb zu einem langsamen Zurückweichen von ADRs zugunsten des unmittelbaren Handels der Aktien führen.

Im Handel von US-Aktien in Deutschland hat dieser Wandel bereits stattgefunden. Seit einigen Jahren können US-Aktien unmittelbar über die Clearing AG übertragen werden. Ein Bestand in Deutschland ist nicht mehr erforderlich. Es reicht aus, wenn die Clearing AG über einen buchmäßigen Bestand in den Büchern der DTC in den USA verfügt.[27]

Grundsätzlich könnten auch deutsche Aktien unmittelbar über die DTC in den USA übertragen werden. Diesem Weg stehen allerdings in der Praxis noch einige Hindernisse entgegen. Zum einen hat sich die DTC bisher nicht bereit erklärt, deutsche Aktien in ihr Verwahrsystem auf der Grundlage eines von der Clearing AG gehaltenen Bestandes in ihr Verwahrsystem einzubeziehen. Die DTC verlangt vielmehr immer noch einen eigenen, von ihr oder ihren Verwahren gehaltenen Be-

---

25) Angesichts der kurzen Abwicklungsfristen in Deutschland (T+2) besteht bei deutschen Aktien allerdings nur geringer Spielraum für Pre-release.

26) Es ist oft üblich, einen Teil der Vereinbarungen zum Pre-release in einer Nebenabrede zum Depotvertrag zu regeln. Diese Praxis hat sich über Jahre entwickelt, ist aber rechtlich nicht zwingend.

27) Diese Möglichkeit stützt sich auf § 5 Abs. 4 des Depotgesetzes, der der Clearing AG unter bestimmten Voraussetzungen die Verwahrung von Wertpapieren bei ausländischen Zentralverwahrern gestattet.

stand. Ein weiteres Hindernis für den unmittelbaren Handel von deutschen Aktien in den USA ist der Umstand, daß die deutschen Aktien in der Regel auf den Inhaber lauten. US-Aktien sind demgegenüber Namensaktien *(„registered shares“)*.[28] In Deutschland kommt die Namensaktie fast nur bei Versicherungsgesellschaften vor. Zudem hat kürzlich die deutsche Lufthansa AG ihr Aktienkapital auf Namensaktien umgestellt, um den Nachweis ihres luftverkehrsrechtlichen Status als deutsches Unternehmen leichter führen zu können. Nach Entwicklung der neuen Cascade-VNA-Software bei der Clearing AG besteht nunmehr die Möglichkeit, auch vinkulierte Namensaktien in die Girosammelverwahrung zu nehmen und grundsätzlich täglich über elektronische Verbindungen die Umschreibung im Aktienbuch der Gesellschaft durchzuführen.[29] Es ist deshalb nicht auszuschließen, daß in Zukunft auch andere deutsche Aktiengesellschaften eine Umstellung ihrer Aktien auf Namensaktien durchführen. Ein wesentlicher Vorteil der Namensaktie gegenüber der Inhaberaktie ist die bessere Verfügbarkeit von Aktionärsdaten über das Aktienbuch, die der Gesellschaft die Kommunikation mit den Aktionären erheblich erleichtern sollte. Die Verwendung von Namensaktien würde auch die Stimmrechtsausübung der ADR-Inhaber erleichtern, da keine Hinterlegung der Aktien mehr erforderlich wäre.

Für eine deutsche Aktiengesellschaft, die Namensaktien ausgegeben hat, dürften einer unmittelbaren Zulassung der Aktien an einer US-Börse und dem Handel der Aktien in den USA keine größeren Hindernisse gegenüberstehen.[30] Die US-börsenrechtlichen Erfordernisse der Ernennung einer Übertragungsstelle *(„registrar“ und „transfer agent“)* in den USA sowie der Gestaltung der Aktienurkunden dürften keine unüberwindlichen Konflikte mit dem deutschen Aktienrecht aufwerfen.

---

28) Siehe oben unter 2. für die Gründe, warum ein unmittelbarer Handel von deutschen Inhaberaktien in den USA derzeit nicht möglich ist.

29) Siehe dazu von Rosen, Chancen mit Namensaktien, Börsen-Zeitung vom 13. Mai 1998.

30) Einige holländische Unternehmen, die Namensaktien ausgegeben haben, verfügen bereits heute über eine Zulassung der Namensaktien unmittelbar an der New Yorker Börse.

Private Placements in the U.S. and International Markets

David F. Morrison and Pamela C. Stanger
Sullivan & Cromwell

Contents

The international equity markets have arrived in Germany - or Germany has exploded onto the international equity scene. Whichever your perspective, there has been an unmistakable sea change in corporate finance in Germany.

German companies and their banking advisors are concluding that in capital increases (so-called "primary offerings") and in placements of large blocks of existing shares (so-called "secondary offerings"), demand for the offering can be stimulated and a better price achieved if the offering is directed initially to both German and international investors. For smaller and medium-sized companies, private family capital is being supplemented and generational transfers facilitated by appeal to public shareholders; and these public shareholders are increasingly international. For larger conglomerates, restructuring is commonplace, and entire business units are being spun-off through offerings in the international equity markets; the search for the cheapest source of financing is a competitive imperative.

Today, most significant stock offerings by German companies are characterized by an offering in Germany listed on one or more of the German stock exchanges and an international offering (so-called "dual-tranche offerings"). The international offering itself comes in several variants, but two predominate: (i) a public offering in the United States and an institutional offering outside the United States, or (ii) an institutional offering both in and outside the United States.

Perhaps the most spectacular of the international share offerings of the last several years have been the large, SEC-registered U.S. public offerings such as Daimler Benz and Deutsche Telekom. In many ways, however, the breathtaking increase in the number of German companies accessing U.S. and international markets through institutional offerings conducted on a "private placement" basis shows an even more impressive opening of Germany to this new form of corporate finance. The shareholder value thinking that is increasingly in evidence in German board rooms and banks is clearly focused not only on German investors but on the international institutional investor – including U.S. institutions who represent by far the largest available pool of equity capital in the world.

This article will focus on how these institutional U.S. investors can be addressed in non-public, non-SEC registered offerings in the United States. The private placement in the United States avoids many of the difficulties associated with SEC-registered offerings - most notably the requirement to reconcile the issuer's financial statements to U.S. generally accepted accounting principles. The technical and practical features of a U.S. private placement are addressed in the following pages.

1. Private Offerings in the United States – Publicity Restrictions

The Securities Act of 1933 (the "Securities Act") is the basic law governing sales of Securities in the United States. The Securities Act, together with its companion statute the Securities Exchange Act of 1934 (the "Exchange Act"), constitute the basis of the U.S. federal securities laws. They are administered by the U.S. Securities and Exchange

Commission (the "SEC"). More than sixty years of practice and jurisprudence make this a specialized and complex area of U.S. law.

In general, the Securities Act provides that offers and sales of securities in the United States must be registered with the SEC unless they meet the requirements for an exemption from the registration requirements. For international equity offerings, the potentially relevant exemptions are provided by Rule 144A under the Securities Act for offerings to so-called "QIBs" (Qualified Institutional Buyers) and by Section 4(2) of the Securities Act and Regulation D which govern so-called "traditional" private placements to other institutional and "sophisticated" investors. The technical requirements of Rule 144A offerings and traditional private placements are discussed in detail below.

A fundamental requirement applicable to both kinds of offerings is that they must truly be private. For both Rule 144A offerings and traditional private placements, the availability of the exemption generally requires that there be no "general solicitation" or "general advertising" in connection with the offer and sale of the securities, and these terms are construed broadly. As a result, restrictions on publicity must be in place from the time an issuer has determined to go forward with an offering. These restrictions may affect not only what the issuer might otherwise plan by way of publicity in the U.S., but also publicity activities outside the U.S.

The principal restrictions on publicity are that there can be no press releases, conferences, interviews, speeches or advertising relating to the offering in the U.S. media or other publicity (for example, "image advertising") which could be reasonably expected to arouse general interest in the securities being offered in the United States. "U.S. media" includes U.S. editions of international publications (such as the U.S. editions of the Wall Street Journal or the Financial Times), as well as international publications with a general circulation in the United States (e.g., The International Herald Tribune, The Economist). Publicity activities conducted outside the United States in connection with a foreign distribution are generally permissible if they are legal and customary in the foreign jurisdiction and are not conducted for the purpose of promoting the offering to U.S. investors.

A recently-adopted SEC Rule (Rule 135e) allows access by the U.S. press to press activities conducted outside the United States and to press materials released outside the United States in connection with a present or proposed offering of securities, so long as the offering is not being conducted exclusively in the United States. The Rule only applies to press activities involving a non-U.S. issuer where both U.S. and non-U.S. journalists are provided access. In addition, written materials distributed in reliance on the Rule must satisfy certain requirements and must contain specified legends.

A recent SEC interpretation also clarifies the SEC's position with regard to offshore offering materials placed on the Internet, and provides guidance as to measures that can be taken to ensure that the use of a Web site will be deemed not to involve any public offering or general solicitation or advertising in the United States.

The release of routine information by a Company in accordance with its usual practices and unrelated to the securities selling effort is not restricted.

The publicity restrictions are intended to have the effect that the only information disseminated in the United States relating to the offering by the Company or the underwriters are the offering materials specifically developed for and addressed to eligible investors (i.e., the offering circular, the "road-show" presentation, and the like).

2. Rule 144A

Rule 144A under the Securities Act was adopted in 1990 and provides a safe harbor from the registration requirements of the Securities Act for resales of securities by persons other than the issuer to qualified institutional buyers ("QIBs").

In order to rely on Rule 144A, the following conditions must be satisfied:

(a) the securities must be "eligible" for resale under Rule 144A;

(b) the seller and any person acting on its behalf must reasonably believe the buyers to be QIBs;

(c) the seller must take reasonable steps to ensure that the buyers are aware that the seller may be relying on the Rule 144A exemption; and

(d) in the case of an issuer who is not an SEC reporting issuer or exempt from reporting pursuant to Rule 12g3-2(b) (described below), each holder of securities sold in reliance upon the Rule and any prospective purchaser from the holder must have the right to receive from the issuer at or prior to the time of sale by the holder, upon request, prescribed financial statements of the issuer and descriptive information as to its business.

In the context of an international offering by a non-U.S. private issuer, Rule 144A can be relied on by an underwriter to resell shares acquired from the issuer, provided the shares are eligible for Rule 144A treatment and the U.S. market is limited to QIBs.

2.1 Eligible Securities

To be eligible for Rule 144A transactions, the securities, at the time they are issued, must not be of the same class as securities listed on a U.S. securities exchange or quoted in the NASDAQ system. The purpose of this "non-fungibility" requirement is to inhibit the development of dual markets - a market among QIBs and a public retail market - for the same, or essentially the same, security. In addition, the securities must not be issued by a company that is or is required to be registered under the Investment Company Act.

American Depositary Receipts ("ADRs") are treated as the same class as the underlying deposited securities. Accordingly, where ADRs are listed on a U.S. exchange or quoted in NASDAQ, securities of the same class as the underlying deposited securities are not eligible for resale under Rule 144A.

Convertible securities are considered to be "non-fungible" with the underlying securities so long as they are convertible at the option of the holder (but not at the option of the issuer) and at the time of issuance they had an effective conversion premium of at least 10%, calculated as provided in the Rule.

Warrants are treated as securities of the same class as the securities for which they may be exercised unless at the time of issuance they had a life of at least three years and an effective conversion premium of at least 10%, calculated as provided in the Rule. Securities that are eligible at the time of issuance continue to be eligible for resale under the Rule even if securities of the same class are later listed on a U.S. stock exchange or quoted in NASDAQ.

According to an SEC interpretation, if convertible securities are eligible for resale under the Rule, then the securities received upon exercise by the holder of the conversion privilege without payment of any additional consideration may also be sold in reliance upon the Rule even though such securities may then be listed on a U.S. stock exchange or quoted in NASDAQ.

2.2 Qualified Institutional Buyer

A QIB is:

(a) An institutional investor of a type specified in the Rule, including an investment adviser registered under the U.S. Investment Advisers Act of 1940, acting for its own account or the accounts of other QIBs, that in the aggregate owns and invests on a discretionary basis at least US$100 million in securities of issuers that are not affiliated with the investor.

(b) A securities dealer registered under the Exchange Act (i) acting for its own account or the accounts of other QIBs, that in the aggregate owns and invests on a discretionary basis at least US$10 million in securities of issuers that are not affiliated with the dealer, (ii) acting in a riskless principal transaction on behalf of a QIB, or (iii) acting as agent, on a non-discretionary basis, in a transaction with a QIB.

(c) An investment company registered under the Investment Company Act, acting for its own account or the accounts of other QIBs, that is part of a family of investment companies which own in the aggregate at least US$100 million in securities of issuers that are not affiliated with the investment company or part of the family of investment companies.

(d) A bank or thrift, including non-U.S. banks and their U.S. branches, acting for its own account or the accounts of other QIBs, that in the aggregate owns and invests on a discretionary basis at least US$100 million in securities of issuers that are not affiliated with it and that has a net worth of at least US$25 million.

In determining whether a prospective purchaser is a QIB, the seller may rely upon (a) the prospective purchaser's most recent publicly available financial statements, (b) the most recent publicly available information appearing in documents filed by the prospective purchaser with a U.S. or other governmental agency or self-regulatory organization, or (c) the most recent publicly available information appearing in a recognized securities manual (such as Moody's or Standard & Poors), provided in each case that the information is as of a date not more that 16 months (18 months for a non-U.S. purchaser) preceding the date of sale of securities under the Rule, or (d) upon a certification by an executive officer of the prospective purchaser. These methods of establishing the prospective purchaser's ownership of, and discretionary investments in securities are not exclusive; the seller may satisfy the reasonable belief standard in other ways.

2.3 Notice

The seller and any person acting on its behalf must take reasonable steps to insure that the purchaser is aware that the seller may rely on the Rule 144A exemption. Presumably this must be done at the time the offer is made, and in any event prior to the buyer's agreement to purchase the securities.

While not required by the Rule, the seller would be well advised to provide or confirm this notice in writing to avoid any future question. When a disclosure document is used in a Rule 144A transaction, it is customary to include the notice in the document.

2.4 Information delivery requirement

No information concerning the issuer need be made available in connection with Rule 144A sales of securities if the issuer is a reporting company subject to the periodic reporting requirements of the Exchange Act, or is exempt from those reporting requirements pursuant to Rule 12g3-2(b) under the Exchange Act.

For other issuers, any holder of securities sold in reliance upon Rule 144A and any prospective purchaser designated by such holder must have the right to obtain from the issuer, upon request, (a) a very brief statement of the nature of the business of the issuer and the products and services it offers, and (b) the issuer's most recent balance sheet and statements of profit and loss and retained earnings and similar financial statements for the two preceding fiscal years. The financial statements should be audited to the extent reasonably available, but do not have to be reconciled to U.S. generally accepted accounting principles. The information must be reasonably current in relation to the date of resale under the Rule, which for non-U.S. private issuers means that the required information must be made available in accordance with the timing requirements of the issuer's home country or principal trading markets.

Rule 144A does not specify how the security holder's right to obtain such information from the issuer is to be created. The SEC release adopting the Rule stated, however, that the right might be created in the terms of the security, by contract or by operation of law or the rules of a self-regulatory organization such as a stock exchange.

2.5 Rule 12g3-2(b)

Non-U.S. private issuers are not subject to the information delivery requirement if they are subject to the periodic reporting requirements of the Exchange Act or exempt from those requirements under Rule 12g3-2(b), sometimes called the home country information exemption.

A non-U.S. private issuer which has a class of securities listed on a U.S. stock exchange or quoted in NASDAQ or which has registered securities under the Securities Act will be subject to the periodic reporting requirements of the Exchange Act. In addition, the periodic reporting requirements generally apply to a non-U.S. private issuer whose equity securities (including those held in the form of ADRs) are held of record by 500 or more persons, of which 300 or more are U.S. residents, unless the issuer has qualified for an exemption under Rule 12g3-2(b).

To qualify for the Rule 12g3-2(b) exemption, the issuer must furnish to the SEC, on a continuing basis, copies of information which would be material to investors which the issuer (a) makes public in its own country, (b) files with a stock exchange on which its securities are traded and is made public by the exchange or (c) distributes to its security holders. Information so furnished is not deemed "filed" with the SEC or otherwise subject to the liabilities for false or misleading statements created by the Exchange Act for filed documents. Certain documents, or summaries thereof, must be submitted in the English language.

An issuer may establish an exemption under Rule 12g3-2(b) even if it would not otherwise be subject to the Exchange Act reporting requirements, and such an issuer may elect to do so in contemplation of a Rule 144A offering.

Rule 144A could be somewhat burdensome for an issuer required to deliver information, in that it requires the issuer to maintain and update the specified current information and to make it available upon request. The information delivery requirement may inhibit the liquidity of the secondary trading market for such an issuer's Rule 144A securities, because a purchaser requesting such information must receive it at or prior to the time of sale.

In practice, most non-U.S. private issuers elect to establish a Rule 12g3-2(b) exemption and thus avoid the information delivery requirement. Apart from its utility in Rule 144A transactions, a Rule 12g3-2(b) exemption relieves an issuer from Exchange Act reporting requirements at such time as it may have equity securities held by 500 or more persons of which 300 or more are U.S. residents. In addition, a Rule 12g3-2(b) exemption is necessary to establish an unrestricted ADR facility, whether or not sponsored by the issuer, if the issuer is not subject to the periodic reporting requirements of the Exchange Act.

The SEC staff has taken the position that Rule 12g3-2(b) is not available if an issuer makes no information public or is not required to make information public or distribute information to securities holders in its home country.

3. Traditional Private Placements

Rule 144A is not exclusive, and an underwritten offering may be structured to permit the underwriters or other distributors to make offers and resales both to QIBs pursuant to Rule 144A and to other investors using procedures developed for traditional private placements in reliance upon Section 4(2) of the Securities Act and related provisions.

3.1 Section 4(2)

Section 4(2) exempts from the registration requirements of the Securities Act offers and sales of securities "in transactions by an issuer not involving any public offering". This phrase is generally construed to refer to transactions by an issuer not involving any public offering in the United States or to U.S. residents.

The limits of the Section 4(2) exemption have been established principally by case law and administrative materials and are not well defined. The underlying principle, which guides interpretation of the exemption, is that the exemption should be available only in those cases in which the offerees and purchasers of the securities do not require the protection of Securities Act registration. The following factors are considered important:

(a) The number of offerees and purchasers (other than QIBs) must not be unlimited, and there must be no general solicitation of purchasers or advertising of the offering.

(b) Information generally comparable to that which would have been provided by a Securities Act registration statement and which is material to investors in the circumstances must be known by or provided to offerees and purchasers. For this reason, as well as for commercial reasons, a private placement memorandum or comparable descriptive material often is prepared for offerees and purchasers.

(c) The offerees and purchasers must be capable of evaluating the merits and risks of the investment (possibly with the help of a qualified advisor).

(d) There must be controls in place reasonably designed to prevent resales by purchasers which, if made, would expand the initial limited offering into a broader distribution. Typically, each purchaser (other than a QIB purchaser) would be required to represent that it is acquiring the securities for its own account and not with a view to resale or distribution. Contractual restrictions, legends on the securities and stop transfer orders to transfer agents may be used to support these limitations on resales.

The circumstances of and arrangements for a U.S. private placement must be carefully controlled to ensure that the placement will qualify for the Section 4(2) exemption. An offering of securities outside the United States in compliance with Regulation S under the Securities Act will not disturb an otherwise qualifying U.S. private placement, even if undertaken contemporaneously.

3.2 Regulation D

In addition to the general exemption for private placements under Section 4(2), Regulation D under the Securities Act establishes exemptions for non-public and other limited offerings. A non-U.S. private issuer wishing to make a U.S. private placement may elect to rely upon one of these exemptions.

Rule 506, a part of Regulation D, is a safe harbor rule which provides that conforming transactions are deemed to qualify for the Section 4(2) exemption. To rely on Rule 506, the following conditions must be satisfied:

(a) There must not be more than, or the issuer must reasonably believe there are no more than, 35 U.S. purchasers of the issue other than "accredited investors", a defined term which includes, in general, various institutional investors, directors and executive officers of the issuer, and individuals meeting various minimum net worth or net income requirements. There may be an unlimited number of U.S. purchasers of the issue who are accredited investors.

(b) Each purchaser who is not an accredited investor, either alone or with his "purchaser representative", must have such knowledge and experience in financial and business matters that he or she is capable of evaluating the merits and risks of the prospective investment, or the issuer must reasonably believe that the purchaser comes within this description.

(c) If any purchaser in an offering is not an accredited investor, then (i) the same kind of information required to be included in a Securities Act registration statement must be furnished to such purchaser, (ii) the issuer must advise each investor who is not an accredited investor of, and furnish on request, any written information provided by the issuer to accredited investors, and (iii) the issuer must provide to each investor an opportunity to ask questions and obtain additional information to verify the accuracy of the information required to be delivered to the purchaser.

(d) No general solicitation or general advertising may be used in connection with the offer.

(e) The issuer must use reasonable care to assure that the purchasers are not acquiring the securities with a view to resale or distribution. Such care may be demonstrated by (i) reasonable inquiry to determine if the purchaser is acquiring the security for himself or for others, (ii) written disclosure to the purchaser that the securities have not been registered under the Securities Act and may not be resold unless so registered or pursuant to an available exemption and (iii) placing legends upon the securities to such effect.

Rule 506 is more liberal than Section 4(2) in that it specifically permits an unlimited number of offerees and an unlimited number of purchasers who are accredited investors, but is more restrictive because of the various specific informational and other requirements imposed. The Rule frequently is used when the investors include natural persons, but most non-public transactions with institutional investors are conducted in reliance upon Section 4(2) itself and not upon Rule 506. An important limitation is that the Regulation D rules, including Rule 506, are available only to the issuer of the securities and not, for example, to an underwriter which has purchased securities for resale.

4. Resales – Restricted Securities

Securities acquired in a transaction or a chain of transactions meeting the requirements of Rule 144A, and securities acquired from an issuer or an affiliate of the issuer in a transaction or chain of transactions not involving any public offering, such as those offered and sold in reliance upon Section 4(2), are commonly referred to as "restricted securities". Except with respect to persons who are affiliates of an issuer, restrictions on resale of such securities terminate two years after the securities were initially acquired from the issuer or an affiliate of the issuer.

Prior to the expiration of this restricted period, restricted securities may be resold outside the United States in reliance upon the resale safe harbor of Regulation S. Otherwise they may be resold only pursuant to registration under the Securities Act or an available exemption therefrom (such as Rule 144A). To comply with Regulation S, the offer or sale must be made in an "offshore transaction" and there must be no related "directed selling efforts" in the United States, as those terms are defined in the Regulation. In addition, various offering restrictions, procedures and requirements may apply depending upon the nature of the seller, the character of the securities or the distribution and the degree of pre-existing interest in securities of the issuer in the United States.

5. State Securities Laws

The exemptions from the registration requirements of the Securities Act provided by Rule 144A or Section 4(2) do not eliminate the need to comply with applicable state securities or Blue Sky laws. Exemption from these laws for institutional sales is generally available, however, for sales to QIBs and institutional accredited investors.

6. Offering Materials

Offering circulars or other descriptive material are prepared for use in virtually all Rule 144A offerings involving equity securities of non-U.S. issuers. This is done largely for marketing reasons, although it can also help to satisfy requirements for Section 4(2) transactions, and it provides a convenient place to include the notices and legends responsive to Rule 144A. In the case of issuers that are not reporting companies under the Exchange Act or exempt from such reporting requirements under Rule 12g3-2(b), the offering circular generally includes information responsive to the information delivery requirements of Rule 144A.

An offering circular often contains substantially the same information as would be required in a prospectus for a U.S. registered offering, including all information considered to be material to an investor in the securities, but need not comply with the technical requirements of a registered filing, such as reconciliation of financial statements to U.S. generally accepted accounting principles. As noted above, this latter point is the key advantage of a Rule 144A offering and largely explains why so many of the recent primary and secondary offerings for German companies have been sold in the U.S. on a Rule 144A basis.

Increasingly, the disclosure in the German listing or offering prospectus is being developed in light of both German requirements and U.S. market standards. This ensures that the information in the market is consistent and that all investors are told the same "equity story".

7. Securities Law Liabilities – Due Diligence Investigations

Rule 144A does not require the filing or use of any offering material. However, sales made in reliance on Rule 144A remain subject to the general anti-fraud provisions of the U.S. securities laws, including those set out in Exchange Act Section 10(b) and Rule 10b-5 thereunder.

Under Section 10(b) and Rule 10b-5, it is unlawful in connection with the purchase or sale of any security to make any untrue statement of a material fact or to omit to state a material fact necessary in order to make the statements made, in the light of the circumstances under which they were made, not misleading, at least if such statements or omissions were made knowingly or recklessly.

There are similar liability provisions in many state securities laws.

These provisions emphasize the need for careful preparation of the materials to be used in Rule 144A transactions, including the importance of conducting a sufficient "due diligence" investigation of the issuer's affairs, with such professional assistance as is appropriate, to assure their accuracy.

For this reason, as well as for commercial reasons, in many cases the company and the managing underwriter(s), with the assistance of U.S. legal advisers, conduct a "due diligence" investigation. This may include a careful review with representatives of the issuer and of the issuer's accountants of successive drafts of the offering material, interviews with senior officers of the issuer, visits to major facilities and review of the issuer's debt instruments, major contracts and other documents of material significance and of the minutes of boards of directors and their committees.

Further, if it is expected that a significant part of an offering will be placed in the United States, the underwriters may require a letter from the U.S. legal advisers involved to the effect that they participated in the due diligence exercise and on the basis of the information gained, and in the light of their experience in this field of practice, nothing came to their attention that caused them to believe that the offering circular contained any untrue statement of a material fact or omitted to state any material fact necessary in order to make the statements therein, in the light of the circumstances under which they were made, not misleading.

This is commonly referred to as a Rule 10b-5 letter.

8. Conclusion

The private placement provides a viable and, comparatively speaking, cost-effective means of reaching U.S. institutional investors. In the end, issuers and their investment banking advisors will need to determine on a case-by-case basis whether a U.S. public offering, an institutional offering, or no U.S. offering at all is the appropriate strategy for the international portion of a dual tranche offering.

Many factors will be relevant to this decision, including costs, whether the company is active in the United States and wishes to promote its name there, whether the research coverage of a particular industry is particularly strong in the United States, whether the price/earnings ratio in the company's particular industry is higher or lower in the United States, and, perhaps most importantly, whether the cost and effort associated with addressing the U.S. market, even on a private placement basis, is likely to result in a significant number of shares being placed with long-term investors in the United States.

There is no one answer that fits all issuers and all situations. The attached Annex contains a sample list of German issuers which have made offerings in the United States in recent years under Rule 144A.

Judging by the number of issuers who have made such offerings, a growing number of issuers and their investment banking advisors are concluding that addressing institutional U.S. investors is indeed worth the trouble.

Annex

Selected Rule 144A Equity Offerings By German Issuers Since 1995[1)]

- adidas AG
- Beru Aktiengesellschaft
- BETA Systems Software AG
- BHW AG
- Commerzbank AG
- Deutsche Lufthansa AG
- GESCO Industrie Holding Aktiengesellschaft
- Hawesko Holding AG
- Heidelberger Druckmaschinen AG
- Mannesmann AG
- Merck AG
- Metallgesellschaft AG
- Pfleiderer AG
- Praktiker AG
- Pro Sieben Television AG
- Puma AG
- SAP AG
- Salzgitter AG
- Schwarz Pharma AG
- SGL Carbon AG[2)]
- Singulus AG
- Tarkett AG
- Thyssen AG
- Winkler & Dünnebier Aktiengesellschaft

1) Through June 30, 1998. Excludes rights offerings.

2) Subsequent to its Rule 144A offering, SGL Carbon made an SEC-registered equity offering.

Obligations of German Issuers in connection with Public Securities Offerings and Stock Exchange Listings in the United States

Dr. Stephan Hutter
Shearman & Sterling

Contents

1. Overview of U.S. Securities Laws for German Issuers

1.1 Introduction

International securities markets have been undergoing enormous changes over the past two decades. The reordering of basic market and regulatory structures in this period has been stunning. The principal elements of these changes include (i) continued "globalization" of securities, commodities and related markets, (ii) increased recognition of institutional markets, regulated differently from retail markets and

(iii) increased international regulatory cooperation and compacts permitting reciprocal recognition of disclosure and market regulation requirements and the like. These changes have contributed to the increased crossborder capital raising, securities trading and acquisitions and will undoubtedly continue to generate new opportunities for crossborder financing and other international business transactions, in particular between the United States and the countries participating in the emerging integrated Euro capital market.

1.2 Involvement in U.S. Markets

A German private company (hereafter sometimes referred to as the "Company") may become involved in U.S. securities markets in various ways. The Company's shares may be bought by U.S. investors even though such shares are quoted in a currency other than U.S. dollars and traded only on a non-U.S. securities exchange.

Generally speaking, the Company encounters U.S. regulation when it takes steps to promote its securities in the U.S. market. For example, regulation would begin when the Company takes certain steps to establish a facility for the issuance of American Depositary Receipts. If the Company decides to list its shares or American Depositary Receipts on a national securities exchange, or to have them quoted on an inter-dealer quotation system such as the National Association of Securities Dealers Automated Quotations ("NASDAQ") system, it then becomes more regulated. And if the Company wishes to make a public offering of its securities in the United States, it is obligated to comply with additional requirements.

An alternative to a public offering is a private placement. A private placement of securities avoids some of the regulation associated with a listing or public offering but has its own set of legal rules and guidelines. Whether, and to what extent, a German issuer is regulated by U.S. authorities is a result of the German activities in or with respect to the U.S. securities markets. It is not dependent on the status or treatment of the Company in its home jurisdiction.

1.3 Legal Background

The United States currently has two major federal statutes which together regulate the issuance and trading of securities in the United

States, the Securities Act of 1933 (the "Securities Act") and the Securities Exchange Act of 1934 (the "Exchange Act"). The Securities Act regulates the initial public offering or "distribution" of securities, and the Exchange Act is chiefly concerned with the regulation of secondary trading in securities that are already issued and outstanding.

It is important to understand that the main theory underlying the Securities Act is that investors deserve disclosure of all material facts about their prospective investment. In general, the Securities Act does not regulate the terms of securities, only the quality of disclosure and when such disclosure is required. The Securities Act prohibits offers and sales of securities that are not registered with the SEC, subject to specified exemptions for certain types of securities and transactions. The Securities Act also prohibits any fraudulent or deceptive practices in the offer and sale of securities.

The US securities laws also provide for comprehensive regulation of the US securities markets, trading practices and persons dealing in securities. The US securities laws are administered and enforced by the Securities and Exchange Commission (the "SEC"), an independent regulatory agency of the federal government.

The SEC reviews filings pursuant to the federal laws and exercises regulatory authority over trading and market practices. It also endeavors to ensure continuing public disclosure of current information by issuers so that full and fair disclosure of facts necessary to make informed investment decisions will be made. The SEC is empowered to issue regulations having the force of law and to bring suit in the federal courts to enforce provisions of both the federal securities laws and its own regulations.

Keeping this regulatory framework in mind, the key features of securities regulation in the United States are relatively simple. In general, issuers who wish to offer securities publicly in the United States (whether as a means of raising capital or making an acquisition) must first register those securities by submitting a registration statement (which consists primarily of a prospectus) to the SEC for its approval. Subject to certain exemptions, registration under the Securities Act is required each time an issuer offers its securities publicly. Not all offerings of non-U.S. securities in the United States require registration; rather narrowly defined exemptions are available, for example, for the issuance of commercial papers or for the issuance of any security in a transaction not involving a public offering (a "private placement"). German issuers of equity in the United States have in recent years frequently used the exemption for resales of securities to qualified institutional buyers ("QIBs") afforded by Rule 144A of the Securities Act. Other exemptions are available for the issuance of certain securities that are backed by guarantees issued by banks or by the U.S. government or agencies or instrumentalities thereof (such as the Export-Import Bank of the United States).

In addition to the Securities Act and the Exchange Act, foreign issuers may need to comply with the requirements of the Trust Indenture Act of 1939 (the "Trust Indenture Act") and the Investment Company Act of 1940 (the "Investment Company Act"). The Trust Indenture Act provides that debt securities may not be publicly offered or sold in the United States unless they are issued under a trust indenture conforming to the requirements of the Trust Indenture Act. Any such trust indenture must contain specified terms and appoint an independent trustee to act on behalf of bondholders. In most cases, debt securities offered pursuant to an exemption from registration under the Securities Act are also exempt from the application of the Trust Indenture Act.
The Investment Company Act primarily governs the offer and sale of securities by, and the regulation of, mutual funds, unit trusts and similar types of issuers. Because of the broad scope of the definition of the term "investment company", the Investment Company Act can often be a troubling area for certain German issuers, especially those that maintain large investment portfolios or hold significant minority positions in other companies, and it is important to identify possible issues arising under the Investment Company Act at an early stage in the offering process.

The initial Securities Act registration subjects the issuer to the subsequent reporting requirements of the Exchange Act, whether or not the securities are listed on a U.S. securities exchange or quoted on NASDAQ (see Chapter III below). Those reporting requirements will be suspended if all securities of the same general class are not listed and held by less than 300 persons at the beginning of the next fiscal year. Securities which are registered under the Securities Act and publicly offered in the United States, but not listed on an exchange, may nevertheless be traded subsequently in the very active, but less formal, dealer's over-the-counter ("OTC") market.

Securities may be traded in the United States (either as a listed security or an OTC security) without Securities Act registration, so long as they have not been publicly offered by the issuer or any person controlling or controlled by the issuer. However, if the securities are listed on a U.S. exchange or quoted on NASDAQ, such listing alone will require the issuer to register its listed security under the Exchange Act and thereby subject itself to the ongoing reporting requirements and other provisions of the Exchange Act.

Issuers which neither offer their securities publicly nor list them on a U.S. exchange (or obtain their quotation on NASDAQ) may nevertheless also become subject to Exchange Act regulation, which, in general, applies to issuers with more than 500 shareholders (subject to the Rule 12g3-2(b) exemption for foreign issuers). For example, German issuers who maintain a so-called Level-1 American Depositary Receipt (ADR) program in the United States and do not wish to become subject to Exchange Act regulation must obtain a Rule 12g3-2(b) exemption.
In addition to federal legislation, each of the individual states within the United States has its own securities laws (known as "blue sky" laws) that require registration with state agencies of securities offered within the state's borders. However, securities that are exempt from registration under the Securities Act or that are listed on the New York Stock Exchange (the "NYSE") or the American Stock Exchange (the "AMEX") or are quoted on NASDAQ may also be exempt from registration under the various state laws.

In addition, the national securities exchanges, including the NYSE and the AMEX, and NASDAQ, impose on listed companies their own rules that address a broad range of matters relating to disclosure, the issuance of securities and rights of securityholders.

Until fairly recently, German companies had determined that the advantages of participating in the U.S. capital markets were outweighed by the regulatory burdens of doing so. As a result, these companies often limited their securities offerings to the Euromarkets, which are, for the most part, self-regulating and less burdensome than the U.S. capital markets. In an effort to make the U.S. markets more attractive to foreign companies, and therefore more competitive with the international capital markets, the SEC has made great efforts in the past decade or so to make it easier for non-U.S. issuers to enter the U.S. capital markets by streamlining the procedural requirements and lessening the continuing regulatory burdens of offering securities into, or otherwise establishing a trading market for non-U.S. securities in, the United States. This trend is expected to continue and includes the increasing acceptance by the SEC of financial statements prepared in accordance with International Accounting Standards (IAS).

Accessing the U.S. capital markets can seem a formidable task for first-time issuers. Demanding disclosure standards, different accounting systems, risks of liability and litigation, and the legal and administrative complexities of issuing securities outside the domestic market may tend to discourage some German issuers from entering the U.S. capital markets. While the U.S. securities laws and regulations may at first seem complex and extensive, many German companies already issue, and will be issuing in the future, debt and equity securities in the U.S. public market every year. As a result, the shares of almost a dozen German companies are listed on a major U.S. stock exchange today, and many more listings by German companies are expected during the upcoming months and years. A patient and thorough approach, aided by experienced legal counsel, auditors and financial advisors, will be rewarded by easier progress through the U.S. regulatory maze.

2. Registered Offerings in the U.S. by German Issuers

2.1 Registration Under the Securities Act

A German issuer making an offering of securities to the public in the U.S. must, like U.S. issuers, register the securities under the Securities Act. The Securities Act is designed to promote full and fair disclosure necessary for the investor to make an informed investment decision. In addition, if the securities are to be listed on an exchange or quoted on NASDAQ, the issuer must also register those securities under the Exchange Act. However, because the registration requirements under the Securities Act and the Exchange Act are substantially identical, the additional step of Exchange Act registration is not generally burdensome for a foreign issuer making a public offering.

The fundamental principle underlying the Securities Act is that all offers and sales of securities require Securities Act registration unless an exemption is available. The Securities Act contains various exemptions from the registration and prospectus delivery requirements, but the sale of securities exempted from registration is still subject to certain anti-fraud provisions of the securities laws.

The registration requirement under the Securities Act may be accomplished by filing a registration statement, containing a prospectus including prescribed disclosures, with the SEC. Registration statements filed with the SEC are required to contain a detailed description of the issuer and of the securities to be issued as well as financial statements of the issuer.

The registration statement consists of two parts: the first is the prospectus, which is distributed to investors, and the second contains a certain amount of technical information, which is not distributed to investors but which may be reviewed by the SEC and is publicly available, including exhibits consisting of certain material contracts of the issuer and other documents.

A U.S. company generally uses Forms S-1, S-2, S-3 and S-4 to register securities being offered in the United States under the Securities Act. A German company will generally use Forms F-1, F-2, F-3 and F-4. A first-time German issuer will effect registration through Form F-1. If the German company is already subject to registration under the Exchange Act and has satisfied its Exchange Act continuous reporting obligations, it may be able to use Form F-2 or Form F-3, which simplifies the registration process by permitting the issuer to incorporate information by reference to its periodic reports under the Exchange Act.

These forms are not blank forms to be filled in but are to be used as a guide in the preparation of the registration statement. Although each of the items of information requested must be covered in the registration statement, all material information concerning the issuer must also be disclosed even if it is not expressly requested. Information is "material" if there is a substantial likelihood that a reasonable investor would attach importance to it in determining whether to purchase or sell the security. Given the liability imposed on the issuer and other participants in the offering if the information contains a material misstatement or omission, the issuer must ensure that the registration statement provides the market with full and fair information. The substantive requirements of the Securities Act forms and liabilities under the Securities Act are discussed under items C. and G. below.

2.2 Registration Process

2.2.1 General Legal Framework

The registration process can be broken down into three stages pursuant to Section 5 of the Securities Act. The first stage is the period after a company decides to make a public offering and prior to filing a registration statement with the SEC (the "pre-filing period"), the second stage is the period after the filing of the registration statement and prior to the effectiveness of the registration statement (the "waiting period") and the final stage is the period after the declaration by the SEC of the effectiveness of the registration statement.

2.2.1.1 Pre-filing Period

During the pre-filing period, no offer or sales of the securities in question may be made. The Securities Act restricts market activities and the release of information in this period by the issuer and persons associated with, or acting on behalf of, the issuer that are out of the ordinary in nature. These restrictions apply whether such information is communicated within or outside the United States.

Thus, news articles in the United States about the issuer resulting from press conferences or other contacts by the issuer with the press should be discouraged during the pre-filing period. Announcement of a proposal for a public offering is permitted, subject to strict limitations as to the content of such announcement. The restrictions on publicity are designed to prevent issuers from creating demand for their securities. Violations of applicable statutory provisions or rules relating to pre-offering publicity, commonly referred to as "gun jumping" may result in SEC-imposed delays in the offering schedule and, conceivably, in more serious civil and criminal liability.

However, the SEC has tried to balance the objectives of protecting the offering process and permitting companies to fulfill their obligation to disseminate material corporate information. Generally speaking, the issuer may continue its current level of advertising, send out periodic reports to stockholders, and make public announcements of material financial or business developments. Any information released by the issuer should be limited to factual information and should not include predictions, projections or forecasts or opinions as to value.

2.2.1.2 Waiting Period

During the waiting period, written or oral offers (other than by radio or television) may be made, but sales may not be made. Written offers may only be made by means of the preliminary prospectus, often called a "red herring", filed as part of the registration statement. The term "red herring" is so named because of the red legend on the cover page stating that the registration statement has been filed with the SEC but has not become effective and that the securities may not be sold nor may offers to purchase be accepted prior to the time the registration statement becomes effective. The oral solicitation of offers to buy the securities also may be made during this period. As a result, prior to effectiveness, offers in connection with face-to-face meetings with potential investors in various financial centers (the "road show") are permitted provided that investors are not given written materials other than the preliminary prospectus.

Except in initial public offerings, the preliminary prospectus does not contain any indication of the offer price. The use of any other document prior to effectiveness is prohibited. First time German issuers often assume that - in line with German practice - other documents, such as the annual report and presentation material, may be handed out at international road shows together with the prospectus. This is not the case.

2.2.1.3 Declaration of Effectiveness

After effectiveness, the Securities Act permits written materials other than the prospectus to be used, but any purchaser must receive the definitive prospectus contained in the effective registration statement prior to or concurrent with the earlier of written confirmation of sale or delivery of the security. As a matter of prudence, also after effectiveness written materials other than the prospectus are generally not used.

2.2.2 Preparation of Documents

The preparation of a registration statement commences as soon as a decision is made to conduct a public offering. The preparation of the prospectus contained in a registration statement involves gathering information, both financial and non-financial, concerning the company and its operating environment. For a first time issuer, an English language annual report or Euromarket offering circular, if any, can form a basis from which to start. In certain cases, particularly where financial information is concerned, information gathering may take a considerable amount of time. For first time issuers, it usually takes several months to prepare the registration statement. If a Company has previously registered securities, preparation time will be much less.

Drafting a prospectus involves balancing the requirements of marketing the Company's securities and ensuring that the information furnished to the SEC and to the market is full and fair. For many companies, the SEC registration statement will also constitute the most comprehensive disclosure document ever produced about the Company. Hence, the Company's presentation of itself and its strategic position in its U.S. prospectus will be important to its home securities markets and to its other constituencies, such as employees, customers and competitors. Certain parts of the prospectus are relatively straightforward due to their technical nature, such as the description of the securities and of the offering. Others are by their nature more judgmental, particularly the management's analysis of the Company's financial condition and results of operations.

It is also necessary to prepare, as appropriate, underwriting agreements with the lead underwriter or underwriters, documents for a stock exchange listing or admission into the NASDAQ system, the terms of the security, an indenture covering debt securities, and exhibits to the registration statement.

The U.S. investment bank or banks selected as the issuer's financial adviser or advisers will typically act as lead underwriters (sometimes referred to as "representatives") for an offering and will choose the other investment banks to form a syndicate. Law firms for the issuer and the underwriters do not only function on the purely legal aspects of an offering, but they also advise on disclosure and act as coordinators of the documentation for the transaction.

Counsel and the lead underwriters must be kept informed by the Company of any planned acquisitions, financings or other material events which may have to be described in the registration statement or whose non-disclosure may necessitate delaying the registration.

2.2.3 Due Diligence Investigation

The prospectus included in the registration statement is both a marketing document and a document on which the company and the parties involved in the offering have liability. Section 11 of the Securities Act imposes liability upon the issuer and its controlling persons, its directors, its officers who signed the registration statement, its underwriters and any accountant or other expert who is named in the registration statement for any material misstatement or omission in the registration statement, including the prospectus. The issuer of the securities has no defense to such liability.

All other such persons have a defense to liability if they can prove that after reasonable investigation they had reasonable ground to believe and did in fact believe that the registration statement contained no material misstatement or omission. Insofar as certain parts of the registration statement are certified by experts (for instance, accountants), the person asserting the defense is not required to prove that a reasonable investigation has been undertaken, but must merely prove that it had no reason to believe and did not in fact believe that there was any material misstatement or omission.

Section 11(c) states that reasonable investigation and reasonable grounds for belief will be judged by the standard of reasonableness required of a prudent man in the management of his own property. The SEC has also enumerated considerations which affect reasonableness, including the type of issuer, security, person and offering and whether such person's reliance on officers and employees was justified in light of their duties for the issuer.

The "reasonable investigation" described in Section 11 is known as a "due diligence" investigation. Because of its importance in defending the parties to an offering (other than the issuer) from liability, the due diligence investigation is one of the fundamental steps in the preparation of an offering. A due diligence investigation may be carried out in different ways depending on the type of transaction, but the basic principles remain the same.

The investigation is conducted by the lead underwriter or underwriters on behalf of the underwriting syndicate, by the underwriters' counsel, as the underwriters' agent, and by the issuer's counsel, as its directors' agent. Due diligence takes place throughout the entire registration process. There are no statutory guidelines regarding the conduct of a due diligence investigation; however, a practice has developed based on U.S. court decisions to include certain routine procedures. In the course of the investigation, the parties involved will meet with the issuer's senior management and may visit the issuer's main sites. The drafting sessions where the prospectus is discussed and revised by representatives of all parties are often used as a forum for discussion of substantive disclosure issues with appropriate Company representatives. Counsel will conduct a corporate check, which involves a careful examination of the issuer's material contracts, relations with government authorities, reports from auditors and other experts, indebtedness and other major commitments, legal proceedings and minutes of meetings of shareholders, the board of directors and key committees.

A legal due diligence of a German corporation will in all cases include a review of the minutes of the Management Board, and great care needs to be taken to consider and address possible legitimate confidentiality concerns by the Company. Whether minutes of the Supervisory Board need to be reviewed as well must be decided on a case by case basis, in most circumstances a due diligence meeting with the chairman of the Supervisory Board will be sufficient. A corporate check will also likely be conducted on any material subsidiary of the issuer. The underwriters normally receive additional support for their due diligence defense through letters provided by counsel and accountants. Counsel for both the issuer and the underwriters will normally be required to give a disclosure letter to the underwriters stating that their investigation has not revealed any material misstatements or omissions in the registration statement. Accountants will be expected to provide "comfort letters" regarding financial information contained in the prospectus.

A comfort letter is a letter delivered by an accounting firm to the underwriters and board of directors of the issuer, principally concerning the unaudited financial information in a prospectus. The accountants trace certain financial information in the prospectus to the Company's accounting records and state that they are in agreement. The information traced is not covered by the accountant's audit report, which covers only the financial statements. Additionally, the accountants state whether there have been negative or positive changes in specified income and balance sheet items in the period subsequent to the financial information appearing in the prospectus as compared with the corresponding period in the prior year.

Although it is not required under U.S. securities law, the comfort letter is universally requested by underwriters as part of their due diligence. The accounting profession has stated the conditions under which the letter may be delivered and the contents of a model comfort letter.

2.2.4 SEC Review

Once a registration statement is filed with the SEC it becomes a public document (although the SEC will review drafts of registration statements of foreign issuers on a confidential basis prior to filing). The SEC staff will generally inform an issuer within five days of filing whether or not the document will be reviewed. Not all filings are reviewed; the SEC is likely to review registration statements on Form F-1, especially initial registrations, whereas it less frequently reviews short-form registration statements on Form F-2 and Form F-3. In addition to reviewing the registration statement for responsiveness to its disclosure requirements, the SEC staff may compare the information furnished by the registrant with information previously received from other companies in the same economic sector or with other publicly available information concerning the registrant.

If there is a review, the staff tries to complete it within 30 days. Before the SEC will declare a registration statement effective, the issuer must satisfactorily respond to all of the SEC's concerns. The staff member assigned to the document will generally send a letter addressed to the issuer detailing the SEC's comments, including accounting comments. The staff will be willing to discuss these comments by telephone. Depending on the nature of the comments, the staff will accept responses either by telephone or in writing. Some comments will require changes in the disclosure in the prospectus; others may only require that supplemental information be furnished to the staff. Usually, the registration statement will have to be amended to comply with SEC comments and an amendment filed with the SEC.

When the SEC considers that it has received a satisfactory response to its comments, it advises the registrant that it is ready to declare the registration statement effective. Pursuant to rules relating to acceleration of effectiveness, such effectiveness may take place on a day and at a time requested by the registrant.

The registration statement filed with the SEC for review does not contain the offer price or related information or the names of the underwriting syndicate other than the lead or managing underwriters; in the case of a traditional offering, the issuer provides the SEC with this information in a final prospectus contained in an amended registration statement filed just before the time requested for effectiveness. Typically, the issuer and the lead underwriter or underwriters agree on the size and price of the offering after markets close, incorporate this information in an amendment to the registration statement, commonly called a pricing amendment, and request the SEC to declare it effective upon filing of the amendment on the following day when the markets open.

The issuer also has the option under Rule 430A of requesting the SEC to declare the registration statement effective with pricing information omitted. Only information dependent on the offering price and offering date and on the composition of the underwriting syndicate may be omitted; the amount of securities being offered may not be omitted from the registration statement. This permits pricing, and sales, to occur at any time within five business days after effectiveness without waiting for further SEC action. The missing information must be included in a final prospectus filed with the SEC within two business days of the earlier of the price being set or of the distribution of the prospectus to the public and in any event five business days after the registration statement is declared effective.

Once the registration statement is declared effective, the underwriters may sell the securities. Delivery of securities against payment to the issuer typically takes place approximately one week later in next-day funds.

2.2.5 Marketing Process and Underwriting Risk

An offering of securities in the United States is generally conducted through U.S. investment banks. The investment banks may act as placement agents for the issuer pursuant to agency or best efforts underwriting. In most public offerings, however, they act on the basis of a firm commitment underwriting, purchasing the entire offering from the issuer in order to resell it to the public.

The marketing and underwriting process in the United States has evolved around the registration requirements of the Securities Act. After the filing of the registration statement, the proposed lead underwriter or underwriters undertake a marketing effort on the basis of the preliminary prospectus. For a first-time German issuer, the underwriters typically wait to receive SEC comments so that responses may be included in the preliminary prospectus prior to the marketing period. This gives some assurance that the prospectus used in marketing will not change substantially at a later stage.

During the marketing period, the underwriters offer the securities by soliciting indications of interest from potential investors. This may be done by telephone as well as in roadshows with potential investors, where management of the issuer makes a presentation. The process of soliciting investors' interest is known as "building the book". U.S. underwriters generally do not undertake an underwriting risk (or make the firm commitment referred to above) until they have built a sufficient book to be sure that they will be able to resell the securities.

In a syndicated offering, the lead underwriter (in an international offering also referred to as "global coordinator") invites other underwriters to join the syndicate during the marketing period. The lead underwriter is the underwriter whose position is indicated by having its name placed on the left side of the prospectus cover page. The position of lead underwriter is desirable not only as a matter of prestige but also because the lead underwriter runs the book. Running the book gives the lead underwriter the power to allocate shares for sale through the various members of the syndicate, including itself. This is important because the largest amount of the underwriting compensation consists of the per share sales commission.

The book runner can keep the largest amount of the sales, and hence the commissions, for itself. Thus, the sales allocation will be in different proportions to the underwriting commitment expressed in the underwriting agreement. In an international offering the global coordinator typically also obtains a praecipuum which is deducted prior to the distribution of management, underwriting and sales commission. The powers of the lead underwriter are given to it in the agreement among underwriters which constitutes the syndicate and which is entered into immediately prior to the signing of the underwriting agreement with the issuer.

After the SEC has indicated that it is ready to declare the registration statement effective, the underwriters will complete the marketing. If they are ready to price, based on "price talk" which forms the basis for the investors' indications of interest, they will, under the Rule 430A procedure described above, "go effective" on the registration statement and, after effectiveness, price the issue, typically on the same day, signing the underwriting agreement at that time. After pricing, given that the registration statement is already effective, the underwriters may immediately confirm sales by telephoning investors who have indicated interest, confirming their orders at the actual price.

In a successful issue, the entire deal is sold immediately after pricing under Rule 430A procedures (or immediately after effectiveness under traditional procedures). Hence, U.S. underwriters take the short market risk between signing the underwriting or pricing agreement and selling out the issue, typically less than a day or overnight and sometimes literally a matter of minutes.

2.2.6 Prospectus Delivery Requirements

For first-time SEC filers, underwriters must deliver copies of the preliminary prospectus to any person who is expected to receive a confirmation of sale at least 48 hours prior to the mailing of the confirmation (i.e., 48 hours prior to pricing).

The underwriters in all U.S. public offerings are required to send the purchasers of securities from them a final prospectus prior to or with the earlier of written confirmation of sale or delivery of the security. Furthermore, the Securities Act provides that broker-dealers, whether or not participating in the distribution, are subject to the prospectus delivery requirement for purchases of securities from them, for a period of 40 days (90 days for initial public offerings) following the later of the date the securities were first offered to the public and the date of effectiveness of the registration statement. The SEC has limited this statutory requirement to apply only to the securities of companies not previously subject to the Exchange Act reporting requirements and, if the securities are listed on a national securities exchange or quoted on NASDAQ, to only 25 days. Moreover, pursuant to Rule 153, for securities listed on a national securities exchange, the prospectus delivery requirement may be met with respect to transactions over the exchange by making copies available to the exchange.

Hence, in an initial registered offering of securities of a company not previously reporting under the Exchange Act where the offered securities are listed on an exchange, underwriters will make available to the exchange copies of the final prospectus under Rule 153 to permit trading over the exchange after effectiveness and pricing without delivery of prospectuses. This does not affect the underwriters' obligation to send final prospectuses to purchasers buying in the offering, as those sales are not effected over the exchange.

2.2.7 Underwriting Arrangements

In a typical offering of securities on the U.S. market, there are two main underwriting documents: the underwriting agreement and the agreement among underwriters.

2.2.7.1 Underwriting Agreement

Most major U.S. and international investment banks have standard form underwriting agreements. The form of the lead underwriter will be presented, after being adapted to the circumstances, as the starting point for negotiations. The form of each investment bank represents the business philosophy of that investment bank, developed over many years, with respect to the basis on which it is willing to undertake an underwriting risk. Depending on the investment bank, underwriting agreements may be more or less extensive with respect to representations requested from the issuer and closing conditions.

In a U.S. underwriting agreement, the issuer typically represents as to matters such as the accuracy of the registration statement, the validity of the securities, the compliance of the offering with other agreements entered into by the issuer, the status of legal proceedings with regard to the issuer, and the issuer's existence as a legally formed company and other matters. In an offering involving a German company the underwriting agreement will also specify in some detail the mechanics of the capital increase (in the event of a primary share offering) and the related filings (including the timing thereof) with the local commercial register.

All U.S. underwriting agreements provide for indemnification of the underwriters in the event of losses due to material misstatements or omissions in the registration statement and for the division of the costs of the offering between the issuer and the underwriters. The agreement also specifies the conditions to the closing, which will include the delivery of various legal opinions, of certificates from the issuer attesting to the veracity of statements made and of a comfort letter from the issuer's accountants.

At closing, the underwriters also receive assurances that no material change has occurred in the issuer's financial condition or activity since the date of information in the prospectus. Lastly, the underwriters usually reserve the right not to close if fundamental changes have occurred in the economic, financial or political environment (force majeure).

2.2.7.2 Agreement Among Underwriters

The agreement among underwriters is the agreement pursuant to which the underwriters, all of which will be parties to the underwriting agreement, form an underwriting syndicate for a proposed public offering. The terms of the agreement among underwriters define the powers and obligations of the lead underwriter or underwriters in relation to those of the underwriters as a group. The responsibility for negotiating the transaction with the issuer is delegated to the representatives. The agreement among underwriters also responds to SEC and NASD rules concerning securities underwriting.

Traditionally, an agreement among underwriters was drafted for each deal, and on the morning of effectiveness of the registration statement, each underwriter would sign the agreement, thereby empowering the lead underwriters to execute the underwriting agreement on behalf of all the underwriters which the representatives did prior to the filing of the pricing amendment to the registration statement and the amended registration statement's effectiveness. Currently, underwriters often use a "master" agreement among underwriters which all underwriting houses have signed in advance and which is implemented through a telex procedure each time an underwriter seeks to act as lead in forming a syndicate for an offering. The master agreement among underwriters is substantially similar to a traditional deal-specific agreement among underwriters, with the addition of procedures to be followed in implementing the agreement.

2.3 Registration Forms

For German private issuers the principal Securities Act forms are Forms F-1, F-2 and F-3, each used in connection with capital raising, and Form-4, used in connection with business combinations. All of the forms require substantially the same information, either by presentation in the prospectus, by delivery of additional disclosure documents with the prospectus or by incorporation by reference of Exchange Act filings.

A registration statement on any of these forms is signed by the issuer, its principal executive, financial and accounting officers, a majority of its board of directors and its authorized representative in the United States. Whether members of a German Supervisory Board are "directors" for purposes of the U.S. securities laws is subject to debate and depends in each case, among other things, on the level of the Supervisory Board's actual involvement in the management of the Company (including the level of approval authority granted to it under the Company's internal rules of procedure and/or the articles of incorporation).

2.3.1 Form F-1

2.3.1.1 Information with Respect to the Registrant.

Form F-1 requires a description of the general development of the business of the issuer during the last five years, including certain selected financial data as discussed in the next paragraph. Form F-1 also requires a description of principal products and services, principal markets and method of distribution, the status of new products or services requiring substantial future investment, and distinctive or special characteristics of the issuer's industry that may affect the issuer's future financial performance (for example, unusual competitive conditions and existing or probable governmental regulation). Where appropriate, significant risk factors relating to the issuer's national environment also are required to be discussed.

2.3.1.2 Financial Information Requirements

A registration statement on Form F-1 must include audited consolidated balance sheets for the two most recent fiscal years and consolidated income statements and changes in financial position for each of the three fiscal years before the most recent audited balance sheet being filed. Certain selected financial data (including net sales or operating revenues, income (loss) from continuing operations, income (loss) from continuing operations per common share, total assets, long-term obligations and redeemable preferred stock, and cash dividends declared per common share) covering a five-year period must also be presented. Recently formed companies must include such items for the shorter time that they have been in existence; in this case, financial statements of predecessor companies, if any, are required. For more on the accounting issues, see item E. below.

2.3.1.3 Management's Discussion and Analysis of Financial Condition and Results of Operations

Form F-1 requires a discussion and analysis by the issuer's management of the financial condition and results of operation of the issuer (this section of the registration statement is commonly referred to as the "MD&A"). In this case, Form F-1 requires a free-ranging discussion and analysis with respect to (1) liquidity, identifying any known trends, demands, events, or uncertainties likely to affect liquidity; (2) capital resources, describing any known material trends, favorable or otherwise, in the issuer's capital resources; and (3) results of operations, including reasons for year-to-year changes in line items over a three-year period (i.e., two sets of comparisons) plus any interim periods for which financial statements are required, and a description of unusual or infrequent events that affected income, known trends, or uncertainties. Management's discussion also must discuss pertinent governmental policies or factors that have affected or could affect the issuer's operations or investments by U.S. nationals, and also should discuss the effects of inflation and changing prices on net sales, revenues, and income from continuing operations.

2.3.1.4 Miscellaneous Matters

One last point with respect to the disclosure required by Form F-1 deals with a sometimes sensitive issue, compensation of directors and officers. Form F-1 requires disclosure of the remuneration paid to all directors and officers as a group during the fiscal year preceding registration. This item also requires a description of any material bonus or profit-sharing plan pursuant to which any management remuneration was paid. Aggregate amounts paid for pension or retirement benefits also must be disclosed for management as a group. Disclosure of individual compensation or benefits is not required except to the extent that any such disclosure is made to the issuer's shareholders or is otherwise made public.

2.3.1.5 Exhibits of Material Contracts

SEC rules require that material contracts be filed as exhibits. Significant financing agreements, technology licenses, acquisition agreements and even employment agreements may be required to be filed, depending on the facts and circumstances of each case. Shareholder agreements are often also required to be filed to the extent they contain provisions that relate to voting of the companies' securities. Since material contracts are sometimes confidential or sensitive, the practice has arisen of requesting confidential treatment for certain commercial terms in contracts that are otherwise required to be filed. A specific request for confidential treatment must be submitted to the SEC for review on a case-by-case basis. In general, commercial terms or other sensitive information from a commercial point of view may be deleted, while information that the issuer would prefer not to disclose simply because it is embarrassing or otherwise sensitive will not necessarily be confidential.

2.3.2 Forms F-2 and F-3

Forms F-2 and F-3 are short-form registration statements available to issuers that have registered a class of securities under the Exchange Act and have complied with the relevant periodic reporting and other obligations of the Exchange Act for prescribed periods of time. The Form F-2 and F-3 registration statements rely on incorporation by reference of other disclosures concerning the issuer to reduce the length of the prospectus. The prospectus included in these registration statements needs only to describe the terms of the offering, risk factors, recent material developments and the proposed use of the proceeds. All other required information can be incorporated by reference to Exchange Act filings. Of course, the issuer and its underwriters usually decide for marketing reasons that more than the prescribed minimum disclosure in the prospectus is desirable. In view of potential liability under the Securities Act, a special disclosure problem, such as material litigation, might make reliance on incorporation by reference inadvisable in particular instances. Notwithstanding incorporation by reference, if an issuer includes in the prospectus additional information or information superseding or correcting disclosure in the incorporated documents, such superseding or correcting information is deemed by Rule 412 under the Securities Act to override the disclosure in the incorporated documents.

Eligibility for Form F-3 is conditioned on a foreign private issuer having been subject to continuous disclosure requirements under the Exchange Act for at least 12 months, provided that the Company has filed at least one annual report with the SEC, and it having a public float (aggregate market value of outstanding equity held by non-affiliates) equal to at least US$75 million. The respective regulations permit short-form registration for investment grade non-convertible debt and preferred securities, without regard to the size of the public float.

The rules also permit foreign companies to use Form F-3, without regard to public float, to register secondary offerings, rights offerings, offerings under dividend reinvestment plans, and shares obtained upon exercises of warrants or convertible securities. Finally, the rules permit majority-owned subsidiaries of foreign companies to rely on their parents' qualification for short-form registration for investment grade non-convertible debt and preferred securities. Non-convertible debt and preferred securities that are fully and unconditionally guaranteed by an eligible parent may be registered on Forms F-2 or F-3 without regard to rating.

The rules extend the "universal" or unallocated shelf registration process to foreign private issuers qualified to use Form F-3. The universal shelf process permits issuers to register debt, equity and other securities in one registration statement without specifying the amount of each class to be offered.

2.3.3 Form F-4

Form F-4 is used for registration of securities issued in connection with mergers, consolidations, reclassifications or other business combinations. While the disclosure requirements of Form F-4 are similar to those of Forms F-1, F-2 and F-3, they also include special provisions related to a business combination. Specifically, certain information, including pro forma financial information, selected financial data for five years for both the issuer and the acquired company, information about regulatory approvals, material contracts between the companies involved and information regarding resales of the securities in question must be provided in the prospectus.

2.4 Special Cases

2.4.1 Debt Securities

Trust Indenture Act

The Trust Indenture Act was passed by the U.S. Congress in 1939 in order to afford greater protection to investors in debt securities who had suffered greatly during the 1929 crisis. An essential condition of public offerings of most debt securities in the United States is an agreement called an indenture between the issuer and a commercial bank or other institution qualified under the Trust Indenture Act to act as the debt-holders' agent or trustee. The indenture may allow a single offering (closed-end indenture) or successive offerings (open-end indenture). The closed-end indentures include the form of the debt security and its terms, including any covenants of the issuer, and provisions governing default, transfer and payment.

The indenture also includes provisions relating to the duties of the trustee and conflicts of interest between the issuer and the trustee, as required by the Trust Indenture Act. The trustee must be qualified with the SEC, which is accomplished by filing a simple form relating to the trustee, Form T-1. In 1990, the Trust Indenture Act was amended to make its provisions apply automatically to indentures by operation of law instead of requiring indentures to contain company repaying principal and interest, taking into account any financial or other covenants in the indenture.

For a foreign issuer, the agency also checks the issuer's ability to repay the obligation in U.S. dollars and the issuer's acceptance of the jurisdiction of U.S. courts. The lead underwriter often acts as an intermediary between the issuer and the rating agency.

2.4.2 Governmental and Quasi-Governmental Offerings

Historically, foreign governmental and quasi-governmental issues have played an important part in U.S. securities markets. On the whole, these offerings follow the principles and procedures outlined in the preceding paragraphs but there are a number of differences.

2.4.2.1 Registration Under the Securities Act

A governmental or quasi-governmental issuer files a registration statement with the SEC containing the information specified in Schedule B of the Securities Act. The SEC has not promulgated any form prescribing the form and content of the registration statement; instead, practice has developed based on experience and SEC decisions and interpretations with reference to specific situations. The information covered by a Schedule B prospectus concerns the governmental, economic and financial situation of the country. The government budget for the last three years must be provided, together with an explanation of the debt situation and the major features of public finance policy.

The prospectus must also include a description of the securities, together with financial statements and description of the issuer if it is not the foreign government, and the use of proceeds for the offering.

2.4.2.2 Fiscal Agency Agreement

As foreign states and quasi-governmental organizations do not come within the scope of the Trust Indenture Act, such issuers do not use an indenture but typically use a fiscal agency agreement similar to the ones used in the Euromarkets. The principal difference in the two documents is that the fiscal agent, unlike a trustee, has no fiduciary duties toward debtholders for it acts merely as the issuer's agent.

2.4.2.3 Recognition of Jurisdiction

Governmental and quasi-governmental issuers generally accept the jurisdiction of U.S. courts in all matters concerning the offering of securities in the United States. Under the Sovereign Immunity Act, foreign governments partaking in commercial activities within the United States, which include the use of U.S. securities markets, are not considered immune from the jurisdiction of U.S. courts.

2.4.3 Shelf Registrations

The preceding discussion concerned the registration of securities offered for sale as soon as the registration statement is declared effective. In 1983, the SEC adopted Rule 415 permitting a so-called "shelf" registration statement, allowing an issuer to register securities for sale from time to time or continuously when market conditions warrant, without any need for additional SEC approval. Rule 415 applies to both equity and debt securities.

Rule 415 may be used for certain enumerated types of securities, the most useful type being securities registered on Form S-3 or Form F-3, available for issuers who have been in the SEC reporting system for at least one or three years, as the case may be. Rule 415 does not apply to governmental and quasi-governmental issuers, but the SEC has promulgated a similar procedure for their use. The amount of securities permitted to be registered is limited to the amount that the issuer reasonably expects to sell in the two years following effectiveness of the registration statement. The constant updating of the registration statement and prospectus is in part ensured by the technique of incorporation by reference of reports periodically filed by the issuer with the SEC under the Exchange Act.

The shelf registration procedure provides the issuer with the ability to respond quickly to a marketing opportunity for its securities. The initial registration statement contains a basic prospectus including the information about the issuer (mostly incorporated by reference) and the conditions under which the securities will be issued required in a conventional registration statement. The form of the underwriting agreement which will be used is normally negotiated with potential lead underwriters prior to registration and is filed with the registration statement. The procedure for obtaining SEC effectiveness is the same as for a conventional offering except that no particular security or underwriting arrangements need to be described.

When market conditions are favorable and the issuer wishes to sell part or all of the securities registered, the issuer and the lead underwriter chosen for the offering agree on the particular terms, which are embodied in a short pricing agreement that incorporates the terms of the underwriting agreement previously negotiated. No underwriting commitment attaches until the pricing agreement is signed.

A prospectus supplement is drafted describing the terms of the offering and updating the information concerning the issuer contained in the basic prospectus and in documents incorporated by reference. The offering may be underwritten and sold immediately, without the need for any further SEC action. The prospectus supplement is subsequently filed with the SEC and delivered, usually together with the basic prospectus, to investors.

Rule 415 has been welcomed by issuers and their underwriters. Certain reservations were initially voiced, particularly concerning the conditions under which the due diligence investigation would be conducted, but have since been largely alleviated. Issuers with shelf registrations often involve potential lead underwriters in due diligence on a periodic basis, in advance of an offering, as well as in their periodic Exchange Act reporting, which is incorporated in the shelf registration statement. In practice, it still takes several days to plan the offering, or "take-down" off the shelf, allowing time for a due diligence update.

2.4.4 Multinational Offerings

The internationalization of securities markets has been reflected in the increased use of U.S. securities markets by foreign companies in global or multinational offerings. Multinational offerings in the 1990s, particularly the British, French, German and Spanish privatizations, highlighted the following coordination issues:

2.4.4.1 Coordination of Information

Insofar as different prospectuses are used in several countries simultaneously, it is vital to coordinate their drafting. Discrepancies in the substantive information provided could raise questions and possibly give rise to liability. Schedules relating to the release of the prospectus and other information to the public and regulatory approval must also be coordinated.

2.4.4.2 Coordination of Marketing Procedures

A multinational offering requires coordination of the activity of the various regional underwriting syndicates taking part in the placement. Generally the structure utilized entails one underwriter being responsible for worldwide coordination of the placement, each region being under the control of a different geographical underwriting syndicate, and relations between underwriters being regulated by a special agreement referred to as an orderly marketing agreement or an agreement among syndicates.

2.4.4.3 Coordination of Secondary Market Activities

Global offerings raise problems of the application in an international context of the U.S. trading practices rules, as the SEC considers that these rules apply to all markets worldwide if a portion of the offering is registered or otherwise distributed in the U.S. Effective March 4, 1997, the SEC adopted Regulation M which significantly liberalized most of the former trading restrictions (in particular, Rules 10b-6, 10b-6A, 10b-7, 10b-8 and 10b-21 under the Exchange Act) on underwriters, prospective underwriters, issuers, selling security holders and affiliated purchasers while maintaining the basic prophylactic approach of the former trading regulations. Multinational offerings may also raise problems of "flow back", the return of securities placed abroad to the issuer's country of origin.

2.4.4.4 SEC Position

The SEC has proven during recent international offerings and in recent releases to be actively seeking to facilitate the harmonization of the international securities markets (for example, relating to offshore press conferences and press activities of a non-U.S. issuer and to the use of the internet in connection with an international securities offering).

This has improved access to the U.S. capital markets for foreign issuers who may have special difficulties in meeting SEC requirements for the protection of U.S. investors. Where circumstances warrant, the SEC staff has also proven accommodating in its review schedule and constructive in the application of its disclosure requirements to particular circumstances.

2.5 Accounting Issues

The following is a brief description of some accounting issues that German issuers will encounter in the preparation of registration statements:

2.5.1 Reconciliation

The financial statements may either be prepared in accordance with generally accepted accounting principles in the U.S. ("U.S. GAAP") or in accordance with accounting principles accepted in the home country of the foreign issuer ("Foreign GAAP"). In the latter case, the registration statement must include a quantitative reconciliation and narrative discussion of the material variations for certain line items between Foreign GAAP and U.S. GAAP.

2.5.2 Currency Presentation

Financial statements must be presented in the foreign currency except where (i) another currency is the currency of the primary economic environment where the issuer conducts its business, (ii) no exchange controls exist with respect to such other currency and (iii) the issuer publishes and distributes its financial statements in such other currency.

2.5.3 Segment Information

U.S. issuers must include in their financial statements segment financial information (industry and geographic information with respect to revenue, operating profits, assets and capital expenditures) required by Statement of Financial Accounting Standards ("SFAS") No. 14. However, a foreign issuer making Exchange Act filings can choose to supply the industry and geographical information required by SFAS No. 14 or can choose not to if it provides the breakdown of total sales and revenue during the past three years by categories of activity and into geographic markets. Any relatively homogenous activity which contributes significantly to total sales and revenue is considered a separate category of activity. If the contribution to operating profits of any category of activity differs materially from its contribution to revenue, the significance of such activity's contribution to operating profits must be discussed. Under the second alternative, the registrant must supply the industry and geographical information required by SFAS No. 14. Under either alternative, financial statements prepared in accordance with Foreign GAAP must be accompanied by a discussion and a numerical reconciliation of the differences in financial results and principal balance sheet items as reported under Foreign GAAP and as required under U.S. GAAP.

Subject to certain limited exceptions, Securities Act filings must provide full segment information as required by SFAS No. 14. To take advantage of market opportunities to offer their securities, many issuers making Exchange Act filings choose to present the full segment information in order to facilitate future public offerings. Apart from the time and expense required to institute accounting systems capable of generating the required data, the publication of segment information often involves disclosure of data not otherwise available to competitors and may therefore be especially sensitive to certain issuers.

2.5.4 Age of Financial Statements

The SEC rules relating to the age of financial statements by foreign private issuers at the time of effectiveness require German issuers to provide audited fiscal year financial statements within six months following the end of the fiscal year; unaudited interim financial statements are required only to the extent necessary to bring the most recent financial statements included in a filing to a date within ten months of effectiveness. Under this system, a foreign issuer can have uninterrupted access to the U.S. public markets by providing within four months following the end of its fiscal year either its audited financial statements for that year or unaudited interim financial statements as of the end of the third quarter of that year. No quarterly reporting is required for foreign issuers.

2.5.5 Target and "Pro Forma" Information

If the issuer has acquired or expects to acquire another company of significant size, complete financial statements of the target company are required. The issuer must also present "pro forma" financial information for acquisitions and dispositions of any business that have occurred or are probable to the extent that such business represents over 10% of total assets or pre tax income.

2.5.6 Choice of Auditors

It is critical that an international accounting firm that is expert in the rules of the SEC be engaged to prepare the financial statements. Because of the SEC's rigorous requirements with regard to the independence of auditors, certain issuers may even need to consider replacing their current auditors if they wish to satisfy SEC requirements. Independence of the accountants generally requires independence in fact as well as in appearance. Accordingly, an accountant must not, during the period of his professional engagement, have any direct financial interest or any material indirect financial interest in the issuer. Nor may the accountant serve as a promoter, underwriter, voting trustee, director, officer or employee of his client.

2.5.7 Convenience Translations and Historical Exchange Rates

Financial statements in registration statements may include "convenience" translations of the foreign currency to U.S. dollars for the most recent fiscal year and any subsequent interim period, using for this purpose an exchange rate as of the date of the most recent balance sheet included in the filing or, if materially different, as of the most recent practicable date. The filing must include a five-year history of representative exchange rates and, if it relates to equity securities, must also contain a five-year history of dividends per share stated in both the foreign currency and U.S. dollars (based on exchange rates in effect on the payment dates).

2.6 Investment Company Act Issues

In contemplating a public offering in the United States, an issuer must consider the potential implications of the Investment Company Act of 1940 (the "Investment Company Act"), which governs the sale of securities by, and internal operations of, issuers of securities that come within the definition of an "investment company" contained in that Act. The definition of the term "investment company", is very broad and can encompass issuers that one might not generally consider to be investment companies. For example, operating companies that maintain large investment portfolios or hold significant minority positions in other companies, could be considered investment companies. However, there are often steps that can be taken to avoid this pitfall. A non-United States issuer that is an investment company is prohibited by Section 7(d) of the Investment Company Act from effecting a public offering of its securities in the United States without an SEC exemptive order. These orders are rarely given for actual investment companies.

The Investment Company Act differs conceptually from the Securities Act and Exchange Act. While the Securities Act and Exchange Act focus on the scope and timing of disclosure to investors, the Investment Company Act imposes substantial fiduciary obligations and operational restrictions, in addition to disclosure requirements. By way of example, the Investment Company Act strictly regulates the capital structure of investment companies by imposing restrictions on the number of classes of stock and the incurrence of debt, asset coverage requirements for debt and preferred stock, restrictions on the issuance of warrants, and the requirement that all shares have equal voting rights.

The Investment Company Act also regulates Board composition, generally requiring at least 40% unaffiliated directors. In addition, transactions between funds and their "affiliates" (itself a broadly defined term) are strictly regulated. Other obligations imposed by the Investment Company Act include: (i) the requirement to maintain, and submit to SEC examination, extensive books and records, including personal securities trading records of Company affiliates; (ii) the requirement that securities and other investments be maintained in the custody of a qualified custodian; and (iii) prohibitions on the employment of, or association with, persons with criminal backgrounds. Special requirements are imposed upon the use of foreign custodians. Investment companies also have significant regulatory reporting obligations.

The vast majority of issuers that are regulated under the Investment Company Act are entities (e.g., corporations, trusts or partnerships) that have as their principal business purpose the investment of their equityholders' funds in securities. The definition of the term "investment company" contained in the Investment Company Act, however, is sufficiently broad so as to include many companies that one might not generally expect to be regulated as an investment company. The tests under the Investment Company Act for determining the status of an issuer thereunder are quite complex. Below is a very general discussion of those tests.

There are two principal definitions of an "investment company". Section 3(a)(1) covers an "investment company" that is or holds itself out as being primarily engaged, or proposes to be engaged, in the business of "investing, reinvesting or trading" in securities. If the Company does not overtly hold itself out as an investment company, five criteria must be examined to see whether: (i) more than 45% of the Company's income is derived from investment securities (e.g., securities of companies not controlled by the Company being examined); (ii) more than 45% of the Company's assets are represented by investment securities; (iii) the Company historically has engaged in investment rather than operating activities, on a consistent basis, (iv) the Company holds itself out to the public as an operating company rather than as one that invests in securities; and (v) the officers and directors of the Company spend a significant amount of their time managing the investment portfolio, as opposed to managing one or more of the operating businesses of the Company. While no single factor in a Section 3(a)(1) analysis is by itself dispositive of an issuer's status, the source of the Company's income and the nature of its assets are considered to be the most important factors.

Section 3(a)(3) defines as an investment company any issuer which is engaged or proposes to engage in the business of investing, reinvesting, owning, holding or trading in securities, and owns or proposes to acquire investment securities having a value exceeding 40% of the value of such issuer's total assets (exclusive of U.S. Government securities and cash items) on an unconsolidated basis. For purposes of Section 3(a)(3), the term "investment securities" includes all securities other than U.S. Government securities and securities issued by subsidiaries which are at least 50% owned and are not themselves investment companies.

Section 2 of the Investment Company Act is replete with defined terms that have a significant impact on the determination of an issuer's status. These terms raise a variety of interpretative questions that must be considered in any Investment Company Act analysis. For example, the terms "security" and "value" are both defined in the Act. The determination of whether an issuer's participation in a particular transaction is in its capacity as an equity investor or as that of a joint venturer (which would not constitute a security interest) can be a determinative factor in an issuer's characterization under the Investment Company Act. If an asset is not considered to be a security for purposes of the Investment Company Act, it will have a positive affect on the analysis of the issuer's assets and income. If, on the other hand, it is a security, then, depending upon the degree of the Company's control of the issuer of that security, the value of the security and the income derived therefrom could have a negative impact on the issuer's Investment Company Act analysis. The determination of the value of a security held by an issuer can be similarly determinative of an issuer's status under the Investment Company Act. In many instances, the Act requires the value of a security to be calculated based on the fair value of the asset, as determined by the issuer's board of directors. As one might expect, this raises many interpretative questions. Any analysis of an issuer's status under the Investment Company Act should be performed with careful consideration of the Act's definitional section.

For an issuer that is not organized in the United States, the practical ramification of being deemed an investment company is a preclusion from effecting a public offering of securities in the United States. Section 7(d) of the Investment Company Act prohibits a foreign investment company from effecting a public offering of its securities in the United States unless the SEC issues an order permitting it to register under the Investment Company Act. The purpose of Section 7(d) is to enable the SEC to enforce the investor protection provisions of the Investment Company Act against foreign investment companies accessing the United States capital markets. The practical consequence of this Section, however, has been to limit the entry of foreign investment companies into the United States. This is because the Section effectively requires funds that are subject to foreign regulatory schemes which differ substantially from the Investment Company Act to operate as though they are regulated under the Investment Company Act.

Because of these ramifications, it is important for an issuer that is seeking to access the United States capital markets to avoid characterization as an investment company. The Investment Company Act and the rules thereunder provide many exceptions to the definition of an investment company. Some of which include: (i) finance subsidiaries (Rule 3a-5); (ii) foreign banks and insurance companies (Rule 3a-6); and (iii) securitization transactions (Rule 3a-7). For issuers that qualify as investment companies under Section 3(a)(3) (the 40% test described above), Rule 3a-1 provides an exception to the definition of an investment company if the issuer can nonetheless meet income and asset tests that are similar to the 45% tests described above in connection with Section 3(a)(1). These Rules all contain rigorous requirements and many are subject to a variety of SEC interpretative positions which can make their application to a given issuer difficult to ascertain.

For a foreign issuer that is an investment company, a private offering in the United States is permitted, although the requirements to be complied with may be onerous. Such a private placement will be allowed provided that the issuer has no more than 100 beneficial owners of its securities who are United States residents. The principal difficulty in meeting the 100 beneficial owner test arises out of the requirement that the issuer track the number of beneficial owners resident in the United States to ensure that the number of such owners does not exceed 100 at any given time following the offering. This has compelled foreign funds considering United States offerings to adopt charter provisions permitting forced transfers, purchases or denials of ownership registration whenever the number of beneficial owners exceeds 100.

The SEC recognizes that these procedures are quite costly and burdensome. This is especially true in view of the fact that the current standard for determining the 100 owner limitation is "beneficial" ownership, not "record" ownership. As a consequence, an issuer could inadvertently exceed the 100 owner limit and never be aware of it.

In view of the foregoing, in planning any securities offering into the United States, a German issuer should give substantive consideration to the Investment Company Act and the ramifications it may have upon the issuer's ability to effect the offering. This should be done even though a particular company or others that are very similar to them are or have been traded in the United States.

2.7 Liabilities Under the Securities Act

If a Securities Act registration statement, when it becomes effective, contains an untrue statement of a material fact or omits to state a material fact required to be stated therein or necessary to make the statements therein not misleading, the issuer, any person who signs the registration statement (the chief executive, financial and accounting officers of the issuer and its authorized representative in the United States), every director, every underwriter of the offering and, as to such part, any accountant, engineer or other expert who has with his consent been named as having prepared or certified a part of the registration statement will be subject to civil liability under Section 11 of the Securities Act.

Each of these persons other than the issuer may avoid liability if he can prove that after reasonable investigation he had reasonable ground to believe and did believe that the statements in the registration statement were true and that there was no omission to state a material fact required to be stated therein or necessary to make the statements therein not misleading. Further, to the extent that parts of the registration statement are certified by experts (other than such person), as to those parts he need only prove that he had no reasonable ground to believe and did not believe that there was a misstatement or omission.

The extent of the liability is, in general, the difference between the amount paid for the security (not exceeding the public offering price) and (a) the market price of the security at the time the suit is brought or (b) the price at which the security was disposed of before suit. Damages may be reduced to the extent that a lower price for the security is caused by reasons other than the misstatement or omission.

In addition, pursuant to Section 12 of the Securities Act, a purchaser, without knowing that the statement was false or misleading, may recover losses from any person who sold such purchaser the security by means of a prospectus or oral communication which included an untrue statement of a material fact or omitted to state a material fact necessary in order to make the statements therein, in the light of the circumstances under which they were made, not misleading unless the seller can prove that he did not know, and in the exercise of reasonable care could not have known, of the untruth or omission.

A controlling person of any person liable under the Securities Act provisions mentioned in the preceding paragraphs will be liable under Section 15 jointly and severally with the controlled person unless the controlling person had no knowledge of or reasonable grounds to believe in the existence of the facts by reason of which the liability of the controlled person is alleged.

It is customary for the issuer to indemnify the underwriters against any liability arising from a misstatement in or omission from the registration statement or prospectus (other than a misstatement or omission with respect to certain limited information supplied by the underwriters regarding the plan of distribution of the securities and other underwriting matters).

3. Post-offering Obligations and Expenses

A German company listed on a U.S. exchange must prepare and file with the SEC on an annual basis a Form 20-F, which is a long disclosure document similar in many respects to the original prospectus on Form F-1. In addition, on at least a semi-annual basis, interim reports containing unaudited interim financial statements and a Management's Discussion and Analysis will be required to be filed under a Form 6-K.

For some companies, the underwriters also insist that interim reports be filed for the first and third quarters, so that an interim Form 6-K will be filed three times a year rather than once. However, as stated above, no quarterly reporting is required for foreign issuers under current SEC rules. Finally, the SEC rules require that material press releases, including announcements of financial results and of material transactions and developments (such as acquisitions, litigations or divestitures) must be disclosed and filed with the SEC under a Form 6-K promptly (within a day or two after the event).

These post-offering SEC reporting requirements have at least three tangible consequences. First, there is the need to be organized internally to be in a position to prepare the annual report on Form 20-F, including the financial statements and the Management's Discussion and Analysis, every year as well as the three interim reports on Form 6-K and the Form 6-Ks that will be required to cover extraordinary events. Second, the mere fact that this information must be prepared and filed on a timely basis will cause the Company to incur certain costs, including legal fees and accounting fees, as well as printing costs if the annual reports on Form 20-F or interim reports on Form 6-Ks are to be furnished to investors, or if a "glossy" annual report will be prepared.

Finally, the ongoing disclosure requirements require the Company to be very careful about the circulation of material information within the Company and the dissemination of information on potentially material events and developments to investors and members of the press. Due to the legal consequences arising from late disclosures of material information, potential insider trading liability and the compelling need for good relationships with significant investors, the management of information within the Company and the prompt and appropriate disclosure of information to investors and the public typically becomes a significant task for the Company's staff. In this regard a specific insider policy will need to be developed for the U.S. since the applicable rules differ from those under the German Wertpapierhandelsgesetz.

One additional reporting obligation to keep in mind is the requirement for shareholders that "beneficially" own more than five percent of the Company's outstanding shares to file a Form 13G (in the case of existing shareholders at the time of the initial U.S. public offering) or Form 13D (in the case of shareholders who exceed five percent after the offering). These reports require disclosure of the identity of shareholders **directly** or **indirectly** having beneficial ownership of more than five percent of the Company's shares, as well as any special voting or other agreements among the shareholders. "Beneficial" ownership is determined by who has the power to vote or transfer the securities. In some cases, individual shareholders are reluctant to make such public disclosures.

The cost for the ongoing reporting requirements following a U.S. registered public offering is difficult to measure because the amount of work to prepare the required reports varies from company to company. The legal fees for ongoing SEC reporting will be higher in the first year or two while the Company is still learning about the process and will become substantially less thereafter. The difference in accounting fees will vary depending upon the complexity of the accounting issues that need to be addressed and the experience with U.S. registered public offerings of the accounting firm involved.

4. Listing on U.S. Exchanges and NASDAQ

4.1 Exchange Act Registration Requirements

In order to list securities with NYSE or AMEX, a German issuer must register its securities under Section 12(b) of the Exchange Act. If a German issuer desires to have its securities quoted on NASDAQ, it must register its securities under Section 12(g) of the Exchange Act. Registering its securities with the SEC and listing them on a national securities exchange or NASDAQ can offer a German issuer benefits such as increased name recognition in the United States, a wider shareholder base and more flexible financing opportunities.

4.2 Quantitative Criteria

In order to list its equity securities on the NYSE or AMEX or have them quoted on NASDAQ, an issuer must satisfy the minimum listing standards of the NYSE, AMEX or NASDAQ, as the case may be. The NYSE and AMEX have separate minimum quantitative listing requirements for U.S. companies and for foreign companies. The NYSE requirements are more stringent than the requirements of the AMEX and NASDAQ, and NASDAQ has the most lenient standards among the three. Such quantitative requirements relate to the existing market of the securities to be listed as well as the nature of the issuer.

4.3 Qualitative Criteria

In order to list its securities on the NYSE, AMEX or have them quoted on NASDAQ, an issuer must also satisfy certain qualitative criteria relating to corporate governance. Such criteria relate, among others, to distribution of annual and interim financial reports to shareholders, purchase of Company stocks by directors and officers, related party transactions, the existence of independent directors on the issuers= board of directors and of an independent audit committee, annual shareholders= meetings, procedure for proxy solicitation and conflict of interest situations. The NYSE has more stringent qualitative requirements than the AMEX or NASDAQ.

4.4 Listing Procedures

In order to list its securities with the NYSE or AMEX, an issuer must submit a listing application and certain other information to the exchange. The issuer must also enter into a listing agreement with the exchange, which agreement will govern the terms of the listing. Since the listing application will largely rely on the filings with the SEC under the Exchange Act, it should be submitted to the NYSE, AMEX or NASDAQ, as the case may be, at the same time as or shortly after the filing with the SEC is made. The issuer is usually required to pay an initial listing fee at the time it submits its final listing application. Generally, application to NASDAQ is less expensive and time-consuming than application to the NYSE and AMEX.

After its securities are listed on the NYSE or AMEX or quoted on NASDAQ, the issuer is responsible for paying annual fees in connection therewith. Furthermore, the issuer must comply with ongoing rules and policies of, and certain qualitative and quantitative standards imposed by, the NYSE, AMEX or NASDAQ, as the case may be.

ADRs und deutsches Gesellschafts- und Kapitalmarktrecht

Dr. Walburga Kullmann
Bruckhaus Westrick Heller Löber

Inhalt

1. Einleitung

Bevor nachstehend näher auf einige gesellschafts- und kapitalmarktrechtliche Rechte und Pflichten bei ADR-Programmen aus deutschrechtlicher Sicht eingegangen wird, soll zunächst ein kurzer Blick auf die Rechte und Pflichten geworfen werden, die mit den den ADRs zugrundeliegenden Aktien deutscher Aktiengesellschaften zusammenhängen.

Wer eine Aktie erwirbt, erwartet, daß er bestimmte Rechte gegenüber „seiner" Gesellschaft erhält. Das Recht auf Dividendenzahlung ist dabei für den durchschnittlichen Anleger vermutlich das Wichtigste. Daneben mag es aber auch andere Gründe geben, wie z.B. das Recht auf Teilnahme an den Hauptversammlungen. Typische Rechte eines Aktionärs gegenüber „seiner" Gesellschaft sind – neben dem bereits genannten Recht auf Dividende und Teilnahme an der Hauptversammlung – das Stimmrecht, das Auskunftsrecht und das Bezugsrecht für neue Aktien. Gegenüber den Steuerbehörden hat der Aktionär in der Regel ferner ein Recht auf das Körperschaftssteuerguthaben oder, im Falle des ausländischen Aktionärs, auf Rückerstattung eines Teils der einbehaltenen Kapitalertragssteuer.

Mit Pflichten aus der Inhaberschaft einer Aktie rechnet der Aktionär - nach Leistung seiner Einlage - oft nicht. Dennoch gibt es Pflichten. Bei einem bestimmten Umfang der Beteiligung trifft den Aktionär im Verhältnis zur Gesellschaft eine Mitteilungs- und möglicherweise sogar eine Treuepflicht. Gegenüber den Aufsichtsbehörden ist der Aktionär bei Erreichen bestimmter Schwellenwerte seiner Beteiligung außerdem zu Mitteilungen verpflichtet.

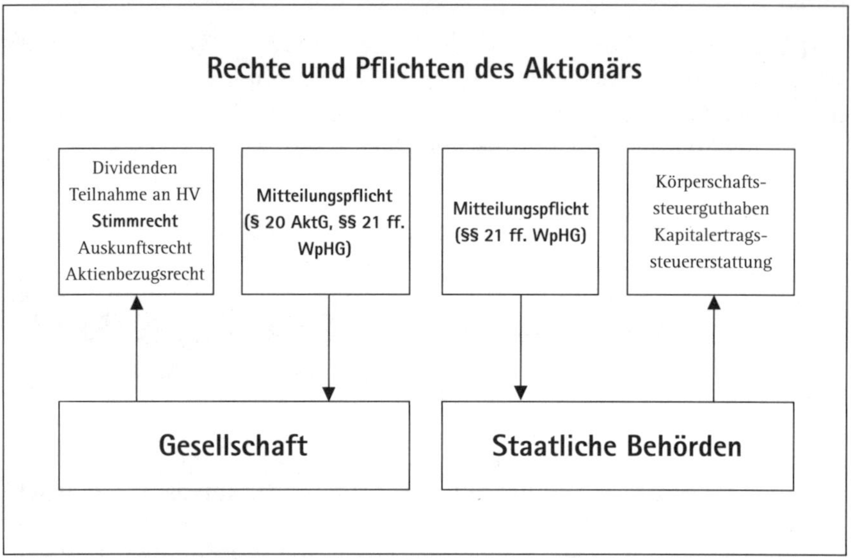

Stehen diese Rechte und Pflichten nun aber auch dem ADR-Inhaber zu?

Vieles spricht dafür, daß sich zumindest die Erwartungen von Anlegern beim Kauf eines ADR an der Stellung des Aktionärs orientieren. Käufer von ADR erwarten, daß ihre Rechte nicht hinter denen der Aktionäre zurückbleiben, möglicherweise sogar über sie hinausgehen. Pflichten wollen sie, wie die Aktionäre, vorzugsweise nicht. Wenn es aber unvermeidlich ist, so sollen die Pflichten jedenfalls nicht lästiger sein als die des Aktionärs.

Das Problem ist nun aber, daß der ADR-Inhaber zwar der wirtschaftlich Begünstigte der Aktie ist, daß seine Stellung jedoch nur vermittelt ist. Zwischen ihm und seiner Aktie steht die Depotbank als Verwalterin und Eigentümerin der Aktien. Die Frage ist deshalb, an was bei dem jeweiligen Recht und der jeweiligen Pflicht angeknüpft wird. Knüpfen die Rechte und Pflichten an das formelle Eigentum an, treffen sie die Depotbank. Knüpfen sie an die wirtschaftliche Begünstigung an, treffen sie den ADR-Inhaber. Je nach Anknüpfungspunkt kann es sein, daß der ADR-Inhaber nicht immer in der gleichen Position wie ein Aktionär ist.

Aus dem Bündel von Rechten und Pflichten des Aktionärs werden nachfolgend drei Elemente (in der vorstehenden Abbildung fett gedruckt) herausgegriffen und eingehender behandelt. Es handelt sich um:

- das Stimmrecht nach § 12 Abs. 1, §§ 133 ff. AktG, das gegenüber der Gesellschaft besteht,
- die Mitteilungspflichten nach § 20 AktG und §§ 21 ff. WpHG, die gegenüber der Gesellschaft zu erfüllen sind, und
- die Mitteilungspflicht nach §§ 21 ff. WpHG, die gegenüber einer staatlichen Behörde zu erfüllen ist.

Nachfolgend soll gezeigt werden, auf welche Weise diese Rechte und Pflichten dem ADR-Inhaber zustehen.

2. Die Beteiligten im Rahmen eines ADR-Programms

Die wesentlichen Beteiligten im Rahmen eines ADR-Programms sind der ADR-Inhaber, die Depotbank, die Hinterlegungsbank und die Gesellschaft. Als weitere Beteiligte kommen staatliche Behörden, insbesondere in der Form des Bundesaufsichtsamtes für den Wertpapierhandel („BAWe“), zusätzlich ins Spiel.

3. Die möglichen Modelle

Für die Verteilung von Rechten und Pflichten in einem ADR-Programm sind drei verschiedene Modelle denkbar:

Das 1. Modell orientiert sich am wirtschaftlichen Ergebnis. Inhaber der Rechte und Pflichten ist, wer die wirtschaftlichen Risiken trägt und die wirtschaftlichen Chancen hat. Dies ist ohne Frage der ADR-Inhaber. Die Depotbank hat demgegenüber nur eine Verwaltungsfunk-

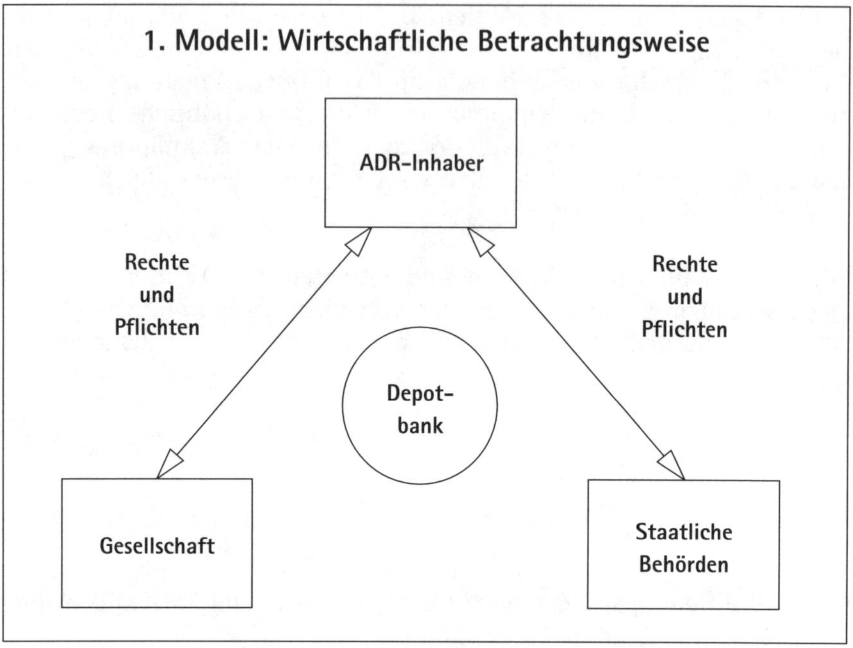
1. Modell: Wirtschaftliche Betrachtungsweise
ADR-Inhaber
Rechte und Pflichten
Rechte und Pflichten
Depot-bank
Gesellschaft
Staatliche Behörden

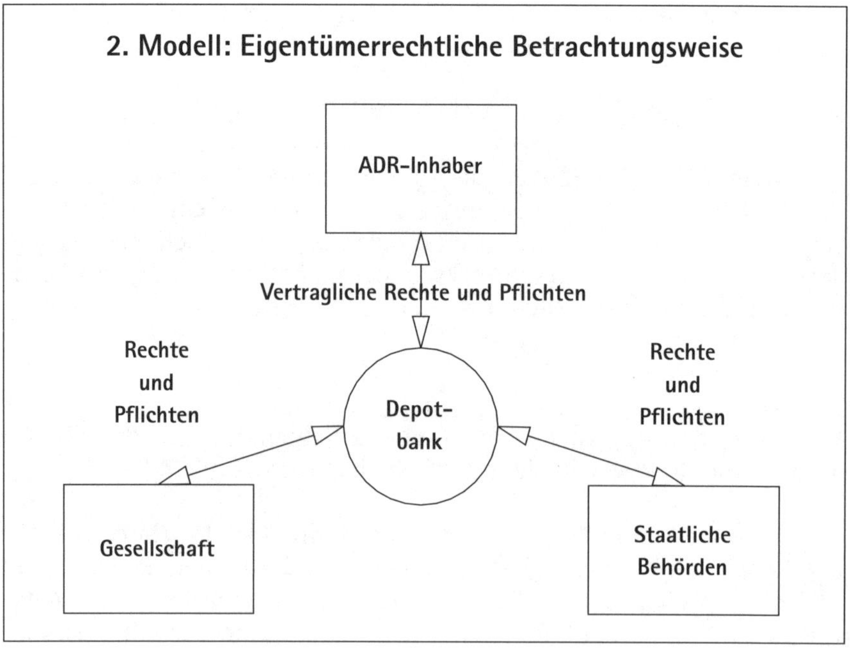
2. Modell: Eigentümerrechtliche Betrachtungsweise
ADR-Inhaber
Vertragliche Rechte und Pflichten
Rechte und Pflichten
Rechte und Pflichten
Depot-bank
Gesellschaft
Staatliche Behörden

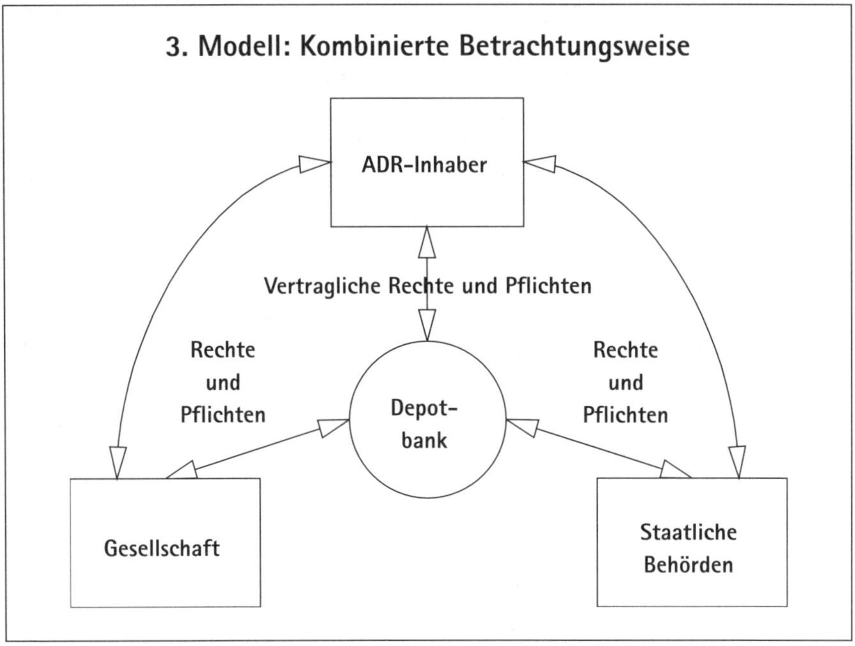

3. Modell: Kombinierte Betrachtungsweise

tion. Träger der Rechte und Pflichten aus den Aktien sollte bei streng wirtschaftlicher Betrachtungsweise allein der ADR-Inhaber sein.

Das 2. Modell orientiert sich streng an der formalen Rechtsposition der Beteiligten. Der ADR-Inhaber mag zwar wirtschaftlich der Begünstigte sein, rechtmäßiger Inhaber und Eigentümer der Aktien ist zunächst jedoch einmal die Depotbank. Rechte und Pflichten aus dem Aktienbesitz hat daher nach diesem Modell nicht der ADR-Inhaber, sondern ausschließlich die Depotbank. Diese kann sich vertraglich gegenüber dem ADR-Inhaber verpflichten, die Rechte in bestimmter Weise auszuüben. An der rechtlichen Zuordnung ändert sich damit aber nichts.

Das 3. Modell nimmt einen vermittelnden Standpunkt ein. Anknüpfungspunkt ist sowohl der formale eigentumsrechtliche Status der Depotbank als auch die wirtschaftliche Position des ADR-Inhabers. Rechte und Pflichten verdoppeln sich und treffen im Kombinationsmodell sowohl den rechtmäßigen Inhaber der Aktien, also die Depotbank, als auch den wirtschaftlich Begünstigten, den Inhaber des ADR.

4. Die Rechte und Pflichten im einzelnen

Nach dieser abstrakten Einführung sollen nun das Stimmrecht als eines der genannten Rechte sowie die beiden Mitteilungspflichten (nach § 20 AktG und §§ 21 ff. WpHG) im einzelnen behandelt werden. Dabei wird auf die drei Modelle jeweils zurückgekommen.

4.1 Stimmrecht

Aus den folgenden - eher grundsätzlichen - Erwägungen sollte der ADR-Inhaber die Möglichkeit haben, darüber zu entscheiden, wie das an der Aktie hängende Stimmrecht ausgeübt wird:

- Erstens trägt der ADR-Inhaber die wirtschaftlichen Risiken der Aktie und sollte daher mit seiner Stimme über die Geschäftspolitik der Gesellschaft entscheiden können.
- Zweitens legen auch die Gesellschaften, die sich für die Teilnahme an einem ADR-Programm entscheiden, häufig großen Wert auf die Stimmrechtsausübung durch die ADR-Inhaber. Die Vorteile der Streuung der ADR bei ausländischen Anlegern würden zum Teil entwertet, wenn die Stimmrechte dieser Anleger bei der Depotbank konzentriert würden oder ganz unter den Tisch fielen.

Fraglich ist aber, ob dies auch rechtlich möglich ist.

Es ist nämlich zu berücksichtigen,

- daß das Stimmrecht nach deutschem Recht ausschließlich dem formellen Eigentümer der Aktie, d.h. der Depotbank, zusteht.[1] Die Frage, wer wirtschaftlich Begünstigter der Aktie ist, ist für die Stimmberechtigung irrelevant, und
- daß das Abspaltungsverbot gilt, d.h. das Stimmrecht ist unablösbar mit der Aktie verbunden.[2] Im Gegensatz zum Recht auf Dividendenbezug, das jedenfalls nach Feststellung des Dividendenanspruchs durch Abtretung übertragen werden kann, kann das Stimmrecht nicht ohne die Aktie übertragen werden.

---

1) Hüffer, AktG, 3. Aufl., 1997, § 133, Rdnr. 17; s.a. § 188, Rdnr. 15.
2) Godin-Wilhelmi, AktG, 4. Aufl., 1971, Anm. 2 zu § 133; GK AktG, 2. Lieferung 1992, § 12, Rdnr. 12; Hüffer, AktG, 3. Aufl. 1997, § 12, Rdnr. 1.

Da eine Übertragung des Stimmrechts auf den ADR-Inhaber wegen des Abspaltungsverbots also ausscheidet, muß ihm die Teilhabe am Stimmrecht auf andere Weise verschafft werden. Hierfür wird bei den existierenden ADR-Programmen die folgende Grundstruktur verwendet:

- Die Depotbank verpflichtet sich gegenüber dem ADR-Inhaber, das Stimmrecht für ihn auszuüben.
- Die Depotbank ermittelt, wer zu einem bestimmten, von ihr festgelegten Stichtag vor der Hauptversammlung Inhaber des ADR ist und gibt ihm Gelegenheit, eine Weisung zu erteilen.
- Die Depotbank sorgt dafür, daß die den ADR zugrundeliegenden Aktien in der Hauptversammlung gemäß den Weisungen der ADR-Inhaber ausgeübt werden.

Diese Struktur entspricht der vorstehend als 2. Modell vorgestellten eigentümerrechtlichen Betrachtungsweise. Rechte und Pflichten bleiben bei dem formalen Inhaber der Rechtsposition, dem Eigentümer der Aktie. Dieser kann sich jedoch vertraglich verpflichten, seine Rechte nur in bestimmter Weise auszuüben. Bei der Arbeit an dem von dem DAI und vier Anwaltskanzleien entworfenen Muster eines Depotbankvertrags hat sich gezeigt, daß bei den existierenden ADR-Programmen bezüglich der genannten Grundstruktur Übereinstimmung besteht.

Bezüglich der Ausgestaltung des Stimmrechts im übrigen gibt es allerdings verschiedene Ansätze. Dies ist die Folge einer durch die Zwischenschaltung der Depotbank gewonnenen Freiheit. Zu der Frage, wie und ob diese Freiheit genutzt werden sollte, gibt es zwei Schulen, die sich vor allem auf die Handelbarkeit des ADR einige Wochen vor der Hauptversammlung auswirken sowie auf die Verfahrensweise, wenn der ADR-Inhaber der Depotbank keine ausdrückliche Anweisung gibt, wie die Stimmrechte ausgeübt werden sollen:

4.1.1 Handelbarkeit der ADR vor einer Hauptversammlung

Schule 1 sagt, der ADR-Inhaber solle dem Aktionär so weit wie möglich gleichgestellt werden und Abweichungen müßten so gering wie möglich gehalten werden. Die Vertreter dieser Schule verlangen daher von dem Inhaber des ADR, daß er seine Inhaberschaft des ADRs nicht nur für den von der Depotbank gesetzten Stichtag nachweist, sondern bis zu dem Stichtag der Gesellschaft und - dies nun wie ein Aktionär - für den Zeitraum von dem Stichtag der Gesellschaft bis zu dem Tag der Hauptversammlung. Das ADR wird zu diesem Zwecke ab dem Stichtag der Depotbank in einem gesonderten Konto (sog. „blocked account") blockiert und kann erst wieder nach der Hauptversammlung gehandelt werden.

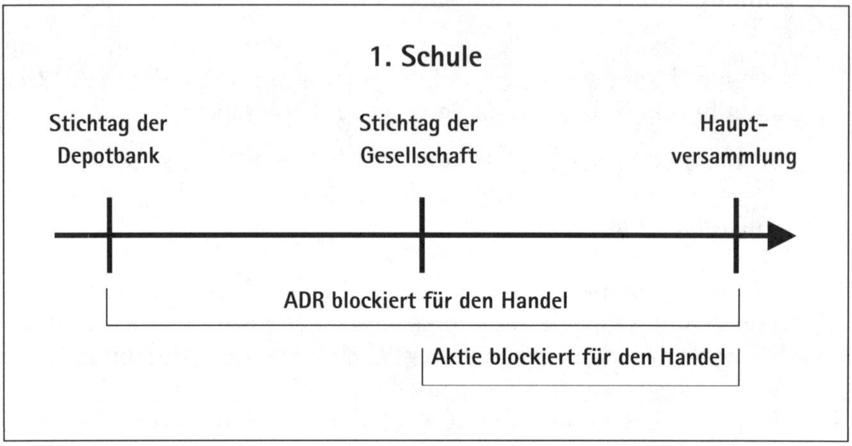

Diese Handhabung hat einige Nachteile:

- die Handelbarkeit des ADR ist während eines längeren Zeitraums beschränkt (dieser Zeitraum ist sogar um einiges länger als der Zeitraum, währenddessen deutsche Aktien, die ausgeübt werden sollen, nicht gehandelt werden können, da der Stichtag der Depotbank noch vor dem Stichtag der Gesellschaft liegt),
- dieses Verfahren kann zu einem Rückgang der Stimmrechtsausübung führen, da viele Investoren eher auf die Stimmrechtsausübung verzichten als Beeinträchtigungen in der Handelbarkeit hinzunehmen,
- die Blockierung ist zeit- und kostenaufwendig und
- entspricht nicht den Gewohnheiten amerikanischer Investoren, die mit dem System eines einzigen Stichtages vertrauter sind als mit der Blockierung der Konten für einen längeren Zeitraum.

Teilweise sehen die Vertreter der 1. Schule deshalb vermittelnd vor, daß die ADRs zum Zwecke des Verkaufs aus den Konten herausgenommen werden können, daß in diesem Fall aber alle von dem bisherigen ADR-Inhaber erteilten Anweisungen zur Stimmrechtsausübung unwirksam werden. Dadurch werden zwar die Nachteile der eingeschränkten Handelbarkeit etwas gemildert, die Aufwendigkeit und die Unüblichkeit des Trennungsverfahrens für amerikanische Investoren bleibt jedoch bestehen. Außerdem kommt noch das Verfahren der Ungültigmachung der Anweisungen im Fall eines Verkaufs der ADR hinzu, was auch aufwendig ist und zudem nicht immer zuverlässig funktioniert.

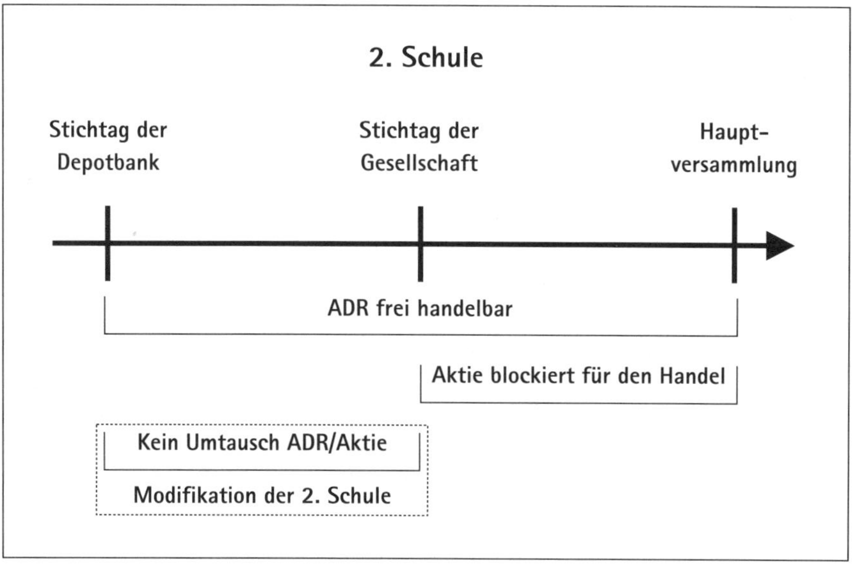

Die Vertreter der 2. Schule vermeiden die vorgenannten Nachteile, indem sie in Abweichung von deutschen Üblichkeiten die Inhaberschaft des ADR nur für den Stichtag der Depotbank fordern. Die Vorteile dieses Prozedere sind:

- es ist einfacher und kostengünstiger durchzuführen,
- durch die unveränderte Handelbarkeit der ADR verliert die Stimmrechtsausübung nicht an Attraktivität und
- es kommt den amerikanischen Gewohnheiten entgegen.

Zwar besteht bei der Lösung der 2. Schule das Risiko, daß ein ADR-Inhaber vor kontroversen Hauptversammlungen auf den Gedanken kommt, seine Stimme zu verdoppeln, indem er zunächst zum Stichtag der Depotbank eine Weisung hinsichtlich des Stimmrechts aus dem ADR erteilt, dann die Auslieferung seiner Aktien von der Depotbank verlangt und diese rechtzeitig zum Stichtag der Gesellschaft hinterlegt. Um dieses Risiko zu beseitigen, besteht allerdings auch bei der 2. Schule die Möglichkeit, zwar nicht die Handelbarkeit, so doch den Umtausch der ADR in Aktien vorübergehend, z.B. zwischen dem Stichtag der Depotbank und dem Stichtag der Gesellschaft, auszuschließen. Diese Modifizierung der 2. Schule hat den Vorteil, daß sie flexibel gehandhabt werden kann und nur in Ausnahmefällen zu kurzfristigen Einschränkungen führt.

Beide Ansätze werden im Markt vertreten, und beide haben ihre Vor- und Nachteile, wobei m.E. die größeren Vorteile bei der 2. Schule liegen, da hier stärkere Rücksicht auf die Bedürfnisse und Gewohnheiten der amerikanischen Anleger genommen wird und die Stimmrechtsausübung leichter möglich ist. Außerdem erreicht auch die 1. Schule nicht immer, daß der ADR-Inhaber dem Aktionär gleichgestellt wird. Das gilt insbesondere in dem Fall, in dem ein Investor ADRs nach dem Stichtag der Depotbank aber vor dem Stichtag der Gesellschaft kauft. Dieser ADR-Inhaber würde auch nach der 1. Schule nicht berechtigt sein, der Depotbank Weisungen zu erteilen, weil er zum Stichtag der Depotbank noch nicht ADR-Inhaber war. Ein Investor hingegen, der die Aktie zwar nach dem Stichtag der Depotbank aber noch vor dem Stichtag der Gesellschaft gekauft hätte, könnte das Stimmrecht noch ausüben. Daher wurde die Lösung der 2. Schule, die lediglich die Inhaberschaft zum Stichtag der Depotbank verlangt, in dem erarbeiteten Mustervertrag als Regelfall vorgesehen.

4.1.2 Stimmrechtsausübung bei fehlender ausdrücklicher Anweisung des ADR-Inhabers

Ein weiteres Thema bei der Stimmrechtsausübung, bei dem es unterschiedliche Ansätze gibt, ist die Handhabung der Stimmrechtsausübung, wenn der ADR-Inhaber der Depotbank keine ausdrückliche Anweisung gibt, wie das Stimmrecht ausgeübt werden soll.

Die 1. Schule, die den ADR-Inhaber weitgehend wie den Aktionär behandeln möchte, wendet das Depotstimmrechtsverfahren von § 135 Abs. 5 AktG analog an, d.h. das Stimmrecht wird gemäß den Vorschlägen, die die Hinterlegungsbank der Depotbank und den Aktionären nach § 128 Abs. 2 AktG gemacht hat, ausgeübt, vorausgesetzt allerdings, daß diese Vorschläge von der Depotbank auch an die ADR-Inhaber weitergeleitet wurden. Bei diesem Verfahren analog § 135 Abs. 5 AktG gibt es allerdings einen nicht zu vernachlässigenden Unterschied zu dem Depotstimmrecht bei deutschen Aktien gemäß § 135 Abs. 5 AktG direkt. Bei § 135 Abs. 5 AktG direkt übt das depotführende Kreditinstitut bei fehlenden Weisungen eines Aktionärs das Stimmrecht entsprechend seinen eigenen Vorschlägen nur dann aus, wenn es zuvor von dem Aktionär eine ausdrückliche Vollmacht für längstens 15 Monate entweder speziell für die von der Abstimmung betroffene Aktie oder für alle Aktien in seinem Depot erhalten hat. Bei dem Verfahren analog § 135 Abs. 5 AktG auf die ADRs erfolgt jedoch die Stimmrechtsausübung ohne ausdrückliche Einwilligung des ADR-Inhabers. In dem ADR ist dann nämlich vorgesehen, daß bei fehlender ausdrücklicher Anweisung eine Anweisung dergestalt als abgegeben gilt, daß nach den Vorschlägen der Hinterlegungsbank (also dem Kreditinstitut) abgestimmt wird. Der Ausübung wird also eine vermutete oder fingierte Anweisung zugrundegelegt.

Die 2. Schule vermeidet diese Fiktion und läßt eine Ausübung der Stimmrechte nur bei ausdrücklicher Anweisung des ADR-Inhabers zu. Bei einem Fehlen von Anweisungen durch den ADR-Inhaber werden die entsprechenden Stimmrechte nicht ausgeübt. Diese Lösung hat zwar sicherlich eine niedrigere Stimmrechtsbeteiligung zur Folge, muß aber nicht mit einer fingierten Anweisung arbeiten.

In dem Mustervertrag wurden beide Verfahrensweisen als Alternativen eingearbeitet.

4.2 Mitteilungspflicht nach § 20 AktG

Die Mitteilungspflicht nach § 20 AktG ist eine der wenigen Pflichten, die der Aktionär nach Leistung der Einlage gegenüber seiner Gesellschaft zu erfüllen hat. Sie wurde im Rahmen der Aktienrechtsreform 1965 in das Aktiengesetz aufgenommen und sollte der Offenlegung der Herrschaftsverhältnisse in einer Aktiengesellschaft dienen. Im Rahmen des Gesetzes zur weiteren Fortentwicklung des Finanzplatzes Deutschland (Drittes Finanzmarktförderungsgesetz)[3], das zum

---

3) BGBl. I. 1998, S. 529 ff.

1.4.1998 in Kraft trat, wurde § 20 AktG allerdings modifiziert, um die nach dieser Vorschrift bestehende Mitteilungspflicht mit den nach den §§ 21 ff. WpHG bestehenden Mitteilungspflichten - auf die nachstehend eingegangen wird - zu harmonisieren. Bisher bestanden die Mitteilungspflichten nach § 20 AktG und §§ 21 ff. WpHG nebeneinander. Da sie jedoch nicht deckungsgleich waren, wurden die Unternehmen und damit auch deren Aktionäre doppelt belastet. Bisher betraf die Mitteilungspflicht nach § 20 AktG die Beteiligungen an jeder Aktiengesellschaft mit Sitz im Inland. Seit Inkrafttreten des Dritten Finanzmarktförderungsgesetzes betrifft sie jedoch nur noch Beteiligungen an nicht börsennotierten Gesellschaften, d.h. Aktiengesellschaften mit Sitz im Inland, deren Aktien nicht zum amtlichen Handel an einer Börse innerhalb der Europäischen Union oder dem EWR zugelassen sind (§20 Abs. 8 AktG n.F. i.V.m. § 21 Abs. 2 WpHG). Bei einer Beteiligung an diesen Gesellschaften beinhaltet die Mitteilungspflicht folgendes:

- Sobald einem Unternehmen mehr als 25% der Aktien einer nicht börsennotierten Aktiengesellschaft gehören, muß es dies der betroffenen Aktiengesellschaft unverzüglich mitteilen (§ 20 Abs. 1 AktG). Die Mitteilungspflicht trifft nur Unternehmen, nicht jedoch Privatleute.
- Sobald einem Unternehmen eine Mehrheitsbeteiligung, d.h. die Mehrheit (also mehr als 50%) der Aktien oder der Stimmrechte einer nicht börsennotierten Aktiengesellschaft, gehört, ist dies ebenfalls unverzüglich mitzuteilen (§ 20 Abs. 4 AktG).
- Besteht eine Beteiligung in der mitteilungspflichtigen Höhe nicht mehr, so ist auch dies mitteilungspflichtig (§ 20 Abs. 5 AktG).
- Einem Unternehmen werden im Rahmen der Mitteilungspflicht auch Aktien zugerechnet, die ein Dritter für seine Rechnung hält (§ 20 Abs. 1 i.V.m. § 16 Abs. 4 AktG).
- Die Mitteilung sollte so gestaltet sein, daß die Aktiengesellschaft erkennen kann, welchem Unternehmen die Beteiligung zusteht und ob es sich um eine Mitteilung nach § 20 Abs. 1 oder Abs. 4 AktG handelt. Angaben über den Zeitpunkt des Erwerbs der Beteiligung oder über deren exakte Höhe sind jedoch nicht erforderlich.
- Nach Erhalt einer Mitteilung nach § 20 AktG hat die Aktiengesellschaft die Mitteilung in den Blättern der Gesellschaft, also

jedenfalls dem Bundesanzeiger (§ 25 AktG), unverzüglich bekanntzumachen (§ 20 Abs. 6 AktG). Die Bekanntmachung in einem Börsenpflichtblatt ist nicht erforderlich.

- Während der Zeit der Nichterfüllung der Mitteilungspflicht können die Rechte aus der Aktie nicht ausgeübt werden (§ 20 Abs. 7 AktG), wobei hier umstritten ist, ob diese Ausübungssperre einen endgültigen Rechtsverlust beinhaltet oder nur bedeutet, daß mit der Aktie verbundene Rechte ruhen, bis die Mitteilung nachgeholt wird (was insbesondere für Dividendenzahlungen von Bedeutung ist). Nach der h.M.[4] tritt wohl ein zeitweiliger Rechtsverlust ein.

Wer nun aber hat die Mitteilungspflicht zu erfüllen? In Betracht kommen der ADR-Inhaber und die Depotbank. Orientiert man sich an der Person des wirtschaftlich Begünstigten, so trifft ausschließlich den ADR-Inhaber die Mitteilungspflicht. Orientiert man sich an der formell-eigentumsrechtlichen Stellung der Parteien, wäre es die Depotbank.

Die Antwort gibt das Gesetz selbst. § 20 Abs. 1 AktG knüpft zunächst an die formale Stellung des Eigentümers an. Meldepflichtig ist, wem die Aktien „gehören". Das ist die Depotbank. Darüber hinaus ergibt sich aus der Zurechnungsnorm § 16 Abs. 4 AktG, daß meldepflichtig auch der ist, für dessen Rechnung Aktien gehalten werden. Dies ist der ADR-Inhaber.

Es muß also eine doppelte Mitteilung erfolgen: Meldepflichtig bei Überschreiten der 25% bzw. 50% Schwelle ist somit sowohl die Depotbank als auch der ADR-Inhaber - sofern es sich bei beiden um Unternehmen handelt. Dieses Ergebnis entspricht der herrschenden Auffassung[5], ist allerdings in der aktienrechtlichen Literatur nicht völlig unstreitig.

Die Mitteilungspflicht nach § 20 AktG hat sich damit als Fall des 3. Modells, der Kombinierten Betrachtungsweise erwiesen, bei dem es zu einer Verdoppelung der Pflichten kommt.

---

4) Hüffer, AktG, 3. Aufl., 1997, § 20, Rdnr. 8; Geßler, BB 1980, 217 f.; Krieger, in Münchener Handbuch AG, Band 4, 1988, § 68, Rdnr. 135; Quack, FS Semler, 1993, 581, 584.

5) Vgl. Hüffer, AktG, 3. Aufl., 1997, § 16, Rdnr. 13; Bernhardt BB 1966, 678, 681.

4.3 Mitteilungspflichten nach §§ 21 ff. WpHG

Bei den Mitteilungspflichten nach §§ 21 ff. WpHG handelt es sich um Pflichten, die sowohl gegenüber der Gesellschaft als auch gegenüber den Aufsichtsbehörden, nämlich dem BAWe, bestehen. Die §§ 21 ff. WpHG basieren auf der EG-Richtlinie vom 12.12.1988 über die bei Erwerb und Veräußerung einer bedeutenden Beteiligung an einer börsennotierten Gesellschaft zu veröffentlichenden Informationen (sog. Transparenz-Richtlinie).[6] Die Umsetzung dieser Richtlinie sollte an sich bis zum 1.1.1991 erfolgen. In Deutschland war diese Richtlinie jedoch lange Zeit umstritten. Erst langsam hat sich die Erkenntnis durchgesetzt, daß die Offenlegung wesentlicher Beteiligungen über den Umfang von § 20 AktG hinaus nicht nur zum Schutz der Anleger wichtig ist, sondern auch ihr Vertrauen in die Wertpapiermärkte stärkt und dadurch die Funktionstüchtigkeit der Wertpapiermärkte und die Wettbewerbsfähigkeit des Finanzplatzes Deutschland fördert. Streitig war auch, ob die Umsetzung im Rahmen der aktienrechtlichen Offenlegungspflichten (also im Rahmen des § 20 AktG) oder als eigenständige kapitalmarktrechtliche Regelung erfolgen sollte. Wie man sieht, ist nun eine eigene kapitalmarktrechtliche Regelung erfolgt (§§ 21-28 WpHG). Diese trat am 1.1.1995 in Kraft und ist durch das Dritte Finanzmarktförderungsgesetz, das zum 1.4.1998 in Kraft trat, modifiziert worden. Durch das Dritte Finanzmarktförderungsgesetz wurden die Anwendungsbereiche der Mitteilungspflichten nach § 20 AktG und §§ 21 ff. WpHG voneinander getrennt, so daß für sog. börsennotierte Gesellschaften, d.h. Gesellschaften mit Sitz im Inland, deren Aktien zum amtlichen Handel an einer Börse in einem Mitgliedsstaat der EU oder einem Vertragsstaat des EWR zugelassen sind, künftig nur noch §§ 21 ff. WpHG und nicht mehr zusätzlich § 20 AktG gilt. Ferner wurden durch das Dritte Finanzmarktförderungsgesetz die Rechtsfolgen von Verstößen gegen die Mitteilungspflichten des Aktiengesetzes und des Wertpapierhandelsgesetzes angeglichen. Im einzelnen ist nun in den neuen Bestimmungen des Wertpapierhandelsgesetzes folgendes vorgesehen:

- Wer 5%, 10%, 25%, 50% oder 75% der Stimmrechte an einer börsennotierten Gesellschaft erreicht, überschreitet oder unterschreitet, hat der Gesellschaft sowie dem BAWe innerhalb von 7 Kalen-

---

6) Richtlinie 88/627/EWG des Rates, ABl. EG Nr. L 348/62.

dertagen dieses Erreichen, Überschreiten oder Unterschreiten sowie die genaue Höhe seines Stimmrechtsanteils unter Angabe seiner Anschrift und des Tages des Erreichens, Überschreitens oder Unterschreitens mitzuteilen (§ 21 Abs. 1 WpHG). Die Vorschrift geht damit über den ersten Schwellenwert der Transparenz-Richtlinie hinaus, denn dort setzt die Mitteilungspflicht nicht bereits mit 5%, sondern erst mit 10% der Stimmrechte ein (noch niedrigere Schwellenwerte gibt es aber z.B. in Großbritannien (3%) oder in Italien (2%)). Im übrigen wurde von dem Wahlrecht der Transparenz-Richtlinie Gebrauch gemacht und statt der Schwellen von 20% und 33 1/3% die Schwelle von 25% und statt der Schwelle von 66 2/3% die Schwelle von 75% vorgesehen, da die Schwellen von 33 1/3% und 66 2/3% im deutschen Aktienrecht keine Bedeutung haben.

- Die Mitteilungspflicht trifft jedermann, also nicht nur Unternehmen, sondern auch Privatleute.
- Einem Meldepflichtigen werden im Rahmen der Mitteilungspflicht auch Aktien zugerechnet, die ein Dritter für seine Rechnung hält (§ 22 Abs. 1 Nr. 1 WpHG).
- Ein Meldepflichtiger hat in seiner Meldung anzugeben, wie viele Aktien eines Dritten ihm nach welcher gesetzlichen Bestimmung zugerechnet werden (§ 22 Abs. 2 WpHG).
- Bis zum Inkrafttreten des Dritten Finanzmarktförderungsgesetzes konnten während der Zeit der Nichterfüllung der Mitteilungspflicht – anders als bei einem Verstoß gegen die Mitteilungspflicht des § 20 AktG – nur die Stimmrechte aus der Aktie nicht ausgeübt werden (§ 28 WpHG a.F.); § 28 WpHG erfaßte also im Gegensatz zu § 20 Abs. 7 AktG nicht alle Mitgliedschaftsrechte, sondern nur das Stimmrecht. Im Zuge des Dritten Finanzmarktförderungsgesetzes wurde der Verstoß gegen die Mitteilungspflichten nach §§ 21 ff. WpHG jedoch mit der Verletzung des § 20 AktG insofern harmonisiert, als nunmehr auch ein Verstoß gegen die wertpapierhandelsrechtlichen Mitteilungspflichten zu einem Rechtsverlust aller Mitgliedschaftsrechte für die Zeit führt, für welche die Mitteilungspflichten nicht erfüllt werden (§ 28 WpHG n.F.). Es soll neben dem Verlust nun wie im Aktienrecht auch der Wegfall des Dividendenbezugsrechts und des Bezugsrechts bei Kapitalerhöhungen gegen Einlagen erfaßt werden. Ferner drohen – dies ist weiterhin anders als bei einem Verstoß gegen § 20 AktG –

Bußgelder bis zu DM 500.000,- (§ 39 Abs. 1 Nr. 1 c), Abs. 3 WpHG).

- Die Gesellschaft muß die vom Meldepflichtigen erhaltene Mitteilung innerhalb von 9 Kalendertagen unter Angabe des Namens bzw. der Firma und des Wohnsitzes bzw. des Sitzes des Meldepflichtigen in einem überregionalen Börsenpflichtblatt bekanntmachen und dem BAWe unverzüglich einen Beleg über diese Veröffentlichungen senden (§ 25 Abs. 1 und Abs. 3 WpHG).

- Bei Nichterfüllung der Bekanntmachungs- oder Übersendungspflicht der Gesellschaft drohen Bußgelder von jeweils bis zu DM 100.000,- (§ 39 Abs. 1 Nr. 2 b) und Nr. 5), Abs. 3 WpHG).

Wer hat nun hier die Mitteilungspflicht zu erfüllen?

§ 21 Abs. 1 WpHG knüpft zunächst wie § 20 Abs. 1 AktG an den formell-eigentumsrechtlichen Status an, nämlich daran, wer formell zur Stimmabgabe berechtigt ist. Dies ist die Depotbank, die damit gemäß § 21 Abs. 1 WpHG meldepflichtig ist.

Weiterhin enthält das WpHG in § 22 (wie § 16 Abs. 4 AktG) eine Zurechnungsnorm, so daß meldepflichtig auch hier derjenige ist, für dessen Rechnung Stimmrechte gehalten werden. Da die Depotbank die Aktien und damit auch die Stimmrechte für Rechnung des ADR-Inhabers hält, werden die Stimmrechte nach § 22 Abs. 1 Nr. 1 WpHG auch dem ADR-Inhaber zugerechnet. Die Pflichten verdoppeln sich also auch hier.

Diese Auffassung wird auch von dem BAWe vertreten.

Die Lage entspricht daher dem Ergebnis bei den aktienrechtlichen Mitteilungspflichten.

Die §§ 21 ff. WpHG sind mithin ein weiteres Beispiel für das 3. Modell, d.h. die Kombinierte Betrachtungsweise.

5. Schlußbemerkung

Die drei Beispiele haben gezeigt, daß die Lage der ADR-Inhaber bei verschiedenen Rechten und Pflichten höchst unterschiedlich sein kann.

Bestimmte Pflichten (wie z.B. die Mitteilungspflichten) treffen sowohl die Depotbank als auch die ADR-Inhaber unmittelbar. ADR-Inhaber können sich also nicht darauf verlassen, daß die Depotbank stets als Puffer zwischen ihnen und der deutschen Rechtssphäre steht. Da bestimmte gesetzliche Regelungen (wie z.B. die Mitteilungspflichten) nicht vertraglich modifiziert werden können, muß bei der Gestaltung eines ADR-Programms darauf geachtet werden, daß die ADR-Inhaber ihre Rechte und Pflichten wenigstens kennen und ihnen die Ausübung und Erfüllung derselben ermöglicht wird.

In Bereichen, in denen Rechte und Pflichten nicht automatisch die ADR-Inhaber treffen (wie z.B. beim Stimmrecht), sollten bestehende Spielräume zugunsten der ADR-Inhaber genutzt werden. Auf diese Weise kann sichergestellt werden, daß von deutschen Gesellschaften gesponsorte ADRs ein attraktives Produkt im amerikanischen Markt werden und bleiben.

IV.
Rechnungslegung und Steuern

ADRs und US-Rechnungslegung

Prof. Dr. Claus-Peter Weber und Dr. Sven Hayn
ARTHUR ANDERSEN Wirtschaftsprüfungsgesellschaft Steuerberatungsgesellschaft mbH

Inhalt

1. Problemstellung

Sämtliche Unternehmen, deren Wertpapiere in den USA öffentlich gehandelt werden, fallen rechtsformunabhängig unter die stringenten US-Wertpapiergesetze.[1] Diese Gleichbehandlung in- und ausländischer Wertpapiere bzw. der diese Wertpapiere ausgebenden Unternehmen zählt zu den zentralen Rechtsgrundsätzen des US-Wertpapierrechts.[2] Die Implikationen auf die externe Rechnungslegung bei einer Notierung der mittels ADR verbrieften Wertpapiere eines Unternehmens werden entscheidend durch die Wahl des ADR-Programmes determiniert, da diese Entscheidung letztendlich über die zur Notierung bereitstehenden Marktsegmente (i.w. OTC/pink sheets, NASDAQ und volle Börsennotierung bspw. an der NYSE oder AMEX) bestimmt. Desweiteren kommt der Art der Plazierung, d.h. öffentliches Verkaufsangebot oder private placement, einerseits sowie der Zulassung zum Primärhandel oder alleiniger Anmeldung zum Sekundärhandel andererseits eine entscheidende Bedeutung zu. Wenngleich unabhängig von diesen Unternehmensentscheidungen die SEC-Regularien stets in vollem Umfang anzuwenden sind (Schritt 1), greifen allein in Abhängigkeit des gewählten Marktsegments sowie der Plazierungsart die einschlägigen Befreiungsregelungen des SA bzw. SEA (Schritt 2). So-

1) Vgl. statt vieler Assmann, H.-D. (ADR 1982), S. 72; Roquette, A.J./Stanger, C.W. (Engagement 1994), S. 137; Hayn, S. (Internationale 1997), S. 310.
2) Vgl. statt vieler Rappaport, L.H. (SEC 1972), Chap. 31, S. 6 f.; s.a. Noller, K.-J. (Zugang 1992), S. 420.

fern ein öffentlicher Handel angestrebt wird, befreit Rule 12g3-2 Unternehmen von der kontinuierlichen Berichterstattungspflicht - unter der die Einreichung von Abschlüssen zu subsumieren ist -, deren Effekten mittels ADR im Freiverkehr, vorbehaltlich der den Voll-Börsen wertpapierrechtlich gleichgestellten NASDAQ, gehandelt werden. Daneben enthält Rule 144a Erleichterungsregeln für Unternehmen, die eine Privatplazierung durchführen. In diesem Fall ist die Handelbarkeit indes auf sog. sophisticated investors (i.d.R. institutionelle Anleger) beschränkt. In allen übrigen Fällen gelten mit Ausnahme geringfügiger Abweichungen die SEC-Anforderungen an die Berichterstattung in vollem Umfang. Infolge der parallelen Registrierungsanforderungen unter dem SA und dem SEA sowie weiterer Federal Securities Laws führte die SEC 1982 auch für ausländische Emittenten ein inte-

General Instructions

Part I

Item 1.	Description of Business.
Item 2.	Description of Property.
Item 3.	Legal Proceedings.
Item 4.	Control of Registrant.
Item 5.	Nature of Trading Market.
Item 6.	Exchange Controls and Other Limitations Affecting Security Holders.
Item 7.	Taxation.
Item 8.	Selected Financial Data.
Item 9.	Management's Discussion and Analysis of Financial Conditionand Results of Operations.
Item 10.	Directors and Officers of Registrant.
Item 11.	Compensation of Directors and Officers.
Item 12.	Options to Purchase Securities from Registrant or Subsidiaries.
Item 13.	Interest of Management In Certain Transactions.

Part II

Item 14.	Description of Securities to be Registered

Part III

Item 15.	Defaults Upon Senior Securities
Item 16.	Changes in Securities and Changes in Security for Registered Securities

Part IV

Item 17.	Financial Statements.
Item 18.	Financial Statements.
Item 19.	Financial Statements and Exhibits.

Abbildung 1: Berichterstattung nach Form 20-F

griertes Publizitätssystem ein,[3] in dessen Mittelpunkt für ausländische Registranten Form 20-F steht. Abbildung 1 gibt anhand der Titelzeilen der jeweiligen Gliederungsabschnitte des Form 20-F einen Überblick über die einzureichenden Pflichtbestandteile der Berichterstattung.

Der Abschluß bildet mithin nur einen Teil der obligatorischen Berichterstattungselemente, die durch die Emission und die daran anschließenden kontinuierlichen Berichterstattungspflichten eines Unternehmens gegenüber der SEC ausgelöst werden. Dabei gilt es, keinesfalls ein Form mit einem Formvordruck, den es auszufüllen gilt, gleichzusetzen. Vielmehr handelt es sich bei einem Form - wie Form 20-F - um eine von der SEC aus den diversen Einzelanforderungen der Regulations S-X und S-K sowie den einschlägigen Releases zusammengestellte „Anleitung zur Erstellung der Registrierungserklärungen, von Jahresberichten sowie anderer unterjähriger Mitteilungen".[4]

Die einschlägigen, mit einer Registrierung von ADR einhergehenden Anforderungen in bezug auf die Rechnungslegung leiten sich in erster Linie aus den Items 17 und 18 her, wobei beide Items sich in ihrer Anwendung gegenseitig ausschließen. Item 19 enthält dagegen keine gesonderten Zusatzanforderungen an die Rechnungslegung, sondern verlangt lediglich eine Auflistung der im Vertriebsantrag oder im Jahresbericht eingereichten Abschlußdokumente (Financial Statements) sowie der Anlagen (Exhibits) einschließlich derer, auf die im Rahmen der incorporation by reference verwiesen wurde.

Mit Ausnahme kanadischer Unternehmen, für die im Rahmen des U.S.-Canadian multijurisdictional disclosure system Sonderregelungen greifen, gilt für Nicht-US Gesellschaften nach Item 17 bzw. 18 der Grundsatz, den vollständigen Abschluß nach US-GAAP erstellen zu müssen. Sofern der Abschluß nach den Anforderungen eines gesamtheitlichen anderen Normensystem erstellt wurde, darf auch dieser als Ausgangsbasis genutzt werden, sofern darüber hinaus die nachfolgenden Angaben offengelegt werden:[5]

---

3) Vgl. SEC Releases NoS. 33-6437, 34-19258, zitiert in: Assmann, H.-D. (Publizitätssystem 1983), S. 343.

4) Hayn, S. (Internationale 1997), S. 321; vgl. bspw. SEC (Form 20-F), General Instruction C. (a); s.a. Eisolt, D. (Grundlagen 1993), S. 212; Arthur Andersen (Offerings 1995), S. 13; Rosen, R.v./Prechtel, A. (Zugang 1996), S. 479.

5) Vgl. SEC (Form-20-F), Item 17, Abs. 3; Item 18, Abs. 3.

- ein Hinweis im Bestätigungsvermerk oder in einer geeigneten Überschrift des Abschlusses, auf der Basis welchen Normensystems der Abschluß erstellt wurde;

- eine Erläuterung der wesentlichen Abweichungen der Rechnungslegungsgrundsätze, der Rechnungslegungspraxis sowie der im Abschluß angewandten Methoden von den korrespondierenden Grundsätzen und Praktiken, die in den USA allgemein anerkannt sowie entsprechend Regulation S-X geboten sind.

Bereits diese regelmäßig mit dem Schlagwort ‚Reconciliation' versehene Option versteht die SEC als Ausnahmeregelung und knüpft ihre Anwendung an die Qualität des jeweiligen, der Abschlußerstellung zugrundeliegenden Normensystems; Abschlüsse aus OECD-Mitgliedstaaten sowie gem. den IAS erstellte Abschlüsse erfüllen diese Voraussetzung. Die Zielsetzung des IASC besteht indes darin, daß die Anforderungen beider Optionen (Zweitabschluß und Reconciliation) entfallen, sofern der Abschluß in Übereinstimmung mit den IAS erstellt wurde. Während sich Item 17 und 18 in dieser Grundstruktur nicht unterscheiden, besteht der entscheidene Unterschied zwischen beiden Items im Umfang sowie der Datenbasis (Heimat-GAAP vs. US-GAAP) der disclosures im Anhang, d.h. den Notes to Financial Statements. Insbes. sind Item 18 Bilanzierer nicht von der Verpflichtung zur Segmentberichterstattung befreit. Dagegen sind Item 17 Bilanzierer, die im Rahmen der Financial Statements grundsätzlich keinen über die nationalen Anforderungen hinausgehenden Angabepflichten nachzukommen haben, gem. SEC Staff Accounting Bulletin 88 verpflichtet, weitere Angaben im Rahmen der MD&A (Item 9) nachzukommen, die für Item 18 Bilanzierer Gegenstand der Financial Statements sind.[6]

2. Allgemeine Anforderungen an die Financial Statements

Der Abschluß eines SEC-berichterstattungspflichtigen Unternehmens muß als Einzelstatements

- eine Bilanz,

- eine Gewinn- und Verlustrechnung einschließlich Earnings Per Share Angaben,

6) Vgl. hierzu Rayner, K. (Listing 1991), S. 87; Afterman, A.B. (Handbook 1995), S. H1-7; s.a. Hayn, S. (Internationale 1997), S. 342.

- eine Kapitalflußrechnung sowie
- die Notes to Financial Statements

enthalten. Desweiteren bilden die Segmentberichterstattung sowie das Statement of Comprehensive Income[7] zwei weitere obligatorische Bestandteile eines Abschlusses nach US-GAAP. Als wesentliche Zusatzangaben gem. Regulations S-X und S-K mit Bezug zu den Financial Statements gilt es ferner - nicht abschließend - die

- Eigenkapitalveränderungsrechnung,
- Selected Financial Data,
- Management's Discussion and Analysis of Financial Condition and Results of Operations (MD&A) sowie
- Einzelabschlüsse wesentlicher Tochter- und Equityunternehmen unter den Voraussetzungen von Rule 3-05 u. 3-09

hervorzuheben. Im Rahmen der unterjährigen Rechnungslegung auf Quartals- oder Halbjahresebene sieht die SEC Erleichterungen in bezug auf den Umfang der einzureichenden Abschlußbestandteile vor. Der SEC sind unabhängig vom Berichterstattungsanlaß stets vergleichbare Abschlüsse (Comparative Financial Statements) einzureichen, d.h. die Abschlüsse sind um Vorjahres- bzw. - für die Erfolgs- und Kapitalflußrechnung[8]-Angaben der beiden vorangegangenen Jahre zu erweitern. Dieses gilt bei SEC-berichtspflichtigen Unternehmen auch für die Segmentrechnung.[9] Die einzureichenden Abschlüsse unterliegen zudem der Pflichtprüfung nach US-Kriterien betreffend die Prüfungsdurchführung und die Unabhängigkeit des Prüfers.[10]

Abschlüsse, die nicht mit einem uneingeschränkten Bestätigungsvermerk versehen wurden, kann die SEC zurückweisen. „Financial statements filed with the Commission which are not prepared in accordance with the generally accepted accounting principles will be presumed

---

7) Dieses in SFAS 130 erstmals umfassend normierte Statement ist für Geschäftsjahre, die nach dem 15. Dezember 1997 beginnen, verpflichtend zu erstellen. Desgleichen gilt der neue Standards zur Segmentberichterstattung (SFAS 131), der SFAS 14 ersetzt, ebenfalls erst für Geschäftsjahre, die nach dem 15. Dezember 1997 beginnen.
8) Vgl. Regulation S-X, Rule 3-02.
9) Vgl. Regulation S-K, Item 101 (b); Regulation S-X, Rule 3-03 (e).
10) Vgl. Regulation S-X, Note to Article 3.

Regulation S-X	Titel
Rule 3-19 (a)	geprüfte Konzernbilanzen der letzten beiden Geschäftsjahre
	geprüfte Konzern-Gewinn- und Verlustrechnungen sowie Konzern-Kapitalflußrechnungen der letzten drei Geschäftsjahre
Rule 3-04	Veränderung des Konzerneigenkapitals während der letzten drei Geschäftsjahre (als separates statement oder im Anhang); diese Rechnung bildet keinen Reconciliation-Tatbestand, wenngleich die SEC Auslandsunternehmen ermutigt, die Angaben auf US-GAAP Wertbasis offenzulegen
Rule 1-01 (b)	Erläuterungen (notes) und Anlagen (schedules) zum Konzernabschluß
	Segmentberichterstattung gem. SFAS 14 / künftig SFAS 131 (für Item 17 Bilanzierer vorbehaltlich der Berichterstattung im Zuge der MD&A fakultativ; für Item 18 Bilanzierer obligatorisch)
	Earnings Per Share
	weitere einzelfallbezogene statements gem. Rule 3-13
	Anlagen nach Art. 12
Rule 3-20	Festlegung der reporting currency durch das berichtende Unternehmen
Rule 4-01 (a)	Maßgeblichkeit der US-GAAP (US-Abschluß oder Reconciliation)

Abbildung 2: Mindestabschlußbestandteile sowie wesentliche Anforderungen an den Konzernabschluß nach Regulation S-X für ausländische Registranten11)

to be misleading or inaccurate, despite footnotes of other disclosures, unless the Commission has otherwise provided".[12]

Für Auslandsunternehmen bestehen im Zuge der erstmaligen Einreichung von Abschlüssen bei der SEC Erleichterungsregeln. Demnach genügt im Jahr der Erstregistierung in Abweichung zu Rule 3-19

11) Modifiziert entnommen aus: Hayn, S. (Internationale 1997), S. 335 f.

12) Regulation S-X, Rule 4-01 (a) (1); vgl. Rules of Conduct of the AICPA Code of Professional Ethics, Rule 203.

die Einreichung von financial statements mit einfachen Vorjahreszahlen.

Soweit nicht gesondert gekennzeichnet, beziehen sich sämtliche Anforderungen des Form 20-F an die einzureichenden Abschlüsse auf den Konzernabschluß. Die jeweiligen Abschlußwerte sind stets in Heimatwährung auszuweisen, wobei für die Werte des jüngsten Geschäftsjahres eine convenience translation, d.h. eine reine lineare Transformation zum Zweck der erleichterten Lesbarkeit, zulässig ist.[13)]

3. Einzelfragen

Die US-Standards zur Rechnungslegung sind im Vergleich zu den Rechnungslegungsnormen des HGB in vielfacher Hinsicht stringenter gefaßt, exakter formuliert und nur in wenigen Ausnahmefällen mit expliziten Wahlrechten normiert. Die formal-juristische Objektivierung einzelner Tatbestände tritt indes oftmals hinter die wirtschaftliche Sachverhaltsabbildung zurück. Das US-Rechnungslegungssystem basiert nicht auf einer geschlossenen Abschlußtheorie. Vielmehr dominieren kasuistische Einzelfallregelungen, in denen wiederholt branchenspezifische Sondernormen niedergelegt sind.

Oftmals bedienen sich die US-GAAP wenig bestimmter Normierungsbegriffe, insbesondere aber Bewertungsmaßstäben, die teilweise erhebliche Auslegungsspielräume bereitstellen. Dieses System der Flexibilität sichert jedoch die den tatsächlichen Verhältnissen entsprechende Abbildung im Abschluß, da sämtliche Bilanzierungs- und Bewertungsmethoden durch umfangreiche Angabe- und Erläuterungspflichten flankiert werden. In diesen disclosures ist wohl die deutlichste Abweichung zum HGB zu erkennen. Daneben besteht ein völlig abweichendes Verständnis des Grundsatzes stetiger Bilanzierung. So genügt es keineswegs, daß eine abweichende Vorgehensweise ebenfalls geeignet ist, die tatsächlichen Verhältnisse adäquat abzubilden, um bei Vorliegen eines wichtigen Grundes auf eine neue Bilanzierung zu wechseln. Ein Wechsel ist gem. US-GAAP auf die Anwendungsfälle beschränkt, in denen die neue Bilanzierung besser geeignet ist, die tatsächlichen Verhältnisse abzubilden. Zudem haben die Vertreter des bilanzierenden Unternehmens nicht nur den Abschlußprüfer von die-

13) Vgl. Regulation S-X, Rule 3-20 (b), Satz 4; s.a. Rayner, K. (Listing 1991), S. 84; Sullivan & Cromwell (Non-U.S. 1994), S. 15.

ser Vorteilhaftigkeit zu überzeugen, sondern muß der Abschlußprüfer seinerseits die Vorteilhaftigkeit der zugestimmten Stetigkeitsdurchbrechung gegenüber der SEC in einem sog. letter of content vertreten. Soweit es sich nicht um einen Methodenwechsel handelt, der die rückwirkende Anpassung entsprechend der neuen Methode erfordert - so bspw. beim Wechsel von oder auf die LIFO-Bewertung der Vorräte - ist der Einfluß des Wechsels auf das Periodenergebnis in einer gesonderten Zeile der Erfolgsrechnung zu zeigen und im Anhang gesondert zu erläutern.

Die US-Rechnungslegung ist deutlich an den Interessen des Kapitalmarktes und mithin insbesondere der Investoren ausgerichtet. Diese Gewichtung wurde in den vergangenen Jahren durch die „Verlagerung der individuellen Anlagestrategie zugunsten einer auf fachlichem Rat von Finanzanalysten und vergleichbaren Spezialisten basierenden Strategie" verstärkt und „führte zu einer immer stärkeren Konzentration des bereits seit Jahrzehnten dominanten Investoreninteresses".[14] „In this way the information needs of investors, and financial analysts in particular, have acted as a constant pressure on corporations to increase both quality and quantity of their disclosures".[15] Die investierenden Gruppen wollen umfassend und zutreffend, d.h. fair, über die tatsächliche Unternehmenslage informiert werden, da sie über keine weiteren (Finanz-)Informationen außerhalb des Abschlusses verfügen. Eine Umkehrmaßgeblichkeit der Vorschriften zur steuerlichen Gewinnermittlung für die ‚handelsrechtliche' Rechnungslegung existiert vorbehaltlich der Vorratsbewertung gem. der LIFO-Methode nicht.[16] In bezug auf einzelne Bilanzierungs- und Bewertungsvorschriften erwachsen nahezu bzgl. jeder Bilanzposition Abweichungen zum HGB, wobei nicht mit sämtlichen Differenzen ein Einfluß auf den Jahreserfolg einhergeht. Zu den wesentlichen Unterschieden zählen die abweichende Bilanzierung von Leasingverträgen, die Bewertung einzelner Wertpapierkategorien zu Marktpreisen sowie die Abgrenzung latenter Steuern auf temporary differences - im Gegensatz zu den zeitlichen (timing) differences - und der obligatorischen Bewer-

---

14) Hayn, S. (Internationale 1997), S. 33 (beide Zitate).

15) Radebaugh, L.H./Gray, S.J. (International 1993), S. 47; s.a. Perera, M.H.B. (Framework 1989), S. 50.

16) Vgl. Parker, R.H. (Aspects 1971), S. 32; Augustin, R.R. (LIFO-Bewertung 1995), S. 564 ff.; Unselt, K. (Lifo-Bewertung 1996), S. 929; s.a. Haller, A. (Verhältnis 1988), S. 728; Weber, C.-P. (Rechnungslegung 1990), S. 155; Langenbucher, G. (Internationalisierung 1993), S. 91; Hayn, S. (Internationale 1997), S. 41.

tung dieser Differenzen gem. der bilanzorientierten Verbindlichkeitenmethode.[17] Weitere Abweichungen resultieren aus der Verpflichtung zur Bewertung von Pensions- und ähnlichen Versorgungszusagen zum Anwartschaftsbarwert, den erhöhten Kriterien zur Bilanzierung von Verbindlichkeits- und Drohverlustrückstellungen dem Grunde und der Höhe nach sowie dem nahezu vollständigen Verbot zur Passivierung von Aufwandsrückstellungen.[18] Nicht weniger einschneidende Unterschiede kündigen sich mit der umfassenden Normierung der Bilanzierung derivater Finanzinstrumente an.

Während das HGB eine Zusammensetzung der Herstellungskosten allein zu Einzelkosten zuläßt, sind nach US-GAAP sämtliche fertigungsbedingten Kosten ebenfalls Pflichtbestandteil der Herstellungskosten. Allein Vertriebs- und allgemeine Verwaltungskosten dürfen nicht einbezogen werden. Sofern die Nutzungs- oder Verkaufsfähigkeit eines Vermögenswerts erst nach einer längeren Anschaffungs-, Konstruktions- oder Herstellungszeit gegeben ist (sog. qualifying asset), besteht gem. US-GAAP die Aktivierungspflicht von Fremdkapitalzinsen.[19]

Dabei ist es nach US-GAAP unerheblich, ob es sich um einen Anschaffungs- oder Herstellungsvorgang handelt. Im Rahmen der Bewertung langfristiger Fertigungsverträge erfolgt die Gewinnrealisierung nach US-GAAP entsprechend dem Leistungsfortschritt (percentage-of-completion method), sofern die Voraussetzung an die Schätzgenauigkeit und die Wahrscheinlichkeit des Zahlungseingangs erfüllt sind. Allein in den Fällen, in denen diese Voraussetzungen nicht erfüllt werden, ist die completed-contract method anzuwenden.[20]

Fremdwährungsforderungen und -verbindlichkeiten sind nach US-GAAP stets zum Stichtagskurs umzurechnen und entsprechend in der Bilanz abzubilden, während auf der Basis des HGB diese Bewertung nur in bezug auf die kurzfristigen Fremdwährungsforderungen und -verbindlichkeiten zulässig ist.[21]

Trotz der verstärken Orientierung der Konzernrechnungslegungsvorschriften an US-amerikanischen und britischen Konzepten im

17) Vgl. hierzu SFAS 13; SFAS 115 sowie SFAS 109.
18) Vgl. hierzu SFASs 87, 88, 106 und SFAS 5.
19) Vgl. SFAS 34.
20) Vgl. ARB 45 i.V.m. AICPA (SOP 81-1).
21) Vgl. SFAS 52 sowie HFA (5/1997).

Zuge der Verabschiedung – und späteren Transformation – der 7. EG-Richtlinie bestehen nach wie vor deutliche Abweichungen zu den US-GAAP. Dieses gilt sowohl für die sich gegenseitig ausschließende Vollkonsolidierung gem. der Purchase und der Pooling-of-Interests Methode, der wahlrechtsfreien Festlegung des Erstkonsolidierungsstichtags als auch der Pflicht zur Aktivierung und erfolgswirksamen Verrechnung des Erstkonsolidierungs-Goodwill. Analog dem Geschäfts- oder Firmenwert aus der Kapitalkonsolidierung ist auch ein verbleibender passivischer Unterschiedsbetrag nach obligatorischer Abstockung stets über die Nutzungsdauer planmäßig erfolgswirksam aufzulösen.[22)]

Inwieweit das auf der Basis des HGB ermittelte Ergebnis vom korrespondierenden US-Ergebnis abweicht, hängt entscheidend von der im HGB-Abschluß gewählten - konservativen respektive progressiven - Bilanzierungs- und Bewertungsstrategie ab. Zudem zeigen die Überleitungsrechnungen deutscher Unternehmen mit SEC-registrierten Wertpapieren klar eine völlig abweichende Erfolgsstruktur des US-Ergebnisses trotz einer teilweise zu vernachlässigenden absoluten Differenz der reinen Saldogrößen Konzernjahresüberschuß bzw. -fehlbetrag. Obwohl Form 20-F ausländischen Unternehmen grundsätzlich sowohl die Option der Erstellung eines vollen US-Abschlusses als auch der Erstellung einer Überleitungsrechnung offeriert, haben empirische Untersuchungen gezeigt, daß „etwa 90% der im Kontrollbereich der SEC notierten ausländischen Aktiengesellschaften“[23)] eine Überleitungsrechnung erstellen. Zu den wesentlichsten Überleitungstatbeständen zählen nach einer Studie der SEC dabei folgende Sachverhalte:[24)]

- Abweichungen der Wertfortführung von Vermögensgegenständen (u.a. planmäßige und außerplanmäßige Abschreibungen);
- abgegrenzte und aktivierte Kosten;
- Fremdwährungsumrechnung;
- latente Steuern;

---

22) Vgl. APB 16.

23) Wetzel, W. (Harmonisierung 1995), S. 207; vgl. Decker, W.E. (Attractions 1994), S. S18.

24) Vgl. o.V. (Reconciliations 1993), S. 20 f.; s.a. Rader, E. (Issues 1994), S. S136; sowie grundsätzlich Choi, F.D.S./Levich, R.M. (Behavioral 1991), S. 6; Amir, E./Harris, T.S./Venuti, E.K. (Value-Relevance 1993), S. 250.

- Abweichungen vom Vollkostenansatz;
- Pensionsverpflichtungen;
- außerordentliche Posten, nicht weiter verfolgte Geschäftsbereiche und Änderungen der Bilanzpolitik;
- Forschungs- und Entwicklungskosten;
- zurückgestellte Urlaubsgelder und Aktienoptionen;
- Gewinne und Verluste aus Anlagenverkäufen;
- Kapital- und Finanzanlagen (v.a. Bewertung von Wertpapieren);
- Vorzugsdividenden;
- Equity Methode.

Nur in 87 der von der SEC 263 untersuchten Überleitungsrechnungen lag die US-Erfolgsgröße nach der Überleitung über dem auf der Basis nationaler GAAP ermittelten Jahreserfolg, d.h. der Auslandsabschluß war in etwa einem Drittel der Fälle entsprechend dem Vorsichtsindex nach Gray[25)] konservativer als der korrespondierende US-GAAP Wert.

4. Schlußbemerkungen

Der Einfluß des Shareholder Value Konzepts, die Bedeutung institutioneller Anleger sowie internationale Börsennotierungen gewinnen in Deutschland verstärkt an Bedeutung. Das im März 1998 vom Bundestag und Bundesrat verabschiedete Kapitalaufnahmeerleichterungsgesetz wird deutschen Unternehmen zukünftig ein Wahlrecht zur befreienden Erstellung eines Konzernabschlusses auf der Basis der IAS oder der US-GAAP bereit stellen. Für eine Notierung am Neuen Markt reicht bereits heute ein HGB-Konzernabschluß nicht mehr.

Durch die verstärkte Anwendung von US-GAAP werden internationale Kapitalmarktnotierungen und ein Zugang zum US-Kapitalmarkt - zukünftig ggf. auch auf der Basis der IAS - erleichert. Die zusehends zu einem einzigen internationalen Kapitalmarkt verschmelzenden nationalen Märkte verlangen ein umfassendes und anerkanntes einzelnes Normensystem. Das Wertpapier ADR wird mithin zukünftig nur

---

25) Vgl. stellvertretend Radebaugh, L.H./Gray, S.J. (International 1993), S. 381 f.

noch zu einem Konvertierungskonstrukt[26] zur „Transformation einer ausländischen Inhaberaktie in eine US-Namensaktie“[27], das den Handel „zu den in den USA üblichen Preisen und Bedingungen“[28] erleichtert. Mit diesem Wertpapier einhergehende Implikationen für die Rechnungslegung verlieren sodann ihre grundlegende Bedeutung.

5. Literaturangaben

Afterman, Allan B. (Handbook 1995), Handbook of SEC Accounting and Disclosure 1995, New York 1995.

AICPA (SOP 81-1), Accounting for Performance of Construction-Type and Certain Production-Type Contracts, New York 1981.

Amir, Eli/Harris, Trevor S./Venuti, Elizabeth K. (Value-Relevance 1993), A Comparison of the Value-Relevance of U.S. versus Non-U.S. GAAP Accounting Measures Using Form 20-F Reconciliations, in: Journal of Accounting Research, Supplement 1993, S. 230-264.

APB 16, Business Combinations, New York, August 1970.

ARB 45, Long-Term Construction-Type Contracts, New York, October 1955.

Arthur Andersen (Offerings 1995), Securities Offerings in the United States, A Guide for Non-U.S. Companies, o.O. 1995.

Assmann, Heinz-Dieter (ADR 1982), American Depositary Receipts (ADR's) - Ein Instrument des Handels mit ausländischen Effekten auf dem amerikanischen Kapitalmarkt, in: Recht der Internationalen Wirtschaft 1982, S. 69-78.

Assmann, Heinz-Dieter (Publizitätssystem 1983), Ein neues Publizitätssystem für die Emittenten ausländischer Effekten auf dem US-amerikanischen Kapitalmarkt - US-Foreign Issuers Integrated Disclosure System, in: Recht der Internationalen Wirtschaft 1983, S. 343-349.

Augustin, Reinhard R. (LIFO-Bewertung 1995), Vergleich der LIFO-Bewertung in Deutschland und den USA, in: Recht der Internationalen Wirtschaft 1995, S. 564-567.

Bungert, Hartwin/Paschos, Nikolaos (ADR 1995), American Depositary Receipts: Gestaltungspotentiale, kollisionsrechtliche und aktienrechtliche Aspekte, in: Deutsche Zeitschrift für Wirtschaftsrecht 1995, S. 221-237.

Choi, Frederick D.S./Levich, Richard M. (Behavioral 1991), Behavioral Effects of International Accounting Diversity, in: Accounting Horizons, June 1991, S. 1-13.

Decker, William E. (Attractions 1994), The Attractions of the U.S. Securities Markets to Foreign Issuers and the Alternative Methods of Accessing the U.S. Markets: From the Issuer's Perspective, in: Fordham International Law Journal 1994, Symposium Entering the U.S. Securities Markets: Opportunities and Risks for Foreign Companies, S. S10-S24.

---

26) Vgl. Bungert, H./Paschos, N. (ADR 1995), S. 236; s.a. Roquette, A.J./Stanger, C.W. (Engagement 1994), S. 143; Than, J. (Effektengiroverkehr 1994), S. 92; SEC (ADR 1995), S. 1.

27) Hayn, S. (Internationale 1997), S. 355; vgl. Bungert, H./Paschos, N. (ADR 1995), S. 223.

28) Roquette, A.J./Stanger, C.W. (Engagement 1994), S. 138; s.a. Zachert, M. (Erschließung 1993), S. 1985; Meier, W. (Zugang 1994), S. 245.

Eisolt, Dirk (Grundlagen 1993), Die rechtlichen Grundlagen der amerikanischen Konzernrechnungslegung, in: Die Aktiengesellschaft 1993, S. 209-233.

Haller, Axel (Verhältnis 1988), Das Verhältnis von steuerrechtlicher und „handelsrechtlicher“ Rechnungslegung in den USA, in: Die Betriebswirtschaft 1988, S. 723-733.

Hayn, Sven (Internationale 1997), Internationale Rechnungslegung. Ursachen, Wirkungen und Lösungsansätze zur Überwindung internationaler Rechnungslegungsdivergenzen, Stuttgart 1997.

HFA (5/1997), Stellungnahme 5/1997, Einzelfragen zur Anwendung von IAS, in: Die Wirtschaftsprüfung 1997, S. 682-684.

Langenbucher, Günther (Internationalisierung 1993), Die Internationalisierung der Bilanzierung aus der Sicht des Wirtschaftsprüfers, in: Internationales Steuerrecht 1993, S. 88-94.

Meier, Werner (Zugang 1994), Zugang zum US-amerikanischen Eigenkapitalmarkt aus der Sicht eines deutschen Unternehmens, in: Internationales Steuerrecht 1994, S. 243-247.

Noller, Klaus-Jürgen (Zugang 1992), Der Zugang zum US-Kapitalmarkt für ausländische Emittenten, in: Die Bank 1992, S. 420-426.

o.V. (Reconciliations 1993), United States SEC, Foreign Companies Reconciliations to US GAAP, in: IASC Insight, June 1993, S. 20-21.

Parker, Robert H. (Aspects 1971), Some international aspects of accounting, in: Journal of Business and Finance, No. 4/1971, S. 29-36.

Perera, M.H.B. (Framework 1989), Towards a Framework to Analyze the Impact of Culture on Accounting, in: The International Journal of Accounting 1989, S. 42-56.

Radebaugh, Lee H./Gray, Sidney J. (International 1993), International Accounting and Multinational Enterprises, 3. Aufl., New York u.a. 1993.

Rader, Elizabeth (Issues 1994), Accounting Issues in Cross-Border Securities Offerings, in: Fordham International Law Journal 1994, Symposium Entering the U.S. Securities Markets: Opportunities and Risks for Foreign Companies, S. S129-S139.

Rappaport, Louis H. (SEC 1972), SEC Accounting Practice and Procedure, 3. Aufl., New York 1972.

Rayner, Kenneth (Listing 1991), Listing Securities in the United States and the United Kingdom, A Comparative Guide to the Regulatory and Accounting Requirements, London/Dordrecht/Boston 1991.

Regulation S-K, United States Securities and Exchange Commission, Regulation S-K, Titel 17 Code of Federal Regulations, Part 229 - Standard Instructions for Filing Forms under Securities Act of 1933, Securities Exchange Act of 1934, and Energy Policy and Conservation Act of 1975, OMB Number 3235-0071, SEC 1845 (2-95).

Regulation S-X, United States Securities and Exchange Commission, Regulation S-X, Titel 17 Code of Federal Regulations, Part 210 - Form and Content of and Requirements for Financial Statements, Securities Act of 1933, Securities Exchange Act of 1934, Public Utility Holding Company Act of 1935, Investment Company Act of 1940, and Energy Policy and Conservation Act of 1975, OMB Number 3235-0009, SEC 1887 (3-96).

Roquette, Andreas J./Stanger, Christoph W. (Engagement 1994), Das Engagement ausländischer Gesellschaften im US-amerikanischen Kapitalmarkt - Rechtliche Erwägungen für deutsche Gesellschaften, erläutert am Beispiel Daimler-Benz -, in: Zeitschrift für Wirtschafts- und Bankrecht (Wertpapier-Mitteilungen) 1994, S. 137-147.

Rosen, Rüdiger von/Prechtel, Andreas (Zugang 1996), Zugang deutscher Unternehmen zum US-Kapitalmarkt, in: Die Bank 1996, S. 388-392 u. S. 478-482.

SEC (ADR 1995), U.S. Securities and Exchange Commission, Division of Corporation Finance, Office of International Corporate Finance, American Depositary Receipts, Washington, D.C., February 1, 1995.

SEC (Form 20-F), Form 20-F, Registration Statement pursuant to Section 12(b) or (g) of the Securities Exchange Act of 1934, or Annual Report pursuant to Section 13 or 15 (d) of the Securities Exchange Act of 1934, or Transition Report pursuant to Section 13 or 15 (d) of the Securities Exchange Act of 1934, OMB Number: 3235-0288, SEC 1852 (5-95).

SFAS 5, Accounting for Contingencies, Stamford, Conn., March 1975.

SFAS 13, Accounting for Leases, Stamford, Conn., November 1976.

SFAS 14, Financial Reporting for Segments of a Business Enterprise, Stamford, Conn., December 1976.

SFAS 34, Capitalization of Interest Cost, Stamford, Conn., October 1979.

SFAS 52, Foreign Currency Translation, Stamford, Conn., December 1981.

SFAS 87, Employers' Accounting for Pensions, Stamford, Conn., December 1985.

SFAS 88, Employers' Accounting for Settlements and Curtailments of Defined Benefit Pension Plans and for Termination Benefits, Stamford, Conn., December 1985.

SFAS 106, Employers' Accounting for Postretirement Benefits Other Than Pensions, Norwalk, Conn., December 1990.

SFAS 109, Accounting for Income Taxes, Norwalk, Conn., February 1992.

SFAS 115, Accounting for Certain Investments in Debt and Equity Securities, Norwalk, Conn., May 1993.

SFAS 130, Reporting Comprehensive Income, Norwalk, Conn., June 1997.

SFAS 131, Disclosures about Segments of an Enterprise and Related Information, Norwalk, Conn., June 1997.

Sullivan & Cromwell (Non-U.S. 1994), Ownership, Trading and Public and Non-Public Offerings in the United States of Shares of Non-U.S. Companies, Memorandum, New York, May 1994.

Than, Jürgen (Effektengiroverkehr 1994), Internationaler Effektengiroverkehr oder Zweitverbriefung - Die Belieferung von Börsenhandelsgeschäften in ausländischen Aktien in Deutschland und in den USA -, in: Zeitschrift für Wirtschafts- und Bankrecht (Wertpapier-Mitteilungen) 1994, WM-Festgabe für Thorwald Hellner zum 65. Geburtstag am 9. Mai 1994, S. 85-93.

Unselt, Kai (Lifo-Bewertung 1996), Grundlagen und Methoden der Lifo-Bewertung in den USA, Zur Anwendung im deutschen Handels- und Steuerrecht, in: Recht der Internationalen Wirtschaft 1996, S. 928-935.

Weber, Claus-Peter (Rechnungslegung 1990), Rechnungslegung und Handelsbilanzen in den USA, in: Kramer, J.-D. (Hrsg.), Grundzüge des US-amerikanischen Steuerrechts, Stuttgart 1990, S. 147-173.

Wetzel, Walter (Harmonisierung 1995), Zur Harmonisierung der Rechnungslegung, in: Wirtschaftsprüferkammer-Mitteilungen 1995, S. 206-208.

Zachert, Matthias (Erschließung 1993), Erschließung des US-amerikanischen Eigenkapitalmarkts durch das American Depositary Receipt - Dargestellt am Beispiel des Börsengangs der Daimler Benz AG in den USA -, in: Der Betrieb 1993, S. 1985-1988.

International Accounting Standards (IAS) als zukünftiger Internationaler Rechnungslegungsstandard für globale Börsenzulassungen

Kurt P. Ramin
International Accounting Standards Committee, PricewaterhouseCoopers

Inhalt

Die zunehmende Internationalisierung und Branchen-Spezialisierung der Wirtschaft fördert in zunehmendem Maße die Harmonisierung der Rechnungslegungsvorschriften und -systeme. Finanzinformationen sollen weltweit vergleichbar gemacht werden und schnell zur Verfügung gestellt werden. Gefordert wird zudem ein Brückenschlag zum internen Berichtswesen eines Unternehmens, wie dies bei der Segmentberichterstattung bereits praktiziert wird. Den Interessen der Investoren entspricht in erster Linie ein periodengerechter und ereignisbezogener Ergebnisausweis, um die wirtschaftliche Lage eines Unternehmens im Konkurrenzumfeld besser beurteilen zu können.

Neben den US-GAAP haben in den letzten Jahren besonders die vom International Accounting Standards Committee (IASC) herausgegebenen internationalen Rechnungslegungsvorschriften (International Accounting Standards = IAS) als investororientierte Richtlinien global an Bedeutung gewonnen. Aufgrund einer Absprache mit der IOSCO (International Organization of Securities Commissions) hat sich das IASC zum Ziel gesetzt, bis 1998 ein Rechnungslegungswerk zu entwickeln, welches bei internationalen Börsennotierungen in allen Ländern Anerkennung findet. Bis auf die U.S.A., Canada und Japan erkennen schon jetzt fast alle wichtigen Länder die IAS als Rechnungslegungsstandard für grenzüberschreitende Börsennotierungen an. Die Zusammenarbeit zwischen IOSCO und IASC ist bedeutend und wird einen erheblichen Einfluß auf die Entwicklung der internationalen Rechnungslegung haben. Die IOSCO, als weltweiter Zusammenschluß der Börsenaufsichtsorgane, hat das Ziel, die grenzüberschreitende Zusammenarbeit bei der Börsenaufsicht zu fördern. Neben der Rechnungslegung werden auch andere Fachbereiche, wie Zulassungs- und Aufsichtsbestimmungen, in fünf Arbeitsgruppen weltweit bei der IOSCO koordiniert. Die amerikanische Börsenaufsichtsbehörde, die Securities und Exchange Commission (SEC), hat durch den starken amerikanischen Kapitalmarkt großen Einfluß auf die Facharbeit bei der IOSCO. Vertreter von IOSCO und SEC nehmen an wichtigen IASC Board-Sitzungen und Fachausschüssen teil.

1. Das „International Accounting Standards Committee" (IASC)

Um die Bedeutung der Internationalen Accounting Standards zu erklären, soll hier kurz ein Überblick über die Entstehung, die Rolle, die Organisation und das Arbeitsprogramm des IASC gegeben werden.

Das IASC ist eine privatrechtliche, internationale Organisation mit dem Ziel, grenzüberschreitende Rechnungslegungsvorschriften zu entwickeln und eine Harmonisierung länderspezifischer Vorschriften zu erreichen. Durch die weltweite Angleichung und Verbesserung der Unternehmensberichterstattung sollen durch bessere Transparenz die Kapitalkosten der Unternehmen reduziert werden.

Deutschland war 1973 eines der neun Gründungsmitglieder des IASC. Im Mai 1998 hatte das IASC 128 Mitglieder aus 97 Ländern. Die Mitgliedschaft und Mitarbeit ist inzwischen weit gefächert: Finanzchefs, Wirtschaftsprüfer, Regierungsvertreter, Analysten, Kapitalmarktvertreter und leitende Mitarbeiter großer internationaler Organisationen engagieren sich in diversen Gremien. Die eigentliche Facharbeit leisten die Steering Committees, die für die Durchführung einzelner Projekte verantwortlich sind (z.B. Entwicklung von Standards zur Zwischenberichterstattung, zu außerplanmäßigen Abschreibungen oder zur Bilanzierung von immateriellen Vermögensgegenständen). Die Entscheidungsbefugnis über die Verabschiedung von Standards liegt beim Board, das zur Zeit mit 16 stimmberechtigten Delegationen besetzt ist. Im Rahmen der sogenannten „Strategy Working Party" wird überlegt, die Steering Committees durch ein mit ca. acht bis zehn Vertretern von Standardsettern (Beratergremium für Bilanzierungsfragen) der wichtigsten Nationen besetztes, Technical Committee zu ersetzen. Damit wird ebenfalls eine unmittelbare Umsetzung der international entwickelten Standards in nationales Recht erleichtert. Das Board soll mehr, aber kleinere Delegationen enthalten, um einerseits Schwellenländern die Teilnahme zu ermöglichen und andererseits die Diskussionsfähigkeit zu erhalten. Desweiteren wurde 1997 das Standing Interpretations Committee (SIC) geschaffen, das weltweit verbindliche Auslegungen zu strittigen Einzelfragen liefern soll. Europa ist im IASC-Board überproportional vertreten, jedoch haben die U.S.A. einen weitreichenden Einfluß im IASC Advisory Council (Gremium zur Steigerung der Akzeptanz der IAS und zur Erschließung von Finanzquellen) und Executive Committee (geschäftsführendes Gremium).

I. IASC Advisory Council

1. Externe Mitglieder

   Stephen D. Eccles (Vorsitzender), ehemaliger Vice President, Weltbank, Washington
   James Cochrane, USA, New York Stock Exchange
   Michael Cook, USA, Deloitte & Touche, ehemaliger Vorsitzender, FAF (FASB)
   Dr. Jürgen Krumnow, Deutschland, Vorstandsmitglied, Deutsche Bank AG
   Linda Quinn, USA, Shearman & Sterling, ehemaliger SEC-Commissioner
   Gerard Worms, Frankreich, Partner, Rothschild Bank
   Antonio Zoido, Spanien, President, Madrid Stock Exchange

2. Interne Mitglieder

   Stig Enevoldsen, Dänemark, Chairman, IASC
   Frank Harding, England, Präsident, IFAC (International Federation of Accountants)
   Michael Sharpe, Australien, ehemaliger Chairman, IASC
   IASC Mitarbeiter
   Sir Bryan Carsberg, Generalsekretär, IASC
   Kurt Ramin, Kaufmännischer Direktor, IASC, PricewaterhouseCoopers

II. IASC Executive Committee

Stig Enevoldsen, Dänemark, Chairman
Patricia A. McConnell, USA, Vice-Chairman IASC, Bear, Stearns, New York
Tom Jones, USA, Vice-Chairman IASC, Citicorp, New York, Mitglied FAF (FASB)
Weitere fünf IASC Board-Mitglieder (Holland, England, Südafrika, Frankreich, USA) und drei IASC Mitarbeiter (England, zwei aus Deutschland)

Tab. 1: Das IASC Advisory Council und das IASC Executive Committee

Die IAS werden in Deutschland bereits von vielen großen international tätigen Firmen (besonders in der pharmazeutischen und der chemischen Industrie, aber auch durch Sportartikelhersteller, die Zementindustrie und nicht zuletzt Banken) angewandt. Mehrere Länder haben IAS bereits mehr oder weniger vollständig als nationale Rechnungslegungsstandards gesetzlich verankert und dabei indirekt die Gesetzgebungsfunktion dem IASC übertragen. Das Hauptverbreitungsgebiet der IAS liegt derzeit in Europa; daneben finden die IAS insbesondere im arabischen und asiatisch-pazifischen Raum Unterstützung. Außerdem sind China, die Staaten der ehemaligen Sowjetunion und Teile des Commonwealth stark an einer Übernahme der internationalen Standards interessiert und haben bereits erste Schritte in diese Richtung getan. Eine weitere wichtige Verbreitung erfahren die IAS durch Übersetzungen in über 30 Sprachen. Dabei war die Übersetzung in die deutsche Sprache die erste offizielle IASC-Übersetzung in eine andere Sprache. Demgegenüber eignen sich US-GAAP durch ihre Kasuistik und Detaillierung weniger für internationale Übersetzungen und sind dadurch in ihrer Verbreitung außerhalb der USA limitiert.

2. Die „International Accounting Standards" (IAS)

Im bereits erwähnten, mit der IOSCO vereinbarten Arbeitsprogramm, ist die Überarbeitung der bisherigen Standards vorgesehen, um die Vergleichbarkeit und den Informationsgehalt der externen Finanzinformationen zu steigern. Weitere geplante Standards befassen sich mit zusätzlichen Anforderungen an die Berichterstattung (Business Combinations, Intangible Assets) bzw. mit industriespezifischen Vorgaben (z.B. Rechnungslegung in der Landwirtschaft und im Versicherungswesen). Durch die Ergebnisse dieses Arbeitsprogramms wird das IASC 1998 Anschluß an weltweite „best practices" in der Standardsetzung erreichen. Gemeinsam mit Standardsetzungsgremien aus mehreren Ländern soll der schwierige Standard über Ansatz und Bewertung von Finanzinstrumenten und Derivativen auf den letzten Stand gebracht werden.

Auslegungsfragen der IAS werden durch das weltweit vernetzte und praxisgebundene SIC, das mit Vertretern aller großen WP-Gesellschaften aus allen Teilen der Welt besetzt ist, behandelt (Tabelle 4). Das SIC hat bisher mehrere Interpretationen herausgegeben und ist eines der wichtigsten Grundbausteine für die Anerkennung der IAS für grenzüberschreitende Börsenzulassungen durch die IOSCO.

IAS mit Schwerpunkt auf Ansatz- und Bewertungsfragen		Bezeichnung im Originaltext	Bezeichnung in deutscher Sprache
Standard revised = überarbeitet reformatted = umgegliedert	Geplante Revision/ Ergänzung		
IAS 2 (rev. 1993)		Inventories	Vorräte
IAS 4 (ref. 1994)		Depreciation Accounting	Abschreibungen
IAS 9 (rev. 1993)	E60	Research and Development Costs	Forschungs- und Entwicklungskosten
IAS 10 (ref. 1994)	E59	Contingencies and Events Occuring After the Balance Sheet Date	Erfolgsunsicherheiten und Ereignisse nach dem Bilanzstichtag
IAS 11 (rev. 1993)		Construction Contracts	Fertigungsaufträge
IAS 12 (rev. 1996)		Income Taxes	Ertragsteuern
IAS 16 (rev. 1993)	IAS 36	Property, Plant and Equipment	Sachanlagen
IAS 17 (rev. 1997)		Leases	Bilanzierung von Leasingverhältnissen
IAS 18 (rev. 1993)		Revenue	Erträge
IAS 19 (rev. 1998)		Employee Benefits	
IAS 20 (ref. 1994)		Accounting for Government Grants and Disclosure of Government Assistance	Bilanzierung und Darstellung von Zuwendungen der öffentlichen Hand
IAS 21 (rev. 1993)		The Effect of Changes in Foreign Exchange Rates	Auswirkungen von Wechselkursänderungen
IAS 22 (rev. 1993)	E61	Business Combinations	Unternehmenszusammenschlüsse
IAS 23 (rev. 1993)		Borrowing Costs	Fremdkapitalkosten
IAS 25 (ref. 1994)	Discussion Paper	Accounting for Investments	Bilanzierung von Finanzinvestitionen
IAS 26 (ref. 1994)		Accounting and Reporting by Retirement Benefit Plans	Bilanzierung und Berichterstattung von Altersversorgungseinrichtungen
IAS 27 (ref. 1994)		Consolidated Financial Statements and Accounting for Investments in Subsidiaries	Konzernabschlüsse und Bilanzierung von Anteilen an Tochterunternehmen
IAS 28 (ref. 1994)		Accounting for Investments in Associates	Bilanzierung von Anteilen an assoziierten Unternehmen
IAS 31 (ref. 1994)		Financial Reporting of Interests in Joint Ventures	Rechnungslegung über Anteile an Joint Ventures
IAS 35 (1998)		Discontinuing Operations	
IAS 36 (1998)		Impairment of Assets	

Tab. 2: IAS mit Schwerpunkt auf Ansatz- und Bewertungsfragen

IASC Standing Interpretations Committee (SIC):

- P. Cherry (Vorsitzender) PricewaterhouseCoopers, Kanada
- J. Blanchet, Arthur Andersen, Kanada/USA
- M. Keegan, PricewaterhouseCoopers, England
- S. Komiyama, Arthur Andersen, Japan
- W. Schruff, KPMG, Deutschland
- J. Smith, Deloitte & Touche, USA

IAS mit Schwerpunkt auf Ausweis- und Angabefragen		Bezeichnung im Originaltext	Bezeichnung in deutscher Sprache
Standard	Geplante Revision/ Ergänzung		
IAS 1 (rev. 1997)		Presentation of Financial Statements	Angabe der Bilanzierungs- und Bewertungsmethoden
IAS 5 (susp. 1998)	IAS 1	Information to be Disclosed in Financial Statements	Angabepflichten im Abschluß
IAS 7 (rev. 1992)		Cash Flow Statements	Kapitalflußrechnung
IAS 8 (rev. 1993)	IAS 35	Net Profit or Loss for the Period, Fundamental Errors and Changes in Accounting Policies	Periodenergebnis, grundlegende Fehler und Änderungen der Bilanzierungs- und Bewertungsmethoden
IAS 13 (susp. 1998)	IAS 1	Presentation of Current Assets and Current Liabilities	Darstellung der kurzfristigen Vermögenswerte und Schulden
IAS 14 (rev. 1997)		Segment Reporting	Segmentberichterstattung
IAS 15 (ref. 1994)		Information Reflecting the Effects of Changing Prices	Informationen über die Auswirkungen von Preisänderungen
IAS 24 (ref. 1994)		Related Party Disclosures	Angaben über Beziehungen zu nahestehenden Unternehmen und Personen
IAS 29 (ref. 1994)		Financial Reporting in Hyperinflationary Economies	Rechnungslegung in Hochinflationsländern
IAS 30 (ref. 1994)		Disclosures in the Financial Statement of Banks and Similar Financial Institutions	Angaben im Abschluß von Kreditinstituten und ähnlichen Institiutionen
IAS 32 (1995)	Discussion Paper	Financial Instruments: Disclosure and Presentation	Finanzinstrumente: Angaben und Darstellung
IAS 33 (1997)		Earnings Per Share	Ergebnis pro Aktie
IAS 34 (1998)		Interim Financial Reporting	

Tab. 3: IAS mit Schwerpunkt auf Ausweis- und Angabefragen

- K. Stevenson, PricewaterhouseCoopers, Australien
- L.G. van der Tas, Moret, Ernst & Young, Holland
- Y. Bernheim, Mazars and Guerard, Frankreich
- H. Schmid, Vertreter der Schweizer Holdinggesellschaften
- IASC Projekt-Leiter: G. Fey (PricewaterhouseCoopers, Deutschland)
- IOSCO, EC (European Commission) und IASC Board-Vertreter nehmen als Beobachter an den SIC Sitzungen teil.

3. Die Rolle der IOSCO

IAS als zukünftiger internationaler Rechnungslegungsstandard für Börsenzulassungen steht und fällt mit der Anerkennung durch die IOSCO. In der Vergangenheit wurden mehrere Vereinbarungen (sogenannte Shiratori-Briefe) zwischen IOSCO und dem IASC getroffen, um die Entwicklung und Anerkennung der IAS zu beschleunigen.

IOSCO als gemeinnützige Organisation hat 135 ordentliche und etliche zusätzliche Mitglieder. Zwölf dieser Mitglieder haben ihren Sitz in den U.S.A. Ordentliches Mitglied aus Deutschland ist das Bundesaufsichtsamt für den Wertpapierhandel und zusätzlich nimmt die Deutsche Börse AG an den Sitzungen teil. An der jährlichen IOSCO Konferenz (z.B. Taipei 1997) sind regelmäßig auch Vertreter der Deutschen Bundesbank, des Bundesverbandes Deutscher Banken und des Deutschen Aktieninstituts als Beobachter anwesend.

Für die Zusammenarbeit mit dem IASC ist das technische Komitee der IOSCO über die Arbeitsgruppe 1 verantwortlich. Die Arbeitsgruppe 1 befaßt sich mit der Harmonisierung von Rechnungslegungsstandards. Bisher wurden IAS 7 und Teile von IAS 21 (unter Verweis auf IAS 29) und IAS 22 als internationale Rechnungslegungsstandards für Börsenzulassungen von IOSCO anerkannt. Die Anerkennung weiterer IAS soll im September 1998 auf der IOSCO Jahrestagung in Kenia besprochen werden.

Die 16 Mitglieder der Arbeitsgruppe 1 kommen aus den folgenden Ländern: Australien, Japan, Hong Kong, Belgien, Frankreich, Deutschland, Großbritannien, Niederlande, Italien, Luxemburg, Spanien, Schweiz, Mexiko, Kanada (Ontario und Quebec) und den Vereinigten Staaten. Der Arbeitsanteil und der dementsprechende Einfluß der SEC ist durch Kommentierungen zu IAS-Entwürfen und Facharbeit in der Arbeitsgruppe überproportional. Da die IOSCO-Empfehlungen keine Gesetzesfunktion haben, ist die fachliche Mitarbeit von entscheidender Bedeutung.

4. Die Macht der SEC und die neue Organisationsform des IASC

Die Macht der SEC begründet sich direkt über ihre gesetzlich verankerte Stellung im U.S. Kapitalmarkt und indirekt aufgrund des hohen weltweiten Anteiles der Marktkapitalisierung, den die großen amerikanischen Unternehmen innehaben. Die fachlichen Ressourcen im Bereich des Rechnungswesens sind in den USA dementsprechend mitgewachsen und frühzeitig von der Privatwirtschaft unterstützt worden. Die Entwicklung der Standards hat die SEC zur Zeit dem Financial Accounting Standards Board (FASB), einer privatwirtschaftlichen Organisation, übertragen, sich jedoch ein Vetorecht vorbehalten. Finanzstark einerseits, aber nicht unumstritten bei großen amerikanischen, international tätigen Firmen, vergleicht der FASB laufend die Entwicklung zwischen den IAS und den US-GAAP. Für die Überleitungsrechnung (Reconciliation) ausländischer Firmen, die eine SEC Registrierung beantragen, dokumentieren diese Vergleiche wichtige Unterschiede. Die Zahl ausländischer Firmen, die bei der SEC registriert sind, ist von 657 am 31. Dezember 1994 auf 990 (15. September 1997) gestiegen. Die Berichterstattung erfolgt nach Maßgabe des sogenannten Form 20F und weist gegenüber der Berichterstattung von inländischen, amerikanischen Firmen die folgenden wichtigen Unterschiede auf:

1. Vierteljahresberichte sind nicht erforderlich (nur halbjährlich). Ebenfalls sind die Berichtsfristen länger.
2. Offenlegungspflichten für die Bezüge von leitenden Angestellten sind geringer.
3. Anforderungen für historische Vergleichszahlen sind geringer.

Durch die Zunahme der ausländischen Registrierungen ist die SEC gezwungen, sich mehr und mehr mit IAS zu befassen. Dabei werden sich künftig rein theoretische Überlegungen mehr zu praktischen IAS-Anwendungsfragen verlagern. Eine Umschichtung der Arbeit von einer Stabsstelle (Office of the Chief Accountant) in operative Abteilungen (Division of Corporation Finance, Division of Enforcement) ist zu erwarten. Für das Erkennen materieller Unterschiede sind für diese Abteilungen Fragen der Offenlegung wichtiger als reine Bewertungsfragen. Es könnte sich dadurch ein eigener, durch die SEC geprägter Standardisierungsprozeß in Hinblick auf IAS entwickeln.

Ohne in uferlosen Detailregulierungen zu versickern, kann dies zu einer präziseren Ausgestaltung der IAS im Hinblick auf ihre Rolle als zukünftiger internationaler Rechnungslegungsstandard für Börsenzulassungen führen. Die Kluft zwischen der Berichterstattung amerikanischer und nicht-amerikanischer Firmen, die die SEC nicht zu groß werden lassen kann, wird dadurch geringer.

Amerikanische Konzerne, die in der Überzahl mehr als 50% ihres Umsatzes im Ausland erzielen, werden durch die Anwendung von IAS bei Tochtergesellschaften im Ausland immer häufiger gezwungen, sich mit IAS zu beschäftigen. Dieser Prozeß wechselseitiger Einflußnahme kann nur zu einer Verbesserung zukünftiger und bestehender IAS führen. Dies trifft insbesondere für die Verlautbarungen zu den Finanzinstrumenten und zur Bewertung von immateriellen Posten zu.

Im Rahmen der Neuorganisation, die das IASC durch die Strategy Working Party vorbereitet, findet eine Umschichtung von einer rein länderbezogenen Organisation in eine starke, professionelle Arbeitsgruppe, die auf globaler Ebene mehr dem Format der angelsächsischen Standardsetter ähnelt, statt. Die Arbeit des IASC wird damit im technischen als auch im kaufmännischen Bereich (Verbreitung der Standards weltweit) effektiver als bisher.

5. Gemeinsame Lösungen

Kritische Projekte auf dem Weg zu einer internationalen Anerkennung und Verbreitung von IAS als Zulassungsstandard für internationale Börsenzulassungen sind insbesondere die Berichterstattung im Bereich der Finanzderivate und die Bilanzierung von immateriellen Vermögenswerten. Als Konzeptionspapier hat das IASC im März 1997 ein Diskussionspapier mit dem Titel „Accounting for Financial Assets and Liabilities" herausgegeben. Darin wird vorgeschlagen, die Bewertung von Finanzinstrumenten zu beizulegenden Zeitwerten (fair value) vorzunehmen. Selbst bei Banken führt die Anwendung dieser Konzepte zur Zeit noch zu erheblichen Bewertungsschwierigkeiten. Deshalb versucht das IASC in gemeinsamer Zusammenarbeit mit nationalen Standardsettern eine Übergangslösung zu finden.

In einem neuen gemeinsamen Standard wird insoweit die Trennung des operativen Geschäftes vom reinen Risikomanagement seinen Ausdruck finden. Bei der operativen Berichterstattung ist es wichtig, nur realisierte Transaktionen erfolgsmäßig zu zeigen, wobei bei der restlichen Berichterstattung die Ansprüche und Verpflichtungen zu beizulegenden Zeitwerten bilanziert werden sollten. Zum operativen Geschäft gehören z. B. Rohstoffe, die in einem normalen Zyklus verbraucht werden. Reguläre Kundenforderungen werden zwar als Finanzinstrumente definiert, eine Abzinsung auf einen Zeitwert wäre operativ jedoch nicht praktisch.

Durch die Diskrepanz zwischen historischen Bewertungsprinzipien in der Bilanz und beizulegenden Zeitwerten werden die Unterschiede zwischen Bilanzbuchwerten und Marktkapitalisierungswerten eines Unternehmens immer größer. Als Lösung zur Verringerung dieser Unterschiede wird versucht, bessere Methoden zur Bewertung von immateriellen Vermögenswerten zu entwickeln. Die US-GAAP beschränken sich zur Zeit darauf, im Rahmen der Richtlinien zu Unternehmenszusammenschlüssen („Business Combinations"), immaterielle Posten und Bewertungsänderungen fast ausschließlich bei Veränderungen in den Unternehmensstrukturen zu bilanzieren. Dabei erfolgt eine Abschreibung des Geschäfts- und Firmenwertes über die Lebensdauer oder bis maximal 40 Jahre. Das IASC diskutiert zur Zeit eine Lösung ohne Vorgabe eines bestimmten Abschreibungszeitrahmens. Die entsprechenden Bewertungen müssen im Zusammenhang begründet und erläutert werden. Eine endgültige Entscheidung in diesem Bereich ist zukunftsweisend.

Übersichtliche IAS im Bereich der Finanzinstrumente und einheitliche Bewertungsrichtlinien für immaterielle Werte würden zu einer erheblichen Straffung und Vereinfachung gegenüber US-GAAP im Bewertungsbereich führen. Inwieweit sich die Informationsfülle im Offenlegungsbereich sinnvoll reduzieren läßt, bleibt abzuwarten. Ausländischer Einfluß wird voraussichtlich auch diesen Teil in den US-GAAP verändern und sich in weiteren IAS ausdrücken.

Eine bessere, durchgehende Segmentierung und Bündelung aller Informationen nach Maßgabe sog. Value-Drivers in der MD&A (Management's Discussion and Analysis), der Bilanz, Gewinn- und Verlustrechnung, der Kapitalflußrechnung und im Anhang (Personal, Produktergebnisse, Finanzinstrumente, Know-how) könnte den Unterschied zwischen marktwertorientierter Berichterstattung und objektivierten Rechnungslegungszahlen besser erklären und leichter vergleichen. Diese quantitative Verbindung (Bewertung) mit der qualitativen Information (Offenlegung) würde zu einer weiteren Verbesserung des Berichtswesens führen.

6. Zusammenfassung und Ausblick

Internationale Zusammenarbeit ist der Schlüssel für die Anerkennung von IAS als zukünftiger internationaler Rechnungslegungsstandard für Börsenzulassungen. Eine schnelle, rechtzeitige Anerkennung der

Kernstandards durch IOSCO ist von entscheidender Bedeutung für eine erfolgreiche Harmonisierung. Die Anerkennung dieser Grundsätze durch alle wichtigen Börsen für grenzüberschreitende Zulassungen kann das Fundament für weitere Entwicklungen sein. Durch den hochentwickelten amerikanischen Kapitalmarkt wird die SEC auch in Zukunft erheblich bei der Weiterentwicklung und Einhaltung der Standards mitwirken. Auch die Börsen selbst werden sich durch internationale Angleichungen im Konkurrenzumfeld verändern. IAS-Impulse auf andere Bereiche, wie Steuergesetzgebung, regionale und kleinere Firmen werden nicht ausbleiben.

Standard Setting beim IASC erfordert die Beteiligung aller involvierten Gruppen: Adressaten und Ersteller von Berichten, Analysten, Gesetzgeber und Investoren. In diesem Zusammenhang stellt die Gründung des Deutschen Standardisierungsrats DSR einen wichtigen Schritt dar. Seine Hauptzwecke bestehen in der Koordination und Bündelung der nationalen Interessen und der Unterstützung des internationalen Harmonisierungsprozesses. Die aktive deutsche Mitarbeit in sämtlichen Gremien des IASC stellt ein Hauptkriterium für eine wirkungsvolle Mitsprache bei der Weiterentwicklung internationaler Rechnungslegungstandards dar.

7. Literaturverzeichnis:

Baetge, Jörg/ Dörner, Dietrich/ Kleekämper, Heinz/ Wollmert, Peter (Hrsg.), Rechnungslegung nach International Accounting Standards (IAS), Kommentar auf der Grundlage des deutschen Bilanzrechts Stuttgart: Schäffer-Poeschel Verlag (1997)

Coopers & Lybrand (Hrsg.) A Guide to Going Public, second Edition, USA (1997)

Coopers & Lybrand (Hrsg.), Financial Statement Disclosure: Checklist for Foreign Private Issuers (Foreign SEC Registrants) 1997, USA (1997)

Coopers & Lybrand (Hrsg.), Understanding IAS: Analysis and Interpretation, United Kingdom (1996)

C&L Deutsche Revision (Förschle, G./ Kramer, M./ Mandler, U.), Internationale Rechnungslegung: US-GAAP, HGB und IAS, Bonn: Economia Verlag (1996)

Coyle, Richard Jay, The McGraw-Hill Handbook of American Depositary Receipts, New York: McGraw-Hill, Inc. (1995)

Dangerfield, Alan/ Lampert, Bernhard, International Accounting Standards - Der Überblick, Zürich: Verlag : SKV (1997)

Financial Accounting Standards Board (Hrsg.), The IASC - U.S. Comparison Project: A Report on the Similarities and Differences between IASC Standards and U.S. GAAP, Norwalk, Connecticut, U.S.A. (1996)

Fey, Gerd/ Schruff, Wienand, Das Standing Interpretations Committee des IASC, in: Die Wirtschaftsprüfung, September 1997.

Förschle, Gerhart/ Jäger, Rainer, Entering the U.S. Capital Markets, Der Zugang zum U.S.-Kapitalmarkt aus der Sicht deutscher Unternehmen, hrsg. von C&L Deutsche Revision AG, Frankfurt, Fachverlag Moderne Wirtschaft (1997)

Frost, Carol A./ Ramin, Kurt P., Corporate Financial Disclosure, in: Choi, Frederick D. S., International Accounting and Finance Handbook, 2. Auflage, New York: John Wiley & Sons, Inc (1997)

Frost, Carol A./ Ramin, Kurt P., International Auditing Differences, in: Journal of Accountancy, April 1996.

Glaum, Martin/ Mandler, Udo, Rechnungslegung auf globalen Kapitalmärkten: HGB, IAS und US-GAAP, Wiesbaden: Gabler Verlag (1996)

Gumpel, Peter E./ Ramin, Kurt P./ Schiessl, Maximilian, Kapitalmarktregeln für Emissionen und Akquisitionen in den USA, in: Der Betrieb, Heft 28 vom 15. Juli 1988, S. 1432-1435

IASC (Hrsg.), Deutsche Ausgabe der IAS 1998, Stuttgart: Schäffer-Poeschel Verlag (1998)

IASC (Hrsg.), Discussion Paper, Accounting for Financial Assets and Financial Liabilities, London: IASC (1997)

IASC (Hrsg.), International Accounting Standards 1997, London: IASC (1997)Pellens, Bernhard, Internationale Rechnungslegung, 2., überarbeitete und erweiterte Auflage, Stuttgart: Schäffer-Poeschel Verlag (1998)

Ramin, Kurt P., Deutsche Bilanzen im Umbruch, in: Börsen-Zeitung vom 28. Dezember 1995, S. 5f

Ramin, Kurt P., Die wahren Hindernisse für ein US-Listing, Probleme mit Unterschieden zwischen deutschen und US-Bilanzierungsregeln werden überbewertet, in: Börsen-Zeitung vom 21. November 1992, S. 18ff

Ramin, Kurt P./ Fey, Gerd, On the Way to a Common „Language", in: American German Business Guide 1997/1998, Membership Directory and Yearbook of the Chamber of Commerce in Germany

United States Securities and exchange commission (Hrsg.), Report on Promoting Global Preeminence of American Securities Markets Pursuant to section 509(5) of the National Securities Marketes Improvement Act of 1996, Washington: U.S. SEC (October 1997)

White, Gerald I./ Sondhi, Ashwinpaul C./ Fried, Dov, The Analysis and Use of Financial Statements, 2. Auflage, New York: John Wiley & Sons, Inc (1997)

Verhältnis von US-GAAP und IAS zur Rechnungslegung nach deutschem Handelsrecht

Jochen Pape und Dr. Sebastian Heintges
PricewaterhouseCoopers

Inhalt

1. Die Globalisierung und der damit verbundene Finanzbedarf der Unternehmen erfordert auch eine Internationalisierung der Rechnungslegung

Die wachsende Globalisierung deutscher Großunternehmen führt mit zu einem deutlich gestiegenen Finanzbedarf, der auf dem nationalen Kapitalmarkt oder durch reine Bankenfinanzierung kaum noch aufzubringen ist. Vielmehr müssen verstärkt auch internationale Quellen der Finanzierung erschlossen werden. Insbesondere kann an dem US-amerikanischen Kapitalmarkt, als größter und bedeutendster Kapitalmarkt der Welt, kaum vorbeigegangen werden; konsequenterweise ist dieser bei deutschen Unternehmen in den letzten Jahren als neue Quelle der Finanzierung verstärkt ins Blickfeld geraten. Der Jahresabschluß ist sicherlich eines der wichtigsten Instrumente eines Unternehmens, interessierten Kreisen umfassende finanzielle Informationen über seine Ertragskraft und Vermögens- und Finanzlage zur Verfügung zu stellen und diese zu erläutern. Aus der Sicht der Investoren bzw. Kapitalgeber müssen diese Informationen geeignet sein, ihnen eine vernünftige Investitionsentscheidung über die von ihnen eingesetzten Finanzmittel zu ermöglichen. Je stärker deutsche Unternehmen auf internationale Finanzmittel und Kapitalgeber angewiesen sind, desto wichtiger wird es, daß die ausländischen Kapitalgeber entweder die deutsche Rechnungslegung verstehen oder die deutschen Unternehmen bereit sind, die Anforderungen der ausländischen Kapitalgeber zu erfüllen.

Gerade auf dem US-amerikanischen Kapitalmarkt wird die deutsche Rechnungslegung aber weder von der dort zuständigen Börsenaufsichtsbehörde Securities and Exchange Commission (SEC) akzeptiert, noch von den Anlegern verstanden. Die nicht vorhandene Akzeptanz zwingt daher diejenigen deutschen Unternehmen, die ihre Aktien zum offiziellen Handel in den USA zulassen wollen, einen Abschluß nach Rechnungslegungsvorschriften aufzustellen, die von der SEC akzeptiert werden. Unabhängig davon, ob ein deutsches Unternehmen allein an der nationalen Börse oder auch auf ausländischen Kapitalmärkten notiert ist, wird es ohne eine international verständliche Rechnungslegung grundsätzlich seltener zu einer ausländischen Investition in das Unternehmen kommen, da bei einem nicht vollständigen Verständnis der deutschen Rechnungslegung der Investor die Nachteile von Informationsdefiziten oder sogar das Risiko möglicher Mißverständnisse in Kauf nehmen müßte.

2. Überblick über die Rechnungslegungsanforderungen bei einer Börsennotierung in den USA

2.1 US-GAAP Jahresabschlüsse als Standard für die Börsennotierung in den USA

Den deutschen Unternehmen bieten sich verschiedene Wege, in den USA Aktien notieren zu lassen. Der Notierung von American Depositary Receipt (ADR) wird von deutschen Unternehmen gegenüber dem normalen Weg, Aktien direkt in den USA auszugeben, der Vorzug gegeben.

Bei den ADR ist die öffentliche Plazierung über die Level I, Level II oder Level III ADR und die private Plazierung der ADR unter Rule 144A zu unterscheiden.[1] Die Level I ADR und die ADR unter Rule 144A bieten den Vorteil, daß die Registrierungsanforderungen der amerikanischen Börsenaufsichtsbehörde SEC geringer sind. Sie erschließen den Unternehmen aber auch nur einen eingeschränkten Investorenkreis verbunden mit einem geringeren Bekanntheitsgrad. Die Level II und Level III ADR öffnen den Unternehmen ohne Beschränkungen den Zugang zu allen privaten und institutionellen Anlegern in den USA. Entsprechend sind die Registrierungs- und Publizitätsanforderungen deutlich höher, gilt es doch, einen weiteren Investorenkreis zu schützen.

Es ist bei den Level I ADR und den ADR unter Rule 144A ausreichend, die nach deutschen handelsrechtlichen Vorschriften erstellten Jahresabschlüsse bei der SEC einzureichen. Somit kann eine umfangreiche zusätzliche Berichterstattung und Aufstellung von Jahresabschlüssen nach den in den USA anerkannten Rechnungslegungsstandards, die Generally Accepted Accounting Principles (US-GAAP), vermieden werden. Das Level I ADR erschließt den Over the Counter Markt und dort insbesondere den Zugang zu bedeutenden institutionellen Investoren. Eine Notierung an der NASDAQ oder an einer der nationalen US-amerikanischen Börsen ist damit jedoch nicht möglich. Die ADR unter Rule 144A ermöglicht über eine Privatplazierung den Zugang zu einem stark eingeschränkten Investorenkreis bedeutender institutioneller Anleger (Qualified Institutional Buyers).

---

1) Vgl. Lendner, Holger: American Depositary Receipt - eine Zugangsmöglichkeit deutscher Unternehmen zum US-amerikanischen Eigenkapitalmarkt, in: Die Wirtschaftsprüfung 1997, S. 596-608.

Bei den Level II und Level III ADR unterwirft sich das Unternehmen den strengen Publizitätsanforderungen der SEC. Das Formblatt F-6 muß bei der erstmaligen Ausgabe der ADR, das Formblatt 20-F muß für die periodische Berichterstattung eingereicht werden.

Das Unternehmen hat die Wahl, entweder auf Basis des handelsrechtlichen Jahresabschlusses eine Überleitung für das Eigenkapital und den Jahresüberschuß zu den entsprechenden Werten nach US-GAAP einzureichen (Reconciliation nach Item 18 Option 1 des Formblatts 20-F) oder den Jahresabschluß vollständig nach den US-GAAP aufzustellen (Item 18 Option 2 des Formblatts 20-F). Obwohl bei beiden ADR Programmen die Aktien an allen nationalen US-amerikanischen Börsen und damit auch an der begehrten New York Stock Exchange notiert werden können, kann einzig bei den Level III ADR eine Kapitalerhöhung in den USA durchgeführt werden. Bei allen anderen ADR basiert der Handel in den USA auf Aktien, die bereits vorher an einer nicht-US-amerikanischen Börse ausgegeben wurden.

2.2 Mögliche Akzeptanz von IAS-Jahresabschlüssen in den USA

Von der International Organisation of Securities Commissions (IOSCO), der internationalen Organisation der Börsenaufsichtsbehörden, war dem International Accounting Standards Committee (IASC) in Aussicht gestellt worden, weltweit an allen Börsen Jahresabschlüsse zu akzeptieren, die auf der Grundlage der International Accounting Standards (IAS), die Rechnungslegungsvorschriften des IASC, aufgestellt werden. Voraussetzung für eine solche Anerkennung durch die IOSCO ist, daß das IASC im Rahmen eines Arbeitsprogrammes einige ihrer Standards überarbeitet und für bestimmte, bisher noch nicht geregelte Sachverhalte entsprechende Standards entwickelt, um den von der IOSCO gestellten Anforderungen zu entsprechen. Dieses Arbeitsprogramm soll in 1998 abgeschlossen werden.

Wie sich letztlich die SEC in dem Entscheidungsprozeß der IOSCO über die Anerkennung der IAS verhält, kann derzeit nicht abschließend beurteilt werden. Sicherlich hat aber die Stimme der SEC innerhalb der IOSCO größtes Gewicht. Kommt es zu einer positiven Entscheidung der IOSCO, können danach auch bei Börsengängen ausländischer Unternehmen in den USA IAS-konforme Jahresabschlüsse verwendet werden, was der internationalen Durchsetzung der IAS mit Sicherheit einen erheblichen Auftrieb geben würde.

Aufgrund der Bedeutung der SEC innerhalb der IOSCO und der stringenten SEC Haltung hinsichtlich eines zumindest in den USA nach den eigenen Vorstellungen zu erfolgenden Investorenschutzes wird von Kritikern der IAS häufig ins Feld geführt, daß der IASC Board als normsetzendes Entscheidungsgremium des IASC sich sehr stark von den US-GAAP leiten ließe, um insbesondere der SEC bei dem obengenannten Entscheidungsprozeß keine Ablehnungsgründe zu geben; dabei wird häufig übersehen, daß die USA unter Würdigung der dort bestehenden Rechnungslegungsziele - siehe Abschnitt 3.1 - sicherlich weltweit über eines der besten und umfangreichsten Rechnungslegungssysteme verfügt.

Daher ist einsichtig, daß im Rahmen des vorstehend genannten IASC Arbeitsprogrammes bereits bestehende Regelungen des für die Setzung von US-Rechnungslegungsstandards maßgeblichen Gremiums, der Financial Accounting Standards Board (FASB), in besonderem Maße gewürdigt werden. Es wäre nicht vertretbar, zutreffende Regelungen des FASB nur deswegen nicht zu übernehmen, um sich nicht dem Vorwurf einer US-Hörigkeit auszusetzen. Daß letztere in diesem Sinne auch nicht besteht, kann anhand der derzeitigen und in den vorliegenden IAS Entwürfen enthaltenen Abweichungen zwischen US-GAAP und IAS dokumentiert werden, auch wenn ein Bestreben, solche möglichst zu vermeiden, erkennbar ist.

Wie die US-GAAP durchlaufen die Standards des IASC einen strukturierten Entwicklungs- und Entscheidungsprozeß (due process), in den die an einem Jahresabschluß im weitesten Sinne interessierten Kreise eingebunden sind. Unternehmen, Finanzanalysten, Aufsichtsbehörden und andere Verbände und Interessengruppen werden von dem FASB wie auch dem IASC während der Enwicklungsphase aufgerufen, ihre Meinungen zu den jeweiligen Entwürfen der Standards abzugeben und hiermit Einfluß auf die neuen Standards zu nehmen.

Allerdings ist der FASB seiner Aufgabe als nationales Gremium entsprechend auf die Bedürfnisse der USA bzw. der US-Interessengruppen und ihrer Probleme und Meinungen ausgerichtet, während der Adressatenkreis des IASC international ist und damit auch deutschen Unternehmen und Interessenverbänden Einflußmöglichkeiten gibt. Deshalb verwundert es auch nicht, daß nach einer vorliegenden Umfrage die Mehrzahl der befragten deutschen Aktiengesellschaften einem Konzernabschluß nach IAS den Vorzug vor den US-GAAP gibt. Eine Akzeptanz von IAS-Konzernabschlüssen durch die IOSCO würde diesen Unternehmen entgegenkommen. Eine Ablehnung würde dagegen diejenigen Unternehmen, die den amerikanischen Kapitalmarkt dringend benötigen, zwingen, weiterhin US-GAAP Abschlüsse aufzustellen.

2.3 Keine Akzeptanz der handelsrechtlichen Rechnungslegung in den USA

Die SEC hat die deutsche Rechnungslegung trotz mehrmaliger Versuche von deutscher Seite niemals den US-GAAP als gleichwertig anerkannt, da nach ihrer Auffassung deutsche Rechnungslegungsvorschriften das Informationsbedürfnis und den Schutz der Investoren nicht ausreichend berücksichtigen. Insbesondere wurde von der SEC kritisiert, daß die deutschen Vorschriften das Bilden und Auflösen von stillen Reserven in erheblichem Umfang erleichtern und damit die in den einzelnen Rechnungslegungsperioden wirtschaftlich tatsächlich erzielten Ergebnisse verschleiert werden können. In diesem Zusammenhang wurde auch die in Deutschland bestehende Verknüpfung zwischen Handels- und Steuerbilanz kritisch vermerkt. Weitere Kritikpunkte waren z. B. die in der deutschen Rechnungslegung limitierten Anhangsangaben bzw. note disclosures oder auch die bis heute noch nicht gesetzlich verlangte Kapitalflußrechnung. Insgesamt wird abgestritten, daß ein nach handelsrechtlichen Vorschriften erstellter Abschluß den für den Investor notwendigen Einblick ermöglicht.

Bis zur Einführung der Daimler-Benz Aktien in den USA hatten sich deutsche Unternehmen, Interessenverbände und Börseninstitutionen vehement bemüht, die gegenseitige Anerkennung der Rechnungslegungsstandards zu erreichen, dies insbesondere mit dem Argument, daß US-GAAP Abschlüsse in Deutschland für Zwecke der Börsenregistrierung akzeptiert werden. Dieser Versuch kann aber als gescheitert angesehen werden, ernsthafte neue Vorstöße wurden in den letzten Jahren auch nicht mehr gemacht. Auf die Hintergründe soll an dieser Stelle nicht mehr weiter eingegangen werden; es darf nur angemerkt werden, daß die Wurzeln des Streits in zwei konträren Rechnungslegungskulturen mit verschiedenen Zwecken und einer unterschiedlichen Bedeutung des Kapitalmarktes liegen.

Mit der wachsenden Bedeutung der Kapitalmärkte stiegen zudem weltweit und auch in Deutschland die Anforderungen der Investoren und Finanzanalysten. So hat sich auch der Neue Markt in Deutschland an internationalen Anforderungen ausgerichtet, da ansonsten das begehrte ausländische Kapital wohl nicht interessiert werden könnte. Der Trend in Deutschland geht eindeutig in Richtung einer stärkeren Beachtung der Investorenbedürfnisse und der Investor Relationship insgesamt, wie durch verschiedene Meinungsäußerungen von Vorstandsmitgliedern maßgeblicher deutscher Unternehmen belegt werden kann. Folglich müssen sich Unternehmen, die einen Börsengang beabsichtigen oder ansonsten auf Kapital von Investoren angewiesen sind, grundsätzlich fragen, ob sie nicht ihre Abschlüsse nach US-GAAP oder IAS aufstellen. Für eine solche Umstellung werden von Unternehmen, die eine solche bereits durchgeführt haben, zurecht noch weitere entscheidungsrelevante Vorteile für das Unternehmen genannt. Teilt man die Auffassung, daß die internationalen Grundsätze die wirtschaftliche Substanz der Geschäftstransaktionen zutreffender abbilden, so ist es nur konsequent und richtig, daß diese auch dem internen Steuerungssystem und den Geschäftsleitungsentscheidungen zugrunde gelegt werden. Hatten Unternehmen für diese Zwecke bisher neben der externen handelsrechtlichen Rechnungslegung unterschiedliche interne Systeme geführt, ergibt sich durch eine Umstellung die Möglichkeit der Vereinheitlichung der Systeme und damit von Kosteneinsparungen. Aus den vorstehend genannten Gründen soll in den folgenden Abschnitten analysiert werden, welche wesentlichen Ziele, Grundsätze und Unterschiede in den Bilanzierungs- und Bewertungsmethoden zwischen US-GAAP und IAS auf der einen Seite und den handelsrechtlichen Vorschriften auf der anderen Seite bestehen, so daß ein für die Diskussion erforderliches Verständnis für die unterschiedlichen Rechnungslegungssysteme erreicht wird und die wesentlichsten Unterschiede und die für eine Umstellung bestehenden Änderungsnotwendigkeiten aus diesem Vergleich abgeleitet werden können.

3. Ziele und Ausrichtung der Rechnungslegung

3.1 Ziel der Rechnungslegung nach US-GAAP und IAS

Die externe Rechnungslegung in den USA hat die Aufgabe und das Ziel, "to provide information that is useful in making business and economic decisions"[2]. Vorrangig den Investoren sollen alle die Infor-

2) Financial Accounting Standards Board: SFAC No. 1 - Objectives of Financial Reporting by Business Enterprises, Stamford 1978, Abs. 33.

mationen gegeben werden, die für sie erforderlich sind, effiziente von ineffizienten Unternehmen zu unterscheiden und um ihre Investitions- bzw. Kreditentscheidung treffen zu können. Volkswirtschaftlich soll damit gleichzeitig eine möglichst optimale Allokation der Ressourcen erreicht werden.

Die externe Rechnungslegung soll konkret die folgenden vier Ziele erfüllen:

1. Sie soll Informationen geben, die für gegenwärtige und potentielle Investoren, Gläubiger und andere Adressaten nützlich bei Investitions-, Kredit- und ähnlichen Entscheidungen sind,
2. sie soll helfen, zukünftige Cash Flows, Dividenden- oder Zinszahlungen des Unternehmens zu beurteilen sowie Kursbewegungen und ähnliches zu prognostizieren,
3. sie soll Informationen über die Vermögens-, Finanz- und Ertragslage des Unternehmens geben und
4. sie soll Aufschluß darüber geben, inwieweit das Management seiner Verpflichtung zum effektiven und effizienten Umgang mit den von den Kapitalgebern bereitgestellten Mitteln nachgekommen ist.

Die Zielsetzungen der IAS decken sich dem Grunde nach mit denen der US-GAAP. Die Informationen in den Jahresabschlüssen sollen die Vermögens- und Finanzlage der Unternehmen widerspiegeln, die Veränderung der Vermögens- und Finanzlage darstellen und insbesondere Auskunft über die wirtschaftliche Leistungskraft geben.[3] Wie die US-GAAP sind die IAS generell kapitalmarktorientiert, d.h. vorrangig auf die Bedürfnisse der Investoren abgestellt. Man nimmt dabei gleichzeitig an, daß sich diese mit denjenigen anderer Kreise wie Gläubiger, Mitarbeiter, Lieferanten, Kunden bis hin zu öffentlichen Institutionen und der breiten Öffentlichkeit in vielerlei Hinsicht decken, so daß IAS Abschlüsse auch für diese Adressatenkreise von Nutzen sind.[4]

Sofern Konzerne vorliegen, gehen US-GAAP wie auch IAS davon aus, daß im Rahmen der externen Rechnungslegung Konzernabschlüsse erstellt werden. Konzernabschlüsse gelten als grundsätzlich aussage-

---

3) Vgl. IASC: International Accounting Standards 1997. Framework, Rdnr. 12-14.
4) Vgl. IASC: International Accounting Standards 1997. Framework, Rdnr. 9-10.

kräftiger als Einzelabschlüsse und werden daher als notwendig erachtet, um den Adressaten ein tatsächliches Bild über das Unternehmen bzw. dessen Konzern zu vermitteln.

3.2 Ziele der Rechnungslegung nach Handelsrecht

Nach herrschender Meinung hat der Einzelabschluß des Unternehmens insbesondere eine Ausschüttungsbemessungsfunktion. Ermittelt wird der im Hinblick auf den Gläubiger- und Aktionärsschutz verteilbare Gewinn. Die Informationsfunktion ist nachrangig. Zusätzlich hat der Einzelabschluß durch die Maßgeblichkeit der Handelsbilanz für die Steuerbilanz eine Steuerbemessungsfunktion.

Bedingt durch das sogenannte umgekehrte Maßgeblichkeitsprinzip (der Ansatz in der Steuerbilanz ist nur zugelassen, wenn er auch in der Handelsbilanz vorgenommen wird) finden steuerliche Überlegungen Eingang in den handelsrechtlichen Einzelabschluß, wobei solche steuerlichen Einflüsse in dem Anhang zu erläutern sind. Unabhängig davon, daß die enge Verknüpfung zwischen Handels- und Steuerrecht auch in Deutschland mehr und mehr in die Kritik geraten ist, ergeben sich durch neue steuerliche Vorschriften, die handelsrechtlich nicht akzeptabel sind, wie z.B. in jüngster Zeit hinsichtlich der Rückstellungen für drohende Verluste, deutliche Abkoppelungstendenzen.

Dem Grunde nach ist es ausschließliches Ziel des deutschen Konzernabschlusses, zusätzliche Informationen über die wirtschaftliche Einheit der einbezogenen Konzernunternehmen zu vermitteln, d.h. die Informationsfunktion dominiert. Der Konzernabschluß ergänzt als selbständiges Informationsinstrument die Einzelabschlüsse. Er ist weder Grundlage für die Steuerbemessung noch für die Ergebnisverwendung, auch wenn für letztere in der Praxis das Konzernergebnis vermehrt gewürdigt wird.

Zwar dürfen im Konzernabschluß die Vermögensgegenstände und Schulden auf der Grundlage der dem Mutterunternehmen erlaubten Bilanzierungs- und Bewertungsmethoden quasi unabhängig von ihrer Behandlung in den Einzelabschlüssen angesetzt werden, Wirtschaftlichkeitsüberlegungen setzen aber bei der Erstellung des Konzernabschlusses einer unterschiedlichen Bilanzierung Grenzen, zumal auch die Übernahme steuerlicher Werte in den Konzernabschluß ausdrücklich erlaubt ist. Die nach Handelsrecht mögliche Abkoppelung des

Konzernabschlusses von den Einzelabschlüssen sollte in ihrer Reichweite deshalb nicht überschätzt werden.[5] Andererseits zeigt die nähere Vergangenheit, daß Unternehmen, die internationale Rechnungslegungsgrundsätze anwenden wollen, sich bei ihren sogenannten „dualen“ Abschlüssen, d. h. der Konzernabschluß soll sowohl die handelsrechtlichen als auch die IAS Vorschriften erfüllen, sehr stark von den Einzelabschlüssen entfernen. Je nach Gestaltung durch das Unternehmen kann daher ein handelsrechtlicher Konzernabschluß einer kapitalmarktorientierten Informationsvermittlung entsprechen, er muß es aber nicht. Daß die Interessen des Kapitalmarktes nicht in einer der US-Auffassung gleichenden Weise berücksichtigt bzw. gesichert wurden, ist sicherlich im wesentlichen damit zu begründen, daß der Kapitalmarkt in Deutschland bisher bei weitem nicht so entwickelt ist, wie z. B. in den USA, und damit insbesondere in der Vergangenheit eine geringere Rolle spielte.

Einer der Gründe hierfür ist, daß der bisherige Finanzierungsbedarf der Unternehmen weitgehend direkt durch die Banken gedeckt wurde, so daß im Vergleich zu den USA nur eine geringe Anzahl von größeren Unternehmen in bedeutendem Umfang Mittel am Kapitalmarkt aufnahmen. Da die Banken zudem über das Depotstimmrecht die Anteilseigner vertreten können und dieses Verfahren auch in größerem Ausmaße von den Aktionären genutzt wurde, traten letztere bisher auch nur begrenzt als „aktive“ Kapitalmarktteilnehmer auf. Für die deutsche Rechnungslegung lag folglich auch kein Zwang vor, sich mehr börsen- bzw. kapitalmarktorientiert auszurichten, wie dies für die Rechnungslegungssysteme nach US-GAAP oder IAS der Fall ist. Dementsprechend wird nach der derzeitigen gesetzlichen Lage eine vergleichbare, an den Kapitalmarkt gerichtete umfangreiche Publizität in Deutschland nicht verlangt. Die Banken konnten dagegen zusätzlich zu den Informationen aus der externen Rechnungslegung über ihre Funktion als Kreditgeber und ihre Beteiligung in den Aufsichtsräten der Unternehmen auf weitere Informationen zugreifen.

4. Bestandteile des Jahresabschlusses

Der amerikanische Konzernabschluß besteht ähnlich wie der Abschluß nach IAS aus der Bilanz (Statement of Financial Position), der Ge-

5) Vgl. Heintges, Sebastian: Bilanzkultur und Bilanzpolitik in den USA und in Deutschland. 2. Aufl. Berlin 1997, S. 143

winn- und Verlustrechnung (Statement of Earnings and Comprehensive Income), einer Kapitalflußrechnung (Statement of Cash Flows), der Darstellung der Entwicklung des Eigenkapitals (Statement of Investments by and Distribution to Owners) und dem Anhang (Notes to Financial Statements). Die Notes haben die Funktion, zusätzliche Hinweise zu den anderen Bestandteilen des Abschlusses zu geben und Sachverhalte, die keinen Niederschlag in der Bilanz oder der Gewinn- und Verlustrechnung gefunden haben, zu erläutern. In den Notes selber müssen nach US-GAAP und nach IAS wesentlich detailliertere Angaben gemacht werden als im deutschen Anhang. Als Beispiele sollen hier nur die Segmentberichterstattung und die Angabepflichten zu den Financial Instruments, Pensionsplänen und Ertragsteuern genannt werden.

Der an die Aktionäre ausgegebene Geschäftsbericht (Annual Report) entspricht in den letzten Jahren immer mehr dem Konzernabschluß, der bei der SEC spätestens 90 Tage nach Geschäftsjahresende eingereicht werden muß (Form 10-K). Die US-Geschäftsberichte enthalten, vergleichbar mit dem deutschen Lagebericht, zusätzlich eine Management's Discussion and Analysis of Financial Condition and Results of Operations: Über das Zahlenwerk des Konzernabschlusses hinaus soll in einer freieren Form die Vermögens-, Finanz- und Ertragslage des Unternehmens und ihre Entwicklung analysiert werden.

Die Quartalsberichte (Form 10-Q) und die Form 8-K sollen zusätzlich während des Geschäftsjahres eine ausreichende, aber gegenüber der Jahresberichterstattung doch eingeschränkte Unterrichtung der Adressaten gewährleisten. Der Aufgabe entsprechend wurde der zeitnahen Verfügbarkeit der Informationen besonderes Gewicht zugemessen. Die Form 10-Q setzt sich aus einer verkürzten Bilanz, Gewinn- und Verlustrechnung, einer Kapitalflußrechnung und einer Management's Discussion and Analysis zusammen. Die Form 10-Q ist 45 Tage nach Quartalsende bei der SEC einzureichen, sie unterliegt einer deutlich geminderten Prüfungspflicht durch den Abschlußprüfer (Review). Mit der Form 8-K ist der SEC der Eintritt wesentlicher Unternehmensereignisse innerhalb von 15 Tagen anzuzeigen. Da das IASC keine gesetzgeberischen oder aufsichtsrechtlichen Befugnisse hat, überläßt es das IASC nach seinem derzeit vorliegenden Entwurf zur unterjährigen Berichterstattung den einzelnen Jurisdiktionen bzw. den hierfür maßgeblichen Institutionen festzulegen, ob Quartals- oder auch nur Halbjahresabschlüsse aufzustellen sind und welche Unternehmen den diesbezüglichen Verpflichtungen zu folgen haben. Es regelt daher allein, was nach seiner Auffassung eine unterjährige Berichterstattung zu enthalten hat und wie zweckentsprechend zu bilanzieren ist.

Amerikanische Unternehmen müssen sehr detailliert in einer Vielzahl von Berichten Auskunft über ihre wirtschaftliche Lage geben. Dies drückt die große Bedeutung des US-Kapitalmarktes aus: Der Anleger ist die zu schützende Person, dem für seine Investitionsentscheidung genügend Informationen gegeben werden.

Das Bestreben, den Adressaten alle entscheidungsrelevanten Auskünfte zu geben, wurde so intensiv verfolgt, daß bereits Stimmen laut wurden, die neben dem Hinweis auf einen Information Overload und einen sinkenden Grenznutzen neuer, zusätzlicher Informationen, insbesondere auch die Frage der wachsenden Kosten der Informationsbereitstellung für die Unternehmen gegenüber dem Nutzen der Adressaten (cost/benefit analysis), aufwerfen. Mittlerweile werden den IAS ebenfalls überzogene Angabepflichten in den zuletzt veröffentlichten Standards oder Entwürfen vorgeworfen.

5. Grundsätze der Rechnungslegung im Vergleich

Sowohl US-GAAP als auch IAS besitzen ein Rahmengerüst für ihre Rechnungslegungssysteme, in den USA als Conceptual Framework, bei IAS als Framework bezeichnet. Beide Frameworks legen die Ziele der Rechnungslegung fest und stellen die Grundlage für die Bilanzierung und Bewertung dar. Ausweisregelungen erfolgen in den USA vorrangig durch die SEC bzw. ihre Forms. Die diesbezüglichen handelsrechtlichen Regelungen sind im wesentlichen im Handelsgesetzbuch (HGB) kodifiziert.

5.1 Allgemeine Grundsätze

5.1.1 Grundsatz der Fair Presentation als Generalnorm

Der wichtigste Grundsatz der US-GAAP ist der Grundsatz der Fair Presentation, vergleichbar mit dem True and Fair View-Prinzip in anderen Ländern. Hiernach ist es das Ziel des Jahresabschlusses, ein möglichst zuverlässiges und ein den tatsächlichen Verhältnissen entsprechendes Bild der Vermögens-, Finanz- und Ertragslage des Unternehmens zu vermitteln. Dabei wird davon ausgegangen, daß die Beachtung der US-GAAP grundsätzlich zur Darstellung der tatsächlichen wirtschaftlichen Lage des Unternehmens und damit zur Einhaltung des Grundsatzes führt. Da es sich bei diesem Grundsatz aber um ein sogenanntes Overriding Principle handelt, kann der Grundsatz ein Abweichen von den US-GAAP gebieten, wenn ansonsten eine unzutreffende Presentation vorliegen würde. Grundsätzlich wird aber in den USA davon ausgegangen, daß das Overriding Principle nur in äußerst seltenen Fällen überhaupt zum Zuge kommen kann.

Gemäß dem überarbeiteten IAS 1, das ab 1998 anzuwenden ist, beinhaltet nunmehr auch die IAS Rechnungslegung den Grundsatz der Fair Presentation sowie ein Overriding Principle in einer der US-Auffassung vergleichbaren Form.

Das deutsche Handelsrecht kennt ebenfalls eine mit dem Grundsatz der Fair Presentation formell übereinstimmende Generalnorm: § 264 Abs. 2 HGB bzw. § 297 Abs. 2 HGB für den Konzernabschluß. Die Vermittlung des den tatsächlichen Verhältnissen entsprechenden Bildes der Vermögens-, Finanz- und Ertragslage wird jedoch dadurch getrübt, daß sie nur unter den Bedingungen der Grundsätze ordnungsmäßiger Buchführung (GoB) bzw. der allgemeinen Bilanzierungs- und Bewertungsmethoden verlangt wird, d.h. der Generalnorm kommt gegenüber den Einzelvorschriften keine Vorrangstellung zu.

Damit werden beispielsweise Vorschriften, die die Übernahme steuerlicher Wertansätze erlauben, nicht durch die Generalnorm eingeschränkt, sie darf daher als relativiert bezeichnet werden. Wird trotz Einhaltung der gesetzlichen Vorschriften und der GoB aufgrund besonderer Umstände kein den tatsächlichen Verhältnissen entsprechendes Bild vermittelt, darf nach herrschender Meinung nicht etwa gegen die Einzelvorschriften bzw. GoB verstoßen werden, vielmehr besteht eine Pflicht, durch zusätzliche Angaben eine Korrektur des gezeigten Bildes herbeizuführen. Es besteht daher nach Handelsrecht kein den US-GAAP bzw. IAS entsprechendes Overriding Principle.

5.1.2 Materiality und Substance over Form

Sowohl US-GAAP als auch IAS kennen den Grundsatz der Materiality und den Grundsatz der Substance over Form. Gemäß dem Ziel der Rechnungslegung, dem Investor nützliche Informationen zu geben, müssen nach dem Grundsatz der Materiality nur die Informationen im

Jahresabschluß gegeben werden, die relevant sind. Relevant sind solche Informationen, die geeignet sind, eine Investitionsentscheidung des Investors zu beeinflussen.

Der Grundsatz der Substance over Form dient dazu, die Fair Presentation der wirtschaftlichen Lage des Unternehmens sicherzustellen: Bei der Bilanzierung eines Sachverhaltes ist nicht die rechtliche Gestaltung, sondern die zugrundeliegende wirtschaftliche Bedeutung maßgebend. Der Grundsatz verbietet die Bilanzierung allein nach der rechtlichen Form eines Sachverhaltes.

Im deutschen Handelsrecht hat der Grundsatz der Materiality eine geringere Bedeutung wie nach US-GAAP und nach IAS. Der Grundsatz der Substance over Form ist nicht ausgeprägt. Er spielt beispielsweise bei der (in der Praxis den steuerlichen Regelungen angepaßten) Bilanzierung von Leasingverhältnissen eine Rolle, bei der das wirtschaftliche Eigentum für die Zuordnung der Leasingobjekte zum Leasinggeber oder -nehmer maßgebend ist. Allgemein wird in der deutschen Rechnungslegung der rechtlichen Form eine hervorragende Bedeutung zugemessen.

5.2 Grundlagen der Bilanzierung (Bilanzansatz)

Grundlage für die Bilanzierungsfähigkeit nach IAS und praktisch analog nach US-GAAP sind die Begriffe Vermögenswert (Asset) und Verbindlichkeiten bzw. Rückstellungen (Liability). Assets sind diejenigen verfügbaren Ressourcen eines Unternehmens, die das Ergebnis vergangener Ereignisse darstellen und von denen das Unternehmen einen zukünftigen wirtschaftlichen Nutzen erwartet. Der zukünftige wirtschaftliche Nutzen eines Asset ist dessen Fähigkeit, direkt oder indirekt zum Cash Flow des Unternehmens beizutragen.[6] Sobald ein Asset auch die Ansatzkriterien (die Recognition Criteria) erfüllt, ist es grundsätzlich zu bilanzieren.

---

6) Vgl. IASC: International Accounting Standards 1997. Framework, Rdnr. 49-59. Ähnlich die Definition von Assets nach US-GAAP: "Assets sind wahrscheinliche zukünftige wirtschaftliche Nutzenvorteile, die aufgrund vergangener Ereignisse oder Transaktionen einem Unternehmen zugerechnet werden können". Es wird auf den zukünftigen wirtschaftlichen Nutzen abgestellt, d.h. auf das Potential direkt oder indirekt zum Cash Flow beitragen können. Vgl. Financial Accounting Standards Board: SFAC No. 6 - Elements of Financial Statements. Stamford 1985, Rdnr. 25-26.

Dies ist der Fall, wenn es wahrscheinlich (probable) ist, daß dem Unternehmen daraus in der Zukunft ein wirtschaftlicher Nutzen zufließt und die Kosten oder der Wert des Asset verläßlich ermittelt (measured reliably) werden können.[7]

Die Definition und das Ansatzkriterium für Liabilities sind korrespondierend zu den Assets. Erträge (Income) und Aufwendungen (Expenses), die ihren Niederschlag in der Gewinn- und Verlustrechnung finden, sind entsprechend der IAS-Terminologie Zunahmen / Abnahmen des wirtschaftlichen Nutzens von Assets / Liabilities während einer Periode und zeitgleich mit diesen zu realisieren. Eine vergleichbare gesetzliche Definition für Vermögensgegenstände gibt es im Handelsrecht nicht. Nach herrschender Meinung müssen die Vermögensgegenstände insbesondere das Kriterium der Einzelverwertbarkeit erfüllen.

Grundsätzlich kann gesagt werden, daß der Begriff der Assets nach IAS oder auch nach US-GAAP - unter Vernachlässigung von definitorischen Abgrenzungen - über den deutschen Begriff der Vermögensgegenstände hinausgeht und deshalb eine Aktivierung nach IAS wie auch US-GAAP eher erfolgt als nach HGB. Beispiele hierfür sind die nach IAS unter bestimmten Voraussetzungen möglichen Aktivierungen von selbst erstellten immateriellen Vermögensgegenständen einschließlich der Entwicklungskosten, die nach HGB grundsätzlich verboten sind. Demgegenüber erlauben die US-GAAP nur in bestimmten Ausnahmefällen die Aktivierung solcher Kosten.

Der Umfang der Verbindlichkeiten ist gegenüber den handelsrechtlichen Vorschriften entsprechend - wieder unter Vernachlässigung definitorischer Abgrenzungen - enger gefaßt. So sind Aufwandsrückstellungen beispielsweise nach US-GAAP wie auch IAS nicht passivierungsfähig.

5.3 Grundlagen der Bewertung

5.3.1 Going Concern

Der Grundsatz der Unternehmensfortführung (Going-Concern Principle) gilt einheitlich für US-GAAP, IAS und das Handelsrecht. Es ist bei

---

7) Vgl. IASC: International Accounting Standards 1997. Framework, Rdnr. 82, 83 und 89.

der Bewertung davon auszugehen, daß das Unternehmen auf absehbare Zeit seine Tätigkeit fortsetzen wird.

5.3.2 Accrual Principle

Auch der Grundsatz der Periodenabgrenzung (Accrual Principle) gilt für US-GAAP, IAS und Handelsrecht gleichermaßen. Der Grundsatz besagt, daß Grundlage für die Rechnungslegung Erträge und Aufwendungen sind und nicht Einzahlungen und Auszahlungen. Der Grundsatz kann in das Realisation Principle und das Matching Principle eingeteilt werden. Das Matching Principle besagt, daß der Periode, in der die aufwandsverursachenden Leistungen realisiert und als Erträge erfaßt werden, ebenfalls alle diesbezüglichen Aufwendungen zugeordnet werden, d.h. alle einem Umsatz oder sonstigem Ertrag zuzurechnenden Aufwendungen sind in der Gewinn- und Verlustrechnung ebenfalls zu erfassen.

5.3.3 Das Prudence Concept und seine unterschiedliche Stellung

Der Grundsatz der Vorsicht (Conservatism nach US-GAAP bzw. Prudence Concept nach IAS) ist anders als im deutschen Handelsrecht kein übergeordneter Rechnungslegungsgrundsatz. Er tritt grundsätzlich hinter den Gedanken der Fair Presentation zurück. Danach ist bei Ermessensspielräumen vorbehaltlich von Einzelfallregelungen ein vorsichtig bemessener aber realistischer Wert anzusetzen.

Es ist folglich nicht zugelassen, von verschiedenen Werten jeweils den ungünstigsten Wert für Bewertungszwecke zu verwenden[8)]. Ein Grund für die Dominanz des Vorsichtsgrundsatzes im Handelsrecht ist, daß der Gläubiger im Vordergrund steht, während - wie bereits ausgeführt - nach US-GAAP und auch nach IAS dies der Investor ist.

Aus der unterschiedlichen Stellung des Vorsichtsprinzipes zu schließen, bei Abschlüssen nach Handelsrecht wären alle Vermögensgegenstände grundsätzlich niedriger und alle Schulden grundsätzlich höher bilanziert, ist nicht zutreffend, denn die Einzelfallregelungen nach US-GAAP bzw. IAS können durchaus zu „vorsichtigeren" Werten

8) Vgl. FASB: Statement of Financial Concepts No. 2 - Qualitative Characteristics of Accounting Information. Stamford 1980. Rdnr. 91-97. Ähnlich auch die Ausführungen des IASC im Framework-Konzept.

führen. Ohne hier auf die einzelnen Unterschiede in den Ermittlungsmethoden näher einzugehen, führen beispielsweise die US-GAAP/IAS Regelungen für die Bilanzierung von Altersversorgungsverpflichtungen im Vergleich zu dem in der deutschen Praxis dominierenden steuerlichen Teilwertverfahren nach § 6a EStG in aller Regel zu höheren Rückstellungen.

Beispiele für die strengere Ausprägung des Vorsichtsprinzips nach Handelsrecht sind das nach herrschender Meinung bestehende Verbot der Teilgewinnrealisierung, das Verbot des Ansatzes von Zeitwerten, die über den Anschaffungskosten liegen, und das Verbot des Ansatzes von aktivischen latenten Steuern auf steuerliche Verlustvorträge. Vertreter von US-GAAP oder IAS rechtfertigen die aus deutscher Sicht oftmals als wenig konservativ kritisierten internationalen Bilanzierungs- und Bewertungsmethoden damit, daß aus ihrer Sicht ansonsten stille Reserven gebildet werden, die eine zutreffende Information über das Unternehmen verschleiern.

Ein weiteres Beispiel für die unterschiedlichen Auffassungen ist die in Deutschland mögliche und auch praktizierte erfolgsneutrale Verrechnung des derivativen Firmenwertes mit dem Eigenkapital. Die Verrechnung erfolgt in Deutschland vorrangig mit der Begründung eines vergleichsweise „unsicheren“ Firmenwertes. Aus US-GAAP und IAS Sicht wird die Verrechnung abgelehnt, da in den Folgejahren der Jahresüberschuß um die unterlassene Abschreibung zu hoch ausgewiesen wird, d. h. die Ertragssituation des Unternehmens zu gut dargestellt wird.

Die Beispiele zeigen, daß nach US-GAAP und IAS einerseits und Handelsrecht andererseits weitgehende unterschiedliche Verständnisse über die Inhalte des Vorsichts- bzw. Realisationsprinzips bestehen.

5.3.4 Consistency

Sowohl US-GAAP und IAS als auch das Handelsrecht kennen den Grundsatz der Stetigkeit. Nur eine stetige Anwendung der Rechnungslegungsprinzipien sichert die Vergleichbarkeit der Jahresabschlußzahlen über die Zeit und erhöht so die Aussagekraft des Jahresabschlusses. Von dem Grundsatz kann nur in begründeten Ausnahmefällen abgewichen werden. In einem solchen Fall sind umfangreiche Anhangsangaben zu machen. Der deutsche Grundsatz der Stetigkeit ist jedoch schwächer ausgeprägt. Er ist nur als Soll-Vorschrift kodifiziert und gilt nach herrschender Meinung nur für die Bewertung und nicht für den Ansatz.

5.3.5 Anschaffungskosten als Grundprinzip für die erstmalige Bewertung

US-GAAP und IAS beruhen genau wie das Handelsrecht auf dem Anschaffungskostenprinzip (Historical Cost Principle). Grundsätzlich erfolgt die erstmalige Bewertung mit den historischen Anschaffungskosten. Es wird davon ausgegangen, daß der in der Regel mit einem Dritten ausgehandelte Anschaffungspreis einen hinreichend sicheren Anhaltspunkt für den Wert des Vermögensgegenstandes oder der Schuld im Zeitpunkt des Erwerbes gibt.

5.3.6 Bewertungsmaßstäbe für die Folgebewertung

In allen drei Rechnungslegungskreisen gibt es eine Reihe von Bewertungsmaßstäben für die Folgebewertung der einzelnen Aktiva und Passiva, die sich nach Handelsrecht dem Vorsichtsprinzip entsprechend an Abschreibungsnotwendigkeiten bei Aktiva und bei Passiva an ggfs. erforderlichen höheren Werten ausrichten. Hierfür liegen nach US-GAAP bzw. IAS ähnliche Vorschriften vor, wie z.B. Lower of Cost or Market Abwertungen, jedoch wird bei den Abwertungsregeln wiederum die andersartige Ausprägung des Vorsichtsprinzips deutlich.

Nach Handelsrecht existieren keine neben die Anschaffungskosten selbständig tretende Bewertungsmaßstäbe, die höhere Werte als die Anschaffungskosten erlauben, wie dies nach US-GAAP und IAS entweder vorgeschrieben oder zumindest möglich ist. Zu nennen ist hier der beizulegende Zeitwert (Fair Value), der Börsen- oder Marktpreis oder die Neubewertung, letztere allerdings nur nach IAS erlaubt.

Beispielsweise werden nach US-GAAP die für den Handel vorgesehenen und die für eine Veräußerung grundsätzlich zur Verfügung stehenden Wertpapiere (Trading Securities bzw. “available for sale” Securities) als Portefeuille zu Marktpreisen bewertet; die unrealisierten Gewinne oder Verluste aufgrund der Veränderungen der Marktpreise sind bei den Trading Securities in der Gewinn- und Verlustrechnung ergebniswirksam zu vereinnahmen, während bei den “available for sale” Securities bis zur endgültigen Realisierung eine Einstellung in einen separaten Eigenkapitalposten erfolgt.[9] Eine ähnliche Regelung ist auch für IAS gemäß dem neuen Exposure Draft E62 "Financial Instruments: Recognition and Measurement" geplant. IAS sieht weiterhin die Möglichkeit einer über den Anschaffungskosten liegenden Neubewertung (Revaluation) vor, z. B. für das Sachanlagevermögen oder für längerfristige Kapitalinvestitionen. Bis zur endgültigen Realisierung sind sich ergebende positive oder negative Veränderungen in eine im Eigenkapital auszuweisende Neubewertungsrücklage einzustellen.

6. Zusammenfassung wesentlicher Unterschiede in den Bilanzierungs- und Bewertungsmethoden

Im folgenden werden kurz die wesentlichen Unterschiede in den Bilanzierungs- und Bewertungsmethoden nach US-GAAP und IAS zusammengefaßt.

6.1 Anlagevermögen

6.1.1 Sachanlagevermögen

Das Sachanlagevermögen ist zu Anschaffungs- oder Herstellungskosten vermindert um planmäßige Abschreibungen anzusetzen. Wesentliche Unterschiede bestehen nicht. Lediglich nach IAS besteht die Möglichkeit der Neubewertung (Revaluation) - siehe auch Abschnitt 5.3.6. Grundsätzlich kann die Abschreibung in Deutschland durch steuerliche Vorschriften bestimmt sein und ist dies auch in der Praxis, während nach US-GAAP und IAS die tatsächliche betriebsgewöhnliche Nutzungsdauer maßgeblich ist.

6.1.2 Immaterielle Vermögensgegenstände und Firmenwert

Entgeltlich erworbene immaterielle Vermögensgegenstände sind zu aktivieren, nicht entgeltlich erworbene dürfen nach HGB grundsätzlich nicht aktiviert werden. In bestimmten Fällen sind nach IAS Entwicklungskosten und andere nicht entgeltlich erworbene immaterielle Vermögensgegenstände zu aktivieren. Der derivative Firmenwert kann nach Handelsrecht auch erfolgsneutral mit dem Eigenkapital verrechnet werden. Nach US-GAAP und nach IAS ist er zwingend erfolgswirksam abzuschreiben - siehe auch Abschnitt 5.3.3.

---

9) Vgl. Financial Accounting Standards Board: SFAS No. 115 - Accounting for Certain Investments in Debt and Equity Securities. Stamford 1993.

6.1.3 Finanzanlagevermögen

Hinsichtlich der Bilanzierung von Wertpapieren wird auf Abschnitt 5.3.6 verwiesen. IAS erlaubt weitestgehende Wahlrechte, wie die Bilanzierung zu Anschaffungskosten, die Neubewertung und für börsennotierte Wertpapiere auch die Bewertung auf Grundlage des Portefeuille.

Eine voraussichtliche dauerhafte Wertminderung führt bei zu Anschaffungskosten bewertetem Finanzanlagevermögen nach IAS wie nach US-GAAP generell zu Abschreibungsaufwand. Nach Handelsrecht ist das Finanzanlagevermögen mit den Anschaffungskosten zu bewerten; vorübergehende Wertminderungen können, dauerhafte Wertminderungen müssen berücksichtigt werden. Ein Ansatz über den Anschaffungskosten ist nicht zulässig.

Beteiligungen an assoziierten Unternehmen werden gemäß US-GAAP und IAS nach der Equity-Methode bilanziert, was für den handelsrechtlichen Einzelabschluß nicht erlaubt ist.

6.2 Umlaufvermögen

Das Umlaufvermögen wird in Deutschland zu Anschaffungs- oder Herstellungskosten oder den vorübergehend oder dauerhaft niedrigeren beizulegenden Marktwerten angesetzt. Weitere Abwertungen sind möglich, um zukünftig zu erwartende Wertminderungen vorweg zunehmen oder um zu einem niedrigeren steuerlich zulässigen Wert zu bilanzieren. Nach US-GAAP und nach IAS existieren keine grundsätzlichen Regelungen für den Ansatz und die Bewertung des Umlaufvermögens insgesamt. Die Bilanzierung ist vielmehr abhängig von den bestehenden Regelungen zu einzelnen Bilanzkategorien bzw. Sachverhalten, beispielsweise zur Auftragsfertigung.

6.2.1 Vorratsvermögen

Das Vorratsvermögen wird zu Anschaffungs- oder Herstellungskosten bewertet. Nach US-GAAP und IAS sind diese Kosten zu Vollkosten anzusetzen, nach HGB ist ein Ansatz nur der Einzelkosten zulässig, jedoch werden in der handelsrechtlichen Praxis die steuerlichen Regelungen präferiert, die den US-GAAP und IAS schon relativ nahe kommen. Wertminderungen sind nach HGB je nach zugrundezulegendem

Beschaffungs- oder Absatzmarkt bei gesunkenen Wiederbeschaffungs- und/oder Veräußerungspreisen vorzunehmen. Nach US-GAAP dominiert diesbezüglich der Absatzmarkt, bei IAS ist er allein ausschlaggebend. Falls bestimmte Voraussetzungen erfüllt sind, ist bei der Bewertung einer Auftragsfertigung nach US-GAAP und IAS die Percentage-of-Completion Methode anzuwenden, d.h. Bilanzierung und Ertragserfassung erfolgen nach dem Fertigstellungsgrad. Handelsrechtlich ist nach herrschender Meinung diese Methode nicht zulässig.

6.2.2 Wertpapiere des Umlaufvermögens

Im Handelsbestand gehaltene Wertpapiere werden nach US-GAAP in der Folgebewertung als Portefeuille zu Marktwerten bewertet - siehe auch Abschnitt 5.3.6; nach IAS besteht für kurzfristige Wertpapiere ein entsprechendes Wahlrecht, d.h. diese Wertpapiere können entweder zu Anschaffungskosten bzw. zum niedrigeren Marktwert (Lower of Cost and Market Value) oder grundsätzlich zu Marktwerten bilanziert werden. Für die Bewertung der Wertpapiere des Umlaufvermögens nach Handelsrecht gelten die allgemeinen Grundsätze des Umlaufvermögens.

6.3 Schulden und andere Posten

6.3.1 Sonderposten mit Rücklageanteil

Der Sonderposten mit Rücklageanteil ist eine Besonderheit der steuerlich geprägten deutschen Rechnungslegung. Es gibt keinen vergleichbaren Bilanzposten nach US-GAAP oder IAS.

6.3.2 Pensionsrückstellungen

Pensionsverpflichtungen sind nach US-GAAP ausschließlich nach dem „laufenden Einmalprämienverfahren“ (Projected Unit Credit Method) zu bewerten. Ab 1999 ist dies auch nach IAS verlangt.

Die Methode stellt auf die zutreffende Ermittlung der Verbindlichkeit zum Bilanzstichtag ab. So wird beispielsweise die Auswirkung der zukünftigen Gehalts- bzw. Lohnerhöhungen auf die zum jeweiligen Bilanzstichtag erdienten Ansprüche bereits berücksichtigt. Andererseits können Effekte von Änderungen der Berechnungsannahmen auf die verbleibende Dienstzeit der Mitarbeiter verteilt werden.

Nach Handelsrecht müssen Pensionsrückstellungen mit dem versicherungsmathematischen Wert angesetzt werden. In der handelsrechtlichen Praxis ist die Verwendung der für steuerliche Zwecke vorgeschriebenen Teilwertmethode nach § 6a EStG weitverbreitet.

Diese stellt ein Gleichverteilungsverfahren dar und beinhaltet unabhängig von den tatsächlichen Zinsverhältnissen eine normierte Annahme des Abzinsungssatzes von 6 % p.a. Eine Einbeziehung der voraussichtlichen Gehalts- bzw. Lohnentwicklung ist nicht gestattet.

Aus den vorstehenden Erläuterungen ist die Inkompatibilität der steuerlichen Teilwertmethode mit US-GAAP oder IAS erkennbar. Tendenziell sind die Rückstellungen nach US-GAAP bzw. IAS höher als ein nach § 6a EStG ermittelter Wert, was vorrangig auf die Einbeziehung des Lohn- bzw. Gehaltstrends zurückzuführen ist. Bei den IAS-Umstellungen verschiedener namhafter deutscher Unternehmen in den letzten Jahren ergaben sich i.d.R. signifikante Erhöhungsbeträge, die die Bedeutung dieses Bewertungsunterschiedes für Unternehmen mit wesentlichen Pensionsverpflichtungen unterstreicht.

6.3.3 Latente Steuern

Nach US-GAAP und IAS (nach IAS 12 revised, gültig ab 1998) sind nach der bilanzorientierten Liability Methode latente Steuern für temporäre Unterschiede (temporary differences) zwischen dem Buchwert und dem steuerlichen Ansatz von Vermögenswerten bzw. Schulden zu bilanzieren, unabhängig davon, ob diese nun zu latenten Steueransprüchen oder -schulden führen. Sofern gewisse Bedingungen erfüllt sind, besteht auch eine Aktivierungspflicht für zukünftige Entlastungseffekte aus steuerlichen Verlustvorträgen.

Demgegenüber sind handelsrechtlich den latenten Steuern die zeitlichen Ergebnisunterschiede (timing differences) zwischen dem handelsrechtlichen Ergebnis vor Steuern und dem zu versteuernden Einkommen zugrunde zu legen. Vereinfacht gesagt, umfassen die temporären Unterschiede auch die zeitlichen Ergebnisunterschiede, gehen aber über diese noch hinaus. Handelsrechtlich sind passivische latente Steuern anzusetzen, für aktivische latente Steuern besteht ein Wahlrecht, d.h. sie dürfen, müssen aber nicht bilanziert werden. Latente Steuern auf Verlustvorträge dürfen nach herrschender Meinung nicht angesetzt werden.

6.3.4 Sonstige Rückstellungen

US-GAAP und IAS stellen tendenziell höhere Anforderungen an die Wahrscheinlichkeit der für die Rückstellungsbildung relevanten Ereignisse (Probability) und die Bestimmbarkeit des rückstellungsfähigen Betrages (Reasonable estimate). Aufwandsrückstellungen sind nicht möglich. Das andere Verständnis des Vorsichtsprinzips führt tendenziell dazu, daß Rückstellungen nach Handelsrecht eher und dann auch höher bilanziert werden.

7. Ausblick: Möglichkeiten deutscher Unternehmen, ihre Rechnungslegung an US-GAAP oder IAS anzupassen

Deutsche Konzerne sind, von größenorientierten Befreiungsvorschriften abgesehen, zur Zeit gesetzlich verpflichtet, Konzernabschlüsse nach Handelsrecht aufzustellen. Einigen Unternehmen war es durch Ausnutzung der Wahlrechte des Handelsrechtes möglich, einen „dualen" Konzernabschluß zu erstellen. Inwieweit dies in Zukunft weiter möglich sein wird, erscheint im Hinblick auf die dynamische Entwicklung der IAS mit einer fortschreitenden Tendenz zur Fair Value-Bewertung gegenüber der statischen Struktur der deutschen Rechnungslegung sehr fraglich.

Wenn ein Konzern seinen Finanzbedarf über die deutschen Börsen und über die ausländischen, nicht US-amerikanischen Börsen abdecken kann, so ist es meist ausreichend, ausschließlich einen handelsrechtlichen Konzernabschluß aufzustellen. Aus Investor-Relations-Überlegungen kann es allerdings sinnvoll sein, diesen Konzernabschluß freiwillig mit weiteren relevanten Informationen anzureichern.

Falls die internationalen Investoren für das deutsche Unternehmen eine bedeutende Zielgruppe darstellen, kann es derzeit noch sinnvoll sein, einen dualen Konzernabschluß aufzustellen oder, falls dies in Zukunft nicht mehr möglich ist, neben dem handelsrechtlichen Abschluß auch einen Abschluß nach IAS zu erstellen. So wird zwecks Akzeptanzerhöhung den internationalen Investoren ein Abschluß geboten, der ihnen wesentlich vertrauter ist als ein deutscher Abschluß.

Falls der Kapitalbedarf des Konzerns sehr hoch und der Zugang zum US-Kapitalmarkt unumgänglich ist oder aus anderen Gründen erwünscht wird, ist dem Grunde nach eine Umstellung auf US-GAAP zur Zeit noch erforderlich. Wie in Abschnitt 2.2 ausgeführt, wird sich in der näheren Zukunft entscheiden, ob die IAS auch für die Registrierung ausländischer und damit deutscher Unternehmen an amerikanischen Börsen akzeptiert werden.

Sollte sich das Unternehmen dafür entscheiden, neben dem deutschen Konzernabschluß einen weiteren Abschluß nach US-GAAP oder IAS aufzustellen, so ist auf mögliche negative Konsequenzen hinzuweisen: Bedingt durch die publizierten unterschiedlichen Ergebnisse bzw. Abschlußzahlen besteht das Risiko, daß die Adressaten die Hintergründe hierfür nicht verstehen und für das Unternehmen zusätzlicher Erklärungsbedarf entsteht, um Mißverständnisse auszuräumen.

Die unterschiedlichen Alternativen bzw. Anforderungen und die ggfs. bestehende Notwendigkeit der Aufstellung zweier Konzernabschlüsse zeigt die für kapitalmarktorientierte deutsche Unternehmen bestehenden Problematiken; hierdurch können sich auch gegenüber ausländischen Unternehmen Wettbewerbsnachteile ergeben. Der in den letzten Jahren festzustellende Prozeß eines Umdenkens hin zu mehr kapitalmarktorientierten Bedürfnissen und weitergehender Informationsvermittlung wird jedoch nunmehr durch entsprechende gesetzliche Regelungen unterstützt. Vereinfacht gesagt können nach dem Kapitalaufnahmeerleichterungsgesetz (KapAEG) nunmehr alle börsennotierten deutschen Unternehmen ihren Konzernabschluß nach internationalen Rechnungslegungsstandards aufstellen.

Im Rahmen des Gesetzes zur Kontrolle und Transparenz im Unternehmensbereich (KonTraG) werden alle börsennotierten Unternehmen verpflichtet, zukünftig den Konzernanhang um eine Kapitalflußrechnung und eine Segmentberichterstattung zu erweitern. Damit kann von einer beginnenden Einkehr internationaler Standards in das seit mehr als zehn Jahren kaum renovierte Haus der handelsrechtlichen Rechnungslegung gesprochen werden. Andererseits darf angenommen werden, daß deutsche Unternehmen durch die dann gestiegenen handelsrechtlichen Anforderungen eher dazu tendieren werden, im Rahmen des Konzernabschlusses direkt IAS oder US-GAAP zu verwenden.

Die folgende abschließende Übersicht gibt in Abhängigkeit von der Unternehmens- und Finanzierungsstrategie an, nach welchen Rechnungslegungsvorschriften der Konzernabschluß aufzustellen ist, um einen Zugang an den jeweiligen Börsen zu erhalten.

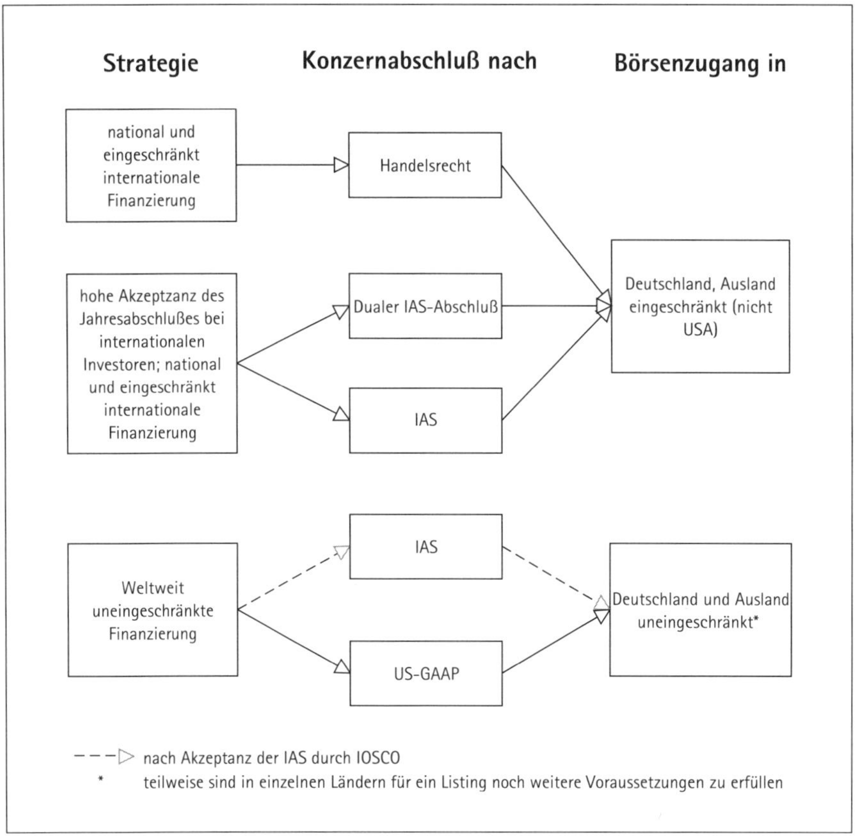
Strategie
Konzernabschluß nach
Börsenzugang in
national und eingeschränkt internationale Finanzierung
Handelsrecht
hohe Akzeptanz des Jahresabschlußes bei internationalen Investoren; national und eingeschränkt internationale Finanzierung
Dualer IAS-Abschluß
IAS
Deutschland, Ausland eingeschränkt (nicht USA)
Weltweit uneingeschränkte Finanzierung
IAS
US-GAAP
Deutschland und Ausland uneingeschränkt*
nach Akzeptanz der IAS durch IOSCO
* teilweise sind in einzelnen Ländern für ein Listing noch weitere Voraussetzungen zu erfüllen

Steuerliche Behandlung von ADRs nach US-amerikanischem und deutschem Recht

Rolfjosef Hamacher
KPMG Deutsche Treuhand-Gesellschaft AG

Inhalt

ADRs (American Depositary Receipts) sind Namenspapiere, die als übertragbare Hinterlegungsscheine auf dem amerikanischen Markt anstelle ausländischer Wertpapiere - im Normalfall Aktien - treten.

Sucht ein nichtamerikanischer Emittent von Aktien den US-Kapitalmarkt auf, um seine Anteile im Rahmen eines ADR-Programms zu plazieren, so werden die bereits existenten Aktien von einer in den USA domizilierenden Depotbank formalrechtlich erworben. Die Aktien lagern jedoch nicht in den USA, sondern werden bei einer „Custodian Bank" im Heimatland des Emittenten der Aktien hinterlegt.

Die Depotbank ihrerseits ist eigentlicher Emittent der ADRs, die von den Anlegern in den USA aber auch im Heimatland des Emittenten erworben werden können. ADRs sind mithin Zertifikate in Wertpapierform, die dem Anleger - wirtschaftlich aber nicht zivilrechtlich - Eigentum an Aktien von Nicht-US-Emittenten verschaffen.

ADRs sind auf dem amerikanischen Markt seit vielen Jahrzehnten bekannt und dienen dazu, entweder zu leichte Aktien oder andererseits zu schwere wirtschaftlich den Verhältnissen und Gewohnheiten in den USA anzupassen. Je nach Lage der Dinge verbrieft ein ADR daher das wirtschaftliche Eigentum an mehreren ausländischen Aktien (falls diese nach amerikanischen Verhältnissen zu leicht sind) oder nur an Bruchteilen (falls die zugrundeliegenden Aktien für den dortigen Markt zu schwer sind - wie dies zumindest in der Vergangenheit regelmäßig für deutscher Aktien der Fall war).

Die Funktion der Depotbank erschöpft sich daher nicht in einer reinen Verwahrungstätigkeit, wie es der Name andeuten könnte, vielmehr ist sie selbst es, die die wirtschaftlich handelbaren Zertifikate schafft (emittiert) und am Markt absetzt. Bildlich gesprochen könnte man ihre ökonomische Funktion darin sehen, Nicht-US-Aktien wertmäßig hinaufzuschleusen oder umgekehrt, im Fall zu schwerer Aktien „herunterzubrechen".

Darin erschöpft sich allerdings nicht die Tätigkeit der Depotbank, vielmehr hat sie außerdem die Pflicht zur sogenannten Programmpflege, worunter man insbesondere die Konsultation der ADR-Zeichner über die Ausübung von Stimmrechten, die Weiterleitung von Dividenden, die Verwertung von Bezugsrechten und die Verteilung von Geschäftsberichten versteht.

Der Anleger, der wie gesagt nicht selbst zivilrechtlicher Inhaber der Aktien ist, wird vermittels der Programmpflege-Aktivitäten der Depotbank in die Lage versetzt, als ob er die klassischen Aktionärsrechte selbst ausübt.

Die Custodian Bank hat rechtlich keine Beziehung zu den ADR-Zeichnern und ist im Übrigen von den Weisungen der Depotbank abhängig, wenn sie, was häufig geschieht, an der Hauptversammlung des Emittenten teilnimmt.

Als Namenspapiere sind die ADRs durch Indossament veräußerbar. Außerdem hat der Zeichner das Recht, jederzeit die verbrieften ausländischen Aktien herausverlangen zu können und zwar unter Rückgabe des Zertifikats an die Depotbank.

Diese Herausgabe ist jedoch normalerweise Theorie, denn im Fall der Rückgabe erfolgt gewöhnlich ein Verkauf der wirtschaftlich verbrieften Aktien und eine Auskehrung des Erlöses.

1. Zur steuerlichen Rechtsnatur von ADRs

Bevor unter Teil II die Besteuerungsregelungen im einzelnen dargestellt werden ist es erforderlich, sich zunächst über die Rechtsnatur der ADRs Klarheit zu verschaffen.

1.1 Aktien

Von der wirtschaftlichen Zwecksetzung her könnte es zunächst naheliegen, ADRs selbst als Aktien anzusehen. Zieht man jedoch die nach deutschen Rechtsvorstellungen maßgeblichen Charakteristika einer Aktie heran, so ergibt sich sehr schnell, daß man ADRs nicht unter diesen Begriff fassen kann. So ergibt sich bereits aus § 1 Abs. 2 AktG, daß das Grundkapital der Gesellschaft in diese Aktien zerlegt sein muß. ADRs verbriefen jedoch nicht selbst die Zerlegung des Grundkapitals, sondern dieses bleibt weiterhin durch die bereits existierenden Aktien des Unternehmens zergliedert. ADRs sind Zertifikate, die sich zwar auf den wirtschaftlichen Besitz an Aktien richten, jedoch von diesen wertpapierrechtlich getrennt sind und ein eigenes Rechtsschicksal erfahren können. Auch erhält der Inhaber des Zertifikats keinen zivilrechtlichen Anspruch auf die Dividende gegenüber dem Emittenten, sondern lediglich einen wirtschaftlich gleich hohen, der sich allerdings gegen den Ausgeber des ADRs, die Depotbank, richtet.

Vor allem kann der ADR-Inhaber nicht selbst Gesellschafterrechte in der Aktiengesellschaft ausüben, er hat vielmehr nur die Möglichkeit, solche Aktionärsrechte mittelbar über die Depotbank wahrzunehmen. Zwar haben die Gerichte in der Vergangenheit ausländischen Zertifikaten teilweise den Charakter von Aktien zuerkannt, wenn es etwa darum ging, deutsche steuerrechtliche Regelungen (seinerzeit des Kapitalverkehrsteuergesetzes) auf diese anzuwenden. Sie haben den Zertifikaten jedoch nur dann einen Aktiencharakter unterstellt, wenn diese die einzigen Urkunden waren, die die Aktiengesellschaft über das Bestehen der Gesellschafterrechte ausgestellt hatte. Die Zertifikate können also Aktiencharakter allenfalls dann haben, wenn sie vollständig an die Stelle der eigentlichen Aktien treten. Dies ist hier nicht der Fall, da die Aktien des Unternehmens nicht durch die ADR ersetzt werden, sondern diese wie gesagt selbständig als eigenständiges Wertpapier neben die existierenden Aktien des Unternehmens treten.

ADRs sind daher keine Aktien.

1.2 Genußscheine / Wandelanleihen

1.2.1 Genußrechte

Eine gesetzliche Definition des Genußrechts existiert nicht. Allerdings ist man sich im allgemeinen darüber einig, daß man unter diesem Begriff schuldrechtliche Ansprüche auf Gewinnbestandteile des Emittenten versteht, die keine Gesellschafterrechte verbriefen.

Schon aus dem zuletzt genannten Merkmal wird deutlich, daß Genußrechte an der Aktiengesellschaft nicht vorliegen. Der Zertifikatsinhaber übt selbst keine Gesellschafterrechte unmittelbar aus, mittelbar aber sehr wohl durch Einschaltung der Depotbank. Vor allem bestimmt aber § 221 AktG, daß für die Ausgabe von Genußscheinen eine Beschlußfassung der Hauptversammlung der AG notwendig ist. Dies ist für die Ausgabe von ADRs jedoch nicht vorgeschrieben. Eine solche Beschlußfassung läge auch jenseits der Ratio des Aktiengesetzes, denn die Hauptversammlung muß unter anderem deswegen eingeschaltet werden, da die Gewinnausschüttung auf Genußscheine das Gewinnbezugsrecht der Aktionäre schmälert. Dies ist hier freilich nun nicht der Fall, denn die Aktiengesellschaft schüttet ihren Gewinn wie bisher an die Aktionäre aus, dieser wird lediglich an die Zertifikatsinhaber über die Depotbank weitergereicht, soweit eben die ADRs den wirtschaftlichen Besitz an Aktien verbriefen. Es liegt auch keine Genußscheinemission der Depotbank vor, denn die Ausschüttungen auf die ADRs richten sich nach den Gewinnen der Aktiengesellschaft und nicht nach denen der Depotbank. In die Ausschüttung auf ADRs fließen nur die Beträge ein, die die Depotbank als Inhaberin der Aktien selbst erhält, nicht aber auch Gewinnanteile dieser Depotbank selbst.

1.2.2 Wandelanleihen

Eine Wandelanleihe ist nach § 221 AktG eine Schuldverschreibung, bei der den Gläubigern Umtausch- oder Bezugsrecht auf Aktien eingeräumt wird.

Vordergründig ähnelt diese Wandelanleihe den ADRs, denn, wie eingangs beschrieben, haben die ADR-Inhaber im Prinzip die Möglichkeit, gegen Rückgabe der Zertifikate die durch sie verbrieften Aktien zu erhalten. Allerdings fehlt es an weiteren essentiellen Merkmalen der Wandelanleihe. Eine Wandelanleihe stellt eine Kapitalüberlassung an den Emittenten der Aktien dar mit dem Recht, diese später in Aktien umzuwandeln. Hier liegt jedoch keine Kapitalüberlassung an den Emittenten der Aktien vor, denn dieser erhält kein Fremdkapital, sondern überträgt der Depotbank lediglich Aktien die voll eingezahlt sind.

Auch die Depotbank emittiert keine Wandelanleihen, denn zum einen wird ihr, wie später noch darzulegen sein wird, kein Kapital zur Nutzung überlassen. Vor allem verbriefen die Zertifikate aber kein Wandelrecht in Gesellschafterrechte der Depotbank, sondern lauten die Zertifikate auf Aktien der nicht-amerikanischen Aktiengesellschaft. Dem Charakter der Wandelanleihe ist aber vor allen Dingen der Umstand fremd, daß vor der Wandlung in Aktien bereits Gesellschafterrechte ausgeübt werden können, wie dies hier - wenngleich nur mittelbar - der Fall ist.

1.3 Investment-Zertifikate

Auch insoweit besteht zunächst auf den ersten Blick eine gewisse Ähnlichkeit.

Wie die ADRs, so folgen Investmentanteilscheine prinzipiell dem sogenannten Transparenzprinzip, wonach der Anteilscheininhaber als mittelbarer Anleger im Grundsatz so gestellt werden soll wie der Direktanleger, der Aktien oder Wertpapiere unmittelbar erworben hat. Die zugrundeliegende Beteiligungen werden in steuerfreien Zweckvermögen im Sinne von § 1 Abs. 1 Nr. 5 KStG gehalten. Die Kapitalanlagegesellschaft hat das jeweilige Investmentsondervermögen von ihrem eigenen Vermögen getrennt zu halten.

Diese Merkmale könnten zunächst in der Tat auf die ADRs zutreffen, allerdings besteht ein wesentlicher Unterschied. Das Kapitalanlagegesetz, das die Tätigkeit deutscher Kapitalanlagegesellschaften regelt, geht vom Grundsatz der Risikomischung aus. Schon aus Anlegerschutzgründen soll ein Investment in nur einer Anlageform vermieden werden. Letzteres ist hier jedoch der Fall, denn die ADRs verbriefen den wirtschaftlichen Besitz an nur einer einzigen Aktiengattung.

Entscheidend für die Nichtanwendbarkeit des KAGG ist aber, daß die in den USA ansässige Depotbank nicht bestrebt ist, eine Erlaubnis nach diesem Gesetz durch das Bundesaufsichtsamt für das Kreditwesen zu erhalten, sondern sich ausschließlich an US-amerikanischen Vorschriften orientiert.

Freilich schließt letzteres nicht zwingend den Charakter als Investmentzertifikat aus. Durch das Auslandinvestmentgesetz werden auch Anteilscheine unter Umständen erfaßt, die von ausländischen Emittenten begeben werden. Dabei differenzieren die steuerlichen Vorschriften des AuslInvestmG nicht nach der Rechts- oder Organisationsform des ausländischen Investmentvermögens. Das Gesetz verwendet vielmehr eine wirtschaftliche Betrachtungsweise des Inhalts, daß hierunter sowohl Investmentvermögen fallen, die durch eine Verwaltungsgesellschaft verwaltet werden, als auch solche, die im Eigentum sowohl der Verwaltungsgesellschaft als auch der Miteigentümer (der Anteilsinhaber) stehen. Schließlich fallen sogar solche Investmentgesellschaften darunter, die eine gesellschaftsrechtliche Struktur haben oder die nur den Charakter eines Zweckvermögens („trust") aufweisen. Entscheidend für die Charakterisierung als ausländisches Investmentvermögen ist aber auch nach diesem Gesetz, daß der Grundsatz der Risikomischung eingehalten werden muß. Investiert die ausländische Gesellschaft solitär nur in Aktien einer bestimmten Gattung, so ist diesem Prinzip, wie schon ausgeführt, nicht Genüge getan.

1.4 Leistungsschuldverschreibungen

1.4.1 Inhalt des Zertifikats

Es wurde eingangs darauf hingewiesen, daß ADRs seit Jahrzehnten gebräuchlich sind. Es verwundert insoweit nicht, daß sich die Finanzbehörden gelegentlich mit dieser Erscheinungsform befaßt haben, wenngleich, soweit ersichtlich, keine Entscheidungen direkt zur ertragsteuerlichen Seite existieren. Die Finanzbehörden haben Zertifikate der hier vorliegenden Art allerdings für die frühere Kapitalverkehrsteuer als sogenannte Leistungsschuldverschreibungen gekennzeichnet. So heißt es in einem Erlaß vom 13. Januar 1971 daß Leistungsschuldverschreibungen in der Regel nur einen schuldrechtlichen Lieferanspruch auf ausländische Aktien verbriefen. Es handle sich dabei um eine in Wertpapierform gefaßte Quittung über ausländische Aktien, die über den Charakter einer reinen Beweisurkunde hinausgehe. Die Inhaber solcher Papiere genössen Aktionärsrechte und könnten gegen Rückgabe der Leistungsschuldverschreibung auch im Register der Gesellschaft für eine entsprechende Anzahl shares eingetragen werden. Die Wahl des Wegs über Leistungsschuldverschreibungen sei bedingt durch die anzuwendenden ausländischen Rechtsvorschriften und die damit zusammenhängende Depottechnik. Der Erlaß sieht in diesem Zertifikaten nicht selbst Dividendenrechte (im vorliegenden Fall Aktien) jedoch Rechte, die dem Inhaber die Möglichkeit einräumen, das Eigentum an ausländischen Aktien zu erwerben.

Diese Gesichtspunkte treffen auf ADRs zu. Allein reicht die Qualifizierung als Leistungsschuldverschreibung noch nicht aus, um etwas definitives darüber sagen zu können, wie ihre ertragsteuerliche Behandlung ist. Es kommt vielmehr darauf an was die Leistungsschuldverschreibungen verbriefen.

1.4.2 Treuhand

Betrachtet man die Rechts- und Pflichtenlage zwischen Zertifikatsinhaber und der diese emittierenden Depotbank, so wird deutlich, daß ein Treuhandverhältnis vorliegt, welches durch die ADRs (die Leistungsschuldverschreibungen) verbrieft wird.

Kennzeichen einer Treuhand ist die sogenannte überschießende Außenbefugnis des Treuhänders. Bei der hier in Betracht zu ziehenden Vollrechtstreuhand wird der Treuhänder zivilrechtlich Eigentümer und kann im Außenverhältnis gegenüber dem Emittenten der Aktien sämtliche Gesellschafterrechte wahrnehmen. Seine Befugnis ist jedoch in soweit überschießend, als er im Innenverhältnis an die Weisungen des Treugebers (des Inhabers des ADR) gebunden ist. Da im Innenverhältnis zwischen Treuhänder und Treugeber ein Auftrag beziehungsweise ein Geschäftsbesorgungsverhältnis vorliegt, ist der Treuhänder nicht nur an die Weisungen des Treugebers gebunden, sondern er hat darüberhinaus alles, was er aus der Treuhand erhält, an diesen auszukehren. Auch letzteres trifft hier zu, denn die Depotbank hat nicht nur die erhaltenen Dividenden wertmäßig weiterzureichen sondern darüberhinaus auch etwaige Ansprüche aus Bezugsrechten etc.

Typisch für die Treuhand ist zudem, daß das Treugut - das heißt hier die Aktien - auf Verlangen an den Treugeber herauszugeben ist. Da in diesem Falle eine Auflösung des Treuhandverhältnisses anzunehmen ist, ist es nur konsequent, daß die ADRs an den Emittenten, nämlich die Depotbank, zurückzugeben sind, denn hierdurch wird dokumentiert, daß die im Innenverhältnis bestehende Auftrags- oder Geschäftsbesorgungsverpflichtung im gleichen Moment erlischt.

1.4.3 Behandlung der Treuhand im Ertragsteuerrecht

Das Steuerrecht strebt danach, Einkünfte nicht demjenigen zuzurechnen, der nach außen als formaler Inhaber eines Rechtes in Erscheinung tritt, sondern demjenigen, der sozusagen der wirtschaftlich Berechtigte ist.

Für die Frage der Zurechnung der Einkünfte wird daher im Treuhandverhältnis auf den Treugeber abgestellt. Die BFH-Rechtsprechung wendet insoweit in der Regel § 39 Abs. 2 Nr. 1 AO entsprechend an, worin bestimmt ist, daß Wirtschaftsgüter dem Treugeber zuzurechnen sind. Zum selben Ergebnis kommt man, wenn man die vom BFH auch ansonsten verwandte Formel von der Tatbestandserfüllung der einkommensteuerlichen Vorschrift zugrundeliegt. Danach muß für die Zurechnung darauf abgestellt werden, wer das Kapitalvermögen zur Nutzung überläßt, beziehungsweise hier, wer derjenige ist, der Vermögen zur Verfügung stellt, das in Gestalt der Aktie vergesellschaftet wird.

Im Treuhandverhältnis ist es der Treugeber, der kraft Ausübung seines im Innenverhältnis bestehenden Weisungsrechts, darüber disponiert, ob etwa die Kapitalforderung oder Aktie veräußert oder die Kapitalüberlassung in anderer Weise verändert wird. Dem Treugeber stehen im Innenverhältnis die Früchte aus der Kapitalhingabe, beziehungsweise aus der Vergesellschaftung zu; umgekehrt trägt er auch wirtschaftlich das Risiko hinsichtlich der Wertentwicklung seines Investments. Es ist mithin der Treugeber, der die Dispositionsbefugnis mit Wirkung für das Außenverhältnis hat, so daß er durch Erwirtschaftung der Erträge den Tatbestand der Einkunftserzielung erfüllt.

Diese Sichtweise hat der BFH nochmals bestätigt für den Fall des Kapitalertragsteuerabzugs. Obwohl der Kapitalertragsteuerabzug sich mehr an Äußerlichkeiten orientiert, als an der Frage der materiellen Zurechnung (weil der Abzugsverpflichtete den Umfang des Innenverhältnisses zwischen Treugeber und Treuhänder nicht selbst einschätzen kann) hat der BFH die Auffassung vertreten, daß der „Gläubiger" im Sinne der kapitalertragsteuerlichen Vorschriften der Treugeber ist, da er den maßgeblichen Besteuerungstatbestand verwirkliche. Diese

Aussage gilt mithin für die Frage der materiellen Einkünftezurechnung erst recht.

Leitet der Treuhänder Dividenden, die er vom Emittenten der Aktien erhalten hat an den Treugeber weiter, so unterliegt dieser Vorgang keiner nochmaligen Einkommensteuerpflicht. Dies folgt daraus, daß im Innenverhältnis zwischen Treugeber und Treuhänder keine Überlassung von Kapital zur Nutzung im Sinne von § 20 EStG vorliegt.

Dies wird zunächst schon dadurch indiziert, daß zivilrechtlich im Innenverhältnis kein Darlehn vorliegt, sondern ein Auftrag beziehungsweise Geschäftsbesorgungsvertrag.

Dem Treuhänder wird vom Treugeber kein Kapital zur Nutzung überlassen. Kapitalüberlassung zur Nutzung beziehungsweise Vergesellschaftung von Kapital bedeutet, daß der Gebrauch eines Kapitals gegen Entgelt (Zins, Dividende) gestattet wird. Bei der Treuhand wird dem Treuhänder jedoch kein Kapital in diesem Sinne überlassen, denn er darf es ja gerade nicht für eigene Zweck verwenden, sondern muß es unverzüglich an den Schuldner der Kapitalanlage beziehungsweise hier den Emittenten der Aktie weitergeben. Im Unterschied zu einer Einlage bestimmt auch der Treugeber das weitere Schicksal der Verwendung dieses Kapitals im Außenverhältnis zum Schuldner beziehungsweise zur Aktiengesellschaft.

Daß im Verhältnis zwischen Treugeber und Treuhänder keine Kapitaleinkünfte entstehen können, hat auch der BFH in mehreren Entscheidungen bestätigt. Wenn der BFH hierbei für die Einkünftezurechnung in Treuhandfällen stets nur auf das Verhältnis von Treugeber zu Schuldner abhebt, insbesondere danach die Einkunftsart des Treugebers bestimmt, so können logischerweise im Verhältnis von Treugeber zu Treuhänder nicht nochmals die gleichen Einkünfte anfallen. Anders gesprochen kann etwa ein Kredit nicht zwei unterschiedlichen Personen gleichzeitig gegeben werden, da die Nutzungsmöglichkeit ein und desselben Kapitals verschiedenen, untereinander nicht in Verbindung stehenden Personen nicht zur gleichen Zeit eingeräumt werden kann.

Im Verhältnis Treugeber zu Treuhänder werden Einkünfte lediglich in Gestalt von Provisionen realisiert, die der Treuhänder für seine Geschäftsbesorgungen erlangt.

Diese Prinzipien gelten nicht nur national, sondern sind gleichzeitig auch Ausdrucksweise der Betrachtung, wie sie im Bereich der Doppelbesteuerungsabkommen angelegt wird.

Hier geht es im Kern um die Frage, inwieweit das Abkommensrecht generell auf den wirtschaftlich Berechtigten (den beneficial owner) abstellt. Bei den durch das DBA-Musterabkommen der OECD geprägten Abkommen hat diese Fragestellung einen gewissen zentralen Stellenwert. In deutschen DBAs wird er den Musterabkommen von 1977 folgend zunehmend verwandt. Auch wenn sich der Begriff in einzelnen Abkommen nicht findet, wird man heutzutage davon auszugehen haben, daß Doppelbesteuerungsabkommen schon von ihrer grundsätzlichen Zielrichtung her, auf die Einkünftezurechnung beim wirtschaftlich Berechtigten abstellen. Insoweit scheint es abkommensrechtlich eine einheitliche Betrachtung dahingehend zu geben, daß unter dem Gesichtspunkt der wirtschaftlichen Berechtigung ein „Hinwegdenken" des Treuhänders stattfindet.

Dies bedeutet, daß für die Inanspruchnahme abkommensrechtlicher Vorschriften jedenfalls nicht auf den Treuhänder abzustellen ist, sondern auf den Treugeber.

1.5 Zwischenfazit

Grundsatz

ADRs sind Leistungsschuldverschreibungen, die das Bestehen eines Treuhandverhältnisses in Bezug auf das Halten beziehungsweise Ausreichen von Aktien und der hiermit verbundenen Gesellschafterrechte verbriefen. Sie sind nicht selbst Aktien, erzeugen aber über die einkommensteuerlichen Regelungen zur Treuhand gleiche Wirkungen.

Mit anderen Worten erzielt der ADR-Inhaber durch die besagte rechtliche Transformierung - beziehungsweise Gleichsetzung - selbst und unmittelbar Dividenden, da in der Kette der Einkommenszurechnung der Treuhänder „hinweggedacht" wird. Der Zertifikatsinhaber ist zwar nicht zivilrechtlich, aber steuerrechtlich Inhaber der Aktien, so daß er im Ergebnis einem Direktanleger gleichgestellt ist. Hieraus folgt etwa auch, daß er berechtigt ist, ein Körperschaftsteuerguthaben, das eine deutsche Aktiengesellschaft vermitteln kann anzurechnen, soweit er hierzu dem Grunde nach berechtigt ist. Letzteres ist der Fall, wenn der

Anleger seinen steuerlichen Wohnsitz in der Bundesrepublik hat. Ob ihm diese Anrechnung gelingt, hängt allerdings davon ab, daß es ihm gelingt, eine Köperschaftsteuerbescheinigung zu erlangen, die auf seinen Namen lautet. Zwar gibt es aufgrund von Abschnitt 101 Abs. 2 der Körperschaftsteuerrichtlinien prinzipiell die Möglichkeit, auch über ein ausländisches Kreditinstitut eine solche zu erhalten. Gleichwohl dürfte hier de facto ein technisches Problem liegen, nicht zuletzt deshalb, weil der US-amerikanischen Depotbank das deutsche körperschaftsteuerliche Anrechnungsverfahren regelmäßig fremd sein dürfte. Analoges gilt auch für die Anrechnung der in Deutschland erhobenen 25%-igen Kapitalertragsteuer auf Dividendenausschüttungen.

2. Besteuerungsregelungen im einzelnen

Zur Darstellung der Besteuerungsfolgen im einzelnen wird im folgenden die US-amerikanische und deutsche steuerliche Behandlung von Dividendenzahlungen eines deutschen Emittenten dargestellt. Nicht berücksichtigt werden lokale Steuern in den USA. Es wird unterstellt, daß von einer US-Depotbank ADR emittiert werden, die von deutschen und amerikanischen „Aktionären" erworben werden. Amerikanischer Erwerber der ADR kann jede in der USA ansässige natürliche Person, Kapitalgesellschaft oder Personengesellschaft sein, die nach dem Recht der Vereinigten Staaten gegründet ist.

2.1 Deutsche Besteuerung von Dividenden

Aktiengesellschaften mit Sitz oder Geschäftsleitung in Deutschland sind verpflichtet, von Ausschüttungen an ihre Gesellschafter Kapitalertragsteuer in Höhe von 25% vom Bruttobetrag der Dividende einzubehalten (nach Körperschaftsteuer von 30%). Hinzu kommt die Belastung mit Solidaritätszuschlag in Höhe von z.Z. 5,5%.

In Deutschland ansässige Inhaber von ADR können aufgrund des Vorliegens des Treuhandverhältnisses in der Kette der wirtschaftlichen Eigentümer die einbehaltene Kapitalertragsteuer (einschl. Solidaritätszuschlag) gegen ihre persönliche Steuerschuld anrechnen. Insofern unterscheidet sich hier die steuerliche Behandlung nicht von der „normalen" Dividendenbesteuerung. Voraussetzung für die Anrechnung ist jedoch, daß die einbehaltene Steuer durch eine entsprechende Steuerbescheinigung nachgewiesen wird. Im Normalfall ergeben sich hierbei keine Schwierigkeiten, jedoch kann es bei Erwerb von ADR statt normaler Aktien unter Umstände schwierig sein, die entsprechende Steuerbescheinigung von der US-Depotbank zu erhalten (s.o.).

Bei in den U.S.A. ansässigen Aktionären unterliegen die deutschen Dividendenzahlungen auf die Aktien bzw. die ADR der US-Einkommensteuer. Zur Vermeidung einer Doppelbesteuerung mit deutscher Kapitalertragsteuer und US-Einkommensteuer wurde am 29. August 1989 zwischen den U.S.A. und Deutschland ein revidiertes Doppelbesteuerungsabkommen (DBA) abgeschlossen. Zur Darstellung der weiteren steuerlichen Folgen von Dividendenzahlungen an US-Aktionäre wird zwischen US-Kapitalgesellschaften („Corporation“) und übrigen Aktionären bzw. Inhaber von ADR unterschieden.

2.2 US-Amerikanische Besteuerung von Dividenden

2.2.1 Natürliche Personen als Aktionäre

Handelt es sich bei dem US-Erwerber von ADR, die das wirtschaftliche Eigentum an deutschen Aktien verbriefen, nicht um eine US-Aktiengesellschaft („Corporation“), ist nach den Vorschriften des DBA eine Reduzierung der deutschen Kapitalertragsteuer (einschl. Solidaritätszuschlag) auf 15% des Bruttobetrags der Dividenden vorgesehen. Wenn der U.S. Inhaber der ADR eine natürliche Person ist, kommt eine weitere Reduzierung der deutschen Kapitalertragsteuer um 5% vom Bruttobetrag der Dividenden hinzu, wenn ein deutscher Aktionär einen Anspruch auf Anrechnung der Körperschaftsteuer bei Dividenden hat. Insgesamt hat der individuelle ADR Inhaber daher bei Anwendung der zusätzlichen Reduzierung der deutschen Kapitalertragsteuer ein Anrecht auf eine Erstattung in Höhe von 15% deutscher Kapitalertragsteuer.

Nach den Vorschriften des DBA unterliegt die letztlich abgeführte deutsche Kapitalertragsteuer auch der Einkommensbesteuerung in den USA. Es ist jedoch zu beachten, daß nach den Vereinbarungen im Protokoll zum DBA geregelt ist, daß bei Anwendung der zusätzlichen Reduzierung der deutschen Kapitalertragsteuer der US-Aktionär für Zwecke der U.S. Einkommensteuer so behandelt wird, als habe er eine Erstattung deutscher Kapitalertragsteuer in Höhe von 5,88% (=90/85) der tatsächlich gezahlten Dividende (vor Kapitalertragsteuer) erhalten (fiktive Erstattung). Die Summe dieser Erstattung und der tatsächlichen Dividende gilt als mit deutscher Kapitalertragsteuer in Höhe von 15% belastet und kann vom US-Aktionär auf seine persönliche Einkommensteuerschuld (Grenzsteuersatz bis zu 39,6%) angerechnet werden.

Beispiel: (ohne Körperschaftsteuer und Solidaritätszuschlag)

Dividende	100,00
Kapitalertragsteuer nach Erstattung (10%)	10,00
Nettodividende	90,00

US-Berechnung:

Dividende	100,00
fiktive Erstattung (5,88% von Dividende)	5,88
(fiktive) US-Einkünfte	105,88
davon anrechenbare Kapitalertragsteuer	15,88

Der US-Aktionär wird demnach so behandelt, als habe er statt der tatsächlichen deutschen Kapitalertragsteuer in Höhe von 10% eine fiktive Kapitalertragsteuer in Höhe von 15% gezahlt.

2.2.2 US-Kapitalgesellschaften als Aktionäre

Hält eine US-Kapitalgesellschaft („Corporation") unmittelbar mindestens 10% der stimmberechtigten Anteile an der ausschüttenden deutschen Aktiengesellschaft, wird die deutsche Kapitalertragsteuer (inkl. Solidaritätszuschlag) gemäß den Vorschriften des DBA auf 5% vom Bruttobetrag der Dividenden reduziert. Zunächst könnte bei ADR am Kriterium des unmittelbaren Stimmrechtsbesitzes eine Reduzierung der Kapitalertragsteuer scheitern, da ADR keine Stimmrechte verbriefen, sondern lediglich das Treuhandverhältnis zwischen Depotbank und ADR Inhaber dokumentieren. Letztlich wird es jedoch so sein, daß aufgrund des Treuhandverhältnisses eine unmittelbare wirtschaftliche Zurechnung der stimmberechtigten Aktien zum ADR Inhaber erfolgen kann. Somit ist die US-Kapitalgesellschaft berechtigt, eine Erstattung in Höhe von 20% der deutschen Kapitalertragsteuer zu beantragen.

Die verbleibenden 5% deutsche Kapitalertragsteuer können von der US-Kapitalgesellschaft auf die US-Einkommensteuer angerechnet werden (direkte Anrechnung). Desweiteren ist unter bestimmten Voraussetzungen eine Anrechnung der anteiligen deutschen Gewerbesteuern und Körperschaftsteuern der ausschüttenden Gesellschaft für US-Einkommensteuerzwecke der US-Gesellschaft möglich (indirekte Anrechnung)

Besitzt die US-Kapitalgesellschaft weniger als 10% der stimmberechtigten Anteile an der ausschüttenden deutschen Aktiengesellschaft, wird die deutsche Kapitalertragsteuer (einschl. Solidaritätszuschlag) lediglich auf 15% vom Bruttobetrag der Dividende reduziert. Die US-Kapitalgesellschaft hat dann nur noch einen Anspruch auf Erstattung in Höhe von 10% der einbehaltenen Kapitalertragsteuer. Auch in diesem Fall kann die 15%ige Kapitalertragsteuer auf die US-Steuer der US-Kapitalgesellschaft angerechnet werden. Es kommt jedoch nicht die fiktive Berechnung der anrechenbaren Kapitalertragsteuer wie bei der US-Besteuerung von natürlichen Personen zur Anwendung.

Es muß beachtet werden, daß die vorgenannten Besteuerungsfolgen nicht gültig sind, wenn die ADR einer deutschen Betriebstätte, einer festen Einrichtung oder einer in Deutschland durchgeführten selbständigen Tätigkeit des US-Anteilseigners zugerechnet werden.

2.3 Probeweises Sammelantragsverfahren

Das deutsche Bundesministerium der Finanzen hat probeweise bis 1999 ein besonderes Sammelantragsverfahren zur Erstattung deutscher Kapitalertragsteuer gem. DBA zugelassen. Insoweit sei auf das beigefügte Schreiben des Ministeriums vom 17.6.1996 verwiesen.

Bundesministerium der Finanzen 53003 Bonn, 17. Juni 1996

Postfach 13 08
Telefon: (02 28) 6 82 - 14 94
oder über Vermittlung 6 82-0
Quer: 6 10 52 - 14 94
Telefax: (02 28) 6 82
Telex: 886645

IV C 5 - S1300 - 52/96
(Geschäftszeichen bei Antwort bitte angeben)

Bundesverband deutscher Banken e.V.
Postfach 10 02 46

50442 Köln

Erstattung deutscher Kapitalertragsteuer an in den USA ansässige Dividendenempfänger nach dem deutsch-amerikanischen Doppelbesteuerungsabkommen;
American Depositary Receipts ("ADR")

Sehr geehrte Damen und Herren,

ich erlaube mir, Sie im Folgenden auf eine Entwicklung im Bereich der Erstattung von deutscher Kapitalertragsteuer an in den USA ansässige Empfänger von Dividenden deutscher Unternehmen hinzuweisen, deren Aktien in den USA in der Form sog. „American Depositary Receipts" (ADR) gehalten werden.

Dort hat sich ein besonderes System für die Vermögensanlage in ausländischen Wertpapieren herausgebildet, das darin besteht, daß eine amerikanische Bank (Depotbank) als sog. „Depositary" ausländische (z.B. deutsche) Wertpapiere für seine amerikanischen Kunden - entweder selbst oder durch Dritte - in Verwaltung nimmt und darüber einen Hinterlegungsschein ausstellt, der seinerseits ein handelbares Wertpapier (ADR) ist. Bei Bedarf werden diese Werte zur Anpassung an die amerikanischen Marktverhältnisse noch in Kleinanteile gestückelt.

ADR's werden nach meiner Kenntnis nur als „registered shares" ausgegeben, d.h. sie tragen den Namen ihres Inhabers und sind mit dessen Adresse bei der Bank registriert. Ihre Übertragung erfolgt mit Indossament; das Eigentum an den hinterlegten Wertpapieren geht mit der Übertragung automatisch auf den Erwerber der ADR's über.

Hauptgebäude (Lieferanschrift): 53117 Bonn, Graurheindorfer Str. 108
Weitere Dienstgebäude: Bonn, Husarenstr. 32 und Ellerstr. 56
Bonn - Bad Godesberg, Langer Grabenweg 35 und Steubenring 11
Außenstelle Berlin, Leipziger Str. 5 - 7

- 2 -

Die amerikanische Depotbank fungiert als Verbindungsglied zwischen der ausländischen (deutschen) Gesellschaft und dem jeweiligen Inhaber des ADR, nimmt die Gesellschaftsrechte wahr, zieht Dividenden ein und leitet sie nach Abzug der Verwaltungskosten an den ADR-Inhaber weiter.

Dieses Verfahren kann zu zahlreichen Anträgen von ADR-Inhabern auf Erstattung der (anteiligen) deutschen Kapitalertragsteuer in geringer Höhe führen. Um eine Flut von Einzelanträgen mit Bagatellbeträgen zu vermeiden, ist auf Antrag der Citi-Bank dieser als erster amerikanischer Bank bereits gestattet worden, ein besonderes Sammelantragsverfahren für die von ihr verwalteten ADR's anzuwenden, und zwar unter dem Vorbehalt des Widerrufs und nur versuchsweise für zunächst drei Kalenderjahre.

Hierbei wird nicht mehr der einzelne Abkommensberechtigte (Anteilseigner bzw. Inhaber des ADR) namentlich als nach dem Doppelbesteuerungsabkommen Berechtigter erfaßt; als Antragsteller tritt vielmehr nur die depotführende Bank in Erscheinung. Es besteht allerdings die Gefahr von Doppelerstattungen, wenn der eigentliche Abkommensberechtigte (oder aber ein Aktienhändler oder eine weitere Bank im zweiten Glied) u.a. zusätzlich einen Einzelantrag auf Erstattung stellt.

Nach dem derzeitigen Diskussionsstand wird das Sammelantragsverfahren als das zweckmäßigste Mittel angesehen, eine mögliche Vielzahl von Einzelanträgen mit Bagatellerstattungssummen zu vermeiden. Dabei sollen in Zukunft Erstattungsanträge bis zu 300,-- DM jährlich je Berechtigten, soweit diese in den USA ansässig sind, anerkannt werden. Erstattungen sollen insoweit nur noch im Sammelantragsverfahren durch die die ADR's ausgebenden amerikanischen Depotbanken (das sind nach den bisherigen Erkenntnissen diejenigen, die sich aus der „DTC Div. Cash Settlement List" ergeben) unter folgenden Bedingungen beantragt werden können:

- Vorlage einer Vollmacht, die es der Depotbank erlaubt, den Erstattungsantrag für die Anteilseigner (ADR-Inhaber) zu stellen und die Erstattungsbeträge in Empfang zu nehmen;

- Versicherung des jeweiligen Anteilseigners (ADR-Inhabers) gegenüber der Depotbank, daß er nicht anderweitig einen entsprechenden Antrag auf Erstattung gestellt hat, stellt oder stellen wird;

- 3 -

- Vorlage des Formulars 6166 des Internal Revenue Service (IRS), welches bescheinigt, daß der betreffende Anteilseigner (ADR-Inhaber) in den USA für Besteuerungszwecke ansässig ist; das aktuelle Formular ist jährlich mit jedem Sammelantrag vorzulegen; das Formular 6166 kann vom IRS für alle antragstellenden Anteilseigner auch in Listenform ausgestellt werden;

- Vorlage einer Originalsteuerbescheinigung oder deren Kopie über die Höhe der Kapitalerträge und des Steuerabzuges der Stelle, die die Kapitalerträge an die Depotbank (über die DTC) ausgezahlt hat;

- Vorlage eines von der Depotbank ausgestellten Nachweises, aus dem sich die Bezeichnung des Kapitalvermögens, Stückzahl/Nennwert, Umrechnung in ADR, Bruttobetrag der Kapitalerträge, Betrag der einbehaltenen Kapitalertragsteuer und Steuerzuschläge, der Erstattungsbetrag sowie der Zeitpunkt der Fälligkeit der Erträge ergeben; zusätzlich ist eine Kopie des relevanten Teils der DTC Div. Cash Settlement List beizufügen;

- Der Erstattungsantrag darf pro Jahr und Antragsteller (ADR-Inhaber) 300 DM nicht übersteigen; für eine Art von Wertpapieren darf der besondere Sammelantrag für jeden Anteilseigner (ADR-Inhaber) nur einmal jährlich gestellt werden.

Sofern noch Anträge von einzelnen Berechtigten oder anderen Stellen (z.B. Aktienhändler) eingehen, wären diese (ab einem noch festzulegenden Stichtag) auf das Sammelantragsverfahren durch die die ADR's ausgebenden Depotbanken zu verweisen.

In letzter Zeit bin ich verschiedentlich auf das vorstehend beschriebene - vorläufige - Sammelantragsverfahren angesprochen worden. Dabei haben sich Zweifel und Unsicherheiten hinsichtlich der Berechtigung und Anwendung des Verfahrens ergeben. Ich weise darauf hin, daß das Verfahren selbstverständlich nicht auf die Citibank beschränkt ist. Ich wäre Ihnen dankbar, wenn Sie Ihre Mitglieder hierauf hinweisen würden und diese im übrigen im Sinne meiner obigen Ausführungen unterrichten könnten.

- 4 -

Für mich stellt sich auch die Frage der Unterrichtung des amerikanischen Bankenverbandes. Ich wäre daher auch dankbar, wenn Sie mir dessen Anschrift und - soweit möglich - die für die vorerwähnten Fragen zuständigen Ansprechpartner mitteilen würden.

Mit freundlichen Grüßen

Im Auftrag

Dr. Krabbe

V.
Der amerikanische Markt für deutsche Aktien

Eigenkapitalbeschaffung in den USA für kleinere und mittlere Unternehmen[1)]

Dr. Lutz Raettig
Morgan Stanley Bank AG

Inhalt

1. Einleitung

Der folgende Beitrag betrachtet die amerikanischen Kapitalmärkte und Ihre Leistungsmerkmale, die für kleine und mittelgroße deutsche Unternehmen, die entweder schon in Deutschland notiert sind oder kurz vor der Börseneinführung stehen, von Interesse sein könnten. Es sollen insbesondere die Vorteile herausgearbeitet werden, die eine parallele Notierung in den USA für diese Unternehmen mit sich bringen können.

Nachdem in den ersten Kapiteln dieses Buches die grundsätzliche Funktionsweise von ADRs erklärt wurde sowie wichtige Unterschiede in Recht und Rechnungslegung zwischen Deutschland und den USA dargestellt wurden, wird im folgenden der amerikanische Markt näher betrachtet. Zunächst wird ein Überblick über die gegenwärtige Situation und die Rahmenbedingungen gegeben. Um die Funktionsweise des amerikanischen Kapitalmarktes zu verstehen, ist es von Bedeutung, die Kultur vor allem der Investoren zu erkennen, die in den USA vorherrscht. Hier spielt die hohe Akzeptanz der Aktie beim amerikanischen Investoren eine wichtige Rolle. Sie erklärt die unterschiedliche Entwicklung des deutschen und des amerikanischen Kapitalmarkts. Im Zusammenhang mit dem Verständnis der amerikanischen Kapitalmarktkultur wird auch kurz auf die Kapitalbeschaffung junger Unter-

1) Dank an Heinz Holsten für die wertvolle Mitarbeit

nehmen mittels Venture Capital während der ersten Wachstumsphasen eingegangen und die Bedeutung des Börsenganges als Exit für den Venture Capitalisten dargestellt. Die hierfür am häufigsten gewählte amerikanische Börse, die NASDAQ, wird im Anschluß genauer beschrieben. Abschließend werden die Möglichkeiten, die sich einem kleinen und auch größeren deutschen Unternehmen am amerikanischen Markt bieten, genauer dargelegt.

2. Der US-amerikanische Kapitalmarkt

2.1 Allgemeine Informationen und Rahmenbedingungen

Der US-amerikanische Kapitalmarkt ist mit Abstand der größte in der Welt. Ein Blick auf die Zahlen ist beeindruckend. Allein an den drei großen Börsen NYSE (New York Stock Exchange), NASDAQ (National Association of Security Dealers Automated Quotation System) und AMEX (American Stock Exchange) waren Ende 1997 über 8000 Unternehmen im Handel notiert, während der deutsche Markt sich mit rund 800 Unternehmen eher bescheiden ausnahm. Die gesamte Börsenkapitalisierung aller in den USA notierten Gesellschaften betrug Ende 1997 ungefähr USD 12 Billarden, was über 50% der Gesamtkapitalisierung aller börsennotierten Unternehmen auf der Welt ausmacht. Neben der beeindruckenden Größe dieser Zahl geht damit auch einher, daß in den Vereinigten Staaten die Marktkapitalisierung im Verhältnis zum Bruttoinlandsprodukt rund dreimal so hoch ist wie in Deutschland.

Um eine so hohe Anzahl von Aktiengesellschaften tragen zu können, bedarf es auch der entsprechenden Rahmenbedingungen. Im Mittelpunkt steht dabei die Tatsache, daß in den Vereinigten Staaten die Aktie als Form der Kapitalanlage eine sehr hohe Akzeptanz besitzt. Diese Akzeptanz liegt zum einen in der im Vergleich zu Deutschland höheren Risikobereitschaft der Investoren in den Vereinigten Staaten begründet. Zum anderen ist durch die hohen Anforderungen der SEC (Securities and Exchange Commission) an die Berichterstattung der Unternehmen eine sehr hohe Transparenz gewährleistet, die sowohl die Bilanzierungsgrundlagen als auch die Publikationshäufigkeit von Unternehmensergebnissen bestimmt. Die SEC ist in den Vereinigten Staaten für die Überwachung von Börseneinführungen und des Aktienhandels zuständig. Der Sinn und Zweck der SEC liegt darin einen adäquaten Investorenschutz zu bieten und letztendlich einen effizienten Kapitalmarkt zu sichern. Es ist das Bestreben der SEC an ausländische Unternehmen genauso hohe Anforderungen zu stellen wie an die heimischen Unternehmen. Insgesamt haben diese Rahmenbedingungen dazu geführt, daß die Aktie auch als Alterssicherungsinstrument in den USA in viel größerem Ausmaß eingesetzt wird als in den europäischen Ländern. So besitzt heute rund jeder fünfte US-Amerikaner Aktien, während nur jeder 15. Deutsche Aktien besitzt.

Die hohe Börsenkapitalisierung und der lebhafte Kapitalmarkt liegen außerdem in der ausgeprägten Venture Capital Kultur begründet, die verstärkt zu Börseneinführungen geführt hat. Junge wachstumsstarke Unternehmen finanzieren ihr Wachstum häufig über Venture Capital. Der Venture Capitalist erwirbt durch die Kapitalbereitstellung i.d.R. eine Mehrheitsbeteiligung am Unternehmen und dies zu einem viel früheren Zeitpunkt (start ups und seed money), als das beim Wagniskapital, wie wir es aus Deutschland kennen, der Fall ist. Im Zusammenhang mit der Kapitalbereitstellung leistet der Venture Capitalist auch Managementaufgaben. Diese Managementaufgaben können zu einer vollständige Übernahme der Kontrolle führen, wenn vorab fixierte Zielsetzungen nicht erfüllt werden. Der Return auf das Investment besteht überwiegend, häufig ausschließlich, aus den Kapitalerlösen, die der Venture Capitalist bei seinem Ausstieg am Ende der Investitionsperiode erzielt. Dividendenzahlungen während der Laufzeit, wie sie in Deutschland üblich und gefordert sind, fallen in den USA nur sehr selten an. Die geringere Risikoaversion der amerikanischen Investoren wird in der Zusammensetzung des Venture Capitals deutlich. Bis zu 50% der Mittel stammen aus Pensionskassen und nur 15 bis 20% von Banken und Versicherungen. Im Vergleich dazu stammen in Deutschland knapp 70% aller Mittel von Banken und Versicherungen.

Die neu investierten Mittel im Venture Capital Bereich beliefen sich in den Vereinigten Staaten in 1997 auf rund 12,7 Milliarden Dollar. Mit Hilfe des Venture Capitals haben Unternehmen wie Microsoft, Intel, Netscape, Sun Microsystems und Federal Express den Durchbruch geschafft. Der Exit des Venture Capitalisten liegt i.d.R. in der Börseneinführung. Durch die große Bereitschaft amerikanischer Investoren in Aktien zu investieren, ist dieser Exit für den Venture Capitalist erleichtert und neues Kapital kann für weitere Venture Capital Investitionen freigesetzt werden. Durch die Risikoaversion der deutschen Investoren wie auch das starke Bestreben mittelständischer Eigentümer, möglichst „Herr im Haus" zu bleiben, ist diese Art der Eigenkapitalbeschaffung im frühen Stadium des Unternehmenswachstums in Deutschland nicht so stark verbreitet. Wagniskapital wird hierzulande i.d.R. in bereits reifere Unternehmen investiert, die im Gegenzug ein geringeres Wachstumspotential aufweisen, als dies die vergleichbare Zielgruppe in den USA tut. Die potentiellen Industrien für Wagniskapital liegen daher auch verstärkt in „low-tech" Bereich.

Im folgenden wird der Aktienmarkt näher beleuchtet, der für ausländische Unternehmen mit hohem Wachstumspotential am ehesten in Frage kommt: die NASDAQ. Aber auch andere amerikanische Börsen wie zum Beispiel NYSE (weltweit größte Marktkapitalisierung von US$8.2 Billionen) und AMEX sollten bei einer Notierung am amerikanischen Markt in Betracht gezogen werden. So ist an der NYSE eine Zunahme von Notierungen von nicht-amerikanischen Unternehmen zu beobachten. Ende 1997 waren insgesamt 125 europäische Unternehmen an der NYSE gelistet, unter ihnen Daimler-Benz, Deutsche Telekom, Fresenius Medical Care, Hoechst und SGL Carbon.

NASDAQ, als der am schnellsten wachsende amerikanische Börsenplatz mit 5,452 notierten Unternehmen und einem Marktwert von ca. US$2.100 Millarden (Februar 1998), wird als ein sehr attraktiver Markt für wachstumsorientierte und innovative Firmen gesehen. NASDAQ-Unternehmen sind deswegen oft Unternehmen aus dem High-Tech- und Biotechnologiebereich. Aber nicht nur amerikanische, sondern auch ausländische Firmen werden von diesem Ruf angezogen.

Dies zeigt sich durch die jedes Jahr wachsende Anzahl von nicht-amerikanischen Unternehmen, die an der NASDAQ gelistet sind. Welche Anreize neben den NASDAQ typischen Dienstleistungen (Notierungsanalyst, mehrere Market-Makers, aktuelle Informationstechnologien) für ausländische Unternehmen bestehen und wie der amerikanische Investor diesen Unternehmen gegenübersteht, wird im folgenden beschrieben.

Nachteilig an einem Listing in den Vereinigten Staaten sind die hohen Marketingkosten in den USA. Nicht-amerikanische Unternehmen benötigen eine intensive Rechtsberatung, unterliegen strikten Zugangsvoraussetzungen und Folgepflichten (z.B. Rechnungslegung nach US GAAP) und für das Management bedeutet es einen höheren Zeitaufwand, um den strikten Anforderungen im Bereich der Publikations- und Informationspolitik nachzukommen.

Die Größe und Reife des US-amerikanischen Kapitalmarktes bringen es mit sich, daß es in den USA sehr viele institutionelle Investoren gibt, die mit ihren enormen Fondsvermögen in den wirtschaftlichen Entscheidungsprozeß der Gesellschaften mit zunehmendem Einfluß eingreifen.

Von ihren Entscheidungen hängt es in weitgehendem Maße ab, wie sich die Aktien einer Firma entwickeln werden. Im Zuge der Globalisierung wird für amerikanische institutionelle Anleger zunehmend auch die Anlage in Aktien ausländischer Gesellschaften interessant. So hat sich der Anteil, den US-Investoren in ausländischen Aktien halten, in den letzten zehn Jahren nahezu vervierfacht und liegt jetzt bei über 8% mit weiter steigender Tendenz.

2.2 Vorteile der Kapitalbeschaffung in den USA

Im folgenden werden die Vorteile erläutert, die für deutschen Unternehmen ausschlaggebend waren und in auch in der Zukunft sein könnten, um eine Einführung an einer amerikanischen Börse anzustreben.

2.2.1 Belegschaftsaktien

Sollte das deutsche Unternehmen Mitarbeiter in den USA beschäftigen, bietet eine Notierung am amerikanischen Kapitalmarkt die Möglichkeit, Belegschaftsaktien an z.B. stark umworbene Führungskräfte und Know-How Träger auszugeben. Ohne solche Mitarbeiterprogramme sind Spezialisten in den USA heutzutage kaum zu werben. Belegschaftsaktien dienen sowohl der Mitarbeitermotivation als auch als Werbemittel für zukünftige Mitarbeiter. Durch eine Börseneinführung werden Mitarbeiterbeteiligungen sehr erleichtert, da direkter Zugriff (Handel am US-Markt) auf die Aktien möglich ist. Die Dividenden werden in US$ ausbezahlt und die Wertentwicklung wie auch die Unternehmensergebnisse (nach US GAAP) sind für die Mitarbeiter ohne Probleme nachvollziehbar.

2.2.2 Research / Spezialisierte Small Cap Funds

Insbesondere in bezug auf junge wachstumsstarke Unternehmen sind amerikanische Researchanalysten bedeutend spezialisierter im Vergleich zu ihren deutschen Kollegen. Dies liegt zum einen daran, daß

Research in Deutschland eine nicht so herausragende Rolle wie in den USA spielt, aber zum anderen auch an der sehr viel größeren Anzahl von gelisteten, jungen und wachstumsstarken Unternehmen in den USA, für die mehr Research geschrieben werden muß. Außerdem ist in den USA die Industrie- (Branchen-) Ausrichtung regelmäßig wichtiger als herkömmliche Organisationskriterien. Auf Grund dieses Know-How-Vorsprungs wird in den USA das Potential dieser jungen Unternehmen besser verstanden und i.d.R. fairer bewertet. Spezialisierte Small Cap Funds verfügen über besondere Expertise bezüglich kleinerer innovativer Unternehmen. Ebenfalls, bedingt durch die Größe des Kapitalmarktes, existiert eine Vielzahl vergleichbarer Unternehmen (Comparables), was auch so zu einer objektiveren Bewertung eines jungen Unternehmens führt.

2.2.3 Marktauftritt / Prestige

Eine Notierung am amerikanischen Kapitalmarkt hat zur Folge, daß sich US amerikanische Konsumenten wesentlich stärker mit dem Unternehmen identifizieren, da sie Anteile am Unternehmen erwerben und die Kursentwicklung verfolgen können. Große deutsche Unternehmen wie Hoechst und Adidas, werden von vielen Konsumenten nicht selten für amerikanische Unternehmen gehalten. Dieses Argument der Imageverbesserung ist vor allem bei Großunternehmen mit großen Absatzmärkten in den USA von besonderer Bedeutung, da die Visibilität bei den Kunden erhöht wird. Das deutsche Unternehmen ist nicht nur in der Öffentlichkeit präsent, sondern ist auch in der Lage einen fortdauernden Dialog mit wichtigen Investoren zu führen.

2.2.4 Breite Aktionärsbasis

Durch die zusätzliche Notierung eines Unternehmens am amerikanischen Kapitalmarkt verbreitert sich die Aktionärsbasis; Neue Investoren können sowohl Privatanleger als auch institutionelle Fonds sein. Anleger, die an ausländischen Aktien interessiert sind, können nach einer Notierung die bekannten Informations -und Settlementtechniken nutzen (z. B. Auszahlung der Dividende in $).

Der erworbene Bekanntheitsgrad bei US Investoren hat nicht nur einen positiven Effekt auf Konsumenten, die mit dem neuen Markennamen vertraut gemacht werden, sondern kann ebenfalls hilfreich bei weiteren Kapitalmaßnahmen wie zukünftigen Kapitalerhöhungen sein.

2.2.5 Geringere Volatilität

Durch den Handel an unterschiedlichen Märkten werden Nachfrageschwankungen des einen Marktes durch den anderen Markt zum Teil ausgeglichen. So können branchenspezifische negative Einflüsse auf die Bewertung in einem der Länder durch eine unveränderte Nachfrage oder eine andere Beurteilung von Entwicklungen und Aussichten in dem anderen Markt ausgeglichen werden. Dies kann sowohl für kleinere als auch größere Unternehmen zu einer geringeren Volatilität führen. Diese abweichenden Nachfrageentwicklungen können auch durch abweichende Bewertungsansätze in den USA und Deutschland entstehen. So werden in den USA neben den in Deutschland üblichen KGV (Kurs-Gewinn Verhältnis) insbesondere auch Cash Flow Kennzahlen zu Rate gezogen. Trotzdem ist zu beobachten, daß sich nach der Notierung an zwei Märkten langfristig ein liquider Hauptmarkt herausbildet.

2.2.6 Hohe Liquidität und niedrigere Kosten

Dieses Argument ist insbesondere bei Werten der Informations- und der Biotechnologie von Bedeutung. Es ist zu beobachten, daß als Folge der höheren Liquidität dieser Aktien in den USA der Markt keinen Abschlag für illiquide Positionen fordert und somit eine angemessenere Bewertung ermöglicht.

3. Zusammenfassung

Die kurze Darstellung der Vorteile, die ein zusätzliches Listing in den Vereinigten Staaten und insbesondere an der NASDAQ mit sich bringen kann, hat gezeigt, daß diese Vorteile nachhaltiger Natur sind. Die Kapitalmarktkultur, wie sie in den USA vorherrscht, sowie die Größe der Märkte und die Spezialisten, die diese hervorbringen, können nicht einfach von anderen Kapitalmärkten imitiert werden. Durch die Gründung des Neuen Marktes in Deutschland ist zwar ein großer Schritt hinsichtlich der Vereinfachung von Börseneinführungen für junge Unternehmen mit großen Wachstumspotentialen unternommen worden, nichtsdestotrotz können die Vorteile eines Listings in den USA dadurch noch nicht ausgeglichen werden.

Bei der Entscheidung den Schritt an die NASDAQ zu wagen ist es jedoch wichtig die Vorteile, die in ein solches Listing mit sich bringen, hinsichtlich ihrer Anwendbarkeit auf das eigene Unternehmen zu prüfen, da sie nicht allgemeingültig sind. Insbesondere sind Belegschaftsaktienprogramme nur dann sinnvoll, wenn in den USA spezialisierte und hart umworbene Fachkräfte beschäftigt werden. Imagegewinne, die aus der Präsenz am amerikanischen Kapitalmarkt erstehen, können nur genutzt werden, wenn das eigene Produkt in den USA an eine breite Konsumentenschicht vertrieben wird. Darüber hinaus sind die im Moment noch nicht unerheblichen Nachteile die aus einem solchen Schritt erwachsen können, zu berücksichtigen. Hier seien insbesondere die zusätzlichen Aufwendungen für die Ergebnisveröffentlichung nach US GAAP zu erwähnen, sowie der große Zeitaufwand des Managements, diese Ergebnisse den Investoren zu kommunizieren.

Letztlich aber kann kein wachstumsorientiertes Unternehmen im internationalen Wettbewerb um Kapital an den besonders gut organisierten und liquiden US-Märkten vorbeigehen. Für manche Unternehmen wird es der einzige Markt sein, der sie durch die Frühphasen der Unternehmensentwicklung trägt.

Doppelnotierung Neuer Markt / Nasdaq

Dr. Reto Francioni und Dr. Barbara Böhnlein
Deutsche Börse AG

Inhalt

1. Faszination Nasdaq

Seit einigen Jahren sehen nicht nur deutsche Großkonzerne wie Daimler Benz oder Deutsche Telekom Vorteile durch eine Börsennotierung in den USA, auch kleinere Unternehmen erwägen zunehmend den Gang an den amerikanischen Kapitalmarkt. In den meisten Fällen gilt ihr Interesse einer Notierung an der Nasdaq, der National Association of Securities Dealers Automated Quotation.

An der 1971 gegründeten Computerbörse sind inzwischen rund 5.500 Firmen gelistet, darunter etwa 460 nicht-amerikanische Gesellschaften. Allein 1997 gingen über 500 neue Unternehmen an die Nasdaq - eine im Vergleich zu Deutschland immense Zahl. Obwohl das Gros der gelisteten Unternehmen in traditionellen Branchen tätig ist und viele Aktien ein Schattendasein mit geringen Handelsumsätzen führen, hat sich die Nasdaq einen Namen als Börse für High-tech Unternehmen gemacht. Dieser Ruf wird zum einen dadurch begründet, daß viele weltweit bekannte amerikanische Technologieunternehmen, wie Chip-Produzent Intel, Software-Gigant Microsoft oder Biotechnologie-Spezialist Amgen an der Nasdaq notiert sind. Zum anderen hat die

US-Börse mit extrem hohen Bewertungen für junge, zum Teil noch defizitäre Börsenneulinge, wie z.B. die Internetfirmen Netscape und Yahoo, Popularität erlangt.

Diese Reputation hat maßgeblich zum Interesse deutscher Unternehmen an der Nasdaq beigetragen. Vor allem kleinere, innovative Unternehmen aus den High-tech Branchen orientieren sich an ihren US-amerikanischen Pendants. Die deutschen Firmen sehen, daß ihre amerikanischen Wettbewerber und Geschäftspartner an der Nasdaq gelistet sind und sich über die Börse ein hohes Eigenkapitalpolster - und damit Handlungsspielraum - verschaffen. Darüber hinaus weisen viele High-tech Unternehmen an der Nasdaq eine hohe Marktkapitalisierung auf, d. h. einen Unternehmenswert, von dem nicht börsennotierte Gesellschaften in der Regel weit entfernt sind.

Trotz dieser Attraktivität werden bislang nur sehr wenige deutsche Unternehmen an der Nasdaq notiert. Qiagen und Rofin-Sinar machten 1996 als erste Going Publics dieser Art Furore. Beide Firmen beschränkten damals den Börsengang auf den US-Markt. Mit dem Start des Neuen Marktes 1997 eröffnete sich für die deutschen Firmen eine Alternative: ein paralleles Listing am Neuen Markt und an der Nasdaq. Daß diese Alternative auf Zuspruch stieß, zeigt die Tatsache, daß schon im ersten Jahr des Neuen Marktes zwei Unternehmen, LHS und SCM, diesen Weg gegangen sind und daß Qiagen im September 1997 zusätzlich zum Nasdaq-Listing die Notierung am Neuen Markt aufgenommen hat.

2. Nasdaq Listing für deutsche Unternehmen

2.1 Welche Vorteile können deutsche Unternehmen aus einer Notierung an der Nasdaq ziehen ?

Mit dem Gang an die Nasdaq erschließen sich deutsche Unternehmen den Zugang zum größten Kapitalmarkt der Welt. Das Interesse amerikanischer Anleger an wachstumsstarken Unternehmen ist sehr groß. Allerdings dürfen einige amerikanische institutionelle Investoren nur Wertpapiere kaufen, die in ihrem Heimatland gelistet sind. Sollen diese Investoren angesprochen werden, so ist ein Börsengang in den Vereinigten Staaten unumgänglich. Hinzu kommt, daß amerikanische Investoren eine Notierung in ihrem Heimatmarkt als eine Art Gütesiegel betrachten und ausländische Wertpapiere manchmal erst wahrnehmen, sobald diese dort gelistet sind. Außerdem können Anleger dann in Heimatwährung, sprich US$, kaufen und ihre Orders über die ihnen bekannten amerikanischen Systeme abwickeln. Folglich werden deutsche Aktien für amerikanische Investoren attraktiver, wenn deren Handel auch an einer US-Börse möglich ist.

Neben der Erweiterung des Aktionärskreises kann ein Nasdaq-Listing eine Reihe weiterer Vorteile mit sich bringen. Zum einen steigt der Bekanntheitsgrad des Unternehmens und seiner Produkte durch den Börsengang. Damit geht auch eine größere Reputation bei Kunden, Lieferanten und potentiellen Mitarbeitern einher, denn börsengelistete Unternehmen genießen auch in den USA ein höheres Ansehen als private Gesellschaften.

Ein Nasdaq-Listing kann auch zur Verbesserung betriebswirtschaftlicher Faktoren beitragen. Die Börsennotierung erleichtert beispielsweise Unternehmenskäufe in den USA, da der Kauf steuereffizient über einen Aktientausch erfolgen kann. Außerdem belastet ein Aktientausch den Cash-flow des Unternehmens nicht; somit sind auch kleinere Firmen in der Lage, Akquisitionen in größerem Umfang zu tätigen. Die Ausgabe von Aktien ermöglicht auch die Mitarbeiterbeteiligung bei den Tochtergesellschaften vor Ort. Die sogenannten "Stockoptions" sind in den USA für kleine, schnell wachsende Firmen oft die einzige Möglichkeit, Führungskräfte zu gewinnen und an das Unternehmen zu binden.

In bestimmten High-Tech Branchen liegt die Expertise für Unternehmensanalyse und -bewertung fast ausschließlich in den USA, wobei amerikanische Investoren den Wachstumschancen junger High-tech Unternehmen teilweise größere Bedeutung beimessen als europäische Anleger. Daher können einige Unternehmen an der Nasdaq eine höheren Preis für ihre Aktien erzielen, als dies in Deutschland möglich wäre.

2.2 Welche Nachteile ergeben sich?

Den genannten Vorteilen eines Nasdaq-Listings steht ein hoher finanzieller Aufwand gegenüber. Der Börsengang in den USA ist durch zahlreiche Reglementierungen seitens der Nasdaq und der Aufsichtsbehörde SEC wesentlich komplizierter und kostenintensiver als hierzulande. Deutschen Gesellschaften entstehen darüber hinaus erhebliche

Zusatzkosten, vor allem durch den fremden Rechtsrahmen, in den sie sich bei einem Nasdaq-Listing begeben. So weichen zum Beispiel Eigentums- und Haftungsverhältnisse von der deutschen Gesetzgebung ab. Eine Rechtsberatung mit amerikanischen Spezialisten ist daher unumgänglich. Hinzu kommt, daß die Jahresabschlüsse für die letzten drei Geschäftsjahre nach amerikanischen Rechnungslegungsrichtlinien (US-GAAP) vorliegen müssen. Und da deutsche Aktien nicht in ihrer Orginalverbriefung zum Börsenhandel in den USA zugelassen werden, müssen die Emittenten ihre Wertpapiere über ein spezielles Programm mit American Depositary Receipts (ADRs) handelbar machen.

Bei rund 500 Börsengängen pro Jahr an der Nasdaq muß jede Neuemission darum kämpfen, die Aufmerksamkeit der Investoren auf sich zu ziehen. Besonders kleinere Unternehmen sind hier im Nachteil, denn je kleiner und je unbekannter das Unternehmen und je niedriger das Emissionsvolumen, desto schwieriger und kostenträchtiger das Finanzmarketing für den Börsengang. Auch die Folgekosten eines Nasdaq-Listings sind erheblich. Amerikanische Analysten und Investoren sind sehr anspruchsvoll und erwarten, ständig vor Ort betreut zu werden.

Zwar mögen Neuemissionen an der Nasdaq in einigen Fällen spektakuläre Preise erzielt haben, empirisch betrachtet werden jedoch gerade ausländische Aktien in den USA unterbewertet. Für die Investmentbanken sind ausländische Werte schwieriger zu plazieren, wenn der Bekanntheitsgrad der Unternehmen geringer ist als der der einheimischen Konkurrenten. Die Emissionshäuser machen dann einen Abschlag gegenüber der Bewertung amerikanischer Vergleichsunternehmen, um den Anlegern einen zusätzlichen Kaufanreiz zu bieten. In diesen Fällen ist der Aktienpreis an der Nasdaq geringer als der Preis, den das Unternehmen durch einen Börsengang im Heimatmarkt erzielen könnte.

Auch im Börsenhandel können sich für deutsche Unternehmen und deren Aktionäre an der Nasdaq Nachteile im Vergleich zur Heimatbörse ergeben. Erstens ist die Volatilität an der Nasdaq viel höher als an deutschen Börsen. Es ist keine Seltenheit, daß negative Nachrichten den ganzen Markt nach unten ziehen, obwohl sich die wirtschaftliche Lage des einzelnen Unternehmens nicht verschlechtert hat. Zweitens können Käufe bzw. Verkäufe von Aktien an der Nasdaq sehr teuer sein. In weniger liquiden Werten, und das sind viele ausländische Gesellschaften mit kleinen Emissionsvolumina, sind weite Spannen zwischen Bid- und Ask-Preisen keine Seltenheit, weil die Market Maker an der Nasdaq ihre Monopolstellung ausnutzen können. Drittens ist es für Investoren günstiger, Orginalaktien anstelle von ADRs zu halten. Deshalb werden ADR-Zertifikate deutscher Emittenten, wie etwa Daimler, Deutsche Telekom oder SGL Carbon, in New York kaum gehandelt. Deutsche und ausländische Anleger ziehen es vor, die Originalaktien direkt in Deutschland zu ordern.

2.3 Für welche Unternehmen kann ein Nasdaq-Listing sinnvoll sein

Eine Abwägung der Vor- und Nachteile legt nahe, daß bestimmte Voraussetzungen erfüllt sein sollten, damit deutsche Unternehmen nachhaltig von einem Nasdaq-Listing profitieren können.

Das Unternehmen muß mit innovativen Produkten und guten Wachstumsaussichten aufwarten, mit denen es sich positiv von den amerikanischen Wettbewerbern im Kapitalmarkt abheben kann.

So sollte die Gesellschaft bereits vor dem Börsengang geschäftlich in den Vereinigten Staaten tätig sein und dort signifikante Umsätze aufweisen. Außerdem sollten Produkte mit Absatzpotential zur Ausweitung des US-Geschäfts vorhanden sein. Je internationaler das Unternehmen, desto größer die Chance, von den US-Investoren wahrgenommen zu werden. Günstig ist es, wenn das deutsche Unternehmen eine amerikanische Tochter oder Holding hat, die als Emittentin der Aktien fungiert. Dadurch können an der Nasdaq amerikanische Orginalaktien registiert und gehandelt werden; so kann das Unternehmen den Zwang zur Auflage eines ADR-Programms umgehen.

Die Gesellschaft muß beim Börsengang schon eine gewisse Unternehmensgröße aufweisen, denn das Emissionsvolumen sollte mindestens US$ 25 Mio. betragen. Unterhalb dieser Grenze ist es kaum möglich, institutionelle Investoren für ein Engagement in der Aktie zu gewinnen. Die Gefahr der Illiquidität und der Kursbeeinflussung bei Blockverkäufen ist vielen Anlegern unterhalb dieses Emissionsvolumens zu groß.

Ein Nasdaq-Listing ist mit hohen Fixkosten verbunden. Dies bedeutet, daß die Kapitalkosten der Eigenmittelfinanzierung proportional geringer werden, je mehr Kapital über die Börse aufgenommen wird. Dadurch rechnet sich ein Börsengang an der Nasdaq erst, sobald ein bestimmtes Emissionsvolumen überschritten wird.

3. Der Neue Markt: Der Börsenzugang für kleinere und mittlere, wachstumsstarke Unternehmen

Noch vor wenigen Jahren galten in Deutschland Unternehmen nur börsenfähig, wenn sie Umsätze im dreistelligen Millionenbereich mit entsprechenden Ergebnissen erzielten und auf eine jahrzehntelange Geschäftshistorie zurückblickten. Beim Börsengang wurden kleinere Unternehmen oft niedrig bewertet und mit einem Abschlag auf den Emissionenspreis im Vergleich zu größeren Emissionen plaziert. Dies lag zum einen daran, daß die Investoren zur Unternehmensbewertung kleinerer Aktienwerte nur über unzureichende Informationen verfügten und das Chancen-Risiko Profil dieser Unternehmen nicht adäquat analysiert werden konnte. Zum anderen war der Börsenhandel in kleineren Werten durch mangelhafte Liquidität gekennzeichnet. Viele, vor allem institutionelle Investoren, zogen deshalb ein Engagement in den großen, liquiden Aktienwerten vor oder waren nur bereit, sich in Nebenwerten zu engagieren, wenn der Preis entsprechend attraktiv war.

Der Neue Markt hat hier einen Kontrapunkt gesetzt. Er erleichtert kleineren Unternehmen die Kapitalbeschaffung über die Börse und dient auch als Plattform für die Ansprache ausländischer Investoren. Durch ihn lassen sich selbst kleinere und jüngere Unternehmen hierzulande erfolgreich über die Börse finanzieren. Die Zulassungsbedingungen sind unter anderen darauf ausgerichtet, den Bedürfnissen internationaler Kapitalgeber Rechnung zu tragen. Unternehmen, die in Englisch publizieren und ihre Unternehmenszahlen nach IAS oder US-GAAP aufbereitet anbieten, sind für Investoren aus den USA interessant, auch wenn sie nicht an einer dortigen Börse gelistet sind. Die Anforderungen an Unternehmenstransparenz und -information ermöglichen es den Investoren, Chancen und Risiken besser zu beurteilen und dadurch die Nachfrage nach kleineren, wachstumsstarken Aktien eklatant zu steigern. Diese Tatsache wird sehr eindrucksvoll durch die Bewertungen anhand der Kurs-Gewinn-Verhältnisse (KGVs) belegt. Ende 1997 lagen die KGVs im Neuen Markt auf der Basis der Schätzungen für 1998 im Durchschnitt bei 37, während der Durchschnitt bei den Dax-Werte nur 20 betrug. Mit anderen Worten: Je höher das prognostizierte Wachstum des Unternehmens, desto bereiter waren die Investoren, für den Erwerb dieser Aktie zu zahlen.

Bisher waren alle Neuemissionen vielfach überzeichnet, ein Beweis dafür, daß die Nachfrage nach Aktien dieser Unternehmenskategorie sehr groß ist und sich auch in Deutschland kleinere Werte problemlos plazieren lassen. Dadurch bietet der Neue Markt wachstumsstarken Unternehmen Eigenkapitalbeschaffung zu einem günstigen Kapitalkostensatz. Die Börsenbewertungen, gemessen an der Marktkapitalisierung, haben sich auch nach der Börseneinführung sehr schnell weiter nach oben entwickelt. So ist der Neue Markt auch als kontinuierliche Finanzierungsquelle zur Realisierung des geplanten Wachstums attraktiv geworden. Die Tatsache, daß bereits sieben der ersten dreizehn Emissionen am Neuen Markt eine Kapitalerhöhung nach ihrem Börsengang durchgeführt haben, belegt dies wohl am deutlichsten.

Der Neue Markt zeichnet sich zudem durch seine hohe Liquidität aus. Die größten Aktienwerte erreichen Handelsumsätze, die mit denen des MDAX vergleichbar sind. Die Spreads, d.h. heißt die Spannen zwischen Geld- und Briefkursen, bewegen sich lediglich zwischen 2 und 3,5%. Dies ist nicht zuletzt auf das Konzept des Betreuers als Liquiditätsspender zurückzuführen, durch den Investoren jederzeit handelbare Kurse zu einem angemessenen Preis erhalten.

Im Gegensatz zu den USA ist jedem Unternehmen beim Going Public in Deutschland eine große Aufmerksamkeit gewiß, denn bis 1997 lag die Anzahl der Neuemissionen nur bei 20 bis 30 pro Jahr. Dennoch führen viele kleinere Aktiengesellschaften weiterhin ein Schattendasein, wenn der Zeitpunkt der Börseneinführung vorüber ist und sich das anfängliche Interesse an der Aktie gelegt hat. Anders sieht es bei den Unternehmen im Neuen Markt aus. Da der Neue Markt sich als Markenname etabliert hat, auf nachhaltiges Interesse seitens der Investoren stößt und der Börsenhandel liquide ist, wird auch über die darin gelisteten Unternehmen regelmäßig berichtet. Und die strengen Publizitätsanforderungen sorgen dafür, daß eine kontinuierliche und zeitnahe Berichterstattung an die Öffentlichkeit gewährleistet ist. Dieser Informationsfluß trägt dann zu einem dauerhaften Publizitätseffekt bei Anlegern und Presse, aber auch bei potentiellen Kunden, Mitarbeitern und Geschäftspartnern bei.

4. Worin bestehen die Gründe für ein Doppellisting?

In der Vergangenheit haben sich kleinere, innovative Unternehmen für den US-Kapitalmarkt interessiert, weil ihnen ein Gang an eine deutsche Börse als wenig erfolgversprechend erschien. Mittlerweile hat der Neue Markt eine Notierung an ausländischen Börsenplätzen für den Großteil dieser Unternehmen überflüssig gemacht. Viele der beschriebenen Vorteile eines Listings an der Nasdaq können über Neuen Markt im deutschen Kapitalmarkt gleichermaßen realisiert werden, zumal der Neue Markt auch ausländische Investoren anspricht. Hinzu kommt, daß ein Listing am Neuen Markt ungleich kostengünstiger ist als eine Notierung an der Nasdaq.

Für einige ausgewählte Unternehmen mag ein Gang an die Nasdaq auch heute noch eine Überlegung wert sein. Denn ein Listing in den USA kann Vorteile bringen, die über die reine Kapitalbeschaffung und den liquiden Aktienhandel hinausgehen. Hierbei handelt es sich um den zuvor angesprochenen Reputationseffekt und um die Verbesserung der betriebswirtschaftlichen Rahmenbedingungen auf dem amerikanischen Markt. Unternehmen, die in den USA erfolgreich tätig sind und ihr Geschäft dort weiter forcieren möchten, können durch eine Notiz an der Nasdaq ihre Marketing-Strategien wirkungsvoll unterstützen und Synergieeffekte bei der Öffentlichkeitsarbeit nutzen.

Diese Unternehmen können ein Doppellisting Neuer Markt / Nasdaq anstreben und so die Vorzüge beider Börsenplätze genießen, da viele Gründe für ein Doppellisting sprechen:

- Die Zulassungsbedingungen des Neuen Marktes gleichen denen der Nasdaq. Daher ist der Zusatzaufwand für ein paralleles Listing am Neuen Markt sehr gering.
- Nasdaq und Neuer Markt haben in der Öffentlichkeit ein ähnlich positives Image, speziell als Finanzierungsquelle innovativer und dynamischer Wachstumsunternehmen. Der Marketingeffekt des Börsengangs wird deshalb auf zwei geographisch getrennte Räume ausgedehnt und erheblich verstärkt.
- Die Investorengruppen in beiden Märkten haben unterschiedliche Präferenzen. Ein Doppellisting geht auf diese Unterschiede gezielt ein, fördert die Attraktivität der Aktie und trägt daher zur weiteren Diversifizierung des Aktionärskreises bei.
- Die Volatilitäten verlaufen an den Börsenplätzen heterogen. Marktschwankungen an der Nasdaq können somit im Neuen Markt aufgefangen werden und umgekehrt. Damit trägt ein Doppellisting ceteris paribus zur Reduzierung der Kursvolatilität bei.

Neben diesen Vorteilen muß das Unternehmen die Gefahr eines Liquiditätssplittings sehen. Die zeitliche Ausweitung des Börsenhandels geht mit einer Aufteilung der Umsätze auf zwei Handelsplätze einher. Voraussetzung für den Erfolg eines Doppellistings ist deshalb die Bildung eines liquiden Aktienhandels an beiden Börsen. Nur wenn sich sowohl an der Nasdaq als auch am Neuen Markt eine beständige Nachfrage nach den Aktien des Unternehmens entwickelt, werden die o.g. Mechanismen wirken und die Gesellschaft nachhaltig von der Doppelnotiz profitieren können.

Der Grundstein dafür muß schon beim Börsengang selbst gelegt werden. Es müssen in beiden Märkten ausreichend Aktien plaziert werden, damit sich eine entsprechend breite Investorenbasis für den Börsenhandel bilden kann. Dies wiederum erfordert, daß das Emissionsvolumen bei Doppelnotierungen tendenziell größer als bei einer Einfachnotiz sein muß. Experten sehen als Untergrenze einen Mindestbetrag von 60-70 Mio. DM an, um eine ausreichende Streuung in den USA und in Deutschland zu gewährleisten. Eine empirische Betrachtung der Doppellistings von LHS und SCM bestätigt diese Aussagen. Beide Unternehmen sind vor knapp 10 Jahren in Deutschland gegründet worden und haben Mitte der 90er Jahre ihren Firmensitz in die USA verlegt.

LHS entwickelt und vermarktet eine Abrechnungssoftware für Telekommunikationsdienstleister und ist seit der Anfangsphase international tätig. Etwa ein Drittel des Umsatzes entfiel zum Zeitpunkt des Börsengangs auf den nord- und südamerikanischen Markt. Im Mai 1997 wurden rund 4,8 Mio. Aktien der amerikanischen Muttergesellschaft LHS Inc. parallel in Deutschland und in den USA plaziert. Das Emissionsvolumen betrug ca. 130 Mio. DM. Die Handelsumsätze (s. Chart 1) der LHS-Aktie verteilen sich relativ homogen über die beiden Börsenplätze, wobei über den Neuen Markt knapp die Hälfte der Umsätze gemacht wird.

Ähnlich sieht die Situation bei SCM aus. Das Unternehmen stellt Sicherheits- und Zugriffskontrollprodukte für die Steuerung des Zugangs von Netzwerken, Daten und digitalen Informationen her. Etwa 40% der Geschäftstätigkeit erstreckte sich 1997 auf dem US-Markt. Durch den Börsengang an Nasdaq und Neuen Markt flossen SCM brutto ungefähr 88 Mio. DM zu. Die Umsatzverteilung auf die beiden Börsenplätze weist deutliche Parallelen zu LHS auf (s. Chart 2).

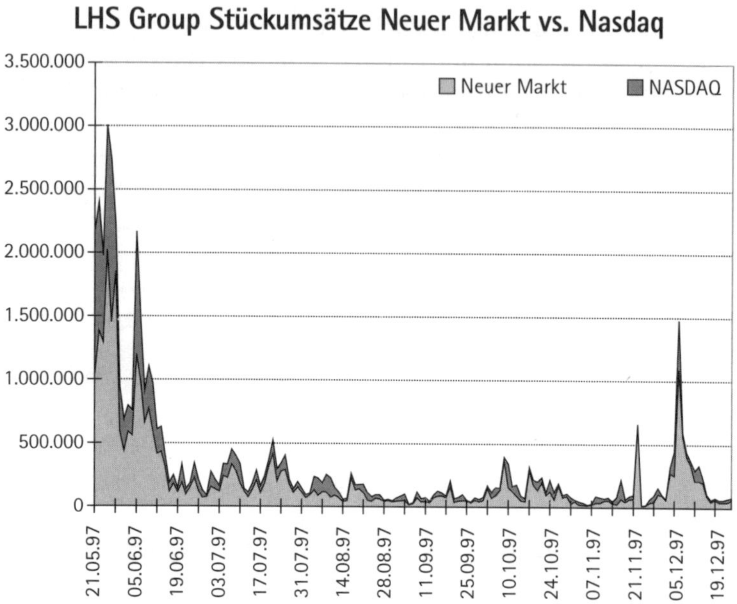

Chart 1

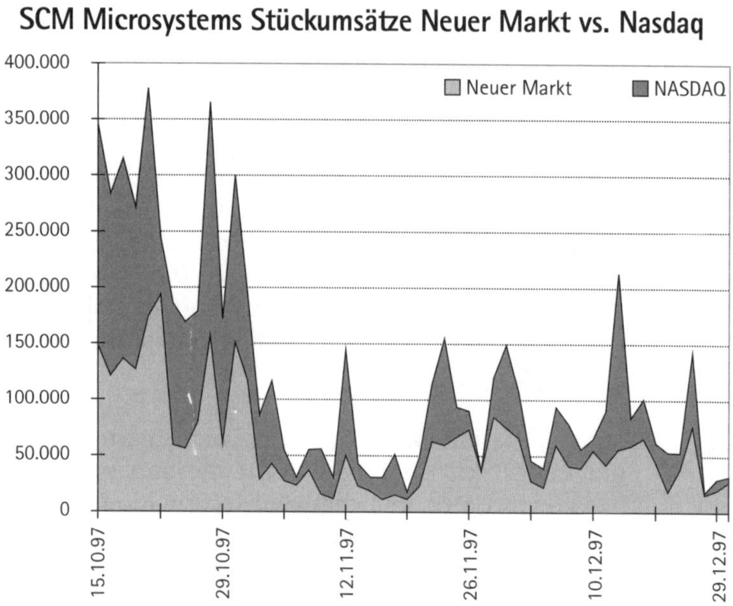

Chart 2

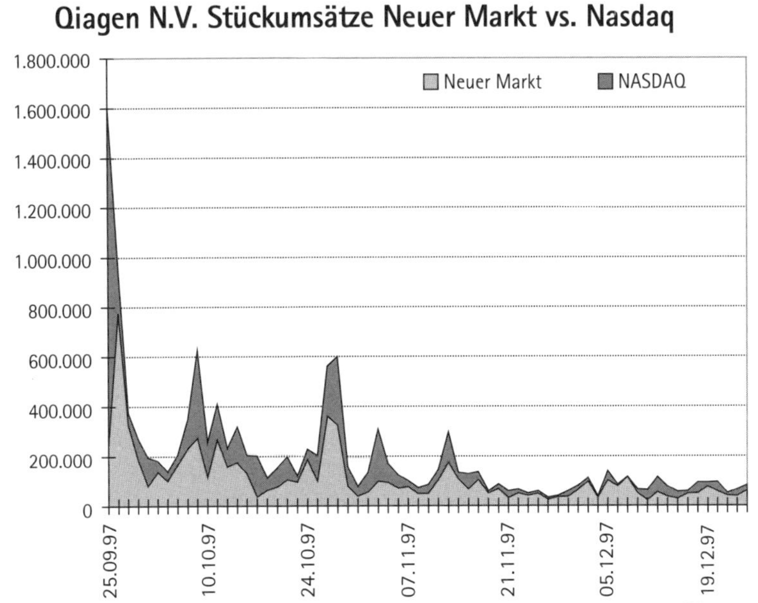

Chart 3

Ein Sonderfall stellt das Doppellisting des Biotechnologie-Unternehmens Qiagen dar. Die Notierung im Neuen Markt wurde im September 1997 aufgenommen, nachdem das Going Public an der Nasdaq schon über ein Jahr zurücklag. Dennoch hat sich auch in Deutschland ein liquider Markt für die Qiagen-Aktie entwickelt, der den Börsenumsätzen an der Nasdaq nicht zurück steht (s. Chart 3). Positiv ausgewirkt hat sich, daß Qiagen die Notierungsaufnahme im Neuen Markt mit einer Zweitplazierung von Aktien aus dem Bestand der Altaktionäre verbunden hat und über 200 Mio. DM dafür erhalten hat.

Die drei Doppellistings sind sehr international ausgerichtete Unternehmen, die bereits vor ihrer Börseneinführung in den USA tätig waren. Die Emissionsvolumina von LHS, SCM und Qiagen lagen deutlich über dem durchschnittlichen Emissionsvoluminen im Neuen Markt, der 1997 bei etwa 80 Mio. DM lag.

5. Fazit

Seit der Eröffnung des Neuen Marktes hat sich die Frage nach dem Börsenplatz für das Going Public grundlegend geändert. Das Interesse an einem reinen Nasdaq-Listing hat sich zugunsten einer möglichen Doppelnotierung Neuer Markt/Nasdaq verlagert. Trotz der erfolgreichen Beispiele darf nicht übersehen werden, daß sich eine erfolgreiche Doppelnotierung an eine Reihe von Vorbedingungen knüpft. Generell läßt sich sagen, daß die Voraussetzungen für eine Notierung an beiden Börsen nur bei sehr wenigen deutschen Unternehmen gegeben sein dürften. Ohne diese Voraussetzungen steht der mögliche Nutzen des Börsengangs in den USA - und folglich auch das Doppellisting - in keiner Relation zu dem damit verbundenen Mehrkosten gegenüber einer Einfachnotiz am Neuen Markt.

US-Anleger als Zielgruppe für Aktien deutscher Unternehmen

Andreas von Buddenbrock
Merrill Lynch Capital Markets Bank Limited

Inhalt

Mit einer Börsenkapitalisierung von über US$ 13 Billionen stellt der amerikanische Aktienmarkt den größten Kapitalsammelpool der Welt dar. Er bietet Zugang zu einer Vielfalt von Anlegerkategorien, ebenso wie zu professioneller Analyse und hoher Liquidität.

Im Rahmen der Globalisierung und der weltweiten Vernetzung der Märkte für Risikokapital hat die ursprünglich inländische Ausrichtung des US-Kapitalmarktes in den letzten Jahren durch eine stärkere internationale Diversifizierung der Anlagen eine neue Tiefe gewonnen. In den folgenden Ausführungen werden die aktuellen Trends amerikanischen Anlegerverhaltens analysiert sowie deren Auswirkungen für deutsche Aktiengesellschaften. Darüber hinaus werden die Instrumente, die den Zugang zu amerikanischen Anlegern erleichtern, kurz beschrieben.

1. Struktur der amerikanischen Aktieninvestoren

Um die Struktur der amerikanischen Aktieninvestoren besser zu verstehen, muß man einen Blick auf die amerikanischen Alterssicherungssysteme werfen, die weitgehend auf dem Prinzip der Kapitaldeckung basieren. Vor allem den Firmenangehörigen wie auch den Beschäftigten in weiten Kreisen des öffentlichen Dienstes gebotene

Alterssicherung wird durch professionell gemanagte Pensionskassen getragen, die die Mitgliedsbeiträge an den Kapitalmärkten anlegen.

Einen erheblichen Aufschwung hat der US-Kapitalmarkt in den achtziger und neunziger Jahren durch die Einführung der sogenannten 401(k)-Pläne genommen. Diese Pläne erschließen Arbeitnehmern die Möglichkeit, steuerfreie Einzahlungen bis zu einem gewissen Betrag in von den Unternehmen getrennt geführte Pensionskassen zu leisten. Auch die Unternehmen selbst können zusätzliche Zahlungen für ihre Mitarbeiter in diese Pensionskassen vornehmen.

Einen „Quantensprung" stellte die Einführung der sogenannten 'defined contribution' Pläne dar: Dies sind Alterssicherungsprogramme, die eine feste Einzahlung vorsehen, aber keine garantierte Auszahlung im Alter, sondern eine von der Kapitalmarktentwicklung abhängige Leistung. Im Rahmen dieser Programme wird verständlicherweise besonders stark im Aktienmarkt investiert, so daß oft eine überdurchschnittliche Rendite erzielt wird. Mittlerweile bieten über 95% der großen Unternehmen (über 5000 Mitarbeiter) ihren Angestellten die Teilnahme an diesen 401(k)-Programmen an. Auch für Freiberufler gibt es mit den sogenannten 403(b)-Plänen, Individual Retirement Accounts (IRA) und Simplified Employee Pension (SEP) Altersversorgungsmöglichkeiten nach einem ähnlichem Konzept wie den 401(k)-Plänen.

Mittlerweile sind durch die hier beschriebenen Entwicklungen Pensionskassen und andere Investmentgesellschaften, die Pensionsgelder anlegen, zu den bei weitem dominierenden institutionellen Anlegergruppen auf dem amerikanischen Aktienmarkt herangewachsen. Von der gesamten Börsenkapitalisierung, die sich auf mehr als US$ 13 Billionen beläuft, halten diese Anlegergruppen direkt und indirekt immerhin über 40%. Auf Banken, Versicherungen und andere institutionelle Anlegergruppen entfallen demgegenüber lediglich 15% der amerikanischen Börsenkapitalisierung.

Interessant ist in diesem Zusammenhang allerdings auch die Tatsache, daß über 44% der amerikanischen Börsenkapitalisierung direkt von privaten Haushalten gehalten werden. Während der Trend zur professionellen, d. h. institutionellen Aktienanlage sicherlich auch in den USA fortschreitet, ist die Direktanlage in Aktien für den durchschnittlichen amerikanischen Haushalt nach wie vor üblich.

2. Historische Gründe für die mangelnde Internationalisierung der US Aktienanleger

Als größter Aktienmarkt der Welt bietet der US-Aktienmarkt den amerikanischen Investoren durch die Vielfalt der vertretenen Unternehmen und Branchen breite, liquide und diversifizierte Anlagemöglichkeiten. Hinzu kommen die termingerechte und investorenfreundliche Berichterstattung und Rechnungslegung. Auch werden die meisten Unternehmen von einer Vielzahl von professionellen Aktienanalysten mit entsprechenden Investmentempfehlungen intensiv beobachtet.

Die hohe Liquidität und die vorhandenen Sicherungsinstrumente führen in der Praxis zu einer Begrenzung der Volatilität der Aktienkurse. Aufgrund der Deregulierung des Marktes sind die Transaktionskosten niedrig im Vergleich zu vielen anderen Aktienmärkten der Welt, und die moderne Abwicklungstechnik vereinfacht den Handel nicht nur für institutionelle Investoren, sondern auch für Privatinvestoren. Darüber hinaus wollen viele amerikanische Investoren die bei ausländischen Aktienanlagen anfallenden Währungsrisiken vermeiden.

3. Internationalisierung des US Investoren-Verhaltens

Trotz der Vorteile des inländischen Investments aus amerikanischer Sicht ist ein deutlicher Trend zu Gunsten einer stärkeren internationalen Diversifizierung der US-Investments zu beobachten. So ist zum Beispiel der Wert ausländischer Aktienengagements amerikanischer Anleger in nur fünf Jahren von ca. US$ 370 Mrd. auf über US$ 1 Billion gestiegen oder relativ zur amerikanischen Börsenkapitalisierung - auf über 9%. Auch das Handelsvolumen amerikanischer Investoren in ausländischen Aktien hat von US$ 17 Mrd. p.a. in den frühen achtziger Jahren auf fast US$ 1 Bio. 1996 zugenommen - ein jährliches Wachstum von fast 30%. Im gleichen Zeitraum erhöhte sich der Netto-Zukauf ausländischer Aktien (inkl. ADRs) durch amerikanische Anleger von US$ 1,3 Mrd. p.a. in den frühen achtziger Jahren auf über US$ 58 Mrd. 1996.

Trotz der erheblichen Ausweitung der internationalen Aktienanlagen amerikanischer Investoren fällt der deutsche Anteil immer noch relativ gering aus. Während z.B. 1996 immerhin netto nahezu US$ 16 Mrd. amerikanischer Mittel nach Großbritannien flossen, waren es in

Deutschland lediglich knapp über US$ 4 Mrd. Insgesamt stellen diese US$ 4 Mrd. p.a. aber einen gewaltigen Fortschritt gegenüber den frühen achtziger Jahren dar, in denen das Netto-Investmentvolumen amerikanischer Anleger jährlich zwischen US$ 50 und US$ 100 Mio. lag.

4. Gründe für die Internationalisierung der US Investoren

Es gibt viele markttechnische Gründe für diesen Trend, unter anderem fallende US-Zinsen, den in der Vergangenheit teilweise schwachen US-Dollar, die fortschreitende Kommunikationstechnologie und die sinkenden Abwicklungskosten. Es lassen sich aber darüber hinaus auch nachfrage- und angebotsorientierte Faktoren erkennen.

Aus Sicht der Anleger war häufig das Wirtschaftswachstum vieler Länder Europas, Lateinamerikas sowie Asiens höher als das der USA. Diese Entwicklung wirkte sich in den Vereinigten Staaten auch dadurch aus, daß die US-Aktienmärkte durchschnittlich ein geringeres Wachstum als ihre internationalen Wettbewerber aufwiesen. Auch die schwache US-Währung war bis vor kurzem ein Grund für den Investmenttrend ins Ausland, wobei US-Investoren darauf hofften, durch das Wachstum der internationalen Aktienmärkte sowie steigende Wechselkurse ihre US-Renditemaßstäbe erheblich zu übertreffen. Ebenso führt die Globalisierung der Finanzmärkte und die kontinuierlich verbesserte Technologie zu einer Globalisierung der Vermögensverwaltung. Diese Diversifizierung der US Fonds entsprach auch der Theorie der modernen Anlagediversifizierung, um die Renditen der Fonds zu verbessern und gleichzeitig die damit verbundenen Risiken in Form von Volatilitäten zu reduzieren.

Auf der Angebotsseite sind viele Unternehmen dazu übergegangen, sich international aktiver zu vermarkten und den Informationsansprüchen amerikanischer Investoren gerecht zu werden. Die bessere und schnellere Informationsübermittlung wurde durch den weltweiten Fortschritt der Kommunikationstechnologie erleichtert. Zusätzlich haben viele ausländische Unternehmen ihre Titel direkt an amerikanischen Börsen notiert und/oder Emissionen mit amerikanischer Tranche durchgeführt, die direkt bei amerikanischen Investoren plaziert wurde. Die Vereinfachung der Plazierung ausländischer Aktien und deren Notierung in Amerika erleichterte die Entscheidung von amerikanischen Investoren für ausländische Anlagen.

5. Möglichkeiten zur weiteren Steigerung des US-Anlegerinteresses an deutschen Aktiengesellschaften

Dieser Trend hin zu einer stärkeren Internationalisierung der privaten und institutionellen Anleger in den USA sind auch an deutschen Aktiengesellschaften nicht spurlos vorübergegangen.

Immerhin über vierzig deutsche Aktiengesellschaften sind mittlerweile mehr oder weniger offiziell in New York vertreten. Die Investor Relations-Aktivitäten, die auf US-Investoren zugeschnitten sind, haben wesentlich an Intensität zugenommen. Reformen im deutschen Aktienrecht und im Börsenwesen haben die Attraktivität deutscher Aktiengesellschaften erhöht.

Hierbei sollten insbesondere auch die in Deutschland umgesetzten Maßnahmen mit dem Ziel einer besseren, schnelleren und international vergleichbaren Konzernrechnungslegung - sei es nach IAS oder nach US GAAP - erwähnt werden. Ebenfalls ein bedeutender Schritt in die richtige Richtung ist die gesetzliche Verankerung von Aktienrückkaufprogrammen und Aktienoptionsmodellen nach angelsächsischem Vorbild.

Das Resultat sind nach Analysen von Merrill Lynch Netto-Käufe der Amerikaner auf dem deutschen Aktienmarkt von immerhin mehr als 50% der gesamten ausländischen Anlagen und eine Erhöhung des amerikanischen Anteils am Kapital der großen DAX-Gesellschaften. Wir schätzen, daß deutsche DAX-Gesellschaften derzeit zwischen 7% und bis zu 30% ihres Eigenkapitals bei amerikanischen Anlegern plaziert haben.

Der Trend zur internationalen Diversifizierung des amerikanischen Anlegerverhaltens wird sich sicherlich fortsetzen. Welche weiteren Maßnahmen können deutsche Aktiengesellschaften ergreifen, um von dieser Entwicklung zu profitieren? Natürlich gibt es hier viele Möglichkeiten, die in der Unternehmensführung selbst, in den einzelnen Sektortrends oder in den Rahmenbedingungen des deutschen Kapitalmarkts verankert sind. Diese Aspekte sind schon oft hinreichend beschrieben. Wir wollen uns im folgenden auf die technischen Schritte konzentrieren, die eine größere Nähe zum US-Investor bringen und damit eine bessere Akzeptanz und Handelbarkeit der Aktien deutscher Gesellschaften.

In den USA gibt es fünf Stufen, die jeweils zu einer stärkeren Annäherung an amerikanische Investoren führen. Aufgrund der bislang noch bestehenden Unterschiede in der Abwicklung ist die Schaffung von ADRs (American Depositary Receipt) Voraussetzung, um das Interesse amerikanischer Anleger zu gewinnen. ADRs sind Hinterlegungsscheine, die weitgehend die Rechte der Ursprungsaktie repräsentieren und in den USA handelbar sind.

Bei den sogenannten „unsponsored ADRs" handelt die Depotbank selbständig ohne Zustimmung des Unternehmens und legt ADRs aufgrund eigener Initiative auf. Diese können dann allerdings nur über die sogenannten „Pink Sheets", d. h. ohne Börsennotierung, gehandelt werden. Liquidität und Bekanntheitsgrad solcher Papiere lassen zu wünschen übrig. Deshalb ist das Interesse amerikanischer Investoren an derartigen Titeln gering. Immerhin wird die Dividende in US-Dollar bezahlt.

Die nächste Stufe, das „sponsored ADR"- oder „Level I"-Programm, umfaßt eine vertragliche Regelung zwischen Depotbank und Unternehmen und sieht zusätzliche Dienstleistungen für die Investoren und für das Unternehmen vor, die jeweils individuell festgelegt werden können. Der Antrag auf Befreiung von der SEC-Registrierung wird durch die Depotbank gestellt. Nach wie vor von Nachteil sind die fehlende Börsennotierung und das häufig geringe Interesse der Investoren aufgrund mangelnder Liquidität und Transparenz des Marktes.

Um einen liquiden Markt außerhalb des bei der SEC registrierten Marktes, d. h. des börsennotierten Marktes zu erzielen, gibt es die Möglichkeit, ein „sponsored ADR" mit 144a-Option aufzulegen. Diese Ausnahmeregelung sieht vor, daß sogenannte QIBs (Qualified Institutional Buyers) aufgrund ihrer besonderen Professionalität in der Investmentauswahl, d.h. institutionelle Investoren, die ADRs kaufen dürfen und an andere QIBs im Sekundärmarkt verkaufen können. Das Resultat ist höhere Liquidität und bessere Akzeptanz bei vielen, aber nicht allen institutionellen Investoren.

Erst die volle Registrierung bei der SEC erlaubt die Börsennotierung an der NYSE oder der NASDAQ mit allen Publizitäts- und Liquiditätswirkungen. Dafür muß die Aktiengesellschaft allerdings ein „listed sponsored" ADR (Level II)-Programm mit den entsprechenden Konsequenzen für die Rechnungslegung initiieren. Die volle Registrierung bietet dann den Vorteil, daß auch sämtliche Privatinvestoren in den USA angesprochen werden.

Um das Investoreninteresse noch einmal zu erhöhen, bietet sich ein sogenanntes „Level III"-Programm an, d.h. ein „Level II"-Programm mit zusätzlicher Eigenkapitalemission. Ein solcher Schritt maximiert die Aufmerksamkeit der Investoren, da direkte Marketingbemühungen mit einem konkreten Kaufangebot verbunden werden können. Diese höchste Stufe, Investoren anzusprechen, ist allerdings bisher nur von sehr wenigen deutschen Unternehmen beschritten worden. Es handelt sich um die Unternehmen Daimler Benz, Deutsche Telekom, Fresenius, Pfeiffer Vacuum Technology, Quiagen und SGL Carbon. Es bleibt zu hoffen, daß es in Kürze noch wesentlich mehr werden.

Aufbau und Pflege eines Investorenkreises in den USA: Anforderungen an Marketing und Investor Relations am US-Kapitalmarkt

Michael Kruesmann
Gavin Anderson & Company Worldwide GmbH

Inhalt

Investor Relations (IR) in den Vereinigten Staaten zielen auf die Vermarktung einer differenzierten „Bewertungsbotschaft" – und damit also im Kern auf die zielgruppenspezifische Vermarktung des aktuellen wie auch des zukünftigen Unternehmenswertes. Investor Relations unterstützen so die adäquate Marktbewertung einer Aktie.

Als Unternehmensbereich, der sowohl die persönliche als auch die schriftliche Kommunikation umfaßt, müssen IR in den USA aktiv – und nicht reaktiv – gestaltet sein. Die Strategie muß daher auf einer exakten Bestimmung und Segmentierung der Zielgruppen sowohl auf der Käufer - als auch der Verkäuferseite basieren und ein klar definiertes Produkt – Aktien oder ADRs - im Markt positionieren. Diese Maßnahmen dienen nicht nur der Zufriedenheit der existierenden „Kunden", also der Aktionäre oder Investoren, sondern ebenso der Gewinnung neuer Anteilseigner. Investor Relations erfüllen somit eine äußerst wichtige Funktion für jedes Unternehmen, das Zugang zum US-amerikanischen Kapitalmarkt sucht. Schon aufgrund der räumlichen Entfernung erlangen IR jedoch noch größere Bedeutung für ausländische Unternehmen.

Deutschen Unternehmen, die in den USA Kapital aufnehmen wollen, wird eine Fülle von Möglichkeiten geboten. Hier findet sich der weltweit aktivste und am weitesten entwickelte Kapitalmarkt, und die in internationale Wertpapiere fließenden Mittel nehmen Jahr für Jahr zu. So wurden 1997 allein in den USA mehr als 900 Milliarden Dollar in internationalen Wertpapieren angelegt - ein enormer Zuwachs gegenüber den Jahren zuvor. Darüber hinaus interessieren sich tausende institutionelle Investoren und Millionen Privatanleger in den USA zunehmend für ausländische Aktienwerte.

Wie aber erschließt sich ein deutsches Unternehmen den amerikanischen Kapitalmarkt? Analog zum (Produkt-) Marketing beginnt die Arbeit der Investor Relations mit der Bestimmung und Eingrenzung des Absatzmarktes - also bei der Definition der spezifischen Zielgruppen innerhalb der financial community.

1. Klare Definition der Zielgruppen: Kennen sie ihre „Kunden"?

Erste Voraussetzung für die Entwicklung und Umsetzung einer erfolgreiche Marketingstrategie ist die größtmögliche Kenntnis über die „Kundenzielgruppe", in diesem Fall also potentielle Investoren und Analysten. Im Sinne eines effizienten Vorgehens und angesichts der enormen Größe des amerikanischen Kapitalmarktes ist es empfehlenswert, daß das ausländische Unternehmen Informationen über alle am Markt präsenten institutionellen Investoren zusammenträgt - um anschließend nur noch die am geeignetsten erscheinenden Fondsgesellschaften ansprechen zu müssen. Hilfestellung dabei bieten spezialisierte IR-Beratungsgesellschaften, die über Datenbanken mit Informationen über die wichtigsten (fast 2.000) institutionellen Investoren in den USA verfügen. Daraus lassen sich z. B. die Höhe des jeweils verwalteten Kapitals, der relative Anteil von Aktien im Vergleich zu festverzinslichen Wertpapieren sowie der jeweilige Anteil ausländischer Werte am Fonds ablesen. Außerdem kann in vielen Fällen ermittelt werden, welcher Prozentsatz der Mittel in einzelnen Ländern bzw. Regionen, wie Deutschland, Japan, Europa oder Asien investiert wird. Schließlich liefert die Datenbank Aussagen über viele der in den Fonds enthaltenen Einzelwerte und darüber, ob es sich um wachstums-, wert-, ertrags- oder indexorientierte Investoren handelt.

Für ein Unternehmen ist es zudem von Bedeutung, ob der potentielle Investor eine eher kurz- oder vielmehr langfristig orientierte Anlagestrategie verfolgt. So investieren beispielsweise manche Institute ausschließlich in Aktienwerte, die eine bestimmte Mindest-Dividende erreichen. Andere investieren erst in Unternehmen mit einer Marktkapitalisierung ab 500 Millionen Dollar oder einem bestimmten Handelsumsatz. Einigen Pensionskassen ist es satzungsgemäß untersagt, ausländische Wertpapiere zu erwerben; andere müssen sich auf solche Werte beschränken, die an der NYSE (New York Stock Exchange) gelistet sind. Derzeit gibt es in den USA mehr als 10.000 Fondsmanager und über 20.000 börsennotierte Gesellschaften. Für ein ausländisches Unternehmen reduziert sich die relevante Zielgruppe erfahrungsgemäß jedoch auf nur etwa 300 bis 500 Personen. Diese Beispiele machen deutlich, daß ein wirksames und effizientes IR-Programm in den USA maßgeblich von der Qualität der Ausgangsanalyse bestimmt wird.

Die Zielgruppe eines deutschen Unternehmens besteht im wesentlichen aus den Fondsmanagern sowie den Branchen- bzw. Länderanalysten der institutionellen Anleger. Allerdings sollten jedoch auch die Branchenanalysten und Händler der großen US-Brokerhäuser und Investmentbanken nicht übersehen werden. Denn das Ziel des Emittenten, vom Analysten eines Brokerhauses in der Unternehmensanalyse berücksichtigt zu werden, erfordert einen hohen Zeiteinsatz.

Da Analysten nur eine begrenzte Zahl von Unternehmen abdecken können, besteht die Tendenz zur Bewertung nur der weltweit größten Unternehmen der jeweiligen Branche. Unternehmen, die nicht in diese Gruppe fallen, müssen hier also langfristig angelegte Überzeugungsarbeit leisten. Zwar ist positiv zu vermerken, daß eine wachsende Zahl von US-Banken und Brokerhäusern spezielle Research-Teams für ausländische Aktienwerte aufbaut – doch diese arbeiten in der Regel direkt in der Region, für die sie zuständig sind.

Aus diesem Grund dient die Etablierung eines professionellen IR-Programms im Heimatmarkt sogar als Voraussetzung für die erfolgreiche Ansprache amerikanischer Investoren: Denn institutionelle Anleger gründen ihre Entscheidungen nicht nur auf die eigenen Gesprächen mit der Unternehmensleitung in den USA, sondern ebenso auf die Einschätzungen ihrer regionalen Vertreter vor Ort. Viele der großen amerikanischen Investmentgesellschaften - wie etwa Fidelity oder Capital Research - sind in ganz Europa vertreten; auch Top-Adressen wie JP Morgan, Goldman Sachs, Salomon Smith Barney, Morgan Stanley Dean Witter und Merrill Lynch erstellen den Großteil ihrer deutschen Unternehmensanalysen in Europa. Zudem unterhalten einflußreiche europäische Broker Niederlassungen in den USA zur Vermarktung ausländischer Aktien, deren Analysen auch von amerikanischen Investoren herangezogen werden. Nicht zuletzt dienen Berichte in den Medien des Heimatmarktes als Informationsgrundlage.

Die Unternehmensbewertung und damit auch die Entscheidung des Investors über den Kauf einer Aktie stützt sich auf all diese unterschiedlichen Quellen. Zusammenfassend läßt sich daher festhalten, daß der erfolgreiche Aufbau und die Pflege eines Aktionärskreises in den USA professionelle Investor Relations nicht nur in den Vereinigten Staaten, sondern ebenso in Deutschland bzw. Europa bedingt.

2. Positionierung im Kapitalmarkt: Passen sie sich US-Standards an

Nach der Bestimmung der spezifischen Zielgruppe muß das Unternehmen seine zukünftige Positionierung im Kapitalmarkt formulieren. Eine bloße Beschreibung des Unternehmens reicht hier jedoch nicht aus; vielmehr müssen potentielle Investoren und Analysten von der Attraktivität der Aktie überzeugt werden. Das erfordert die Darstellung der Unternehmenstätigkeit in einem größeren Kontext. Fondsmanager analysieren nicht nur die fundamentalen Daten eines Emittenten, sondern fragen darüber hinaus auch nach seiner Marktposition, seinen Wachstumsstrategien und seinen Wettbewerbsvorteilen gegenüber der nationalen und internationalen Konkurrenz. Dabei erweist sich häufig der direkte Vergleich mit bekannten US-Wettbewerbern als sinnvoll. Als Beispiel sei hier die australische BHP angeführt, deren Finanzpräsentation mit folgendem Einstieg begann:

„BHP ist als größtes australisches Unternehmen in drei Geschäftsfeldern aktiv: Öl und Gas, Stahl sowie Mineralien. Das Ölgeschäft ist als separat geführtes Unternehmen größer als das von Superior Oil. Das Stahlgeschäft ist größer als Inland Steel und das Mineralien-Geschäft größer als ASARCO. Wären wir ein amerikanisches Unternehmen, würden wir bei den Erlösen auf Platz 78 der Fortune 500 liegen und bei den Gewinnen auf Platz 32."

Eine derartige Formulierung erreicht die unmittelbare Aufmerksamkeit eines US-Investors. Darüber hinaus kann die Durchführung einer komparativen Analyse mit einzelnen amerikanischen Vergleichsunternehmen bzw. einer Gruppe von Wettbewerbern empfehlenswert sein. So erleichtert etwa ein Vergleich der in den USA gebräuchlichen Branchenkennzahlen - wie ROA (return on assets; Verzinsung der Aktiva), ROE (return on equity; Eigenkapitalrendite) oder bei Banken die Nettozinsspanne - interessierten Anlegern die Beurteilung des Unternehmens und seiner „performance". Da Fondsmanager gegebenenfalls erst Aktienpositionen freisetzen müssen, bevor sie in einen neuen Wert einsteigen können, ist das Unternehmen in seiner Überzeugungskraft gefordert. Analysten und Investoren erwarten hier die Anpassung des ausländischen Emittenten an die in den USA üblichen Standards - auch im Hinblick auf die Publizität.

3. Information und Kommunikation: Kontinuität zahlt sich aus

Die einmal formulierte Unternehmenspositionierung muß natürlich gegenüber der Zielgruppe kommuniziert werden. Die financial community erwartet sowohl einen kontinuierlichen Informationsfluß als auch den direkten Zugang zur Unternehmensleitung. Die Intensität der Kommunikation sollte daher in einem angemessenen Verhältnis zu den strategischen Unternehmenszielen stehen.

Ein Beispiel: Manche ausländische Unternehmen präsentieren sich vier bis fünf Mal pro Jahr in den USA und geben im Monat bis zu acht Pressemitteilungen heraus. Sie laden Analysten zu Betriebsbesichtigungen ihrer Standorte in Europa, Asien oder Australien ein und nehmen selbst an drei bis vier Branchenkonferenzen im Jahr teil. Darüber hinaus steht der Investor Relations-Manager in täglichem Kontakt mit amerikanischen Investoren und Analysten. Diese Unternehmen sind an einer amerikanischen Börse notiert, an der sie mit ADRs (American Depositary Receipts) zum Teil höhere Handelsumsätze erzielen als mit den an der Heimatbörse gehandelten Aktien. Der Bedarf an intensiver IR ist also relativ hoch. Im Gegensatz dazu wären jedoch derartig intensive Kommunikationsmaßnahmen völlig unangemessen für ein Unternehmen, das soeben eine Privatplazierung an institutionelle Investoren unter Rule 144A abgeschlossen hat und zudem in den USA vergleichsweise unbekannt ist.

Es ist daher von hoher Bedeutung, die für das jeweilige Unternehmen optimale Kommunikationsintensität zu erzielen, wobei in jedem Fall ein kontinuierlicher Informationsfluß gewährleistet werden sollte. In der Regel entscheiden sich amerikanische Investoren nicht bereits nach dem ersten Gespräch mit der Unternehmensleitung für den Kauf der Aktie. Daher sollte die Kommunikation konsequent über die Veröffentlichung schriftlicher Mitteilungen - wie Pressemeldungen, Geschäfts- und Zwischenberichte - weitergeführt werden; potentiellen Investoren sollte darüber hinaus der Zugang zum Unternehmen und seiner Spitze offenstehen.

Für die Kommunikation mit Investoren können deutsche Unternehmen in den USA auf eine Vielzahl von Wegen und Instrumenten zurückgreifen. Die Auswahl konkreter Maßnahmen bestimmt sich dabei nach unternehmensspezifischen Faktoren - hier spielen Ziele und Zeitplan des Unternehmens eine Rolle ebenso wie Engagement, Erfahrung und Präsenz an den amerikanischen Finanzmärkten bzw. aktuelle Markt- und Branchenentwicklungen.

4. Investor Relations-Instrumente: Was nicht fehlen darf

4.1 Finanzpräsentationen

Persönliche Treffen der Unternehmensleitung mit aktuellen und potentiellen Investoren, Analysten, Retail-Brokern und Händlern. Sie können als groß angelegte Roadshows oder Einzelgespräche, Telefonkonferenzen oder ausgewählte Anrufe, Seminarvorträge usw. gestaltet werden. Die Möglichkeiten sind hier nahezu unbegrenzt.

4.2 Veröffentlichung von Unternehmensinformationen

Alle in den USA börsennotierten Gesellschaften sind verpflichtet, neue Unternehmensmeldungen über die amerikanischen Nachrichtenagenturen zu veröffentlichen. Aktuelle Mitteilungen und Hintergrundmaterial sollten darüber hinaus den individuellen Ansprechpartnern per Fax, Kurier oder Post zur Verfügung gestellt werden. Der Verteiler für ein Standard-IR-Programm in den USA umfaßt erfahrungsgemäß zwischen 300 und 500 Adressen. Ein ausländisches Unternehmen sollte daher nie die Bedeutung eines kontinuierlichen Informationsflusses unterschätzen, durch den alle Marktteilnehmer gleichberechtigt ihren Wissensstand aktualisieren können.

4.3 Hintergrundmaterial

Hierzu gehören Geschäfts- und Zwischenberichte, Faktenblätter, Branchenanalysen, statistische Unterlagen, Videos und CDs.

4.4 Medien

Die Medienarbeit ist ein wichtiger Bestandteil jedes IR-Programms. Zu diesem Bereich gehören etwa der Versand von Unternehmensinformationen an die relevanten Medienvertreter, die Organisation von Pressekonferenzen und Plazierung von Hintergrundberichten sowie die Organisation von Interviews in Print- und Rundfunk- und Fernsehmedien.

4.5 Betriebsbesichtigungen

Zum Standard zählt inzwischen auch die Einladung von Fondsmanagern und Analysten zu einer Betriebsbesichtigung vor Ort. Investoren können sich auf diese Weise ein realistisches und anschauliches Bild vom Unternehmen und seinem Umfeld machen.

Unabhängig von der Auswahl einzelner Kommunikationsinstrumente ist hier festzuhalten, daß sich ein erfolgreiches IR-Programm vor allem durch Regelmäßigkeit und Glaubwürdigkeit auszeichnet - dies nicht zuletzt auch aufgrund des harten und weiter zunehmenden Wettbewerbs um das Geld der Anleger.

5. Wettbewerb um Kapital: Gewinnen mit Präsenz

Zweifelsohne wissen amerikanische Anleger um die Vorteile internationaler Portfolio-Diversifikation und investieren hohe Summen in ausländische Aktienwerte. Dieses Kapital fließt jedoch nicht nur in einen, sondern in viele einzelne Märkte: Für ein deutsches Unternehmen, das in Amerika Investoren für sich gewinnen will, ist daher die Kenntnis des US-Marktes für internationale Anlagen unerläßlich.

Seit Anfang der neunziger Jahre hat sich die Wettbewerbssituation in den USA enorm verändert. Während eine ständig wachsende Zahl von Emittenten das Interesse der Investoren auf sich zu ziehen versucht, können jedoch - als Ergebnis der Konsolidierung des Brokerage-Bereichs - immer weniger Analysten diese Unternehmen beobachten und bewerten. Gleichzeitig nimmt das allein in den USA für internationale Investitionen bereitstehende Kapital beständig zu und erreichte 1996 die Rekordmarke von 896 Milliarden Dollar. Für die neu zufließenden Gelder müssen institutionelle Investoren immer neue attraktive Anlagemöglichkeiten finden.

Als Folge dieser Entwicklungen werden daher US-Fondsmanager eher diejenigen Unternehmen für ihre Portfolios berücksichtigen, die durch die erfolgreiche Kommunikation ihrer Positionierung im Markt präsent sind und sich von ihren Mitbewerbern differenzieren können.

6. Professionelle IR einerseits: Erwartungen der Investoren andererseits

Natürlich wird der Erfolg eines Unternehmens am amerikanischen Kapitalmarkt - gleich aus welchem Ursprungsland es stammt - letztlich von seinen fundamentalen Daten bestimmt. Die professionelle Umsetzung konsistenter Investor Relations aber ermöglicht es, eine dauerhafte Präsenz im Markt und einen entsprechenden Kreis von Aktionären in den USA nicht nur aufzubauen, sondern auch zu pflegen.

An dieser Stelle sei bemerkt, daß ausländische Unternehmen den Kreis ihrer US-Aktionäre nicht allein an der Anzahl der gehaltenen ADRs bemessen sollte. Vielmehr investiert eine Reihe amerikanischer Häuser zusätzlich in die an der Heimatbörse gehandelten Stammaktien - oder erwirbt sogar ausschließlich Stammaktien. Dies sollte innerhalb der IR-Funktion entsprechend berücksichtigt werden. Dennoch: ADRs bleiben ein wesentliches Marketinginstrument für die Aktien eines ausländischen Unternehmens in den USA und sind tatsächlich zumeist der Auslöser für das Interesse der Investoren.

Der Erfolg von Investor Relations setzt aber voraus, daß die Maßnahmen systematisch, konsistent - in guten wie in schlechten Zeiten -, zielgerichtet und strategisch angelegt sind und dabei vor allem die US-Publizitätsstandards erfüllen. Die Güte eines IR-Programms bestimmt sich hier nicht durch die Menge der Kontakte zu US-Investoren, sondern vielmehr durch die Qualität der Kommunikation: Transparenz, Zuverlässigkeit und Aktualität der Information schaffen Loyalität zu einer Aktie.

An ein ausländisches Unternehmen werden US-Investoren allerdings neben professioneller Investor Relations folgende weitere Erwartungen stellen:

- Prognostizierbarkeit der Gewinne;
- solide, langfristig angelegte Strategien anstatt kurzfristig orientierter Gewinnziele;
- starke Fokussierung auf einen, maximal zwei Industriezweige (diese Unternehmen halten US-Investoren für besonders interessant);
- nachhaltiges Wachstum;
- eine starke Unternehmensspitze;
- die Verpflichtung zur Fairness gegenüber den Aktionären.

7. Aufbau des Investorenkreises in den USA: Schritt für Schritt

Für den erfolgreichen Aufbau des Investorenkreises in den USA empfiehlt sich die Umsetzung der folgenden Schritte:

Zunächst sollte eine Führungskraft des Unternehmens mit der Verantwortung für den neuen Bereich Investor Relations betraut werden. Während es sich dabei, abhängig von der Unternehmensgröße, nicht zwingend um einen Full-Time-Job handeln muß, sollten jedoch mindestens 25% der gesamten Arbeitszeit für IR genutzt werden können. Insbesondere multinationale Konzerne verfügen hier häufig über spezielle IR-Abteilungen. Ein großes US-Unternehmen etwa beschäftigt in der Regel allein drei bis vier IR-Mitarbeiter - oder sogar mehr, wenn sich die Aktien im breiten Streubesitz privater Anleger befinden. Dies trifft z.B. häufig auf Unternehmen der Konsumgüterindustrie mit einem hohen Bekanntheitsgrad ihrer Marken zu oder auf Versorgungsunternehmen, die eine attraktive Rendite erzielen und daher häufig zu einem hohen Anteil im Besitz von Privatanlegern sind. Das für die IR-Funktion einzuplanende Budget liegt im Normalfall über 1 Million Dollar. Dabei sollten der Vorstandsvorsitzende und der Finanzvorstand des Unternehmens von einem Zeiteinsatz von 15 bis

20 Tagen im Jahr ausgehen, der für die Kommunikation mit Investoren aufgewendet werden muß.

In einem zweiten Schritt müssen die Ziele der IR bestimmt und ein entsprechendes Planungskonzept entwickelt bzw. geprüft werden. Dieses Konzept sollte neben den USA ebenso den Heimatmarkt sowie sonstige potentielle Auslandsmärkte berücksichtigen. Die Zusammenarbeit mit einem speziellen Investor Relations-Beratungsunternehmen ist zwar nicht zwingend erforderlich, bietet jedoch zahlreiche Vorteile hinsichtlich Erfahrung und Effizienz. Darüber hinaus ist es kaum realisierbar, ohne eine Vertretung in den USA den Kontakt zu institutionellen Investoren zu pflegen und Informationen über die aktuelle Stimmung im Markt zu erlangen. Alternativ kann zwar ein eigener Mitarbeiter in New York diese Rolle ausfüllen. Allerdings erscheint diese Lösung im Hinblick auf die entstehenden Kosten nur bei einer hohen Marktkapitalisierung des Unternehmens vertretbar.

Ein Investor Relations-Programm sollte dann pro Jahr mindestens einen USA-Besuch des Vorstandes in Verbindung mit einem zusätzlichen Besuch des IR-Leiters vorsehen. Die wichtigsten Finanzzentren New York, Boston, San Francisco und Los Angeles sind ein „must" in jedem Besuchsprogramm. Allein in diesen vier Zentren wird die Hälfte des gesamten Anlagekapitals in den USA und der Großteil der amerikanischen Auslandsinvestitionen verwaltet. Je nach Branche kann die Wahl der Stadt jedoch variieren; so ist z.B. Houston über seine hohe Fachkompetenz im Ölsektor bekannt. Weitere Städte, die berücksichtigt werden können, sind Chicago, Philadelphia und Minneapolis.

Ein effizientes IR-Konzept sollte zudem die zügige und möglichst zeitgleiche Veröffentlichung von Unternehmensnachrichten gegenüber den Zielgruppen gewährleisten. Dabei muß auch an einen Mechanismus zur Beantwortung von Anfragen gedacht werden: Denn schon die unterschiedlichen Zeitzonen bedingen, daß ein Ansprechpartner in den USA auf die Fragen der Investoren eingehen kann. In diesem Zusammenhang ist auch zu betonen, daß eine in den USA börsennotierte ausländische Gesellschaft den Publizitätsregelungen der SEC zwingend nachkommen muß - von primärer Bedeutung ist hierbei die Forderung nach vollständiger, gleichmäßiger und zeitnaher Veröffentlichung neuer Unternehmensmeldungen. Andere SEC-Regelungen sehen zahlreiche Hinterlegungspflichten sowie die Pflicht zur Rechnungslegung nach US GAAP vor.

Diese auf den ersten Blick lang erscheinende Liste gibt tatsächlich nur die Mindestanforderungen professioneller Anleger wider. Sofern das Unternehmen diese Erwartungen aber erfüllen kann und sich auch in der Kommunikation seiner Positionierung durch Professionalität auszeichnet, so wird der Erfolg bei den Investoren den eingesetzten Aufwand bei weitem überwiegen.

8. Fazit: Sechs Regeln für erfolgreiche Investor Relations in den USA

Zusammenfassend sollten deutsche Unternehmen mit dem Ziel, den amerikanischen Kapitalmarkt zu erschließen, folgende Punkte beachten:

1. Investor Relations sind eine Marketingfunktion und müssen daher proaktiv gestaltet sein. Die Kommunikation des wahren Unternehmenswertes ist von entscheidender Bedeutung, damit die Aktie eine faire Bewertung erfährt.

2. Der Investmentsektor in den USA zeichnet sich um immer stärkere Wettbewerbsintensität aus. Die Präsenz eines Unternehmens bei institutionellen Investoren setzt daher eine Differenzierung über das Instrument effektiver Kommunikation voraus.

3. Investor Relations sollten systematisch, konsistent, zielgerichtet und strategisch angelegt sein und den amerikanischen Publizitätsstandards entsprechen. Aktualität, Qualität, Transparenz und Zuverlässigkeit der Information bestimmen die Güte und den Erfolg der IR.

4. Professionelle Investor Relations basieren auf kontinuierlicher Kommunikation.

5. Die Kommunikation mit Investoren sollte zukunftsorientiert sein und damit Aussagen zum Wachstumspotential des Unternehmens treffen.

6. Neben der Etablierung der IR-Funktion in den USA ist die Entwicklung und Stärkung der Kommunikation mit Investoren im Heimatmarkt gleichermaßen von Bedeutung.

Aktienoptionen für Führungskräfte - Ein Shareholder Value-Signal an US-Investoren

Andreas Prechtel und Rainer Schätzle
Towers Perrin, Inc.

Inhalt

Deutsche Unternehmen, die den Gang an den US-Kapitalmarkt vollziehen oder planen, benötigen ein Performance-Management, das die institutionellen Investoren und privaten Anleger auf dem US-Markt davon überzeugt, daß ihre Shareholder-Interessen konsequent verfolgt werden. Aktienoptionspläne sind ein notwendiges Element dieses Performance-Managements, denn sie belohnen die Führungskräfte für eine an der Kurssteigerung der Aktie und/oder an der positiven Entwicklung interner operationeller Kennzahlen gemessenen Wertsteigerung des Unternehmens.

Sie ermöglichen es dem Unternehmen zudem, Top-Manager zu halten oder zu gewinnen, die notwendig sind, um ambitionierte strategische Unternehmensziele zu erreichen und damit auch am Kapitalmarkt zu bestehen. US-Investoren sind zudem an das Vorhandensein von Aktienoptionsplänen gewöhnt und würden sich ernsthaft fragen, ob ein Management, dessen Vergütung nicht zu einem wesentlichen Teil unmittelbar an den Unternehmenserfolg gekoppelt ist, tatsächlich ausreichend zur Steigerung des Shareholder Value motiviert sind.

Das Fehlen eines Aktienoptionsplans kann damit sogar zu einem Hindernis für den Zugang zum US-Kapitalmarkt werden und die Kapitalaufnahme oder Suche nach langfristig orientierten institutionellen Investoren im Rahmen eines Private Placements gefährden.

1. Shareholder Value als weltweiter Maßstab für Investments

Der Schlachtruf „Shareholder Value“ ertönt heute in den Führungsetagen fast aller größeren Unternehmen, deren Anteile öffentlich gehandelt werden. Und dies sollte eigentlich auch selbstverständlich sein, denn schließlich haben private Unternehmen seit jeher den primären Zweck, Erträge für ihre Eigentümer zu erwirtschaften.

Dabei stehen Unternehmen heute in einem Umfeld, in dem eine Vielzahl von ganz unterschiedlichen Interessengruppen eine Vielzahl von sich zum Teil widersprechenden Anforderungen an das Unternehmen stellen. Zu denken ist z.B. an die Interessen der Kunden, der Lieferanten, der Arbeitnehmer, der Gläubiger und die des Staates und seiner Organe. Sie erwarten alle vom Unternehmen die Erfüllung bestimmter Forderungen und damit eine bestimmte „Performance“. Vor dem Hintergrund der Globalisierung der Güter- und Kapitalmärkte tritt jedoch eine Gruppe, deren Interessenlage bisweilen vernachlässigt schien, mit ihren Anforderungen an die Performance des Unternehmens (erneut) in den Vordergrund: die Gruppe der Investoren. Sie suchen heute weltweit nach renditestärkeren Anlagealternativen, stellen aber andererseits den kapitalsuchenden Unternehmen auch entsprechend neues Kapital zur Verfügung. Dies gilt insbesondere für den US-Kapitalmarkt, den größten Kapitalmarkt der Welt, auf dem nicht nur institutionelle Investoren, sondern gerade auch private Anleger Risikokapital zur Verfügung stellen.

Kapital ist allerdings eine knappe Ressource und wird es aufgrund des steigenden Bedarfs seitens der Unternehmen auch in Zukunft bleiben. Investoren, die Kapital in Form von haftendem Eigenkapital oder auch als Fremdkapital zur Verfügung stellen, bieten sich durch die Technisierung der Kapitalmärkte und den inzwischen erreichten Stand der Kapitalverkehrsfreiheit in den meisten Ländern der Erde heute weltweite Anlagemöglichkeiten. Die Erwartungen an den Ertrag ihrer Anlage orientieren sich daher entsprechend an den weltweit ertragreichsten Investmentalternativen. Dies ist heute an den Kapitalmärkten am deutlichsten auf Seiten der institutionellen Investoren, insbesondere den starken anglo-amerikanischen Pensions- und Investmentfonds sowie Banken und Versicherungen zu spüren. Sie stehen ihrerseits in einem harten Wettbewerb und unterliegen entsprechendem Performancedruck hinsichtlich ihrer eigenen Ertragskraft, den sie an die Unternehmen, in die sie investieren, weitergeben. Aber auch auf Seiten der Privatanleger steigen die Erwartungen an den Ertrag der Investments. Dabei ist eher eine langfristige positive Entwicklung des „Shareholder Value“ angestrebt als eine nur kurzfristige, aber volatile Kursentwicklung.

2. Zukünftige Anforderungen an das Performance Management

Gerade auch mittelständische Unternehmen spüren zunehmend den Druck, entweder in ein internationales Format hineinzuwachsen oder weiterhin auf den lokalen Markt beschränkt tätig zu sein und sich der internationalen Konkurrenz auf den eigenen Märkten erwehren zu müssen. Die Internationalisierungsstrategie erfordert jedoch enorme Investitionen sowohl in Know How und Human Capital als auch in Anlagegüter. Dieser Kapitalbedarf kann zunehmend nicht mehr allein durch die Beziehungen zu den Hausbanken gedeckt werden, sondern das Kapital muß auf dem Kapitalmarkt eingeworben werden. Viele deutsche Unternehmen erkennen ihre Chance, das Kapital auf diesem Wege zu sehr günstigen Konditionen zu bekommen und zwar nicht nur an deutschen Börsen, sondern schon häufig auf dem US-amerikanischen Kapitalmarkt, der auch eine beispielhafte professionelle Infrastruktur hinsichtlich der Begleitung des Gangs an die Börse bietet.

Mit dem Gang an die Börse setzen sich die Unternehmen und ihr Management einem erhöhten Performancedruck aus. Diesem Performancedruck kann erfolgreich nur dann begegnet werden, wenn die Führungskräfte und übrigen Mitarbeiter jeweils auf ihrer Ebene zur Steigerung ihrer individuellen Performance und damit zu einem Beitrag zur Gesamtperformance des Unternehmens motiviert werden können. Die Instrumente hierfür stehen bereits zur Verfügung und Aktienoptionspläne sind sicherlich eines der wichtigsten und wie die Erfahrung des US-Marktes zeigt auch eines der erfolgreichsten Instrumente des Performance-Managements.

Zu den wichtigen Aufgaben der Geschäftsführungsmitglieder gehört zunächst das Zielmanagement, bei dem die operativen Unternehmensziele festgelegt und für deren Durchsetzung gesorgt werden muß. Die Unternehmensperformance in diesem Bereich wird i.d.R. mit traditionellen Kennzahlensystemen wie z.B. Umsatz oder Marktanteile gemessen, so daß nur bestimmte Teilaspekte der Gesamtperformance des Unternehmens erfaßt werden. Die Motivationswirkung ist hier erreichbar durch das Inaussichtstellen von Boni oder Ad hoc-Prämien bei

Zielerreichung, wobei der Wert der Boni vom individuellen Zielerreichungsgrad abhängt. Die variable Vergütung kann selbstverständlich neben operativen Kennzahlen auch an interne Kennzahlen oder auch an qualitative Verhaltensziele anknüpfen und sich damit noch weiter von der Gesamtperformance des Unternehmens entfernen. Typischerweise werden Boni als variable Vergütungsform des Zielmanagements eher als kurzfristige Vergütung gewährt, obgleich selbstverständlich auch das Setzen langfristiger Zielvorgaben möglich ist und sinnvoll sein kann. In der Gesamtbetrachtung entspringt die variable Vergütung, die an die Erreichung einzelner qualitativer Ziele oder operativer Kennzahlen anknüpft jedoch eher dem Bild des Unternehmens, das versucht, Einzelzielen gerecht zu werden, statt sich einer umfassenden Unternehmensbewertung durch den Markt zu stellen und jeden einzelnen Mitarbeiter daran zu messen, welchen Beitrag er zur Unternehmenswertsteigerung erbringt.

Mit diesem klassischen und bislang in Deutschland noch ganz überwiegend auch in börsennotierten Unternehmen präferierten Vergütungssystem allein wird ein Zugang zum US-Kapitalmarkt eher schwer werden. Auch wenn ein Bonussystem selbstverständlich zur Gesamtvergütung dazugehört, wollen US-Investoren nicht ausschließlich eine Orientierung des Managements an diesen operationellen Kennzahlen sehen. Notwendig ist daher ein Motivations- und Vergütungssystem, das sich an der Gesamtperformance des Unternehmens, die am Kapitalmarkt gemessen wird, orientiert. Diese Aufgabe übernehmen im Kontext der Gesamtvergütung die Long-Term Incentives.

3. Executive Compensation zur Performance-Fokussierung

Die einzig sinnvolle Reaktion auf die veränderten Anforderungen an die durch den Kapitalmarkt täglich neu bewerteten Gesamtperformance des Unternehmens liegt in der konsequenten Ausrichtung aller Unternehmensbereiche auf eine langfristige Gewinnmaximierung und in einer professionellen Kommunikation der Unternehmenssituation an die Investoren. Dies erfordert aber in der Konsequenz auch die Einbindung jedes einzelnen Mitarbeiters in die Erreichung des Gesamtperformance-Ziels. Nur wenn jedem/-er Mitarbeiter/-in deutlich wird, welchen Beitrag er oder sie im Rahmen der Unternehmensprozesses zur Steigerung des „Shareholder Value“ leisten kann, wird es tatsächlich gelingen, das Unternehmen optimal gegenüber den Investoren zu plazieren und entsprechend starke Unterstützung zu gewinnen.

Die Mittel zur Orientierung aller Mitarbeiter an dem neuen Performanceziel sind bereits mit den vielfältigen Formen leistungsorientierter Vergütungssysteme vorhanden. Mit ihnen können die notwendigen Motivationseffekte erreicht werden, um die Interessen der Mitarbeiter des Unternehmens mit denen der Investoren weitgehend gleichzurichten und jeden einzelnen Mitarbeiter zu unternehmerisch denkenden und handelnden Miteigentümern zu machen.

Allerdings darf hierbei nicht verkannt werden, daß nicht jedes der zur Verfügung stehenden Vergütungssysteme für jeden Mitarbeiter gleich geeignet ist. Ganz offensichtlich ist dies, wenn die Frage nach dem tatsächlichen Einfluß auf das neue Performanceziel gestellt wird. Das Management trifft die strategischen Entscheidungen im Unternehmen, bestimmt die Portfoliopolitik, entscheidet über Investitionen und Desinvestitionen und selbstverständlich auch über die immer mehr an Bedeutung gewinnende Personalpolitik. Da es sich hierbei um die wichtigsten Entscheidungen im Unternehmen handelt, ist auch der Einfluß des Managements auf die Erreichung der Gewinnziele zweifellos am größten. Zugleich ist es auch das Management, das den Unternehmenserfolg gegenüber dem Kapitalmarkt kommuniziert und somit zur richtigen Einschätzung des Unternehmens durch die Investoren beiträgt. Die Kursentwicklung und damit die Steigerung des Unternehmenswertes am Kapitalmarkt ist damit unmittelbar und ganz wesentlich von der Leistung des Managements abhängig.

Vergütungssysteme, die speziell die Interessen des Top-Managements mit denen der Investoren gleichrichten, müssen daher neben dem Grundgehalt und dem variablen Vergütungsbestandteil, der ehe kurzfristig (z.B. jährlich) gewährt wird, zu einem wesentlichen Anteil auch Long Term Incentives (LTI) miteinbeziehen, die sich unmittelbar an der Entwicklung des Unternehmenswertes orientieren. Wie sich dies auf die Struktur der Gesamtvergütung auswirkt ist aus dem folgendem Beispiel ersichtlich.

Dabei wird deutlich, daß eine stärkere Beteiligung des Managements am unternehmerischen Risiko erfolgen muß, denn nur so läßt sich der Wechsel von einem Absicherungsverhalten zu einem aktiven unternehmerisches Verhalten bewirken. Dem Risiko muß aber auch eine Chance auf langfristigen Gewinn entsprechen. Diese Chance ist u.a. auch notwendig, um auf dem internationalen Markt für Führungskräfte die besten „High Potentials“ zu bekommen.

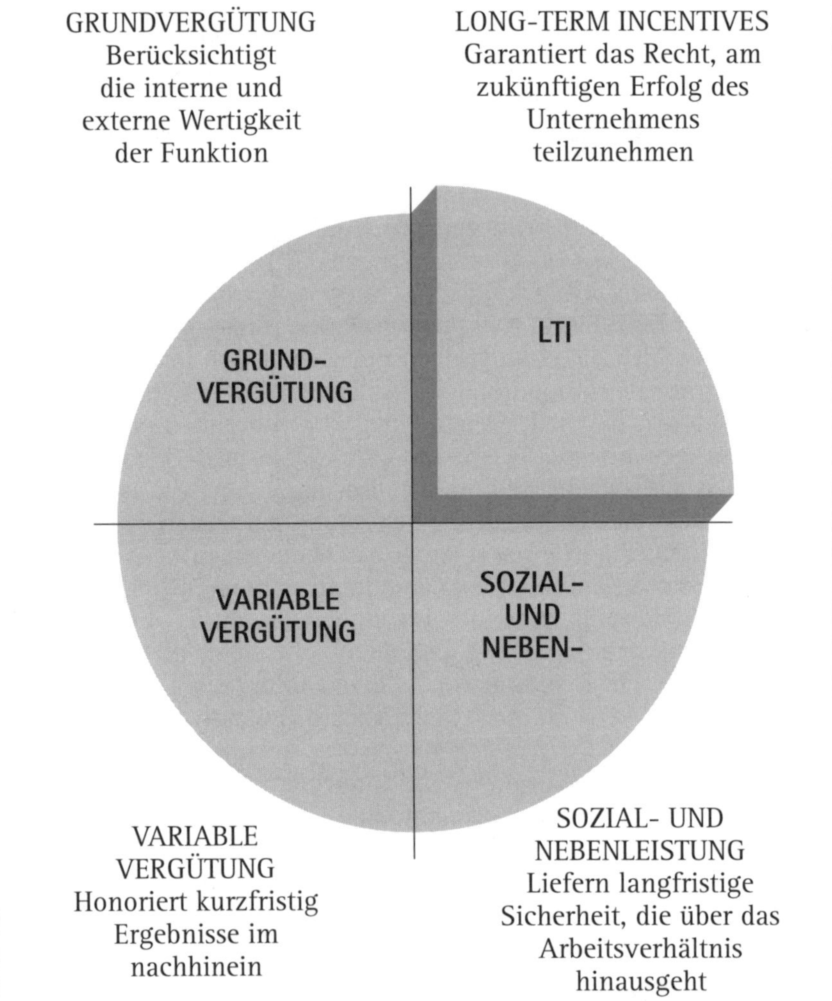

Abbildung 1: Struktur einer Value-based Vergütung

Diese sind selbstverständlich in jedem Fall in die individuelle Unternehmensstrategie und evtl. verfolgte EVA-Konzepte einzubinden, denn es macht kaum Sinn, das Management über kapitalmarktorientierte Vergütungsinstrumente motivieren zu wollen, die nicht auf die

Werttreiber abgestimmt sind, mit denen das Unternehmen im operativen Bereich arbeitet. Für deutsche Unternehmen steht dabei insbesondere die nach Inkrafttreten des Gesetzes zur Kontrolle und Transparenz im Unternehmensbericht (KonTraG) erleichterte Auflage von Aktienoptionsplänen im Vordergrund.

Auf der Ebene der Mitarbeiter unterhalb des Top-Managements und der ersten nachgeordneten Führungsebene nimmt der Einfluß auf die am Kapitalmarkt bewertete Gesamtperformance des Unternehmens mit den Hierarchieebenen im Unternehmen in aller Regel ab, obgleich es natürlich auch zu Durchbrechungen dieser Regel kommen kann. So kann z. B. in einem Pharma-Unternehmen der Entwickler eines neuen Präparates unabhängig von der Hierarchieebene ganz wesentlich zur Steigerung des Unternehmenswertes beitragen. Gerade um diese Leistungsträger im Unternehmen zu halten, ist eine enge Anbindung der Vergütung an die Entwicklung des Unternehmenswertes über Performance Management-Instrumente erforderlich. Aktienoptionspläne lassen sich entsprechend flexibel gestalten, um die tatsächlichen Top-Performer unmittelbar an der Steigerung des Unternehmenswertes teilhaben zu lassen.

4. Aktienoptionen als Signal an internationale Investoren nutzen

Richtig ausgestaltete und kommunizierte Aktienoptionspläne sind ein deutliches Signal an Investoren, daß das Management sich den strategischen Unternehmenszielen und einer Shareholder Value-Politik verschrieben hat und diese auch mit einem starken eigenen Interesse umsetzt.

Sie stellen damit ein hervorragendes Investor Relations-Instrument dar, wenn es gelingt, den Investoren die wesentlichen Merkmale des Aktienoptionsplanes verständlich zu machen und auch tatsächlich ein Großteil des zum Bezug von Aktienoptionen berechtigten Personenkreises eine derartige leistungsabhängige Vergütung akzeptiert. Eine hohe Teilnahmequote ist in dieser Hinsicht das beste Argument, um die Investoren überzeugen können. Daher sollte nicht nur dem Plandesign, das stets individuell für das Unternehmen zugeschnitten sein sollte, sondern auch der Kommunikation des Plans gegenüber den Planteilnehmern, den übrigen Mitarbeitern, den Gewerkschaften, den Aktionären sowie den potentiellen Investoren besonderes Augenmerk geschenkt werden.

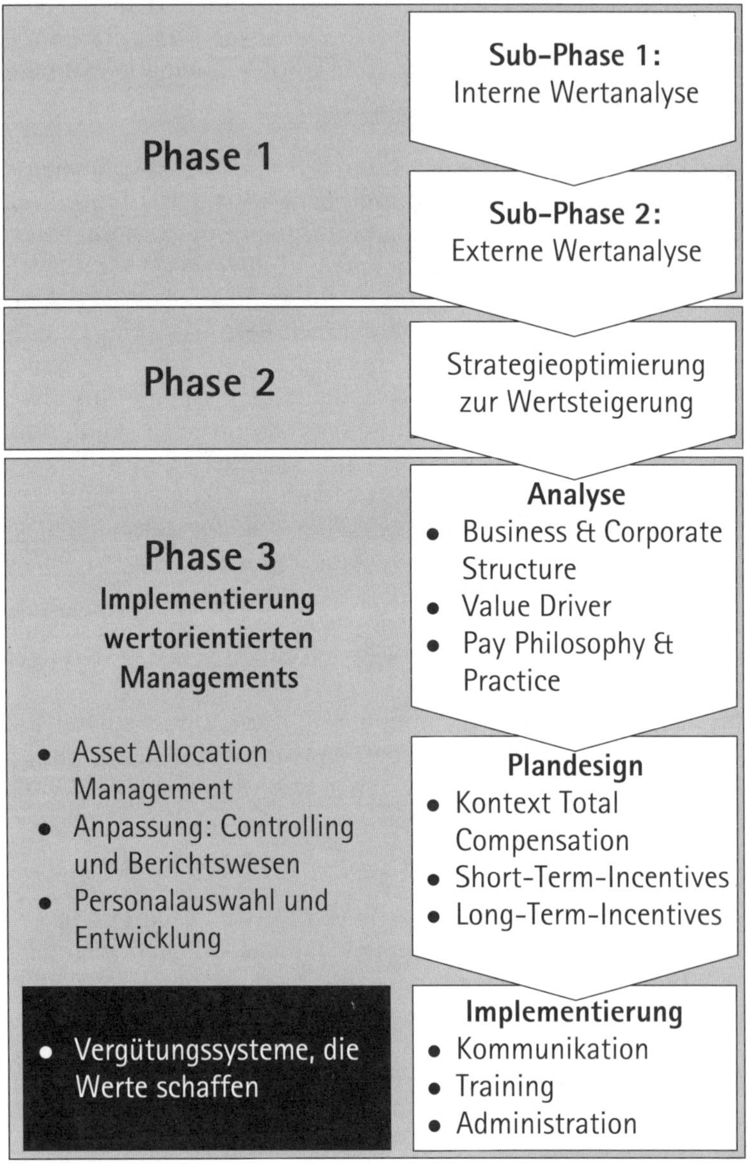

Abbildung 2: Vorgehensweise zur Erarbeitung einer wertorientierten Vergütung

Abbildung 3: Typische Projektphasen

Wie Long-Term Incentives, insbesondere aber Aktienoptionspläne individuell für das Unternehmen erarbeitet werden können und wie sie sich in die Strategie zur Unternehmenswertsteigerung einfügen, zeigen beispielhaft die folgenden Abbildungen:

Ambitionierte Aktienoptionspläne, wie sie einige deutsche Unternehmen bereits implementiert haben, können dabei auch am riesigen US-Kapitalmarkt noch besondere Aufmerksamkeit hervorrufen, die letztlich erforderlich ist, um sich aus der Masse von öffentlich gehandelten Unternehmen herauszuheben und sich gegenüber den Investoren zu profilieren. Anders als die allermeisten US-amerikanischen Unternehmen, die in ihren Aktienoptionsplänen als Planhürden ausschließlich relativ kurze zeitliche Sperrfristen vorsehen, sehen die Aktienoptionspläne vieler deutscher Unternehmen auch inhaltliche Planhürden vor. Diese können sowohl als absolute als auch als relative Planhürden definiert werden. Absolute Planhürden fordern z.B. das Erreichen einer bestimmten Aktienkurssteigerung bis zum Ende der Sperrfrist, wie es z. B. auch der Aktienoptionsplan der Daimler Benz AG vorsieht. Hierbei wird i.d.R. mindestens auf die Rendite risikofreier Papiere mit entsprechener Laufzeit wie der Sperrfrist abgestellt, da eine solche Performance wohl von jedem Unternehmen erwartet werden können muß. Eine darunter liegende Performance verdient es kaum, als besondere Leistung des Managements bezeichnet zu werden. Dieses Konzept ist in den USA bislang noch weitgehend unüblich.

Erst in jüngerer Zeit werden in den USA zudem auch relative inhaltliche Planhürden verstärkt eingesetzt. Bei relativen Planhürden wird die Performance des Unternehmens zusätzlich zu einer absoluten Mindestkurssteigerung der Aktie oder auch ausschließlich an einem Marktindex z. B. dem Dow Jones, dem Dax oder dem Stoxx gemessen. Um insbesondere bei Unternehmen mit stark zyklischem Geschäft eine faire Bewertung der Leistung des Managements zu erreichen, wird zumindest in Deutschland häufig auch ein Branchenindex oder sogar die Performance einer Peer Group von ausgewählten unmittelbaren Wettbewerbern zum Maßstab für die Unternehmensperformance gemacht.

Nur wenn gegenüber diesem Maßstab eine Outperformance erreicht wird, können die Optionen durch die Teilnehmer am Aktienoptionsplan ausgeübt und Gewinne erzielt werden. Auch das Kontroll- und Transparenzgesetz (KonTraG) enthält in seiner Begründung den Hinweis, daß eine solche relative Performancemessung bei Aktienoptionsplänen seitens des Gesetzgebers gewünscht wird, um sog. Windfall Profits wirksam zu vermeiden. Eine Verpflichtung zur Integration relativer Planhürden existiert damit zwar nicht, aber das Fehlen solcher Hürden verursacht einen erhöhten Erklärungsbedarf gegenüber einer zum Teil immer noch kritischen Presse und kritischen Aktionären.

Solchermaßen ambitionierte Pläne können auch bei US-amerikanischen Investoren noch Aufmerksamkeit wecken, denn sie stellen ein besonderes Commitment und damit auch eine Selbstverpflichtung des Managements, das sich eine besondere Outperformance gegenüber dem Wettbewerb zutraut, dar. Andererseits kann ein solches System dem Management zyklischer Unternehmen den Vorteil bieten, daß selbst wenn die absolute Performance nicht den gesteckten Zielen entspricht, aber die relative Performance gegenüber vergleichbaren Unternehmen gut ist, ein Gewinn aus den Aktienoptionsplänen für eine überdurchschnittliche Managementleistung erzielt werden kann.

Allerdings sollten diese Aktienoptionspläne nicht zu kompliziert sein, denn sie müssen auch den US-Investoren noch kommuniziert werden können, wenn sie den erwünschten Effekt haben sollen. Jede Abweichung vom US-Standard erfordert einen erhöhten Erklärungsbedarf. Ebenso wie der Erfolg eines Aktienoptionsplanes in ganz entscheidendem Maße von der internen Kommunikation gegenüber den zur Teilnahme berechtigten Führungskräften abhängt, ist die Nutzbarmachung für Kapitalmarktzwecke von der Kommunikation zwischen dem Unternehmen und den Investoren abhängig.

5. Wettbewerbsvorteil Disclosure nach internationalen Standards

Für deutsche Unternehmen, die den Gang an den US-Kapitalmarkt vollziehen, gelten grundsätzlich die Berichtspflichten, die auch für US-amerikanische öffentlich gehandelte Unternehmen gelten. Diese von der SEC ausformulierten und überwachten Berichtspflichten reichen dabei zum Teil weit über die in Deutschland üblich Berichtspflichten hinaus. Dies gilt insbesondere auch im Hinblick auf die Angaben zu den Vergütungen der Organmitglieder des Unternehmens.

In ihren Jahresabschlußberichten an die SEC, den sog. „Proxies", haben US-amerikanische und grundsätzlich auch ausländische Unternehmen, die am US-Kapitalmarkt öffentlich gehandelt werden, ausführlich über die Gesamtvergütung der Mitglieder der Gesellschaftsorgane zu berichten. Insbesondere für die fünf am höchsten bezahlten Führungskräfte sind detailliert sowohl die individuellen Daten des Grundgehalts, der Boni, des Wertes von Altersversorgungszusagen sowie eben auch die Zahl und der Wert von gewährten Aktienoptionen aufzuführen. Gleiches gilt für den Aktienanteil, der an dem Unternehmen gehalten wird sowie für alle sonstigen Geschäftsverbindungen zum Unternehmen. Diese Daten werden zentral in der EDGAR-Database der SEC gespeichert und sind für jedermann z. B. über das Internet abrufbar (www.sec.gov). Damit wird bezüglich der Gesamtvergütung dieser Personen ein Maximum an Transparenz erreicht, das in Deutschland, wo die Gesamtvergütung aller Organmitglieder nicht einzeln sondern nur als Gruppe in einer Gesamtzahl auszuweisen ist, zur Zeit noch undenkbar scheint.

Die Proxies enthalten auch die Beschreibungen der wesentlichen Merkmale der Aktienoptionspläne, um die Vergütungspolitik der Unternehmen und die anzugebenden Daten für Investoren nachvollziehbar zu machen. Jedoch werden häufig noch nicht die Barwerte der gewährten Optionen, die z. B. mit der Black Scholes-Formel ermittelt werden können, publik gemacht, sondern lediglich absolute Werte inklusive angenommener Kurssteigerungen von 5% oder 10%, so daß die Aussagekraft der Proxies in dieser Hinsicht doch sehr beschränkt ist.

Das Management deutscher Unternehmen betrachtet diese weitgehenden Offenlegungspflichten häufig zunächst mit Argwohn. Zu ungewohnt ist hier noch der Gedanke, daß die persönliche Einkommenssituation öffentlich bekannt gemacht wird. Dies steht sicher nicht zuletzt auch mit der bestehenden „Neidkultur" in Deutschland in Verbindung, während ein hohes Einkommen von Managern in den USA - abgesehen von einigen öffentlichkeitswirksam angeprangerten Extremfällen - eher Anerkennung und Achtung verspricht.

Für ausländische Unternehmen gewähren das US-Wertpapierrecht und die SEC aber auch Ausnahmen von der Offenlegungspflicht, wenn nur ganz wenige Mitarbeiter des Unternehmens in den USA in das Aktienoptionsprogramm einbezogen sind und damit die Optionen in den USA nicht breit gestreut angeboten werden.

Bei der Entscheidung, ob diese Ausnahme in Anspruch genommen wird, sollte jedoch nicht nur der Wunsch nach informationeller Selbstbestimmung beachtet werden. Eine Offenlegung dieser Daten kann auch als zusätzliche Chance zu mehr Transparenz verstanden werden und zugleich als Beitrag zur Verbesserung der Corporate Governance, die insbesondere von US-amerikanischen Investoren und Investmentbanken gerade von deutschen Unternehmen immer stärker eingefordert wird. Die Offenlegung kann zu einem Bestandteil aktiver

Investor Relations-Arbeit werden, wenn eine leistungsabhängige und durch den Markt bezahlte Vergütung existiert, mit der den Aktionären deutlich gemacht werden kann, wie stark der Wert des Unternehmens gestiegen ist, denn die Gesamtvergütung bzw. die Aktienoptionen des Managements gewinnen nur dann deutlich an Wert, wenn auch der Unternehmenswert entsprechend gestiegen ist. Eine Disclosure nach den hohen US-amerikanischen Standards kann damit auch zu einem Vorteil im Wettbewerb um Investoren werden; zwar nicht in den USA, in denen die Veröffentlichung dieser Daten ohnehin von den Investoren erwartet wird, sondern besonders bei den heimischen Investoren, die ebenfalls zunehmend eine hohe Transparenz einfordern.

VI.
US-Märkte und Aufsicht

The New York Stock Exchange: The Market and its Listing Requirements

James E. Shapiro
New York Stock Exchange, Inc.

Contents

1. The Market

From its origins in 1972, the New York Stock Exchange has evolved into the world's premier securities market. It is the market today for more than 3100 companies, including more than 350 non-U.S. companies from 44 countries around the world.

The market capitalization of the domestic companies listed on the New York Stock Exchange, $8.9 trillion at the end of 1997, makes it the largest stock exchange in the world by a wide margin.

Measured in terms of trading volume, the New York Stock Exchange also stands out by international comparison. On an average day, over 600 million shares changes hands. With an average price of $42, this translates into about $24 billion of turnover per day or $6 trillion per year.

2. Growing Internationalization

As a result of the confluence of a number of forces, the New York Stock Exchange has witnessed extremely rapid growth in its international business in recent years. In the last four years, the number of foreign companies on the New York Stock Exchange has more than doubled, from 153 at the end of 1993 to 343 at the end of 1997. And in terms of trading volume, the growth of international activity on the exchange has been even more spectacular - doubling in just three years. $267 billion worth of non-U.S. securities were traded on the NYSE in 1994; in 1997 this trading totaled $534 billion.

The basic reasons for the dramatic internationalization of the New York Stock Exchange are clear. On the one hand, there is a growing appetite among U.S. investors to seek the diversification benefits of foreign equities. And on the other, a growing number of equity issuers have come to recognize the value of reaching out to U.S. investors by registering their stock with the U.S. Securities and Exchange Commission (SEC) and listing it on the NYSE.

The United States encompasses the largest single pool of equity investors in the world. Over $10 trillion in equity is held either directly by U.S. households or professionally managed through institutional investors such as pension funds, mutual funds and endowments.

3. The NYSE Auction Market

The NYSE is an auction market. Buyers and sellers trade directly with each other, with the interaction of investor orders determining the prices at which stocks trade. Unlike most other equity auction markets, however, the NYSE supplements the auction process - when necessary - with the activities of a market maker. This market maker, or specialist, as he or she is called on the NYSE, is responsible for maintaining the quality of the market - by committing his or her own firm's capital to buy and sell – in the absence of sufficient public order flow.

Although this obligation to maintain a fair and orderly market necessitates that specialists trade with their own capital, their trading is strictly regulated by the NYSE and subject to severe restrictions. Most importantly, specialists are only allowed to trade in the absence of orders from the public. In other words, they can only buy when there are no other willing buyers at the same price, and they can only sell when there are no other willing sellers at the same price. On average, specialist trading accounts for about 10 percent of the trading activity on the NYSE.

4. Listing on the New York Stock Exchange

The reasons why non-U.S. companies list on the New York Stock Exchange are quite similar to the reasons that U.S. companies choose to list. Two critical reasons stand out. First, many non-U.S. issuers list in order to raise capital efficiently and economically. A New York Stock Exchange listing demonstrably enhances demand for a security among U.S. investors, and this translates into more attractive pricing for those raising capital internationally.

Second, companies list in order to expand their U.S. and worldwide investor base by establishing a trading market for their share in the United States during U.S. business hours.

In addition, a number of other reasons are often mentioned by non-U.S. companies that choose to list. A New York Stock Exchange listing helps them:

- Enhance the marketability of their securities
- Facilitate mergers and acquisitions in the United States through the use of an NYSE-listed security as an acquisition currency
- Increase the visibility of the company, its products and services, and its securities
- Support a company's stock option or other incentive program by providing a liquid market in the U.S. for its shares

5. Listing Requirements on the New York Stock Exchange

The New York Stock Exchange publishes a set of standards which domestic companies must meet in order to list. For non-U.S. companies, there is - in addition - an alternative set of international standards which non-U.S. companies may meet. Non-U.S. companies, therefore, have a choice. They may meet the domestic standards designed for domestic companies, or they may meet the alternative "Worldwide" standards designed to enable major non-U.S. companies to list in cases where it may be difficult to meet the minimum distribution requirement of the domestic standards.

5.1 Domestic Original Listing Standards

At the time of listing, the New York Stock Exchange requires that domestic companies (or non-U.S. companies meeting the domestic standards) have:

- A Minimum distribution of shareholders:
  - At least 2000 round-lot holders (a round lot, or trading unit, is typically 100 shares);
  - Or, at least 2,200 shareholders (including those of less than a round lot) and an average monthly trading volume in the United States (for the most recent six months) of at least 100,000 shares;
  - Or, at least 500 shareholders and an average monthly trading volume in the United States (for the most recent 12 months) of at least 1,000,000 shares.
- A minimum of 1,100,000 publicly traded shares in the United States.
- A minimum market value of those publicly traded shares of $40,000,000.
- A minimum of $40,000,000 in net tangible assets.
- And demonstrated earning power over the most recent three years, evidenced in one of the following ways:
  - At least $2,500,000 in pre-tax income in the most recent year and at least $2,000,000 in pre-tax income in the two preceding years;
  - Or, an aggregate of $6,500,000 in pre-tax income in the most recent three years with a minimum of $4,500,000 in the most recent year, and with positive pre-tax income in all three years;
  - Or - for companies with a market capitalization of at least $500 million and revenues in the latest fiscal year of at least

$200 million – an aggregate cash flow[1] of at least $25,000,000 for the last three fiscal years, with each year reporting a positive amount.

This final "cash flow" standard is designed to provide the opportunity for substantial companies that are valued more on the basis of cash flow than reported income to list on the NYSE. In applying this standard, the NYSE considers each company on a case-by-case basis and looks not only at the company's business but also at its industry, peer group and other relevant factors.

5.2 Alternative "Worldwide" Listing Standards for non-US Companies

The worldwide listing standards only apply where there is a broad liquid market for the company's shares in its country of origin. The New York Stock Exchange requires that non-U.S. companies choosing this original listing standards have, at the time of listing:

- At least 5000 round-lot holders (a round lot, or trading unit, is typically 100 shares), measured worldwide;
- A minimum of 2,500,000 publicly traded shares worldwide.
- A minimum market value of those worldwide publicly traded shares of $100,000,000.
- A minimum of $100,000,000 in net tangible assets.
- And demonstrated earning power over the most recent three years, evidenced by an aggregate of $100,000,000 in pre-tax income in the most recent three years with a minimum of $25,000,000 in any one of those years.

5.3 Beyond the quantitative requirements

Even if a candidate for listing appears to fall short of one or more of these criteria, it is still recommended that the company contact the NYSE international listings staff to discuss the situation of the com-

1) For more detail on the NYSE's "cash flow" standard, see "NYSE Listing Standards and Procedures for Non-U.S. Corporations, available from the NYSE , and Financial Accounting Standards No. 95, Statement of Cash Flows, published by FASB.

pany in detail, on a confidential basis. For example, in certain situations an issuer may not be able to satisfy the pre-tax earnings requirement because of heavy interest expenses on debt that will be paid down with the proceeds of an IPO.

In situations such as these, the NYSE will consider a pro forma presentation of the company's historical financial results, with certain adjustments, that does demonstrate acceptable earnings potential.

5.4 The Listing Process

In order to list on the NYSE a company basically must do four things:

- meet the listing standards
- file an application
- sign a listing agreement and pay the initial listing fee
- register the listed securities with the SEC

Listing is not really a very difficult or complicated thing to do. There are many competent people at law firms, investment banks and ADR banks eager and willing to help companies through the process.

Nevertheless, it can appear daunting, particularly for non-U.S. issuers unfamiliar with the requirements of being a registered security in the United States. For this reason, it may be helpful to describe some of the keys steps in the process for a typical non-U.S. issuer:

5.4.1 Prepare SEC registration or offering documents

If an issuer is registering its securities in the United States for the first time, this step is often begun before a company even approaches the NYSE to discuss a listing. This is invariably true for those companies planning an offering at the same time as a listing, since the preparation of a prospectus typically takes several months.

5.4.2 Confidential Review of Eligibility

The next step for most companies seeking a listing on the New York Stock Exchange is to approach the exchange for a confidential review of the company to determine its eligibility.

This review is performed by NYSE staff without cost and does not oblige the company to make any commitment to list in the future. The review, normally completed in two weeks, gives a company an indication as to whether it meets the NYSE listing standards. Assuming the company meets the NYSE's listing standards, a confidential "clearance letter" is sent to the company indicating that the it is invited to file an application with the exchange and detailing a number of standard conditions that need to be satisfied as part of the listing application.

The following documents are typically are required by the NYSE to begin an eligibility review:

- The most recent three annual reports (or three years of financial statements from some other source, such as a draft prospectus), with the most recent two years containing a reconciliation of key items into US GAAP.
- A copy of the Charter and By-Laws of the Company.
- Information about the distribution of ownership of the stock, unless an offering is contemplated at the time of listing.
- A draft prospectus, in the case of an offering.
- A timetable of the listing or offering.

5.4.3 Filing an Application

Once a company has been "cleared" to list by this review process, it may file an application with the NYSE. Application forms (and sample applications) can be obtained from an NYSE listing representative, upon request. In most cases, the application package is assembled with the help of a law firm familiar with the process and with the requirements of registering securities with the SEC. Regardless of whether the shares listed will be pre-existing shares, or new shares created through an offering or sale in the United States, SEC registration is an integral part of the NYSE listing process. Only fully registered securities are eligible for trading on the NYSE.

Once a completed application is filed with the NYSE, a public announcement in the New York Stock Exchange Weekly Bulletin is made, notifying the U.S. securities industry of the fact that the company has applied for listing on the NYSE.

As part of the listing application, a company is asked to decide whether it would like the NYSE allocation committee to choose a specialist for it, or whether it would like to interview candidates which have been screened by the allocation committee, and choose one from among those applicants.

5.4.4 Confidential SEC Comment Period

Non-U.S. issuers may request confidential comments from the SEC prior to their public filing of a prospectus or other SEC registration materials. Typically, SEC staff will then offer any comments to the company which may then be incorporated in these documents prior to their publication.

In the case of an offering, non-U.S. issuers will often ask the NYSE to begin its confidential eligibility review during this 30 day comment period, and will often ask the NYSE to accept its application on the same day that it publicly files registration materials with the SEC.

5.4.5 SEC Effectiveness and NYSE Authorization to Trade

Once a completed listing application is received, the NYSE will issue an "authorization letter" stating that the company has been authorized to trade on the NYSE, subject to the securities receiving SEC approval. The SEC, once it has received final documentation that it deems acceptable, will declare the issue "effective." Trading of the security may commence only after both of these approvals have been made.

5.4.6 The Listing Ceremony and the First Day of Trading

On the first day of trading, company officials and their guests typically hold a breakfast ceremony at the New York Stock Exchange with NYSE senior management and the specialist who will be responsible for trading the stock. The original listing certificate is presented and the group is invited to the floor of the exchange to witness the opening of trading in their stock.

In addition to the listing ceremony itself, the first day of trading offers a number of exciting opportunities for public relations and press events. Many companies have used the events surrounding the first day of trading to attract significant free media coverage in the United States and in their home country. Most of the major international television networks have broadcast capabilities and/or studios on site at the New York Stock Exchange.

5.5 Requirements of Companies after Listing on the NYSE

The on-going requirement of companies listed on the NYSE are principally related to financial reporting and prompt disclosure of material corporate developments. Every listed company is required to publish interim and annual earnings reports and to submit to its shareholders an annual report. Annual reports should be sent to shareholders as soon as practicable, but not later than six months after the end of the fiscal year.

A non-U.S. company may present its financial statements in the annual report using home country accounting principles or International Accounting Standards. However, if the results reported under these accounting principles are significantly different from those that would be reported using U.S. GAAP, then the annual report must describe the different accounting treatment used and quantify the financial effects.

The frequency of interim financial reports may be consistent with home country practice, so long as this is at least semi-annually. Interim reports, it should be noted, may employ home country accounting principles. No reconciliation to US GAAP is required. The New York Stock Exchange has established policies concerning the corporate governance practices of its listed companies, such as the inclusion of outside directors on the company's board, voting rights of shareholders, etc. In general, however, while the NYSE would encourage companies to abide by its corporate governance policies, it will accept the corporate governance practices of non-U.S. companies that do not comply with NYSE practices to the extent that such practices are not prohibited by the company's home country law.

6. Listing on the New York Stock Exchange Sends the World Message

In this paper I have described some of the benefits of listing on the New York Stock Exchange as well as some of the mechanical steps that a company must take in order to list. In the final analysis, however, many non-U.S. companies choose to list on the New York Stock Exchange because of the message it send to U.S. and other international investors. The message is simple: Investors around the world recognize the quality of NYSE-listed companies and have put tremendous faith in the commitment of those companies to ongoing information disclosure and transparency.

Listing Non-U.S. Securities on the American Stock Exchange

Mark D. Fichtel
American Stock Exchange

Contents

1. Introduction

As one of the world's premier stock exchanges, the American Stock Exchange (Amex) has two main goals to provide both a quality marketplace for investors and a high level of service for listed companies. Amex specialists have consistently maintained a fair, orderly and efficient marketplace for the investing public, even during recent periods of high volume and volatility. Increased technology spending will ensure the continuation of this invaluable service in the coming years. The Exchange's second goal of providing the highest level of service to our listed companies was evaluated in a recent survey of Amex listed companies, which indicated that 84% of newly listed companies said their prelisting expectations had been met or exceeded. Long-term listed companies are similarly satisfied with the Amex and high scores were also given to the effectiveness of our services and to the Amex specialists and staff.

Our ongoing achievement of these two goals ensures that the Amex is an attractive option for non-U.S. companies wishing to offer securities in the United States. Following is a discussion of our benefits and a description of American Depositary Receipts (ADRs) and how they work. Also covered is material on qualifications, listing procedure and listing fees. Finally, the conclusion gives specific information on a few of our visibility services.

We're confident that the American Stock Exchange is the marketplace for non-U.S. companies to list. We look forward to the opportunity to help you achieve and enhance your visibility in the U.S. financial community.

2. Amex Advantages

Non-U.S. companies can enjoy a number of advantages listing on the American Stock Exchange, one of the most important being its advantageous market stucture. Investors in Amex listed companies benefit from an efficient "auction market" system, which maximizes their opportunities to achieve the most attractive prices when buying or selling Amex listed stocks. Here, public orders to buy and sell a company's stock are focused at a central location where they interact with one another. As a result, investors are assured of getting the best possible price being offered by all market participants. Also, Exchange specialists have an affirmative obligation to maintain a fair and orderly market in their stocks. When public interest is lacking, they must participate as principal to buy or sell.

Another Amex advantage is the choice of specialist. Companies listing on the American Stock Exchange can select their stock specialist unit from a list of seven pre-screened specialist firms and have the right to change their specialist if, for any reason, they wish to do so. The New York Stock Exchange provides no such rights.

Another key Amex benefit concerns blue sky laws. In general, a public company must register an additional public offering in each state in which the offering is made. However, virtually all states grant an automatic exemption from their blue sky laws to Amex listed companies. This exemption translates into a savings of approximately $30,000 to $50,000 in legal and filing fees and a substantial savings in terms of management's time.

The Amex also has an edge when it comes to stability of stock prices in certain situations. Prices of Amex listed issues often hold up better in the pre-offering stage than do prices in a dealer market, primarily because:

a) Underwriters/market makers are permitted to engage in only passive market making during the few days before an offering, and are subject to volume limitations under certain circumstances. Specialists, in contrast, may continue normal trading of such stocks during the pre-offering period.

b) The Amex has a strict rule prohibiting destabilizing short sales by all market participants, including specialists, at prices below the last sale (or at a price equal to the last sale if the last sale was at a lower price), while market makers are exempt from short selling restrictions.

Above and beyond these technical benefits, the Amex has developed a wide variety of programs and services to help companies communicate with the investment community. Through our Security Analysts Forums, International Forums, Amex Corporate Focus, Industry Conferences and other investor relations program opportunities, we arrange meetings for companies with influential decision-makers from leading institutions and retail brokerage firms worldwide. These meetings are cost effective and complement a company's own efforts.

Furthermore, the Amex also provides each newly listed company with an analytical report prepared by a certified financial analyst which is disseminated to approximately 10,000-15,000 investment professionals throughout North America and abroad. To enhance the visibility of our listed companies, the Amex sends these reports to Bloomberg Financial Markets which carries excerpts to more than 100,000 additional investment professionals worldwide.

Finally, the Amex recognizes the changing landscape of the world's financial markets by considering the "customs and traditions" of the home country when evaluating the listing eligibility of non-U.S. companies. The Amex can, where appropriate, allow certain non-conforming practices if the company's local counsel furnishes an opinion that the issuer's practice is consistent with the laws and customs of the country of incorporation. In particular, this will apply to:

a) Quarterly earnings statements instead of reporting quarterly, non-U.S. companies may be allowed to publish semiannual financial statements. An English language version of all financial statements and other materials regularly provided to shareholders is required;

b) Election and composition of the board-non-U.S. issuers that do not satisfy our voting or independent director requirements may still be eligible for listing;

c) Shareholder approval-rules requiring shareholder approval for options, acquisition or other large issuances of stock are not necessarily applied to non-U.S. issuers; and

d) Quorum requirements for shareholder meetings.

3. Listing and Trading Non-U.S. Securities on the Exchange

The procedures for the listing and subsequent trading of non-U.S. securities on the Amex are the same as those followed for U.S. and Canadian securities. While the actual shares of many non-U.S. corporations are, in fact, traded on the Amex, a number of these corporations find it convenient to establish a depositary receipt mechanism to facilitate trading in the U.S. The Amex helped pioneer the ADR process, and is well acquainted with it.

Under this arrangement, a U.S. bank or trust company is designated as a depositary for the securities of the corporation. The U.S. depositary (or its non-U.S. representative) receives the actual shares and, in turn, issues to the depositor of the shares an equivalent number of American Shares or American Depositary Receipts ("ADRs"). ADRs are issued in registered form only, even though the underlying deposited shares may be in either bearer or registered form. ADRs are fully negotiable and transferable like shares of stock in any U.S. corporation. Dividends on deposited non-U.S. shares underlying ADRs are collected by the U.S. depositary (or its non-U.S. correspondent or agent) and, in turn, paid in U.S. dollars by the depositary to registered ADR owners. Generally, the depositary is contractually obligated to distribute financial statements and other reports issued by the company whose shares are represented by such ADRs.

For listing purposes, the ADRs must be of the so-called "sponsored-type," that is, one in which the arrangement is initiated by the issuer. The contract between the non-U.S. company and the U.S. depositary must specifically obligate the depositary to provide services for transferring ADRs from one holder to another, to act as agent for the collection and payment of dividends, and to distribute financial statements and reports, without charge, to ADR holders.

In most cases, the ADR arrangement provides a superior mechanism for trading non-U.S. securities in the U.S. The principal reasons for this are:

a) The ADR arrangement provides a mechanism for converting non-U.S. securities to a form familiar to U.S. investors. In many countries, stock certificates are issued in bearer form with dividend coupons attached. U.S. equity securities, however, are issued in registered form; thus dividends are mailed by the issuing company or its agent directly to stockholders of record;

b) The ADR arrangement enhances transferability. In some countries, a registered owner of securities is required to execute a deed and obtain an acknowledgment before a notary public to effect a transfer of securities. By comparison, a transfer in the U.S. is effected simply by the registered owner endorsing the certificate(s) and having the signature guaranteed by a commercial bank or member of a national securities exchange;

c) The use of ADRs greatly alleviates the difficulties usually encountered in complying with the "regular way" delivery system established in the U.S. for settling transactions. Under the ADR arrangement, non-U.S. shares may be deposited in the office of the depositary's agent abroad who is then able to cable its New York office to immediately issue and release the number of ADRs for delivery to a purchaser in the U.S.; and

d) ADRs can be issued in a ratio greater or lesser than one-to-one (e.g., one ADR equals five shares or five ADRs equal one share). This would be an advantage in the event the non-U.S. security trades at price levels on an equivalent unit basis below (or above) the customary level for securities in the U.S.

Establishing a relationship with a U.S. depositary is a simple matter. A fee is charged by the depositary to the party depositing the non-U.S. shares in exchange for ADRs. Most depositaries calculate this fee on the basis of each 100 shares deposited.

The use of non-U.S. share certificates, rather than ADRs, will be considered acceptable when:

a) the certificates are (i) printed in English, (ii) in registered form, and (iii) assignable and transferable in the U.S.;

b) all certificates are interchangeable and can be delivered and transferred both in New York City and in the country of origin; and

c) arrangements for distributing dividends, rights, benefits, and financial reports are equivalent to those provided by the use of ADRs.

3.1 Qualifications for Listing Non-U.S. Companies[1]

The approval of an application for the listing of securities is a matter solely within the discretion of the Exchange. However, to assist companies interested in applying for listing, the Exchange has established certain numerical guidelines, outlined below, which will be considered in evaluating listing eligibility. Other factors which will also be considered include the nature of a company's business, the market for its products, the reputation of its management, its historical record and pattern of growth, its financial integrity, its demonstrated earning power and its future outlook.

The fact that an applicant may meet the Exchange's numerical guidelines does not necessarily mean that its application will be approved. On the other hand, an application may be approved even though the company does not meet all of the numerical guidelines.

All issuers, including non-US companies, are required to satisfy the same financial criteria for listing.

The Amex's regular guidelines require pre-tax income of $750,000 in the last fiscal year, or in two of the last three fiscal years, and shareholders' equity of at least $4,000,000.

The Amex also has alternate financial guidelines for certain financially sound companies which are unable to meet fully the Amex's regular listing criteria because, for example, of the nature of their business, or because of continuing large expenditures of funds for rese-

1) All references are to U.S. dollars determined in accordance with U.S. Generally Accepted Accounting Principles. Publicly held shares and public shareholders include both shareholders of record and beneficial holders, but are exclusive of the holdings of officers, directors, controlling shareholders and other concentrated (i.e., 5% or greater), affiliated or family holdings and other restricted shares.

arch and development. Such companies must have at least three years of operations and shareholders' equity of at least $4,000,000.

In addition, the stock price must be at least $3 and the aggregate market value of the issuer's publicly held shares must be at least $15,000,000 instead of the $3,000,000 otherwise provided.

A non-U.S. company must satisfy either the domestic or worldwide distribution guidelines. The domestic guidelines (based upon U.S. and Canadian shareholders) require either:

a) shares publicly held, together with a minimum of 800 public shareholders; or

b) shares publicly held, together with a minimum of 400 public shareholders; or

c) shares publicly held, together with a minimum of 400 public shareholders provided the average daily volume is approximately 2,000 shares or more for the prior six months.

In addition, a company must have a stock price of at least $3 per share, and an aggregate market value of publicly held shares of at least $3,000,000.

The worldwide guidelines require:

a) public round-lot holders worldwide;

b) shares publicly held worldwide;

c) a stock price of at least $3 per share; and

d) an aggregate market value of publicly held shares worldwide of at least $3,000,000.

3.2 Listing Procedure

Companies are urged to request an informal and confidential listing eligibility opinion as a first step to listing on the Amex. A request for a preliminary opinion does not obligate a company to proceed further, and is designed solely as a means of ascertaining listing eligibility. Requests for a preliminary opinion should be accompanied by the following:

a) latest U.S. prospectus filed under the Securities Act of 1933 ("Securities Act") or non-U.S. circular if no U.S. offering was ever made;

b) latest two proxy statements (or information statements) mailed to shareholders in connection with annual (general) meetings;

c) last three annual reports to shareholders (or equivalent documents);

d) information showing the distribution of the applicant's shares both in the U.S. and worldwide (use printed form SD-2 supplied by the Amex);

e) specimen certificates for either the actual shares or ADRs; and if ADRs, a copy of the deposit agreement; and

f) latest filings with the Securities and Exchange Commission ("SEC") on forms 20-F, 40-F or 6-K under the Securities Exchange Act of 1934 ("Exchange Act").

The listing application itself is a typewritten document which includes:

a) the formal request for listing;

b) general information concerning the applicant and the legal status of the shares and ADRs to be listed;

c) a copy of the applicant's most recent SEC filings[2)];

d) a copy of the issuer's latest proxy statement or information statement covering the most recent annual (general) meeting of shareholders; and

e) a statement concerning any recent material developments or events not otherwise disclosed.

In addition, one copy of each of the following materials is required: the company's charter, by-laws, specimen stock certificates, ADR de-

---

2) In the case of a recent U.S. public offering, such filing would normally include a copy of the prospectus. If the applicant's shares are currently registered under the Exchange Act, the listing application would include a copy of the most recent Form 20-F Annual Report and copies of any subsequent Form 6-K Interim Reports filed with the SEC. If the applicant's shares are not registered under the Exchange Act, the filing would include a copy of the current Form 20-F Registration Statement.

posit agreement (if applicable), and opinion of counsel, as well as executed copies of required Amex listing agreements and forms. A sample listing application and instructions are available upon request to the international marketing division of the Amex. Call (212) 306-2580 or fax to (212) 306-8376.

All securities (including ADRs) must be registered under Section 12(b) of the Exchange Act before they may be admitted to trading on the Amex. This requirement applies regardless of whether the company previously registered any of its securities or ADRs in connection with a public offering in the U.S. or whether it previously registered such issues under Section 12(g) of the Exchange Act for purposes of over-the-counter trading. Companies registered under Section 12(g) or those having securities registered under the Securities Act are able to file a "short form" registration with the SEC incorporating previous Securities Act or Exchange Act filings by reference.

Registration under Section 12(b) of the Exchange Act for the securities of non-U.S. issuers, which have not previously been registered with the SEC under either the Securities Act for a public offering or the Exchange Act, should be made on a detailed form 20-F or 40-F. This is a so-called "long form" type of registration, prepared and signed by the company, which calls for general information as to the business, properties, capitalization and management of the company, and, if the securities are represented by ADRs, information concerning the depositary and deposit agreement. It does not, however, require some of the detailed information required to be furnished in an Exchange Act registration statement filed by a U.S. company. The requirements for the financial statements, schedules and accountants certificates, however, are the same as those applicable to a company which files a registration statement on Form 10. The required financial statements include audited consolidated balance sheets as of the end of each of the two most recent fiscal years together with audited consolidated statements of income and changes in financial position for each of the three fiscal years preceding the date of the most recent consolidated balance sheet.

In any instance where a listing applicant has not previously registered its shares or ADRs with the SEC under either the Securities Act or the Exchange Act, a draft registration statement on Form 20-F or 40-F should be submitted to the SEC for preliminary review and comment.

3.3 Listing Fees Applicable to Non-U.S. Companies Traded on Non-U.S. Stock Exchanges

3.3.1 Original Listing Fee

The original listing fee, including a one-time charge, for non-U.S. companies whose securities are and continue to be listed on a non-U.S. stock exchange, is 50% of the rate for domestic (U.S.) companies, with a minimum fee of $5,000 for the listing of up to 1,000,000 shares, and a maximum fee of $25,000 for the listing of more than 15,000,000 shares or ADRs, as follows:

Nunber of Shares or ADRs (Applied for Listing)			Total Cost (Including $5,000 Initial Free)
Up to		1,000,000	(minimum) $5,000
1,000,001	-	2,000,000	7,500
2,000,001	-	3,000,000	10,000
3,000,001	-	4,000,000	11,250
4,000,001	-	5,000,000	12,500
5,000,001	-	6,000,000	13,750
6,000,001	-	7,000,000	15,000
7,000,001	-	8,000,000	16,250
8,000,001	-	9,000,000	17,500
9,000,001	-	10,000,000	18,750
10,000,001	-	5,000,000	21,250
In excess of 15,000,000			(maximum) 25,000

3.3.2 Annual Fee

The annual fee for all companies, whether domestic, Canadian or non-U.S., whose stock issues or ADRs are traded on the Amex, is as follows:

Shares/ADRs Outstanding			Amount
1 million or less			(minimum) $6,500
1,000,001	-	2,000,000	7,000
2,000,001	-	3,000,000	7,500
3,000,001	-	4,000,000	8,000
4,000,001	-	5,000,000	8,500
5,000,001	-	6,000,000	9,000
6,000,001	-	7,000,000	9,500
7,000,001	-	8,000,000	10,000
8,000,001	-	9,000,000	10,500
9,000,001	-	10,000,000	11,000
10,000,001	-	11,000,000	11,500
11,000,001	-	12,000,000	12,000
12,000,001	-	13,000,000	12,500
13,000,001	-	14,000,000	13,000
14,000,001	-	15,000,000	13,500
15,000,001	-	16,000,000	14,000
In excess of 16,000,000			(maximum) 14,500

The annual fee is payable in January of each year and is based on the total number of all classes of shares (including treasury shares) and warrants outstanding at December 31 of the preceding year. (The above fee schedule also applies to companies whose securities are admitted to unlisted trading privileges.)

In the calendar year in which a company first lists, the annual fee will be prorated to reflect only that portion of the year during which the security has been admitted to dealings and will be payable in December based on the total number of outstanding shares of all classes of stock at the time of original listing.

3.3.3 Supplemental Listing Fee

As in the case of the annual fee, the supplemental listing fee, e.g., for the listing of additional shares of stock or ADRs, applies to all companies, whether domestic, Canadian or non-U.S., and is as follows:

	Amount
Per share or ADR	2¢
Minimum fee	$2,000 (a)
Maximum fee	$17,500 (b)

(a) for listing of 100,000 additional shares or less.

(b) for listing of 875,000 additional shares or more.

4. Conclusion

Companies that list on the American Stock Exchange reap the benefits of services that can greatly increase their exposure in the investment and financial communities. These services, which are especially useful for non-U.S. companies that might find such exposure difficult to achieve, include:

The Amex Institutional Management Report - detailed profile of the institutional shareholder base for each listed company.

WebLink - homepage on www.amex.com for each listed company, detailing comprehensive corporate information for current and prospective shareholders.

Industry Conference - forums where listed companies can present to targeted financial audiences.

Investor Insight - educational programs that help companies better market themselves and better understand the role of investor relations in achieving long-term success.

Staying ahead of the technology curve, the American Stock Exchange also provides state-of-the-art opportunities to reach new audiences through the Internet. We are the only U.S. marketplace that provides these and other valuable visibility services. We hope you will consider taking advantage of this unique package of services, and we look forward to speaking with you about the opportunities at the Amex.

Nasdaq: The Preferred U.S. Market for the International Company

Frank G. Zarb
National Association of Securities Dealers, Inc.

Contents

On September 30, 1997, Bell Canada International, a leading provider of telecommunications services in emerging markets, began trading on The Nasdaq Stock Market^{SM}. The primary motive behind the listing was to raise capital. Indeed, eighteen million common shares were issued at just over U.S. $16 per share, netting the company U.S. $293 million.

In opting to list on Nasdaq's screen-based dealer market, Bell Canada International's decision was in line with the majority of international companies making US listing choices in 1997. Of the approximate 141 non-U.S. companies listing on U.S. markets in 1997, 75 - more than half – chose Nasdaq (see Chart 1).

Additionally, Nasdaq listed more domestic initial public offerings (IPOs) than any other U.S. stock market, both in number and in dollar amounts raised (see Chart 2 and 3).

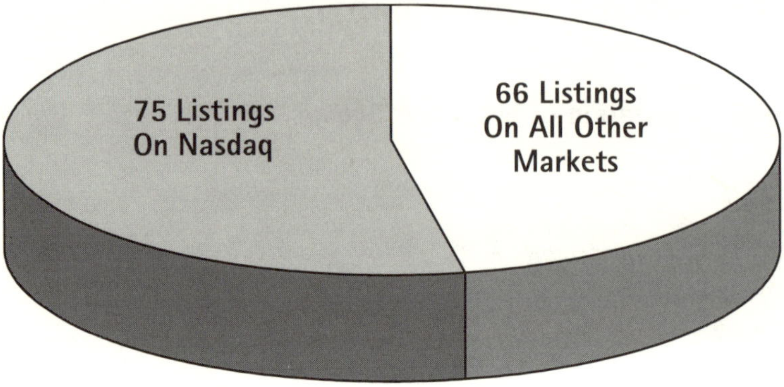

141 Listings Total

Chart 1: Non-U.S. Companies Listing on U.S. Markets in 1997

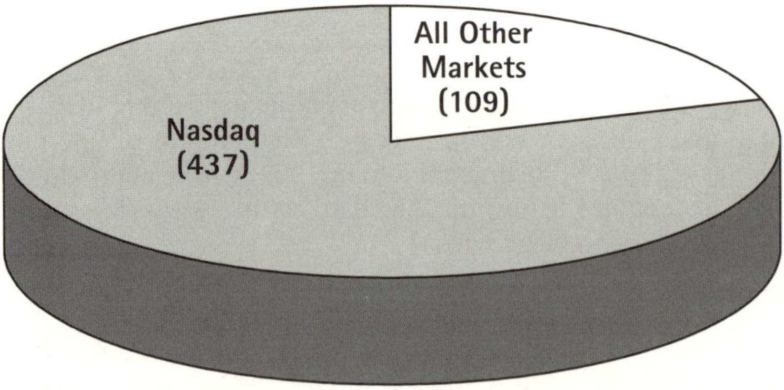

546 IPOs Total

Chart 2: Number of Domestic Initial Public Offerings (IPOs)

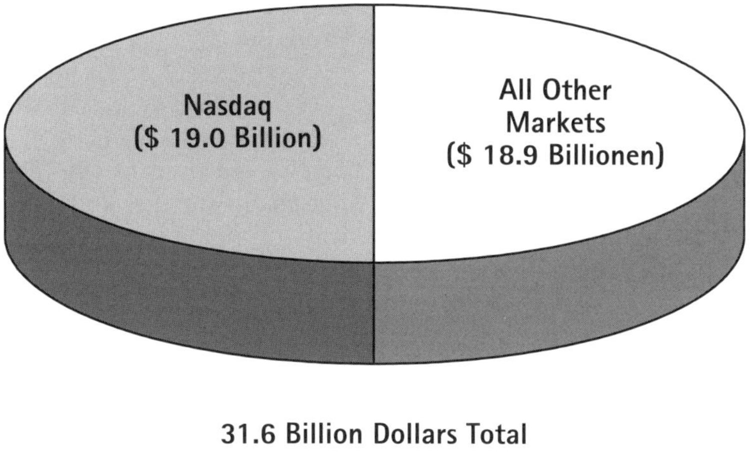

Chart 3: Market Value of Domestic Initial Public Offerings

1. The Market of Growth

Nasdaq has enjoyed tremendous growth since it was launched in 1971 as the world's first electronic-based stock market. Today, more than half of all shares that change hands in the United States each day do so on Nasdaq. Share volume has seen a five-fold increase since 1990, to an average of over 647 million shares per day. Average daily dollar volume has increased nine-fold to $17.7 billion, further confirmation of Nasdaq's status as the world's fastest-growing stock market. Volume growth has gone hand in hand with the growth in size and number of Nasdaq's listed companies. At year-end 1997, Nasdaq's 5,487 companies had a combined market capitalization of over $1.8 trillion, six times the capitalization at the beginning of the decade.

While Nasdaq enjoys a reputation as the market of choice for companies from the so-called "new economy," Nasdaq companies cover the entire spectrum of the international economic arena - from transportation to telecommunications, pharmaceuticals to banking, manufacturing to retail, and mining to insurance.

Many of these firms are industry leaders respected around the world such as: U.S.-based Microsoft, Intel, Oracle, Amgen, Cisco, Northwest Airlines, Starbucks and Nordstrom, and foreign companies including LM Ericsson, Reuters, Volvo, Banco de Galicia, Danka Business Systems and ECI Telecom.

In spite of its impressive growth, Nasdaq remains somewhat of a mystery to many international companies. The purpose of this chapter, therefore, is to provide an overview of Nasdaq's stucture and corporate framework, followed by some practical information with respect to why an international company would consider a Nasdaq listing and the steps companies must take and requirements that must be met in order to make that listing a reality.

2. A Nasdaq Primer

The Nasdaq Stock Market, Inc. is a subsidiary of the National Association of Securities Dealers (NASD), the securities industry's largest self-regulatory organization. The NASD, which is registered with the U.S. Securities and Exchange Commission (SEC), operates and regulates Nasdaq.

Born from the recognition that automation, through the effective use of technology, was the key to the future of financial markets, Nasdaq is a screen-based market. There is no stock exchange floor, nor any need for one. Instead, one of the world's most ambitious computer and communications networks allows Nasdaq to transcend the trading floor and enables securities firms around the world to compete freely with one another, much as a giant intranet. Indeed, Nasdaq's structure has much in common with the World Wide Web, with Nasdaq Market Makers (trading firms) linked to Nasdaq's main computer nexus in Trumbull, Connecticut.

Using Nasdaq's state-of-the-art Workstation II™ trading terminals, these more than 550 Market Makers are linked together, continually buying and selling Nasdaq stocks, using their own capital to buy and maintain an inventory in a specific company's stock. Nasdaq's Market Makers include some of the biggest and best capitalized securities firms in the world, among them Goldman Sachs, Merrill Lynch, and Morgan Stanley, Dean Witter, Discover & Co. All Nasdaq-listed companies must have at least two market makers reflecting quotations in their stocks. The average number of Market Makers per Nasdaq security is 11, with large companies having as many as 50 or more.

To qualify as a Market Maker, a broker/dealer must be a member of the NASD and subscribe to a stringent set of rules and regulations, among them:

- Guaranteed execution of each order at the best price available;
- Commitment to buy and sell securities in which they make a market; and
- Agreement to report publicly the price and volume of each transaction within 90 seconds.

Like its technology, Nasdaq's Market Makers provide essential services to investors and listed companies. The commitment to stand ready to buy and sell from their own inventory gives Nasdaq a substantial liquidity edge with respect to auction markets. A dramatic example of this took place on October 27th, 1997, the day U.S. markets reacted to the steep declines a few hours earlier first in the Asian markets and then in Europe. U.S. stock markets followed with tailspins of their own, and when they did, Market Makers stepped up in the Nasdaq market to provide investors with continuous liquidity. Not only was trading continuous (no trading halts), the largest 10% of Nasdaq Market Makers bought much more than they sold on October 27th, providing an unprecedented $276 million in stock for which it wasn't clear there would be any buyers the next morning. That is, they carried significant inventories overnight at a time when it appeared to be most risky.

That same day, Nasdaq's system handled 906 million shares without a hitch. On the 28th, at 2:05 p.m., Nasdaq became the first U.S. stock market to trade a billion shares, en route to a 1.37 billion share day. Nasdaq handled 1,107,800 trades, another first. Nasdaq broadcast continuous, real-time price quotes, without interruption or delay, for all its listed companies from opening to close. Quote updates never exceeded 2 seconds.

For the record, Nasdaq has never in its more than 25-year history experienced a late opening or a halt during the trading day due to an order imbalance. Every morning at 9:30 a.m. sharp, the master switch is thrown at Nasdaq's electronic nerve center in Trumbull, Connecticut, igniting the Nasdaq network. Not only is trading open immediately in all stocks, but there is always a Market Maker standing ready to buy or sell, in all market conditions.

In addition to providing liquidity, Market Makers are allowed to sponsor stocks as well as trade them. This means they can undertake research on the companies in which they make markets, issuing reports and recommendations that help raise the stock's visibility with investors.

3. Listing Objectives

An international company seeking a Nasdaq listing generally does so in the hope of achieving one or more of the following business objectives.

First, as was the case with Bell Canada, they want to raise capital, and do so as cost-effectively as possible. Of the 75 new non-U.S. listings on Nasdaq through year-end 1997 - 54 were IPOs. These companies raised a total of $3.9 billion globally and $2.7 billion in U.S.

The goal of raising capital in a non-domestic market is a relatively new trend. Nasdaq's ability to attract the largest number of non-domestic IPOs of any U.S. market reflects first and foremost our ability to help these companies do so at lower cost than any other market.

Second, international companies list on Nasdaq to increase their market valuation. They come to Nasdaq in many cases because they believe they are undervalued in their home market. For example, ASE Test Limited, a Taiwanese semiconductor firm, listed on Nasdaq June 6, 1996 with a P/E ratio of 14.6. At the end of September 1997 its P/E ratio was 54. Another example is Canada's Mackenzie Financial Corporation, which had a market capitalization of $414 million when they listed on Nasdaq in 1992. Today, their market capitalization is $1.7 billion.

Third, a Nasdaq listing is used to facilitate the acquisition of another company, generally one in either the U.S. or Canada. An international firm would be able to offer shareholders of the targeted company shares of their own, which are conveniently traded in the U.S. and thus highly accessible to North American investors. NICE Systems - an Israeli software company with their ADRs listed on Nasdaq - recently paid $8 million in cash and 500,000 ADRs to acquire Dees Communications, Inc, a Canadian firm. The Nasdaq-listed ADRs were more attractive to Dees shareholders than shares that could only be traded in Tel Aviv.

Finally, a Nasdaq listing supports a non-U.S. company's objective of creating a liquid trading environment for that company's U.S.-based employees. There are many foreign-headquartered Nasdaq companies such as Volvo and Reuters with a significant number of U.S. employees. Their Nasdaq listing allows them to trade their employers' optionable shares in Nasdaq's extremely liquid trading environment. In other words, they see a Nasdaq listing as a way to attract high-skilled U.S. workers.

4. New Shares or Existing Ones?

To a large extent, the reason for listing will dictate whether a company issues new stock for trading in the US or simply introduces existing shares, usually from the home market. A company whose primary purpose is to raise cash, for example, will clearly have to float new stock. On the other hand, a company which wants its U.S. staff to be able to trade shares acquired through employee stock plans on a U.S. stock market, in U.S. dollars, may have no need to issue new shares. But many feel that it is much easier for companies to familiarize themselves with the workings of the SEC and the ways of the U.S. marketplace by listing existing securities first. This is a more manageable process than making a public offering, and once completed, paves the way for the sale of new shares at a later date.

Listing existing shares before floating new stock also gives companies time to establish interest among U.S. analysts and investors, and to get to know key contacts. Undergoing the process of listing and SEC registration provides excellent experience for a subsequent full-scale offering of securities.

5. Regulations

A company listing shares on a U.S. market must first register with the SEC. This involves filing a Form 20-F registration statement - a comprehensive report of the company's business activities and financial results. This holds true whether the company is listing on Nasdaq or another U.S. exchange.

Again, regardless of which U.S. market is selected, both the SEC and the NASD, Nasdaq's parent organization, will review the registration document of a company making an offer of shares for sale to the public. The SEC's review focuses on disclosure; the NASD's on the fairness of underwriting compensation, terms and arrangements. The NASD review is conducted by its Corporate Financing Department and is designed to protect the issuer by monitoring the relationship between the company and the underwriter to ensure that the amount of compensation paid to underwriters and the terms and arrangements relating to the proposed distribution are fair and reasonable. The NASD's underwriting compensation guidelines prevent excessive compensation to the underwriters and ensure that the company receives a fair share of the purchase price paid by investors. The SEC will not declare an underwriting effective until the NASD has concluded its review and issued a comment letter expressing an opinion of "no objections" to the proposed compensation arrangements.

6. The Nasdaq National Market or Nasdaq SmallCap?

Nasdaq offers companies two tiers in which to list and trade stock, each with its own set of listing requirements. While larger, established companies are more likely to list and trade on The Nasdaq National Market, smaller, emerging companies usually opt for The Nasdaq SmallCap Market, with its less demanding listing criteria. At the end of December 1997, 4,156 companies were listed on The Nasdaq National Market and 1,331 companies were listed on The Nasdaq SmallCap Market.

Furthermore, recognizing that companies come in all sizes and stages of growth, there is not one single listing option for each tier, but a series of high quality investment choices that help a company raise capital, while ensuring that investors are duly protected. For instance, a company choosing to list on the Nasdaq SmallCap market is able to meet the initial listing requirements by meeting one of three requirements: either $4 million in net tangible assets, **or** $50 million in market capitalization, **or** net income of $750,000. It is not necessary to meet all three.

Certain listing options do apply to all companies, regardless of the tier in which they list. For example all issuing companies must also meet certain corporate governance requirements, among them maintaining a minimum of two independent directors on its board of directors and the requirement that each issuer establish and maintain an Audit Committee, a majority of the members of which are independent directors. However, where Nasdaq rules and regulations are found to be contrary to any law, rule, or regulation in the listing company's domicile country, Nasdaq's requirements may be waived in favor of the accepted business practice in the issuer's home country.

7. Web-Based Resources

A convenient way to access listing requirements, forms for initiating the listing process, rules governing the Nasdaq marketplace, as well as a host of other market-related information is via Nasdaq's site on the World Wide Web at **www.nasdaq.com**. Any changes to listing requirements, as well as new rules and other items of interest to investors and issuers, are quickly posted to this site. A serious investment tool, Nasdaq's web site is an increasingly vital link between investors and issuers.

In order to better serve our issuing companies, Nasdaq recently launched Nasdaq Online,™ a proprietary web-based tool that gives company managers access to comprehensive institutional-quality information. Nasdaq Online provides companies with in depth data on everything from Market Maker participation in a given stock, to analyst coverage and institutional holdings, to detailed trading information.

8. Moving Forward

As the world of capital-raising and investing continues to evolve, so will The Nasdaq Stock Market. Work is already underway on the next generation of market technology and structure. Nasdaq will enter the 21st Century with the world's fastest trading network and the best features of today's dealer and auction markets rolled into one integrated system.

Moving forward, Nasdaq is committed to broadening its international presence and the global visibility of Nasdaq-listed companies. We intend to accomplish this by adding to the ranks of Market Makers located in Europe, by bringing the message of Nasdaq growth and performance to market participants through global communications and adertising campaigns, and by developing transaction capabilities that allow investors to access the Nasdaq market anywhere in the world.

Nasdaq companies - domestic and international - have changed the world. In pioneering screen-based trading, Nasdaq has itself change equity markets the world over. Nasdaq's evolution continues. Our goal is to help investors and our listed companies stay ahead in an environment that hasn't even been invented yet! We expect volume, market capitalization, investor participation and international listings to continue their growth trajectories and are planning accordingly. We believe that the best way to prepare for the future is, quite simply, to shape it, and do so in ways that better serve Nasdaq companies and their millions of shareholders.

SEC Disclosure Requirements for Foreign Companies Listing Securities and Raising Capital in the United States

Brian J. Lane and Paul M. Dudek
U.S. Securities and Exchange Commission (SEC)

Contents

For many years, investors in the United States increasingly have been seeking opportunities to invest in a wide range of securities, including the securities of foreign companies. The U.S. Securities and Exchange Commission (SEC) has responded by facilitating the ability of foreign companies to access U.S. investors through listings and offerings in the American public capital markets. The SEC recognizes the importance of the globalization of securities markets both for investors who desire increased diversification, and international companies which seek capital in new markets.

To facilitate the entry of foreign companies to the U.S. markets, the SEC has made several modifications to its disclosure requirements and implemented other accommodations for foreign companies registering with the SEC. These accommodations, in certain instances, allow a foreign company to comply with U.S. rules by providing the same information (if any) that it discloses under its home country regulations. Even though the SEC has made accommodations with respect to disclosure of some types of information, U.S. investors have come to expect a high level of information from public companies, and U.S. rules therefore continue to ensure high-quality information from foreign companies that register with the SEC.

Over the last several years, the SEC has witnessed a dramatic increase in the number of foreign companies that have come to the U.S. markets. Since 1990, the number of foreign reporting companies in the United States has more than doubled. At the end of 1997, more than 1,000 foreign companies from 55 countries had registered their securities with the SEC.

As of April 1, 1998, twelve German companies had registered with the SEC in order to list their securities for trading in the United States or conduct a U.S. public offering.[1] Last year two well-known German companies, Hoechst AG and Veba AG, chose to list their American De-

1) Twelve German companies have registered their securities with the SEC. Seven have listed ADRs on the New York Stock Exchange: Daimler Benz AG, Deutsche Telekom AG, Fresenius Medical Care AG, Hoechst AG, Pfeiffer Vacuum Technology AG, SGL Carbon AG, and Veba AG; two have ADRs traded in the Nasdaq SmallCap market: Digitale Telekabel AG and Realax Software AG; one has ordinary shares quoted in the over-the-counter market: New York Broker Deutschland AG; and two have registered debt securities: Tarkett International GmbH and Veritas Holdings GmbH.

positary Receipts (ADRs) on the New York Stock Exchange and, in the past, other German companies have raised capital in the United States by publicly selling securities. Two other German companies, SAP AG and BASF AG, have announced that they are considering listing their ADRs in the United States.

This article provides an overview of the Securities Act of 1933 (Securities Act) and the Securities Exchange Act of 1934 (Exchange Act) as they relate to the listing and the public offering of securities in the United States. Next, it examines in detail the narrative and financial statement disclosure requirements with which German and other foreign companies must comply for listing their securities in the United States and for registering their securities for public sale in the United States. This article also addresses the steps necessary for establishing an ADR program in the United States. In addition to the requirements for raising capital publicly, this article briefly reviews how foreign companies can access the private placement market in the United States.

1. Overview of the Securities Laws

In 1933, the U.S. Congress adopted the Securities Act to curb certain abuses related to securities offerings and to improve the disclosure that prospective investors receive about companies selling their securities to the public. The goal of the Securities Act is to provide investors with full and fair information about securities offerings.

The U.S securities regulatory scheme is a disclosure-based system that requires the disclosure of material information. Regulation under the U.S. system is based on whether the applicable standards of disclosure are satisfied. It is not based on the SEC's evaluation of the relative merits or investment worthiness of a company or its securities. When publicly traded companies provide investors with access to current and reliable information, investors are able to make informed investment decisions. As a result, a company that intends to list its securities or raise capital in the United States must provide full and fair disclosure concerning its operations, management, and financial condition.

The Securities Act regulates the offer and sale of securities in the United States. A company must register all U.S. offers and sales of securities unless the offering satisfies one of the exemptions provided in the Securities Act. A company must file a registration statement (or prospectus) with the SEC before it offers its securities to the U.S. public. Before a company may sell any of its securities, the SEC must issue an order declaring the company's registration statement effective.

In 1934, the U.S. Congress adopted the Exchange Act, which focuses mainly on the trading of securities in the secondary markets and the activities of participants in those markets. While the Securities Act requires companies to register transactions (offers and sales of securities), the Exchange Act requires companies to register classes of securities for listing, and requires publicly traded companies to file annual and other reports with the SEC. The Exchange Act also governs the conduct of tender offers in the United States.

Both the Securities Act and the Exchange Act require companies to provide investors with a significant amount of information and specify the content requirements for prospectuses and reports that companies publicly file with the SEC. These laws and the SEC's regulations require companies to provide disclosure about their business operations, their management and personnel, and for Securities Act registration statements, the manner in which they conduct offerings. There are also specific requirements for the financial statements and other financial information that companies must disclose. The disclosure requirements for debt securities are similar to those for equity securities.The federal securities laws contain a general disclosure standard upon which civil and criminal liability may be based. The general standard requires that filed registration statements and reports not contain any untrue statement of a material fact or omit to state a material fact necessary in order to make the statements made in such documents not misleading. Accordingly, even if a company satisfies each specific disclosure requirement, a registration statement or report could nonetheless be considered deficient if the general standard is not satisfied.

The federal securities laws require a company to disclose material information about itself and its offering. The determination of what information is material is a mixed question of law and fact, which U.S. courts determine by applying the "reasonable investor" standard to a specific set of facts. The U.S. Supreme Court has established that a misstatement or omission is material if there is substantial likelihood that a reasonable investor would consider it important when making an investment decision.

2. SEC Registration Requirements for Stock Market Listing

The Exchange Act requires foreign companies that list their securities on regulated U.S. markets to register those securities with the SEC. The New York Stock Exchange, the American Stock Exchange, the Nasdaq Stock Market, and other regulated U.S. markets also have eligibility requirements for the listing of securities, and companies must file a separate application with each market on which they will list their securities.

2.1 Narrative Disclosure Requirements of Form 20-F

A foreign company that seeks to list its securities on the New York or American Stock Exchanges or the Nasdaq Stock Market must register its securities with the SEC by filing an Exchange Act registration statement. Most publicly traded, foreign companies are eligible to use Form 20-F to register their securities under the Exchange Act.[2] Form 20-F requires comprehensive disclosure about the company, including information about its business operations and its financial statements.

2.1.1 Management's Discussion and Analysis of Financial Condition and Results of Operations

A key part of the registration statement is Management's Discussion and Analysis of Financial Condition and Results of Operations (commonly referred to as "MD&A"). The purpose of MD&A is to make the financial statements more understandable and to provide greater insight into a company's business. In 1989, the SEC provided interpretive guidance on management's obligation to explain the financial statements to investors in the narrative portions of disclosure documents.[3] The SEC stated that management is obligated to provide investors

2) A foreign company may not use Form 20-F if more than 50% of its voting shares are held by U.S. residents, and any of the following are true: (1) its business is principally administered in the United States; (2) a majority of its directors or executive officers are U.S. citizens or residents; or (3) more than 50% of its assets are located in the United States.

3) Securities Act Release No. 6835 (May 18, 1989).

with a view of the company's financial position and financial results through the eyes of senior management.

MD&A requires a company to discuss its results of operations and changes in financial condition for each period for which it presents financial statements. A company must discuss its liquidity, capital resources, and results of operations and all information necessary for investors to understand its financial condition, changes in financial condition, and results of operations. As part of this discussion, a company must disclose any known trends or uncertainties that are likely to have a significant effect on the company's net sales, revenues, or income from continuing operations. A company must disclose any known trends or any known commitments, events, or uncertainties that are likely to affect the company's future liquidity or capital resources.

These trends or uncertainties may include, for example, changes to laws or the manner in which they are interpreted, changes in business practices, volatility in the currency in which the company conducts its business or in which its debt is denominated, and unusual cash demands and uncertainties.

2.1.2 Business Disclosure

Form 20-F requires a discussion of the company's business, properties, and any significant legal proceedings. A company must discuss the development of its business, including a description of its principal products or services and the primary markets that it serves. The company must disclose the geographic regions and the categories of activity from which it derives revenues. A foreign company must describe its important properties, such as its principal manufacturing facilities, mines, and other important physical properties and disclose how the company holds its properties (i.e., lease or ownership). A company also must discuss all significant legal proceedings other than ordinary routine litigation.

2.1.3 Security Ownership

Form 20-F requires a foreign company to disclose, to the extent known to it, control by any large holders, foreign government, or management, and the percentage of ownership by these entities. A foreign company must indicate the total amount of securities that its management as a group controls, without naming individual directors or officers. This is a departure from the requirement for U.S. companies, which mandates that directors and executive officers be named individually and their stockholdings in the company disclosed. Further, the threshold for separately identifying large holders is 10%, while U.S. companies must identify holders of more than 5% of their securities.

2.1.4 Shareholder Matters

A foreign company must include information about various foreign matters that may impact U.S. holders. For example, a foreign company must disclose information about: (1) trading prices and trading volume on the principal non-U.S. trading market for the two most recent fiscal years for the securities that it registers; (2) any exchange controls and other limitations that would affect the payment of dividends or interest, or the exercise of voting rights; and (3) the effect of foreign and U.S. tax laws and regulations on U.S. holders of the company's securities. Form 20-F also requires a foreign company to describe the dividend, voting, liquidation, and other rights relating to the registered securities. Foreign companies must include a five-year history of U.S. dollar-home country currency exchange rates using a specified rate.

2.1.5 Management, Compensation, and Related Transactions

Form 20-F requires a company to include information about its directors and executive officers, their compensation arrangements, any outstanding stock options, and related-party transactions. The SEC has provided important accommodations in these areas a foreign company need not provide as detailed information about these items as U.S. companies. For example, a foreign company must identify its directors and executive officers and provide general information about each person's background. A U.S. company must provide more detailed information about these individuals.

Another significant accommodation that the SEC has extended to foreign companies involves the disclosure of management's compensation. A foreign company may disclose the aggregate amount of compensation that it pays its directors and executive officers as a group, instead of naming and providing extensive compensation disclosure on an individual basis. In contrast, a U.S. company must provide compensation data for each of the five most highly paid officers. However, a foreign company is required to disclose compensation information on an individual basis if it already discloses this information in annual or other shareholder reports or in any other information it makes available to the public.

A third accommodation in this area involves disclosure of "related-party transactions" that is, any material transactions between the foreign company and any directors or officers, controlling security holders, or any entities controlled by directors' and officers' relatives as well as any material loans that the company made to any directors or officers of the company. The SEC has adapted its rules to allow a foreign company to disclose only that information that it already makes publicly available, as described above.

2.1.6 Exhibits and Signatures

A company that files a Form 20-F with the SEC must also file several exhibits, including: (1) its articles of incorporation and bylaws; (2) all instruments that define the rights of security holders for the securities that the company has registered; (3) indentures and other agreements relating to any issue of long-term debt that exceeds 10% of the company's total assets; and (4) all contracts that are not made in the ordinary course of business.

Unless immaterial in amount or significance, the following types of contracts are considered not to have been made in the ordinary course of business and must be filed: (a) a contract entered into by the company and affiliated persons, (b) a contract upon which the company's business is substantially dependent, (c) a contract for the acquisition or sale of any property, plant, or equipment that exceeds 15% of the company's fixed assets, or (d) a contract that involves a material lease of property. In many cases, application of this standard results in large foreign companies not being required to file any contracts.

Form 20-F must be signed on behalf of the company by any authorized officer. By signing the Form 20-F, the company will confirm that the Form 20-F was prepared in compliance with the registration form and the Exchange Act.

2.2 Financial Statement Requirements

Another important area in which the SEC has accorded foreign companies significant accommodations is the preparation of financial statements. Foreign companies may prepare their financial statements using a comprehensive body of generally accepted accounting principles (GAAP) other than U.S. GAAP. Foreign companies that present their financial information in accordance with the GAAP of their home country or International Accounting Standards, however, must include a reconciliation of significant variations from U.S. GAAP.

Annual financial statements included in a registration statement must be audited by an independent accounting firm. The requirement of independence is essential to the credibility of financial reporting and the capital formation process. To qualify as independent, an accounting firm must not have any financial interest in the client, any direct or material indirect business relationship with the client, any conflicting interests, or other relationships with the client that would make it difficult for the accounting firm to remain impartial. Further, any appearance of a lack of independence will disqualify an auditor from serving as an independent auditor.

A company's auditors must comply with the SEC's independence standards, and may look to the standards of the American Institute of Certified Public Accountants (AICPA) and the newly-created Independence Standards Board to the extent that they do not conflict with the standards required for auditors of companies reporting with the SEC. The audit of financial statements must be conducted in accordance with U.S. generally accepted auditing standards (GAAS). The SEC accommodates foreign companies by allowing a foreign auditor to certify that it conducted the audit in accordance with U.S. GAAS or that its foreign auditing standards are substantially similar to U.S. GAAS. Foreign auditors must be licensed to do business in the country in which they are based. In certain instances, foreign auditors who previously have not prepared audited financial statements for use in an SEC registration statement may need to establish their competency to conduct an audit in accordance with U.S. GAAS and to prepare the reconciliation of financial information to U.S. GAAP.

A company must present audited balance sheets for two years, audited income statements and cash flow statements for three years, and selected financial data for five years, provided that it has conducted business for those time periods.[4] Foreign companies must provide financial information that is reconciled to U.S. GAAP for the two most recent years and in certain situations any subsequent interim period (and corresponding prior year period) for an initial public offering or listing.

Foreign companies may present their financial statements in any currency that management believes is appropriate. The financial statements of foreign companies must disclose their choice of currency prominently on the face of the financial statements. The same reporting currency must be used for all periods. If the reporting currency is not the U.S. dollar, foreign companies are permitted to provide a "convenience translation" to the U.S. dollar only for the most recent year and any subsequent interim period, using the exchange rate as of the latest balance sheet date. Further, if a foreign company pays dividends in a currency other than the reporting currency, it should include a note identifying that currency. While foreign companies are free to select the currency in which they report their financial statements, they are not allowed to choose the currency for measurement. Foreign companies must use the currency in which they conduct operations to measure transactions, unless they conduct operations in a hyperinflationary environment. Companies conducting business in a hyperinflationary economy have the option to report in the hyperinflationary currency or in a stable currency, such as the U.S. dollar.

The SEC requires companies to provide significant financial information disclosure in all registration statements. However, the financial statement requirements for foreign companies that only intend to list their securities are not as comprehensive as those for companies that intend to raise capital through a public offering of securities in the United States. Form 20-F offers foreign companies two reconciliation alternatives for financial statement reporting. These two alternatives are generally referred to by their item numbers in Form 20-F: Item 17 and Item 18.

---

4) The selected financial information includes, at a minimum, net sales or operating revenues, income (loss) from continuing operations, income (loss) from continuing operations per common share, total assets, long-term obligations and redeemable preferred stock, long-term debt, capital leases, and cash dividends per common share.

The first financial statement alternative (Item 17) for foreign companies is the simpler of the two. Item 17 requires a foreign company to discuss all material variations in accounting principles between its presentation format and U.S. GAAP. A foreign company must present a reconciliation of net income from its chosen GAAP presentation to U.S. GAAP that quantifies and describes each significant variation.

A foreign company must quantify the differences between its balance sheet as prepared under its chosen GAAP and U.S. GAAP, which most companies choose to present in the form of a reconciliation of shareholders' equity. A foreign company either must present a cash flow statement prepared in accordance with U.S. GAAP or International Accounting Standard No. 7, or it must provide a reconciliation of a cash flow statement or a statement of changes in financial position to U.S. GAAP. Finally, a foreign company must disclose earnings per share calculated in accordance with U.S. GAAP if its chosen GAAP calculation method differs significantly from U.S. GAAP. Item 17 financial statement reconciliations are acceptable for a foreign company that registers its securities for listing, for annual reports, and for certain securities offerings discussed below.

Item 18 is the second alternative. A foreign company that provides an Item 18 financial statement reconciliation must include all of the information required by Item 17 of Form 20-F. A foreign company that provides an Item 18 financial statement reconciliation also is required to provide a qualitative as well as quantitative reconciliation to U.S. GAAP primarily, to comply with any U.S. footnote or presentation requirements. For example, in addition to the Item 17 requirements, a foreign company must provide geographic and industry segment information, fair value information on certain assets, information about concentrations of credit risk, disclosure about the foreign company's investment securities, information about off-balance sheet financial instruments, components of pensions and benefits other than pensions, and components of tax expense and deferred tax liability or assets. If the foreign company's chosen GAAP is similar to U.S. GAAP, it may have to present a smaller number of reconciled items.

Compliance with Item 18 generally is required only when a foreign company is selling securities and raising capital in the United States; compliance with Item 17 is sufficient for an initial listing that does not include an offering and for annual reports. Although not required to, many foreign companies that are listing their securities comply with the more complete Item 18 requirements.

A foreign company that is engaged in certain industries must include additional disclosure about its operations. A foreign company that conducts oil and gas operations or holds interests in oil and gas programs, operates as a bank, operates real estate limited partnerships, offers property-casualty insurance, or engages in mining operations, must provide specific statistical and other information about these operations.

2.3 Market Risk Disclosure Rules

In 1997, the SEC adopted rules requiring additional disclosures in registration statements and annual reports about the accounting policies that companies use to account for derivatives and mandating certain quantitative and qualitative information about market risk exposures.[5] All foreign companies must provide the quantitative and qualitative information about market risk. The accounting policy disclosure rules, however, do not apply to a foreign company that provides an Item 17 financial statement reconciliation, but they are applicable to a foreign company that provides an Item 18 financial statement reconciliation. The types of market risk that these rules contemplate may take the form of interest rate risk, foreign currency exchange rate exposure, commodity price risk, equity price risk, and other types of market risks that affect market risk sensitive instruments.

A foreign company that provides an Item 18 reconciliation must provide accounting policy disclosures for fiscal years ending after June 15, 1997. Such a company also must furnish quantitative and qualitative disclosures of market risk for fiscal years ended after June 15, 1997 if it is or controls a depositary institution, as defined by U.S. banking laws, or if its market capitalization exceeded $2.5 billion on January 28, 1997. All other companies must include these disclosures for fiscal periods ended after June 15, 1998. The SEC staff has published an interpretative pamphlet that addresses many frequently asked questions about the new market risk disclosure rules.[6]

---

5) Securities Act Release No. 7386 (February 10, 1997).

6) Questions and Answers About the New "Market Risk" Disclosure Rules (July 31, 1997). This Q&A may be obtained from the SEC's website <www.sec.gov>.

3. SEC Registration Requirements for Public Offerings

The Securities Act requires a company to register a public offering of securities in the United States. Unlike the registration requirements for listing, which require one-time registration under the Exchange Act, a company must register each public offering of securities under the Securities Act. In an initial public offering, a foreign company registers its securities using a Form F-1 registration statement. The registration statement includes the prospectus, which is the principal document used to market securities to investors.

The disclosure contained in a prospectus generally is the same as that required by Form 20-F and also includes various matters that are specific to the offering, as discussed below. In subsequent offerings, a company may be permitted to incorporate by reference into the prospectus information from its other filings with the SEC, although the prospectus still would be required to disclose various offering-specific matters.

3.1 Offering-Specific Disclosure

The additional offering-specific disclosures include: a discussion of risk factors; the use of proceeds of the offering; information about how the company determined the offering price for its securities; dilution information; information about the underwriting arrangements; a description of the securities that the company is selling; disclosure of any interests that experts and counsel who helped prepare the prospectus may have in the company; an optional prospectus summary for complex transactions; and a ratio of earnings to fixed charges for debt and preferred stock offerings.

In the "Risk Factors" section of a prospectus, a company must disclose any material risks associated with purchasing its securities. These risk factors include material company-specific risks, such as the absence of operating history, recent poor performance, high leverage, competitive risks, adverse sales trends, dependence on material suppliers and customers, or a concentration of credit risk.

Risk factors often include industry-specific and country-specific risks, as well as any other risks that may impact an investor's decision to purchase the company's securities.

The "Use of Proceeds" section of a prospectus requires a company to disclose the principal purposes for which it will use the net proceeds of an offering. However, to the extent that a company has no current specific plans for the proceeds of an offering, it may so indicate and discuss generally the reasons for the offering.

The Securities Act registration forms require a company to disclose in specific terms how the company will offer its securities to the public. A company's discussion of the manner in which it sells its securities must identify the company's underwriters, the nature of their underwriting obligation (i.e., firm commitment, standby basis, or best efforts), and the compensation the company will pay to its underwriters. The company must provide certain information about any shareholders that will sell securities that the company has registered on their behalf, including the amount and percentage of securities that these persons will hold before and after the public offering. If the offering is a rights offering to shareholders, the prospectus would disclose the rights offer arrangements and procedures to be followed by holders in order to exercise their rights.

A company that is incorporated outside the United States must discuss whether U.S. investors will be able to file suit against its officers and directors who may, and often do, reside outside the United States, and whether the liabilities and actions brought under the U.S. federal securities laws are enforceable in the company's country of incorporation.

The SEC has determined that companies must make their prospectuses easier to understand in order to meet the SEC's goal of providing investors with full and fair disclosure about the companies in which they invest. As a result, the SEC recently adopted disclosure rules that require companies to write their prospectus cover page, risk factors, and prospectus summary in "plain English" beginning on October 1, 1998.[7)]

3.2 Forward-Looking Information

The SEC encourages companies to provide investors with forward-looking information in both Securities Act and Exchange Act filings

7) Securities Act Release No. 7497 (January 28, 1998).

because investors often find this information useful for evaluating a company's prospects. Forward-looking information includes, for example, statements that management makes about projected revenues, net income (loss), earnings (loss) per share, capital expenditures, dividends, capital structure, or other financial and operating data items; statements about management's plans and objectives for future operations; a statement of future economic performance contained in the MD&A; and assumptions underlying any of the foregoing. The SEC encourages companies to provide forward-looking information about future economic performance to the extent management has a reasonable basis for its beliefs. While the SEC encourages companies to make available forward-looking information, it does not require companies to include such information.

Many companies are reluctant to provide forward-looking information in prospectuses and annual and other reports out of concern that the failure of the projected events to materialize could expose them to liability under the federal securities laws or other laws. To address these concerns, the SEC adopted two safe harbor provisions intended to protect a company from liability for forward-looking statements made outside of a registration statement when the company later reaffirmed these statements in documents filed with the SEC, and the company had a reasonable belief for such statements.[8] Further, the Private Securities Litigation Reform Act of 1995 provides a statutory safe harbor from litigation for a company if the forward-looking statement is identified as such and accompanied by meaningful cautionary statements that actual results may differ from the projections. A company also is protected from liability if a plaintiff fails to prove that the forward-looking statement was made with actual knowledge that it was false or misleading. This safe harbor does not apply to statements made by a company that is registering for the first time.

3.3 Exhibits and Signatures

The Securities Act registration forms require a company to file certain exhibits with the SEC and requires a company to sign its registration statement. Although the Form 20-F contains exhibit and signature requirements, the Securities Act requirements are more comprehensive

8) Rule 175 under the Securities Act and Rule 3b-6 under the Exchange Act.

than the Form 20-F requirements. A company must file as exhibits the following: (1) underwriting agreements; (2) articles of incorporation and bylaws; (3) instruments defining the rights of security holders, including indentures; (4) legality opinions for the registered securities; (5) tax opinions, in certain circumstances; (6) material contracts; (7) a schedule that provides details regarding the computation of earnings per share; (8) a list of the company's subsidiaries; (9) accountants' and any experts' consents for the inclusion of information in the registration statement; and (10) various other specified items.

Securities Act registration forms must be signed on behalf of the company by an authorized officer and by the company's principal executive officer(s), its principal financial officer, its controller or principal accounting officer, at least a majority of the board of directors, and the company's authorized representative in the United States. As signatories to the registration statement, these persons confirm that they have prepared the registration statement in compliance with the Securities Act.

3.4 Securities Act Registration Forms

The SEC has adopted registration forms specifically for use by a foreign company offering securities in the United States. Each form describes the information that a company is required to provide in the prospectus and in the registration statement. A foreign company will use Form F-1 unless it is eligible to use Form F-2 or F-3.[9]

Form F-3 is a "short form" registration form, meaning that information that already is included in other filings with the SEC may be incorporated by reference and need not be repeated. A foreign company is eligible to use Form F-3 if it meets certain eligibility criteria, including that it has been registered with the SEC for at least 12 months, has filed at least one annual report with the SEC, and has a worldwide market capitalization (excluding shares held by affiliates) of at least $75 million. A foreign company need not meet the $75 million market capitalization requirement in order to use Form F-3 if it is registering non-convertible investment grade securities.

---

9) A foreign company also may use Form F-4 to register securities issued in connection with mergers, exchange offers, other business combinations, and other specified transactions.

A company that registers its securities on Form F-3 must incorporate by reference its annual report on Form 20-F filed with the SEC. This procedure allows it to refer to its annual report instead of responding in detail in the document to each of the item requirements in a Securities Act registration form.[10] Form F-3 also permits a company to incorporate by reference information that subsequently is filed by the company. In this way, a registration statement can be updated and kept ready for use in an offering without amending the Form F-3 filed with the SEC.

3.5 Shelf Registration Procedures

The SEC's shelf registration procedures are designed to allow qualified U.S. and foreign companies immediate access to the U.S. capital markets. When a company uses these shelf registration procedures, it registers an amount of securities that it anticipates issuing over a period of time. The company often has no immediate plans to sell securities. When shelf-registered securities are sold, fewer than all of the securities registered may be sold in any given offering. A company may register an aggregate dollar amount of securities and is not required to specify a fixed dollar amount for each type of security (debt, common equity, preferred equity) that may be sold in the future. The dollar amount of securities and the terms of the securities are identified at the time of the offering.

These procedures for shelf registration differ from non-shelf procedures, under which a company registers only those securities that it will sell in a specifically proposed offering. Only a company that is eligible to use Form F-3 is able to use shelf registration procedures for primary offerings of securities.

3.6 Public Offering Financial Statement Requirements

A foreign company that is registering securities under the Securities Act to conduct a public offering of its securities in the United States

10) The Form F-2 has eligibility requirements that are similar to the Form F-3, but it does not impose a $75 million public float requirement and does not allow incorporation by reference on a going-forward basis. The Form F-2 requires the company to deliver its annual report with its prospectus, while such delivery is not required in a Form F-3 prospectus. Form F-2 rarely is used by foreign companies.

generally must provide the second, more comprehensive “Item 18” financial statement information. There are exceptions to this rule. A company may provide an Item 17 financial statement reconciliation if it is: (1) registering securities for a rights offer; (2) offering securities under its interest or dividend reinvestment plan; (3) registering securities for conversion of outstanding convertible securities or the exercise of warrants; or (4) issuing non-convertible, investment grade securities. In these situations, a company need only provide Item 17 financial statements. The financial statements included in a prospectus are required to be up-to-date. A foreign company must provide audited annual financial statements within six months after the end of its fiscal year. If the audited financial statements are more than 10 months old, a foreign company must include in the prospectus interim unaudited financial statements that are less than 10 months old.

3.7 Financial Statements of Other Companies

In certain circumstances, a company may be required to include in its registration statement the financial statements of other companies in addition to its own. A foreign company that registers securities under the Securities Act must include financial statements for a company that it acquired or will acquire when the acquired company exceeds 20% of the amount of the registering company’s total assets, or pre-tax income based upon the registering company’s most recent, audited financial statements, or when the registering company’s investment in the acquired company exceeds 20% of the registering company’s total assets. Likewise, a foreign company registering securities under the Securities Act must include financial statements for a company in which it has an equity investment when the investee is significant to the registering company at a 20% or greater significance level, based on the investment and pre-tax income tests, discussed above. If the acquired company or investee is significant at the 30% or greater level, these financial statements must satisfy the requirements of Item 17. These requirements do not apply when a company simply is listing its securities and not publicly offering securities. The determination of significance must be made on a U.S. GAAP basis.

3.8 Trust Indenture Act of 1939

A foreign company that registers debt securities (bonds, debentures, notes, and other similar instruments) also must comply with the Trust

Indenture Act of 1939 (TIA). A company, therefore, must register debt securities under both the Securities Act and qualify the indenture under which the securities are issued under the TIA. The TIA was designed to safeguard the rights and interests of purchasers of debt securities by: (1) prohibiting the indenture trustee from having conflicting interests that might interfere with exercising its duties on behalf of the purchasers; (2) requiring the trustee to be a corporation with minimum combined capital and surplus; (3) imposing high standards of conduct and responsibility on the trustee; (4) precluding, in the event of default, preferential collection of certain claims owing to the trustee by the debtor-company; (5) providing that the company periodically supply to the trustee evidence of compliance with indenture terms and conditions; and (6) requiring the trustee to provide reports and notices to security holders. The provisions of the TIA are largely self-operative and do not require a detailed qualification form.

3.9 Guaranteed Securities

Under the federal securities laws, guarantees of securities are viewed as separate securities and must be separately registered with the SEC. For example, if a finance subsidiary is issuing debt securities that are guaranteed by its parent company, both the finance subsidiary and the parent company are required to register with the SEC. This registration is generally accomplished by both companies filing a single combined registration statement that includes required information with respect to both companies.

In this situation, full financial statements and other information for the parent company will be required. Depending on whether the guarantee is full and unconditional and on the nature of the operations of the subsidiary and its relationship with the parent company, the finance subsidiary may be required to provide full, condensed, summarized, or no financial statements.

4. American Depositary Receipts (ADRs)

A foreign company that registers its securities under either the Securities Act or the Exchange Act often will establish an ADR program to make it simpler for U.S. holders to buy and sell its securities. Establishing an ADR program also makes it less cumbersome for U.S. holders to receive dividends on foreign securities.

An ADR is a negotiable certificate that represents an ownership interest in a specified number of securities of a foreign company. ADRs are issued by a U.S. depositary (usually a bank or trust company) in exchange for a deposit of the foreign securities by their owner. A custodian (usually the depositary's foreign correspondent bank) holds the underlying shares that have been deposited.

Most ADR programs are established for the trading of equity securities. The ADR serves as a substitute trading mechanism for foreign securities, which enables foreign securities to trade in the United States in the same manner as equity securities of U.S. companies. ADRs provide U.S. investors with certain advantages over a direct investment in the securities underlying the ADRs. Instead of being required to purchase securities in the currency of the foreign company, a U.S. investor may purchase ADRs with U.S. dollars. The depositary bank will convert foreign currency dividends into U.S. dollars, which the depositary then distributes to ADR holders. If requested to do so by the foreign company, the depositary bank also will disseminate information to U.S. security holders that the foreign company makes available to its home country investors.

In recent years, many companies have created ADR programs by entering into a deposit agreement with a depositary bank. The deposit agreement establishes the obligations of the foreign company and depositary and specifies the rights of ADR holders. Under the deposit agreement, the foreign company usually agrees to bear some of the costs associated with operating the ADR program, although ADR holders often are responsible for other costs, such as deposit and withdrawal fees. The parties to the deposit agreement must file the agreement with the SEC on a Form F-6 registration statement, which is a simplified registration form that relates solely to the ADRs and the terms of the ADR program.

A foreign company that intends to list its ADRs on a U.S. market must register the underlying securities under the Exchange Act using Form 20-F (as described above) and register the ADRs under the Securities Act on Form F-6. A foreign company that intends to sell ADRs in the United States to raise capital must register the underlying securities under the Securities Act on Form F-1 (or other appropriate form, as described above) and register the ADRs under the Securities Act on Form F-6.

5. SEC Review

The SEC's Division of Corporation Finance administers the Securities Act and Exchange Act provisions that relate to the registration of securities. All registration statements for an initial listing of securities or an initial public offering are reviewed by the staff of the Division of Corporation Finance for compliance with the SEC's rules and regulations. Subsequent registration statements filed by a company are reviewed on a selective basis. Annual reports and other filings also are reviewed periodically.

When a registration statement is reviewed, an SEC staff attorney and an SEC staff accountant who specialize in the company's industry will examine the registration statement for adequacy of the disclosures made. Their work is overseen by senior SEC staff reviewers. The staff seeks to issue initial comments on a registration statement within 30 days after filing. The staff seeks to review amended filings and issue any additional comments within a week of receipt.

The staff of the SEC reviews a registration statement for the adequacy of the disclosures that a company has made, for compliance with SEC rules, and for compliance with U.S. GAAP. The SEC staff does not interview management, audit a company's books, review the accountants' work papers, or evaluate the merits of a proposed offering or listing. The staff, however, may request limited supplemental information from a company, and they may request revisions to the registration statement to correct or clarify disclosure or accounting deficiencies. When the foreign company has prepared its financial statements on a basis other than U.S. GAAP, the SEC staff may review these financial statements for compliance with the GAAP requirements under which they were prepared as well as the reconciliation to U.S. GAAP. The company may be required to revise its registration statement one or more times in response to staff comments and in order to update information in the registration statement. At the end of this process, the staff will inform the company that it has no further comments or questions with respect to the registration statement. At this point, on a date selected by the company the registration statement will be "declared effective" and the offering or the listing may proceed. The SEC staff review process does not mean that the SEC has approved either the offering or the disclosure contained in the registration statement.

The SEC recognizes that a foreign company often has special concerns when it comes to the U.S. market. This is particularly true when a foreign company's securities trade publicly in its home market. The staff has put special procedures in place to accommodate these concerns. The Division of Corporation Finance created a separate office the Office of International Corporate Finance that serves as the central point of contact for foreign companies registering with the SEC. The Office is staffed by senior attorneys who are able to help guide foreign companies through the registration process.

The SEC's review process is transparent and usually involves the public filing of amendments to remedy disclosure deficiencies. To address questions and concerns of a foreign company about the review process, the SEC staff will:

- address informally any pre-filing questions that a foreign company may have about reconciling its financial statements to U.S. GAAP or any other questions a foreign company may have;
- receive informal draft registration statements from a foreign company and review them on a non-public basis; and
- accept paper filings rather than the electronic filings that generally are required of U.S. companies.

The SEC also recognizes that the U.S. offering of a company's securities often is part of a larger, global securities offering. Because the SEC encourages foreign companies to include U.S. investors in their capital-raising transactions, the SEC is committed to meeting a foreign company's proposed schedule. For example, if a foreign company's timetable does not accommodate the usual thirty-day comment period, the SEC staff seeks to provide its comments in a shorter time period that meets the foreign company's proposed schedule.

This article has described many of the formal accommodations the SEC provides foreign companies that register with the SEC. Equally as important, though, is the informal assistance that the staff gives to foreign companies in reviewing their registration statements. With respect to the financial statement reconciliation in particular, when the application of U.S. GAAP to foreign financial statements is unclear, the SEC encourages foreign companies to approach the SEC staff on an informal basis to work through specific questions.

Foreign companies are encouraged to contact the Office of International Corporate Finance at any stage of the registration process with questions or concerns. The telephone number is (202) 942-2990.

6. Public Availability of Information Filed with the SEC, Confidential Treatment Requests, and Filing Fees

Upon the public filing of a registration statement for the listing or sale of securities, a company's registration statement becomes available to the public. To accommodate the concerns of foreign companies, the SEC accepts draft registration statements from foreign companies. The draft submission of registration statements enables a foreign company to work through the review process privately. A foreign company must, however, file its registration statement publicly before offering, selling or listing its securities. All of the information that is contained in a filed registration statement, including financial statements and exhibits, will be available to the public.

6.1 Confidential Treatment Requests

A company may request confidential treatment for limited portions of required exhibits that would be exempt from public disclosure under the U.S. Freedom of Information Act (FOIA). Most companies rely on the FOIA exemption that covers "trade secrets and commercial or financial information obtained from a person and privileged or confidential" as the basis for their requests for confidential treatment.[11] The SEC's rules governing confidential treatment requests typically permit companies to redact pricing terms, technical specifications, and other information that could cause substantial competitive harm to the company if disclosed to the public.

6.2 Electronic Data Gathering and Retrieval System (EDGAR)

A foreign company is not required to file its registration statements and periodic reports on EDGAR, the SEC's electronic database. A for-

11) 5 U.S.C. § 552(b)(4); 17 C.F.R. 200.80(b)(4). Rule 406 under the Securities Act and Rule 24b-2 under the Exchange Act allow a company to exclude limited information from exhibits that must be filed with the SEC. On February 28, 1997, the Division of Corporation Finance issued a Staff Legal Bulletin that describes the process for requesting confidential treatment of information in exhibits. This Bulletin is available through the SEC's website <www.sec.gov>.

eign company, however, has the option of filing its information on EDGAR, which will make its documents available to the investing public and analysts on the SEC's website <www.sec.gov>. To file voluntarily on EDGAR, a company must obtain access codes from EDGAR Filer Support at (202) 942-8900. No other permission is needed. Further, a foreign company that files voluntarily on EDGAR may stop doing so at any time. In addition, a foreign company is permitted to file some materials on EDGAR and some materials on paper (including many of the exhibits, such as material contracts). The staff encourages each voluntary EDGAR filer to make all of its filings on EDGAR if possible, so that the electronic database for the company will be complete.

6.3 Filings Fees

When a company files a Securities Act registration statement to engage in a capital-raising transaction, it must pay a filing fee based on the dollar amount of securities it registers. The current filing fee is $295 for each $1 million in securities that a company registers. These fees are scheduled to decline over the next several years. A company is not required to pay a filing fee to the SEC when it lists its securities in the United States or when it files its periodic reports with the SEC.

7. Obligations After Initial Registration

After a foreign company registers its securities offering under the Securities Act or registers a class of securities under the Exchange Act, it becomes subject to the reporting requirements of the Exchange Act.[12] The Exchange Act requires that a foreign company file annual reports, and material information that the foreign company is required to file or make available under its home country law, the requirements of a

---

12) Under Section 15(d) of the Exchange Act, a company that has registered securities under the Securities Act will is subject to the Exchange Act for at least the fiscal year in which the registration statement became effective. Following the end of the fiscal year in which a company conducts an offering registered under the Securities Act, its reporting requirements will be suspended if fewer than 300 persons hold its securities. Nevertheless, many foreign companies that conduct an offering in the U.S. also will be interested in establishing a secondary trading market in their securities, and may choose to continue reporting. As previously discussed, a company must register under the Exchange Act to list its securities on an exchange or on the Nasdaq Stock Market.

foreign exchange, or that it otherwise has provided to its security holders.

7.1 Annual Report on Form 20-F

A foreign company must file an annual report on Form 20-F no later than six months after the end of its fiscal year. A U.S. company, by contrast, is required to file its annual report no later than 90 days following the end of its fiscal year. The annual report on Form 20-F is required to disclose the same type of company information required when Form 20-F is used as a registration statement for an initial listing. In addition, a foreign company must disclose whether there have been any defaults upon its senior securities and must discuss any changes that have been made during the year that modify the rights of its security holders.

7.2 Form 6-K Reports

Another important distinction between the Exchange Act requirements for U.S. and foreign companies is that a foreign company is not required to file quarterly reports. Instead, a foreign company must furnish to the SEC on Form 6-K information and reports that relate to its financial condition and other material matters that the foreign company otherwise is required to make public under its home country law, that the foreign company files with any stock exchange or that the foreign company distributes to its security holders. There is no requirement that a foreign company reconcile any financial information contained in these reports to U.S. GAAP.

The information submitted on Form 6-K must be furnished to the SEC promptly after the foreign company has made the information public, and the complete information or an adequate summary must be provided to the SEC in English. Another significant difference between the Form 6-K and the reports that a U.S. company must file is that the SEC does not deem the information that a foreign company submits to be "filed" with the SEC. This distinction is important because the material that a foreign company submits is excluded from the express liability provisions of the Exchange Act that relate to "filed" documents. However, materials submitted to the SEC on Form 6-K continue to be subject to the general anti-fraud prohibitions under the securities laws.

A foreign company is not subject to the SEC's regulations relating to the form and content of annual reports to shareholders and proxy statements. Officers, directors, and significant shareholders of a foreign company are not subject to reporting requirements or "short swing" profit liability under Section 16 of the Exchange Act for their purchases and sales of the company's securities.

They are, however, subject to liability under the Exchange Act prohibition against insider trading and are subject to reporting requirements under Section 13(d) of the Exchange Act when they own more than 5% of a class of the company's equity securities.

7.3 Foreign Corrupt Practices Act

The Foreign Corrupt Practices Act (FCPA), enacted in 1977, prohibits all companies that have registered their securities with the SEC from bribing foreign public officials for the purpose of obtaining or retaining business.[13)] The FCPA also requires reporting companies to implement internal controls and accounting standards to make and keep books, records, and accounts in reasonable detail, which accurately and fairly reflect transactions and dispositions of a company's assets.[14)] Reporting companies must develop and maintain a system of internal accounting controls to provide reasonable assurance that they: (1) execute transactions in accordance with management's general or specific authorization; (2) record transactions so they will be able to prepare financial statements in conformity with GAAP and they may maintain accountability for assets; (3) confirm that access to assets is allowed only in accordance with management's general or specific authorization; and (4) account for assets and compare the accounting with existing assets at reasonable intervals.

A person may not knowingly circumvent or knowingly fail to adopt a system of internal controls or knowingly falsify a reporting company's books. The FCPA also makes it illegal for any director, officer, or agent of a reporting company to pay or to authorize a payment to a foreign official, a foreign political party, or candidate for political office if the payment is intended to influence that person and that individual is acting in an official capacity.

---

13) Section 30A of the Exchange Act.
14) Section 13(b) and Section 30A of the Exchange Act.

In December 1997, 34 countries signed an anti-bribery treaty negotiated at the Organization for Economic Cooperation and Development (OECD), committing signatories to criminalize bribery of foreign public officials. The treaty also requires that parties take necessary measures, within the framework of their legal systems, to prohibit the establishment of off-the-books accounts and similar practices used to hide such bribery. National legislation implementing the treaty should be enacted by the end of 1998, creating obligations similar to those in the FCPA around the world.

8. Liability Provisions of the Securities Laws

Civil or criminal liability or both may result if a company fails to comply with the registration and other requirements of the Securities Act. Liability may be based on failure to register an offering, or for offering or selling a security by means of written or oral communications that contain an untrue statement of a material fact or that omit a material fact necessary to make the statements not misleading. As discussed earlier, a similar disclosure standard can be found in the Exchange Act.

The liability provisions of the Securities Act and the Exchange Act extend to many persons and firms involved in the offering and registration of securities. In particular, the Securities Act expressly identifies the persons who may be held liable for material untrue statements and misleading omissions in a registration statement.

These persons include all persons who signed the registration statement, such as the company, its directors, its chief executive, financial, and accounting officers; its accountants and other persons or firms that are deemed "experts" regarding certain information contained in the registration statement; each of the underwriters participating in the offering; and persons or firms that control the company.

9. Accessing the U.S. Private Placement Market

Securities may be offered and sold privately in the United States without the preparation and filing of a specific disclosure document with the SEC. If a company offers and sells securities in a transaction that does not involve the public offering of securities, the offering will not be subject to the SEC's registration requirements.

The SEC adopted a safe harbor Rule 144A from its registration requirements in 1990, which facilitates the access by both foreign and domestic companies to U.S. capital markets without requiring them to register their securities, by permitting previously offered securities to be traded freely among certain large, institutional purchasers. Securities resold under Rule 144A generally are purchased by dealers in unregistered transactions outside the United States or in private placements within the United States.

The SEC's goal in adopting Rule 144A was to create a more liquid market for unregistered securities that are resold in accordance with the Rule's provisions. Rule 144A, therefore, provides a quick and efficient alternative for a company to raise capital in the United States without registering securities with the SEC. Unlike companies that register securities for a public offering, those making a private offering do not become automatically subject to the SEC's ongoing periodic reporting requirements under the Exchange Act.

Rule 144A is attractive to foreign companies because it allows them to access the U.S. capital markets for a portion of their offshore offerings without incurring the costs and efforts inherent in registering with the SEC. Foreign companies also use Rule 144A as a stepping stone into the U.S. market, enabling them to test the U.S. markets.

Rule 144A does not give foreign companies full access to the U.S. capital markets. Securities that are sold under Rule 144A may not be listed on a U.S. securities exchange or the Nasdaq Stock Market and may not be held by retail and smaller institutional investors. Rule 144A securities may be registered with the SEC so that they can be so listed and held by all U.S. investors.

Since the SEC adopted Rule 144A, numerous companies have made use of its provisions, which has helped to create a more liquid institutional market for unregistered securities. Rule 144A has created yet another option for foreign and domestic companies alike to access our capital markets.

10. Conclusion

The internationalization of securities markets is important to investors and companies alike. U.S. investors seek to diversify their holdings by investing in foreign companies, while foreign companies seek to increase their financial resources by accessing U.S. securities markets. The SEC has relaxed some of the regulatory requirements for foreign companies that our system imposes. However, the SEC's paramount concern remains the same - the protection of U.S. investors. The primary way of meeting this goal is by providing investors with full and fair disclosure relating to financial and other information about the companies in which they choose to invest.

The SEC makes numerous accommodations to facilitate foreign companies wishing to come to the U.S. markets, but we are unwilling to compromise the confidence that U.S. investors have developed in our markets. To encourage foreign companies to raise capital in the United States, we have eased the requirements related to the timing for filing continuous reports, the disclosure of executive compensation, and many other matters. Further, the SEC has relaxed many of the formalities of the staff review process.

The SEC stands firm in its goal of maintaining integrity in the U.S. marketplace and the investor confidence that it has created. Our primary tool is demanding high-quality information that complies with our rigorous accounting and other disclosure standards. The SEC knows that its standards are tough, but we believe that the markets reward companies that provide full and fair disclosure.

VII. Erfahrungen deutscher Emittenten

Notierung an der NYSE - Wirkungen auf das eigene Unternehmen

Dr. Manfred Gentz
Daimler Benz AG

Inhalt

Am 5. Oktober 1993 wurde die Daimler-Benz-Aktie erstmals an der New York Stock Exchange (NYSE) gehandelt. Damit hat sich Daimler-Benz - als erstes deutsches Unternehmen - den uneingeschränkten Zugang zum größten Kapitalmarkt der Welt eröffnet. Doch die Bedeutung dieses Datums für das Unternehmen geht weit über die Aufnahme der Notierung hinaus, denn mit dem Listing in New York wurde ein weitreichender Prozeß eingeleitet, der sowohl das Erscheinungsbild von Daimler-Benz nach außen als auch interne Strukturen und Abläufe nachhaltig geprägt hat. Nicht nur unser externes Rechnungswesen hat sich verändert, wir haben auch unser internes Steuerungsinstrumentarium weiterentwickelt. Ziel dieses Prozesses war und muß es auch künftig sein, die Qualität, die Transparenz und die Effizienz der Berichterstattung nach außen und nach innen deutlich zu verbessern, um so die methodische Basis für eine Unternehmensführung zu schaffen, die sich verstärkt an den Renditeansprüchen der Kapitalgeber orientiert, ohne dabei die Interessen von Mitarbeitern, Kunden, Lieferanten sowie von Kommunen, Staat und Gesellschaft zu vernachlässigen.

1. Präsenz an den internationalen Börsen ausgebaut

Das Listing an der New York Stock Exchange stellt das Kernelement einer umfassenden Offensive zur Erschließung der internationalen Kapitalmärkte und zur Verbesserung der Position von Daimler-Benz im Wettbewerb um die knappe Ressource Kapital dar.

Um die Aktionärsbasis zu verbreitern und weltweit insbesondere auch private Anleger anzusprechen, hat Daimler-Benz seine Präsenz an den internationalen Börsen seit Anfang der 90er Jahre kontinuierlich ausgebaut. Die bis dahin bereits bestehenden Notierungen an den acht deutschen Börsen und in der Schweiz wurden im Jahr 1990 um die großen Börsenplätze Tokio und London ergänzt. Seit 1991 werden Daimler-Benz-Aktien ferner in Wien und Paris gehandelt, und nach der Notierung an der Wall Street (1993) haben wir im Jahr 1994 unsere Aktie auch in Singapur eingeführt.

Insbesondere für den privaten Investor wird die Daimler-Benz-Aktie durch ein Listing vor Ort attraktiver: Zum einen kann sich der Aktionär in den für ihn gängigen Medien über die Kursentwicklung seiner Aktien informieren, zum anderen sind die Transaktionskosten niedriger, wenn die Aktien an der jeweils lokalen Börse erworben werden können. Auch verringert die Notiz in der heimischen Währung die Hemmschwelle beim Kauf einer ausländischen Aktie.

Weitere wichtige Motive für den Gang an ausländische Börsenplätze sind aber auch die Öffentlichkeitswirkung am jeweiligen Standort und das damit verbundene Prestige für das Unternehmen und seine Produkte. Die internationale Ausrichtung der Finanzaktivitäten wird dadurch zum Wegbegleiter für die Globalisierung des Unternehmens in anderen Bereichen, wie zum Beispiel im Vertrieb, im Einkauf oder beim Aufbau von Produktionsstandorten.

2. Listing in New York von herausragender Bedeutung

Schon aufgrund der Bedeutung des US-Kapitalmarkts hebt sich der Börsengang in New York grundlegend von allen anderen Notierungen ab.

Neben den privaten Anlegern, deren Anteil am weltweit größten Kapitalmarkt besonders hoch ist, konnten wir damit auch bedeutende institutionelle Anleger erreichen - so zum Beispiel verschiedene Pensionsfonds, die satzungsbedingt nur in Aktien investieren dürfen, die an einer amerikanischen Börse gehandelt werden. Insgesamt kam uns dabei auch die Bereitschaft der institutionellen Anleger in den USA entgegen, ihr Portfolio durch ausländische Aktien abzurunden. Diese Tendenz hat gerade in den 90er Jahren deutlich zugenommen.

Bereits bei der im Frühsommer 1994 durchgeführten Kapitalerhöhung mit einem Volumen von 3 Mrd. DM war es für uns sehr wichtig, den US-amerikanischen Kapitalmarkt in Anspruch nehmen zu können. Denn als Folge der damals schwierigen Situation an den deutschen Börsen wurden zahlreiche Bezugsrechte nicht ausgeübt, die wir dann erfolgreich in New York plazieren konnten.

Das verdeutlicht, daß sich unsere Flexibilität bei der Aufnahme von Eigenkapital durch den Gang an die Wall Street wesentlich erhöht hat. Auch die Zahlen sprechen für sich: Seit dem Listing im Oktober 1993 hat sich der Anteil unseres Aktienkapitals, das von US-Investoren gehalten wird, von schätzungsweise 2% auf inzwischen etwa 10% erhöht.

3. Investor-Relations-Aktivitäten intensiviert

Schon vor der Einführung unserer Aktien an der NYSE haben wir unsere Investor-Relations-Aktivitäten erheblich ausgeweitet. Denn Investoren und Finanzanalysten in Nordamerika sind besonders anspruchsvoll. Sie erwarten einen Service, der über die Standardpublizität und die Bereitstellung schriftlicher Informationen weit hinausgeht.

Parallel zum Listing haben wir deshalb in New York auch ein Investor-Relations-Büro eingerichtet, das Investoren, Analysten und Fondsmanager vor Ort betreut.

Große Investmentfonds suchen zunehmend die direkte Kommunikation mit den Unternehmen und versuchen, durch unmittelbare Information ihre Anlageentscheidungen qualifizierter treffen zu können. Diese Entwicklung, die ihren Ursprung in den Vereinigten Staaten hat, greift zunehmend auch auf Europa über.

Um dem Informationsbedarf Rechnung zu tragen, haben wir den direkten Dialog mit Investoren und Finanzanalysten deutlich intensiviert, denn nur wer kontinuierlich und offen informiert, schafft Vertrauen in das Unternehmen und seine Führung.

Bei wichtigen Anlässen, wie zum Beispiel im Anschluß an Jahres- oder Halbjahrespressekonferenzen, führen wir spezielle Informationsveranstaltungen für einen größeren Kreis von Analysten und institutionellen Anlegern durch. Darüber hinaus stehen wir der Financial Community aus aktuellem Anlaß im Rahmen von Telefonkonferenzen Rede und Antwort. Um Investoren auch vor Ort zu informieren, gehen wir mit den sogenannten Road-Shows, das sind in rascher Abfolge stattfindende Einzel- oder Gruppengespräche sowie Unternehmenspräsentationen, an die wichtigen internationalen Finanzplätze. Ziel dieser Veranstaltungen ist es vor allem, die Strategie des Unternehmens und seine Zukunftsperspektiven überzeugend darzulegen. Dabei ist streng darauf zu achten, daß keine Insiderinformationen weitergegeben, sondern ausschließlich allgemein zugängliche Informationen erläutert und in Gesamtzusammenhänge gestellt werden. Im Rahmen des kontinuierlichen Dialogs mit der „Investment Community" führen wir mit wichtigen Analysten und Investoren zunehmend auch Einzelgespräche auf Vorstandsebene. Wir folgen damit dem Wunsch unserer Gesprächspartner, die sich, über die Bewertung der sogenannten „hard facts" hinausgehend, auch ein Bild von der Glaubwürdigkeit und den Qualitäten des Managements machen wollen. Nicht nur Vorstandsvorsitzender und Finanzvorstand, sondern auch Vorstandskollegen, die Bereiche vertreten, die gerade im Blickpunkt der Öffentlichkeit stehen, werden als Gesprächspartner gewünscht.

Unsere Investor-Relations-Aktivitäten sind aber bei weitem keine Einbahnstraße. Wir erfahren durch das Gespräch mit Anlegern und Finanzanalysten, wie wir von außen gesehen werden. Bei Mißverständnissen und Fehlentwicklungen aufgrund von Informationsdefiziten können wir deshalb auch schnell reagieren. Wichtig ist für uns dabei, einen Eindruck davon zu erhalten, wie der Kapitalmarkt das Umfeld des Unternehmens und den Wettbewerb einschätzt.

4. Credit Rating ergänzt Listing auf der Fremdkapitalseite

Während wir uns mit der Einführung unserer Aktien in New York den weltweit größten Markt für Eigenkapital erschlossen hatten, waren wir bis dahin, was die Fremdkapitalseite anlangt, dort nur im kurzfristigen Bereich, dem sogenannten Commercial Paper-Markt, aktiv.

Entsprechend den Marktusancen verfügten wir über ein sogenanntes Kurzfrist-Credit-Rating der beiden führenden Rating-Agenturen Moody's und Standard & Poor's.

Um den US-Bond-Markt in Anspruch zu nehmen, reicht jedoch weder das Listing in New York noch ein Kurzfrist-Credit-Rating aus, hierzu ist ein Langfrist-Credit-Rating unabdingbar. Es war für uns deshalb nur folgerichtig, parallel zum Listing auch diesen Prozeß einzuleiten, um von den beiden Agenturen ein entsprechendes Langfrist-Credit-Rating zu erhalten. Wir eröffneten uns damit nicht nur den Zugang zum langfristigen Fremdkapitalmarkt in den USA, sondern auch weltweit einen erheblich größeren Investorenkreis, als wir ihn bisher mit unseren Schuldtiteln erreichen konnten. Denn bei vielen institutionellen Investoren stellt ein langfristiges Rating eine Voraussetzung für ein Investment dar.

Wie die meisten anderen Unternehmen, die regelmäßig „geratet" werden, unterstützen wir die Rating-Agenturen durch umfangreiche schriftliche Informationen und geben ihnen im Rahmen der sogenannten Rating-Gespräche detaillierte Auskünfte. Die Agenturen erhalten dadurch den Status eines Insiders. Bei der Zusammenarbeit mit den Rating-Agenturen kommt es darauf an, offen, kontinuierlich und bei besonderen Ereignissen auch schon vor der allgemeinen Bekanntmachung frühzeitig zu informieren. Nur so kann verhindert werden, daß ausgehend von Fehlinterpretationen das Rating in Frage gestellt oder wegen mangelnder Informationen durch eine Veränderung des Ratings ein falsches Signal an den Markt gegeben wird. Unsere derzeitige Einstufung durch die beiden Rating- Agenturen mit A1 bzw. A+ im langfristigen Bereich sowie Prime-1 und A-1 im kurzfristigen Bereich liegt im internationalen Vergleich auf hohem Niveau. Auch unsere Tochtergesellschaften profitieren von dieser hohen Bonitätseinstufung, da die Daimler-Benz AG in der Regel die von Konzerngesellschaften begebenen Anleihen garantiert.

5. Wachsende Anforderungen an die externe Berichterstattung

Zusätzlich zu der Intensivierung unserer Investor-Relations-Aktivitäten haben wir aufgrund der wachsenden Bedeutung der internationalen Kapitalmärkte für Daimler-Benz schon frühzeitig damit begonnen, unsere externe Regel-Berichterstattung am Bedarf der internationalen Finanzwelt auszurichten. Internationale Anleger investieren bevorzugt in solche Unternehmen, die kontinuierlich, glaubwürdig, zeitnah und vor allem auch verständlich, das heißt in der von ihnen gewohnten Weise, entscheidungsrelevante Informationen bereitstellen (vgl. Abbildung 1). Darüber hinaus spielt auch die Vergleichbarkeit des angebotenen Zahlenwerks eine wesentliche Rolle. Bereits im Geschäftsbericht für das Jahr 1992 haben wir deshalb die Gewinn- und Verlustrechnung vom Gesamtkostenverfahren auf das international übliche Umsatzkostenverfahren umgestellt.

Ziele der Konzernberichterstattung

Verständlichkeit
Verständlich ist, was der Marktteilnehmer kennt: Kennzahlen und Präsentationsschemen

Entscheidungsnutzen
Richtige Darstellung der tatsächlichen Verhältnisse: „fair presentation"

Transparenz
International akzeptierte Bilanzierungsgrundsätze als gemeinsame Sprache

Schnelligkeit
Nur wer schnell informiert wird, kann rechtzeitig reagieren

Wenn diese Ziele erreicht werden, wird die Konzernberichterstattung den Anforderungen der internationalen Kapitalmärkte gerecht.

Abbildung 1

Mit dem Listing in New York gingen wir dann in unserer Publizität einen weiteren entscheidenden Schritt nach vorne. Denn mit dem Börseneinführungsprospekt nach Form 20 F haben wir erstmals Jahresabschlußzahlen nach US-GAAP (US-Generally Accepted Accounting Principles) veröffentlicht.

Dabei entschieden wir uns bei der Präsentation der Jahresabschlüsse in der Form 20 F zunächst für die Variante nach „Item 18 Option 1". Diese umfaßt neben der Überleitung von Eigenkapital und Jahresüberschuß auf die US-Rechnungslegung und einem Cash-Flow-Statement auch sämtliche nach US-GAAP geforderten Zusatzangaben im Anhang. Gegenüber Item 17, das deutlich geringere Anforderungen an die Publizität vorsieht, bietet Item 18 jedoch den Vorteil, daß damit neben dem Handel an der Börse auch uneingeschränkt Kapitalmaßnahmen in den USA durchgeführt werden können.

Dem Listing in New York folgte eine Phase der „dualen Berichterstattung", in der wir Ergebnis und Eigenkapital sowohl nach US-GAAP als auch nach deutscher Rechnungslegung (HGB) publiziert haben. Der Geschäftsbericht wurde um wichtige Informationen aus der Form 20 F, wie zum Beispiel das Cash-Flow-Statement nach US-GAAP, die Segmentberichterstattung oder die Überleitungsrechnung von Eigenkapital und Jahresüberschuß auf US-GAAP, erweitert. Die Form 20 F, die wir seit dem Listing - parallel zum Geschäftsbericht - jährlich erstellen, wird aufgrund der darin enthaltenen zahlreichen Detailinformationen vor allem von Finanzanalysten sehr geschätzt.

Die Berichterstattung nach HGB mit der Überleitung wichtiger Größen auf US-GAAP war für Daimler-Benz jedoch nur eine Übergangslösung. Bereits im Bericht über das erste Halbjahr 1996 haben wir einen verkürzten Abschluß nach US-Rechnungslegung vorgelegt. Für das Geschäftsjahr 1996 präsentierten wir dann als erstes deutsches Unternehmen einen vollständigen Jahresabschluß nach US-GAAP. Der gesamte Geschäftsbericht 1996 basiert ausschließlich auf Zahlen, die nach amerikanischer Rechnungslegung ermittelt wurden.

Die gesetzlich vorgeschriebene Berichterstattung nach HGB haben wir in einer gesonderten Broschüre zusammengefaßt, die wir Interessenten auf Anfrage zur Verfügung stellen. Sobald es die entsprechenden Bestimmungen zulassen – ein entsprechender Gesetzentwurf liegt vor – werden wir auf die Erstellung eines Konzernabschlusses nach HGB ganz verzichten.

6. Mehr Transparenz durch US-GAAP

Was waren nun die Gründe für den vollständigen Übergang auf US-GAAP?

Auf Dauer war es für uns nicht tragbar, verschiedene Kennzahlen zum wirtschaftlichen Erfolg des Unternehmens zu veröffentlichen, die auf unterschiedlichen Rechnungslegungsphilosophien beruhen und deshalb auch unterschiedlich interpretiert werden müssen (vgl. hierzu Abbildung 2). Wir haben uns daher entschlossen, den Aktionären, den Finanzanalysten und der interessierten Öffentlichkeit nur noch ein einziges, vollständiges und in sich geschlossenes Zahlenwerk nach US-GAAP vorzulegen. Damit erfüllt Daimler-Benz den Rechnungslegungsstandard mit der höchsten internationalen Reputation, der den wirtschaftlichen Erfolg wie auch die Vermögens- und Finanzlage des Unternehmens - nach allgemeiner Einschätzung der „Financial Community" - klarer und zutreffender widerspiegelt als jedes andere Rechnungslegungssystem.

Im Unterschied zur deutschen Rechnungslegung, die das Vorsichtsprinzip und den Gläubigerschutz in den Vordergrund stellt, ist die Rechnungslegung nach US-GAAP vorrangig darauf ausgerichtet, entscheidungsrelevante Informationen für den Investor bereitzustellen. Entsprechend wird der Vergleichbarkeit der Jahresabschlüsse sowie der periodengerechten Erfolgsermittlung ein hoher Stellenwert eingeräumt. Bewertungswahlrechte bestehen nur noch sehr begrenzt, und auch die Möglichkeiten zur Bildung von Rückstellungen sind im Vergleich zur deutschen Bilanzierung erheblich eingeschränkt. Darüber hinaus orientiert sich die Zuordnung von Aufwendungen und Erträgen auf einzelne Perioden an strikten wirtschaftlichen Gesichtspunkten.

Nicht nur für international tätige Analysten oder institutionelle Anleger, sondern für alle Aktionäre und potentielle Investoren ist es deshalb auf der Basis von US-GAAP erheblich einfacher, die wirtschaftliche Lage des Unternehmens zutreffend zu beurteilen. Daimler-Benz wird dadurch transparenter und mit anderen internationalen Wettbewerbern um Kapital vergleichbar. Dies trägt mit dazu bei, daß unsere Aktie für den internationalen Anleger attraktiver wird.

7. Interne Steuerung auf der Basis von US-GAAP

Doch nicht nur nach außen sind wir durch den Übergang auf die US-Rechnungslegung transparenter geworden. Da die Ergebnisgrößen nach US-GAAP den wirtschaftlichen Erfolg des Unternehmens zutreffend abbilden, können wir nun - anstelle der bisher in einer separaten

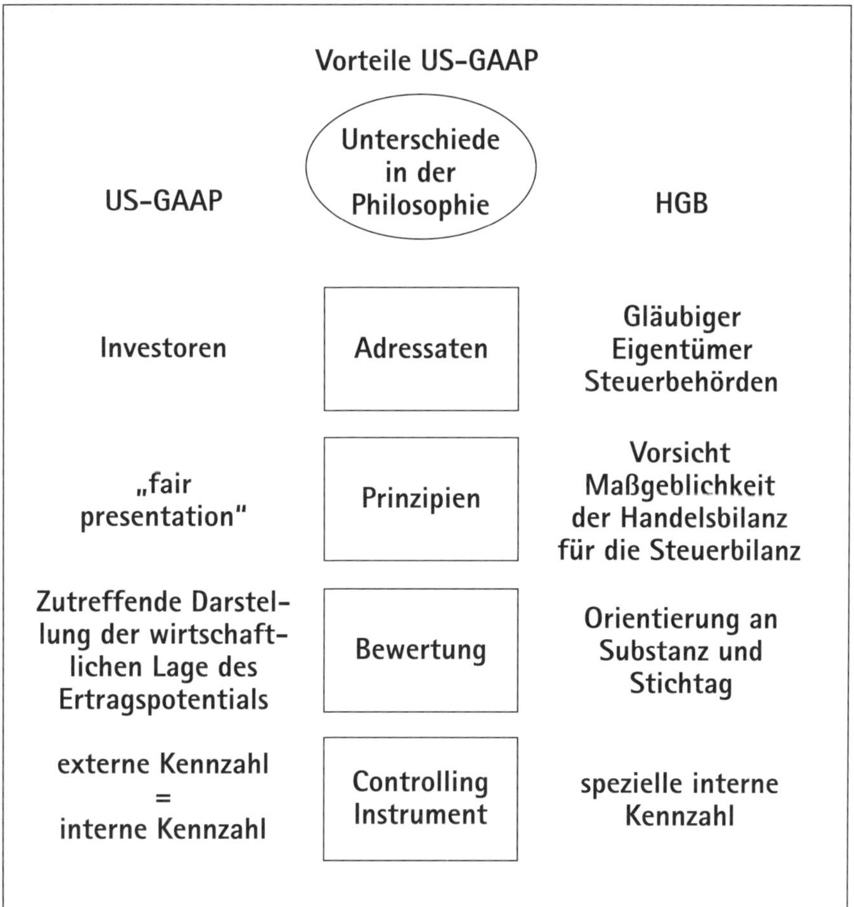

Abbildung 2

Betriebsergebnisrechnung ermittelten Kennziffern - aus der externen Rechnungslegung abgeleitete Größen für die interne Steuerung des Unternehmens und seiner Geschäftsbereiche verwenden. Wir übernehmen damit die im angelsächsischen Raum übliche Praxis, die externen Berichtsgrößen auch für das interne Controlling einzusetzen. Die für deutsche Unternehmen typische Trennung zwischen internem und externem Rechnungswesen, die letztlich auf der Tatsache beruht, daß die nach deutscher Rechnungslegung ermittelten Kennziffern für Controllingzwecke allenfalls bedingt geeignet sind, wird dadurch aufgehoben. Wir können nun nach außen und nach innen dieselbe Sprache sprechen. Dies steigert die Transparenz und Glaubwürdigkeit unserer Berichterstattung - sowohl bei den externen Adressaten als auch bei unseren Mitarbeitern. Gleichzeitig wird damit sichergestellt, daß sich unsere internen Ertragsziele auf dieselben Größen beziehen wie die Erwartungen des Kapitalmarkts.

Die Zusammenführung von externer und interner Rechnungslegung gibt uns zudem die Möglichkeit, die Abläufe im Rechnungswesen zu verschlanken, also effizienter und schneller zu machen. Wir können als Ergebnis deshalb deutlich zeitnäher berichten. Angesichts der sich immer rascher verändernden Umfeldbedingungen wird dieser Vorteil sowohl für die erfolgreiche Steuerung des Unternehmens durch das Management als auch für die Anlageentscheidung des Investors immer bedeutender.

8. Operating Profit als zentrale Kennziffer

Im Zentrum unserer Berichterstattung nach innen und nach außen steht der Operating Profit nach US-GAAP - eine Kennziffer, die aus der Gewinn- und Verlustrechnung abgeleitet wird und den betrieblichen Erfolg des Konzerns und seiner Geschäftsfelder wiedergibt.

Für Steuerungszwecke wird der Operating Profit zum Kapital, das für die betriebliche Leistungserstellung eingesetzt wird (Capital Employed), in Beziehung gesetzt. Abweichend davon verwenden wir für einige Dienstleistungsgeschäfte, insbesondere das Finanzdienstleistungsgeschäft, branchenüblich nicht das Capital Employed, sondern das Eigenkapital als Bezugsgröße zum Operating Profit.

Die Verzinsung von 12% vor Berücksichtigung von Steuern auf Einkommen und Ertrag, die wir von jedem unserer Geschäftsbereiche mittelfristig mindestens erwarten, orientiert sich an den Verzinsungsansprüchen des im Capital Employed gebundenen Eigen- und Fremdkapitals. Den Verzinsungsansprüchen wiederum liegen die gewichteten durchschnittlichen Kapitalkosten für Fremd- und Eigenkapital zugrunde.

Diejenigen Geschäfte, deren Rentabilitätsniveau sich im Zeitablauf den Verzinsungsansprüchen unserer Kapitalgeber annähert bzw. diese übertreffen, wirken wertsteigernd, denn ihre Erträge liegen langfristig über den Kosten des eingesetzten Kapitals. Umgekehrt mindern Geschäfte, die dieses Ertragsziel auf Dauer nicht erfüllen, den Unternehmenswert von Daimler-Benz.

Als Orientierungsgröße ziehen wir darüber hinaus die Verzinsung heran, die gute Wettbewerber in einem vergleichbaren Geschäft erzielen. Wir führen deshalb regelmäßig Benchmark- und Best-practice-Vergleiche durch und vereinbaren darauf aufbauend die strategischen Zielrenditen für unsere Geschäftsbereiche.

Der Operating Profit nach US-GAAP wird dadurch zur instrumentellen Basis der wertorientierten Unternehmensführung bei Daimler-Benz. Ergänzend dazu beurteilen wir die längerfristige Ertragskraft eines Geschäfts auf Basis der im Betrachtungszeitraum erwarteten Cash Flows und dem daraus ermittelten Ertragswert.

9. Beteiligung am Unternehmenserfolg auf Basis des Operating Profit

Auch bei der Vergütung unserer Mitarbeiter ist der Operating Profit eine wichtige Zielgröße. So bemißt sich ein Teil der variablen Vergütung unserer Führungskräfte danach, in welchem Grad die Ergebnisziele, gemessen am geplanten Operating Profit des Konzerns bzw. der jeweiligen Geschäftseinheit, erreicht werden.

Darüber hinaus haben wir im Jahr 1997 eine Betriebsvereinbarung abgeschlossen, wonach die Arbeiter und Angestellten der Daimler-Benz AG - erstmalig im Frühjahr 1998 - eine jährliche Erfolgsbeteiligung erhalten, deren Höhe ebenfalls vom Operating Profit bestimmt wird. Die an den Unternehmenserfolg gekoppelte variable Vergütung trägt dazu bei, den Operating Profit als Maßstab für die Leistung des Unternehmens oder der jeweiligen Geschäftseinheit im Bewußtsein unserer Beschäftigten zu verankern. Außerdem schaffen wir damit eine Verbindung zwischen der Vergütung der Mitarbeiter einerseits und der Steigerung des Unternehmenswertes andererseits. Dies fördert die Identifikation der Mitarbeiter mit den Zielen des Unternehmens.

10. Veränderungsmanagement durch DB-FACTS

Die mit dem vollständigen Übergang auf die US-Rechnungslegung verbundenen Veränderungen im externen und internen Rechnungswesen wurden unter dem Dach des Projekts DB-FACTS (Daimler-Benz

Financial Accounting and Controlling Transparency System) zusammengefaßt. Um eine breite Akzeptanz im Konzern sicherzustellen und die fachliche Kompetenz der unterschiedlichen Bereiche zu nutzen, waren neben dem zentralen Controlling und dem Rechnungswesen von Anfang an Entscheidungsträger aus den Geschäftsfeldern im Lenkungsausschuß des Projekts vertreten. Darüber hinaus wird das Projekt von einer weitreichenden Schulungs- und Informationsoffensive begleitet. Eine Schlüsselrolle fällt dabei den sogenannten „Implementierungsbeauftragten" zu, deren Aufgabe es ist, das im Rahmen von DB-FACTS erarbeitete Know-how den unterschiedlichen Bereichen des Konzerns - insbesondere auch der Arbeitsebene in den einzelnen Gesellschaften - zu vermitteln. Besonders wichtig war es in diesem Zusammenhang, die Mitarbeiter von den Vorteilen der Bilanzierung nach US-GAAP und der neuen Steuerungsgrößen zu überzeugen und teilweise vorhandene Berührungsängste abzubauen.

Inhaltlich wird das Projekt DB-FACTS von vier Säulen getragen (vgl. Abbildung 3). Neben dem Übergang in der Rechnungslegung auf US-GAAP und der Implementierung neuer Steuerungsgrößen zählt dazu auch die neue Konzeption des monatlichen Berichtswesens im Konzern sowie die systemtechnische Basis für den gesamten Veränderungsprozeß.

11. Mehr Transparenz und Effizienz im monatlichen Berichtswesen

Weitgehend parallel zum Übergang auf US-GAAP und der Einführung der neuen Steuerungsgrößen haben wir das monatliche Berichtswesen im Konzern neu geordnet. Dabei ging es nicht nur darum, die neuen Steuerungsgrößen im Monatsbericht abzubilden und den neuen Monatsbericht sinnvoll in die gesamte Berichtslandschaft einzubinden. Ziel war es vielmehr, insbesondere den Prozeß der Berichterstattung – angefangen bei den einzelnen Gesellschaften über die Geschäftsbereichs- und Geschäftsfeldstufe hinweg bis hin zur Konzernzentrale –, effizienter, einheitlich und vor allem zeitnäher zu gestalten. Folgerichtig zählen straffe Terminvorgaben zu den grundlegenden Neuerungen in unserer monatlichen Berichterstattung. Derzeit liegt der Konzern-Monatsbericht bis zum 15. Kalendertag des Folgemonats vor. Der Bericht bildet die neuen Steuerungsgrößen für den Konzern, die 5 Geschäftsfelder und die 23 Geschäftsbereiche in Form von Ist- und Planwerten ab. Diese Angaben werden durch spezifische Kennzahlen zum operativen Geschäft und eine Kommentierung auf allen Berichtsebe-

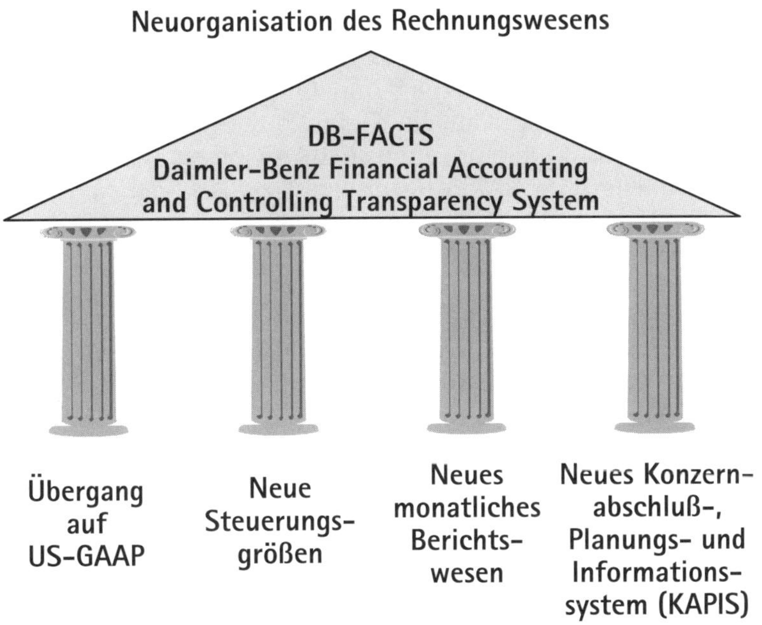

Abbildung 3

nen ergänzt. Der Vorstand kann sich auf dieser Basis ein umfassendes Bild der aktuellen Entwicklung des Konzerns und seiner Bereiche machen und bei Abweichungen vom Plan gegebenenfalls frühzeitig korrigierend eingreifen.

Mit dem Bericht für den Monat März 1997 wurde das neue Konzept erstmalig vollständig umgesetzt.

12. KAPIS als systemtechnische Plattform

Um den beschriebenen Veränderungsprozeß bewältigen zu können, war ein neues und einheitliches IV-System für die Bilanzierung, das Controlling und das interne wie externe Berichtswesen erforderlich. Eine Vielzahl unterschiedlicher Controlling- und Berichtssysteme mit zahlreichen manuellen Schnittstellen, die im Konzern im Einsatz waren, mußten durch ein einheitliches System ersetzt werden. Auf ein markterprobtes Produkt konnten wir uns dabei nicht stützen, da unsere Anforderungen zu neuartig und zu komplex waren.

Wir haben uns daher entschlossen, unter der Bezeichnung KAPIS (Konzern-, Abschluß-, Planungs- und Informationssystem) eine völlig neue IV-Lösung zu entwickeln. Das System wurde mit dem fachlichen Input der Bereiche Bilanzierung und Controlling gespeist und vom debis Systemhaus programmiert. Es bildet die gemeinsame Plattform für Information, Kommunikation und Abstimmung zwischen den Konzerneinheiten. Da KAPIS in unseren Gesellschaften weltweit zum Einsatz kommt, wurde die Benutzerführung mehrsprachig realisiert.

Herausragendes Merkmal von KAPIS ist, daß damit parallel Konzernabschlüsse nach HGB, nach US-GAAP und auch nach den International Accounting Standards (IAS) aufgestellt werden können. Außerdem unterstützt KAPIS die monatliche Berichterstattung und die externe Publizität. Darüber hinaus können mit KAPIS auch Planabschlüsse erstellt werden.

KAPIS wurde im Daimler-Benz-Konzern erstmalig bei den Abschlüssen für das Geschäftsjahr 1996 eingesetzt. Wenn wir die Pressekonferenz über das erste Halbjahr 1997 gegenüber dem Vorjahr um nahezu einen Monat auf den 31. Juli vorziehen konnten, so ist dies vor allem auf den erfolgreichen Einsatz von KAPIS zurückzuführen.

Unter dem Namen „ProGAM" vermarktet das debis Systemhaus KAPIS auch außerhalb des Daimler-Benz-Konzerns. Das Interesse potentieller Kunden und erste Aufträge zeigen, daß für diese innovative Systemlösung ein Markt vorhanden ist.

13. Der Veränderungsprozeß setzt sich fort

Daimler-Benz hat seit 1993 die Berichterstattung nach innen und nach außen im Rahmen eines umfassenden Umstrukturierungsprozesses wesentlich transparenter gestaltet. Mit dem Übergang auf US-GAAP wurden das externe und das interne Zahlenwerk vergleichbar gemacht und auf die Beurteilungskriterien der internationalen Kapitalmärkte ausgerichtet. Auf dieser Basis konnten wir zugleich auch die Kommunikation mit dem Kapitalmarkt deutlich intensivieren und verbessern. Der mit dem Börsengang in New York ins Rollen gebrachte Veränderungsprozeß ist jedoch bei weitem noch nicht abgeschlossen.

Die Vorschriften nach US-GAAP sind - im Gegensatz zum deutschen HGB - ein Regelwerk, das ständig verfeinert und den sich wandelnden

Umfeldbedingungen angepaßt wird. Dies wird auch künftig nicht ohne Einfluß auf die Rechnungslegung und die Publizität bei Daimler-Benz bleiben.

Die Anforderungen der Kapitalmärkte an die Unternehmenspublizität werden weiter zunehmen. Wir stellen uns diesen Anforderungen, indem wir in Zukunft noch detaillierter, zukunftsgerichteter und zeitnäher über das Unternehmen und seine Aktivitäten berichten wollen.

Daimler-Benz hat den vollständigen Umstieg auf US-GAAP in äußerst kurzer Zeit bewältigt. Die damit verbundenen Abläufe und Methoden müssen nun ergänzt und verfeinert werden.

Der Veränderungsprozeß hat inzwischen aber längst eine neue Dimension erhalten. Scine Bedeutung geht über Methoden, Projekte und Systeme weit hinaus: Wir denken in neuen Wertkategorien und richten unser Handeln im Sinne einer wertorientierten Unternehmensführung verstärkt an den Anforderungen des Kapitalmarkts aus. Damit ist eine Veränderung der Unternehmenskultur in Gang gesetzt worden, die es uns erleichtern wird, die anstehenden Herausforderungen zu bewältigen.

Notierung an der NYSE - Notierungsprozeß und Investor Relations

Dr. Joachim Kröske
Deutsche Telekom AG

Die Frage der Öffentlichkeit, warum ein Unternehmen sich für einen Börsengang an die New York Stock Exchange entscheidet, wird gemeinhin mit der herausragenden Bedeutung des US-Kapitalmarktes sowie geschäftspolitischen Interessen begründet, die ein Unternehmen in den USA besitzt. Beachtlich sind aber auch die mittelbaren Wirkungen auf Kapitalanleger außerhalb der USA, die sich aus besonderen Anforderungen an die Transparenz und den Umgang mit Kapitalmarktteilnehmern ergeben. Damit verbunden ist insbesondere ein Imagegewinn bei international orientierten Investoren.

Diese Gründe gelten sicher auch im besonderen für die Deutsche Telekom. Bei einer der größten Aktienplazierungen der Finanzgeschichte ist eine internationale Plazierung eine zwangsläufige Vorgabe für eine erfolgreiche Distribution des angebotenen Aktienkapitals. Bekanntermaßen dürfen viele der besonders kapitalstarken US-Pensionsfonds nur in US-Wertpapiere sowie solche Aktien investieren, die auch in den USA offiziell börsennotiert sind. Die Kapitalisierung der US-Aktienbörsen ist rund zehn Mal so hoch wie die Kapitalisierung der deutschen Börsen. Bei einer sehr großen Plazierung wie im Rahmen des IPOs der Deutschen Telekom ist damit die Quotierung der Aktien an der NYSE eine geradezu zwangsläufige Entscheidung. Gleichzeitig wird durch die Börsennotierung an der prestigeträchtigen "Wall Street" eine Visibilität geschaffen, die durchaus auch eine marketingmäßige Komponente enthält. Der Imagefaktor „Börse" wird zum komplementären Bestandteil des Corporate Image, mit dem die Gesellschaft auch im Kundengeschäft operieren kann.

Die Motivationen für eine Aktienplazierung und ein Börsenlisting in den USA sind damit auch extern leicht nachzuvollziehen. Für die Herausforderungen an die Gesellschaft, die diesen Schritt zu bewältigen und sich anschließend besonderen Anforderungen der Marktteilnehmer zu stellen hat, gilt dies nicht in gleichem Ausmaß. Herausragende Bedeutung in der öffentlichen Diskussion dieses Themas haben die technischen Anforderungen an die Rechnungslegung der Emittenten. Die daraus resultierenden Anforderungen mögen durchaus komplexer Natur sein und einen umfangreichen internen Arbeitsaufwand erfordern. Veränderte bzw. zusätzliche Bilanzierungsregeln bedeuten aber nicht nur erhebliche organisatorische Vorbereitungen. Sie haben auch im Hinblick auf die Kommunikationsarbeit der Gesellschaft im Rahmen der Investor Relations eine Bedeutung, die nicht unterschätzt werden sollte.

Durch die simultane Erstellung von Ergebnissen aufgrund unterschiedlicher Schemata, erwähnt seien hier die Ergebnisse nach US-GAAP, HGB und DVFA, wird die Informationspolitik der betroffenen Gesellschaften erheblich erschwert. Im Gegensatz zu landläufigen Annahmen trägt die Veröffentlichung von auf Basis verschiedener Rechenschemata ermittelter Kennzahlen nicht notwendigerweise zur Transparenz für die Kapitalmarktteilnehmer bei.

So ergeben sich für die Deutsche Telekom für das Jahr 1996 Ergebnisse je Aktie von DM 1,22, DM 0,83 und DM 1,13, je nachdem ob, man diese Kennzahlen nach US-GAAP, HGB oder DVFA ermittelt.

Parallel zum Auseinanderklaffen der Zahlen steigt das Informationsbedürfnis der Investoren, die sich durch teilweise erheblich voneinander abweichende Finanz-Ratios eher verwirrt denn informiert fühlen. Wenn man sich vor Augen führt, daß auch professionelle Kapitalmarktteilnehmer nicht unbegrenzt für die Erläuterung komplexer Details der Ermittlung von Kennzahlen zur Verfügung stehen, werden die Gefahren dieser Konstellation offensichtlich. Auch den Emittenten ist dies bewußt. Sie befinden sich jedoch in dem Dilemma, daß sie die Nachteile des Nebeneinanders der unterschiedlichen Bilanzierungs- bzw. Ergebnisermittlungsmethoden zwar deutlich erkennen, durch das Fehlen international einheitlicher Bilanzierungsansätze aber keine echten Alternativen aufgezeigt bekommen. Für die viel zitierte Globalisierung der Kapitalmärkte ist dieser Pluralismus wenig nützlich.

Eine weitere Besonderheit im Zusammenhang mit Börsengang und Kapitalplazierung in den USA sind die restriktiven Kommunikationsvorgaben der amerikanischen Wertpapieraufsichtsbehörde SEC. Diese finden keine Entsprechung in den Börsenusancen an wichtigen kontinentaleuropäischen Börsenplätzen. Theoretisch kann dies sogar zu der Konsequenz führen, daß im Zuge einer weltweiten Plazierung wie im

Falle der T-Aktie die Kommunikationspolitik im Rahmen der Investor Relations beispielsweise in der Bundesrepublik kontinuierlich gestaltet werden dürfte, während in den USA andere Kommunikationszyklen zu beachten sind, bis hin zu den sogenannten Quiet Periods, in denen marketingmäßige Aktivitäten ganz untersagt sind.

Da eine einheitliche Kommunikationspolitk ein wesentlicher Eckpfeiler der Corporate Identity einer Gesellschaft ist und ein effizienter Informationsaustausch der Kapitalmärkte untereinander vorausgesetzt werden kann, ist ein US-Börsenaspirant zwangsläufig gezwungen, sich den jeweils restriktiveren Kommunikationsregeln zu unterwerfen. Zwar ist die konkrete Umsetzung der Anforderungen aus den USA von dem Bemühen um Verständnis für die Belange außeramerikanischer Emittenten durch die beteiligten Partner und Behörden geprägt. Gleichwohl verbleiben gravierende Unterschiede im Umgang des Emittenten mit den Kapitalmarktteilnehmern. Für die Deutsche Telekom bedeutete dies unter anderem eine erhebliche konzerninterne Aufklärung im Vorfeld des Börsengangs, um dem gesamten Personenkreis, der im weitesten Sinne mit Kommunikation zu tun hat, über die entsprechenden SEC-Vorgaben zu unterrichten. Die Koordinierung dieser Aufgaben war und ist einer konzerninternen Clearing-Stelle anvertraut, erfordert im Einzelfall aber zum Beispiel auch zusätzlich die Einholung kompetenter Auskünfte durch mit dieser Spezialmaterie vertraute Experten. Insbesondere gilt dies bei komplexen juristischen Fragestellungen.

Wenngleich die zunächst ungewohnten Kommunikationsanforderungen für die Gesellschaft Neuland darstellten, so kann als gegenwärtiges Fazit doch eine zunehmende Akzeptanz und Verständnis für die mit ihnen verfolgten Ziele konstatiert werden. Gleichzeitig mußte die Deutsche Telekom jedoch im Rahmen des Börsengangs feststellen, daß im Inland nicht selten aus Unwissenheit heraus die Beachtung der US-Kommunikationsregeln als „informelle Blockade“ der Gesellschaft interpretiert wurde. Diese Kritik ist zwar nicht begründet, aber aus dem Kontext des liberaleren Kommunikationsumfelds am Finanzplatz Deutschland nachvollziehbar.

Ein gutes Beispiel hierfür ist die mögliche - oder besser gesagt unmögliche - Investor Relations-Information über das Internet im Rahmen des Börsengangs. Dieses universale Informationsmedium bietet sich natürlich für ein Unternehmen, das der größte Internet-Service-provider Europas ist, im Rahmen der Investoreninformation geradezu zwangsläufig an. Während nach deutschem Börsenrecht eine Einspeisung finanz- und aktienbezogener Daten in das Internet als rechtlich unproblematisch beurteilt wurde, rieten die amerikanischen Juristen der Telekom aufgrund der rechtlich anders gelagerten Situation in den USA, aus Vorsichtsgründen auf diese Form der Information im Rahmen des eigenen Aktienmarketings zu verzichten und allenfalls zu einem späteren Zeitpunkt den Plazierungsprospekt einzustellen. Der Verzicht auf die Aktionärsinformation über das Internet im Rahmen der Börsengangs erfolgte daher ausschließlich aufgrund der Besonderheiten des US-Börsenrechts. Für die immer größer werdende Internet-Gemeinde, und insbesondere die Nutzer, die den Zugang über den Online-Dienst der Deutschen Telekom T-Online wählen, sind diese komplexen juristischen Überlegungen natürlich unbekannt. So erreichten die Deutsche Telekom zahlreiche Online-Anfragen, warum in der ansonsten sehr positiv beurteilten Homepage der Gesellschaft das aktuellste und für viele auch interessanteste Thema völlig ausgespart blieb.

Ähnliche Erfahrungen wurden während der sogenannten Quiet Period im Anschluß an die Plazierung gemacht, die auch für die Konsortialbanken besondere Bedeutung hatte. In der Schlußphase dieser Zeitspanne kam es zu Pressespekulationen, die Analysten der Konsortialbanken würden demnächst das Publikum mit neuen, negativeren Stellungnahmen zur Aktie „überraschen“ und die Gesellschaft werde von den bisherigen Erwartungen abweichende Ergebnisse des abgelaufenen Geschäftsjahres veröffentlichen. Begründet wurden die Spekulationen damit, daß in dieser Phase weder von der Deutschen Telekom noch den Konsortialbanken wesentliche neue Informationen veröffentlicht wurden. Dies entspricht durchaus dem Sinn und Zweck einer Quiet Period, wurde aber im Inland offenbar gelegentlich als ungewöhnlich empfunden. Bekanntlich gab es im Anschluß an die Quiet Period keinen Anlaß zu einer negativeren Einschätzung der T-Aktie. Hätten sich allerdings während der Quiet Period wesentliche für den Kapitalmarkt relevante Vorgänge ereignet, wären diese selbstverständlich dem Publikum zur Kenntnis gebracht worden. Das konsequente Beachten der Vorgaben aus dem US-Markt führte damit bei mit der Materie vertrauten Personen zu einer positiven Interpretation (i.e.: es liegen keine relevanten negativen Abweichungen von den Prospektangaben vor), wohingegen ein Teil des inländischen Publikums im Gegenteil eine zurückhaltendere Position einnahm.

Während die Kommunikationsmethoden in den USA aus europäischer Sicht als „formal eher restriktiv“ beschrieben werden können, gilt für die Kommunikationsinhalte exakt das Gegenteil. Anders als beispielsweise im Rahmen der Rechnungslegung nach HGB mit den bekannten Freiräumen in der Bilanzierung, ist die Bilanzierung in den USA von den Grundsätzen größtmöglicher Transparenz insbesondere im Interesse der Aktionäre geprägt. Die unterschiedlichen Bilanzierungsansätze und Anforderungen an die Inhalte des Plazierungsprospektes haben sicher mit dazu geführt, daß bisher nur wenige deutsche Blue Chips den Weg an die Wall Street gegangen sind, wenngleich hier inzwischen offenbar ein Umdenken eingesetzt hat.

Dabei waren die Erfahrungen der Deutschen Telekom mit der amerikanischen Wertpapieraufsichtsbehörde SEC durchweg positiv. Die Unterstützung und der kritische Dialog auch in Detailpunkten waren ebenso hilfreich wie konstruktiv. Allerdings war die Ausgangsposition der Deutschen Telekom im Vergleich zu vielen anderen deutschen Aktiengesellschaften auch vorteilhafter. Im Rahmen der Eröffnungsbilanz der Aktiengesellschaft zum 01. Januar 1995 war nicht zuletzt auch mit Blick auf den angestrebten Börsengang in den USA bereits eine weitgehende bilanzielle Bereinigung erfolgt. Das Problem der adäquaten Darstellung der sogenannten stillen Reserven, das offenbar für viele inländische Gesellschaften ein Hindernis auf dem Weg an die US-Börsen darstellt, wurde damit deutlich verringert. Insbesondere gelang es, im Zuge einer Ausschöpfung der bilanziellen Gestaltungsmöglichkeiten im Rahmen des HGB die materiellen Unterschiede zu den US-GAAP auf wenige Punkte zu begrenzen, die im Rahmen einer sogenannten Überleitung als zusätzliche Informationen in die Finanzausweise aufgenommen bzw. im Prospekt erläutert wurden. Aus Investor Relations-Sicht ist dabei die Eingrenzung auf überschaubare Themen von entscheidender Bedeutung, denn nur so ist es möglich, den Arbeitsaufwand für Analysten und Investoren in angemessenen Grenzen zu halten. Interessant sind in diesem Zusammenhang die Konsequenzen dieser Vorgehensweise für die Bilanzpolitik. Nicht nur das HGB, sondern auch die US-GAAP gewähren Gestaltungsspielräume, wenn auch mit unterschiedlichen Ausrichtungen. Das Ziel materiell möglichst identischer Ausweise bei unterschiedlichen Bilanzierungsregeln kann gelegentlich nur dadurch erreicht werden, daß die Freiräume auf eine relativ begrenzte Schnittmenge reduziert werden. Im Extremfall kann der bilanzpolitische Spielraum dadurch sogar völlig entfallen.

Die Erschließung der durch eine Notierung in den USA eröffneten Potentiale setzt natürlich mehr als ein nur passives Reagieren auf die Informationsanforderungen der Aufsichtsbehörden, Analysten und Investoren voraus. Vielmehr gilt es, aktiv auf die Kapitalmarktteilnehmer zuzugehen und den Kontakt zu Ihnen zu suchen. Hilfreich ist dabei die Quantität und Qualität der über amerikanische Investoren und deren Anlageverhalten verfügbaren Informationen, die deutlich die in Europa verfügbare Transparenz des Marktes übersteigt. Daraus folgen aber auch ein schärferes Anforderungsprofil an Investor Relations und ein intensiverer Wettbewerb der Emittenten um die Kapitalanleger. Gerade für Emittenten aus Europa empfiehlt es sich daher, dem US-Kapitalmarkt besondere Aufmerksamkeit zu widmen.

Eine gute Ausgangsbasis bietet in diesem Zusammenhang ein ADR-Programm. Dieses bildet nicht nur die Basis für die Börsenzulassung von Inhaberaktien an den US-Börsen, sondern eröffnet zahlreiche Vorteile für die Investor Relations der Emittenten. Diese erhalten zum Beispiel aktuelle Informationen über die Zahl der ausgegebenen Zertifikate und damit einen zeitnahen Überblick über das Anlageverhalten eines Teils des Publikums. Da die Adressdaten der ADR-Inhaber teilweise direkt bei der das Programm begleitenden Bank und im übrigen indirekt über Treuhänderadressen vorliegen, kann diese Zielgruppe der Investor Relations auch mit persönlichen Anschreiben durch den Emittenten angesprochen werden. Schließlich sind die begleitenden ADR-Banken dazu übergegangen, bei den von Ihnen betreuten Emittenten Investoren als Ansprechpartner zu ausgewählten Themenkreisen zur Verfügung zu stehen.

Durch den Versand von zum Beispiel Geschäfts- oder Zwischenberichten sowie die Einrichtung von Telefonhotlines für Fragen zum ADR-Programm bei den begleitenden Banken werden die Investor Relations der Emittenten in den USA von Routineaufgaben entlastet.

Aber auch ein weiteres ursprünglich aus den USA stammendes IR-Instrument, nämlich die sogenannten Proxy-Agencies, bieten eine wesentliche Hilfestellung. Diese Agenturen haben insbesondere die Aufgabe übernommen, Investoren im Auftrag von Emittenten im Vorfeld von Hauptversammlungen Unterstützung zu bieten. Dabei sprechen sie Ihnen bekannte Investoren mit der Bitte an, die Aktien in der Hauptversammlung vertreten zu lassen, und erläutern den technischen Ablauf der Hauptversammlung. Ziel ist dabei vor allem die Erhöhung der Hauptversammlungspräsenz. Wenngleich die Agenturen keine inhaltliche Beratung der Investoren bezüglich ihres Abstimmungsverhaltens übernehmen, haben sich in der Vergangenheit bei mehreren deutschen Emittenten doch meßbare Verbesserungen in der Vertretung von Aktien in der Hauptversammlung gezeigt.

Unter Investor Relations-Gesichtspunkten bieten Proxy-Agencies eine Reihe von weiteren Vorteilen. Um ihre Aufgaben im Rahmen der Proxy-Tätigkeit erledigen zu können, sind die Agenturen darauf angewiesen, fortlaufend Veränderungen der Aktionärsstruktur sowie des Anlageverhaltens der Investoren zu beobachten und zu analysieren. Die dabei gewonnenen Erkenntnisse geben den Emittenten wichtige Informationen über ihre Aktionäre. Die ohnehin durch die Pflichtveröffentlichungen der bedeutenden Institutionellen bestehende Transparenz kann auf diesem Wege wesentlich ausgebaut werden. Die fortlaufenden direkten Kontakte der Agenturen zu Investoren eröffnen darüber hinaus einen zusätzlichen Kommunikationskanal zu den Investoren, dessen Bedeutung nicht unterschätzt werden sollte.

Zu den jüngeren technologischen Fortschritten der Investor Relations zählt die Selektion von IR-Zieladressen und Schwerpunktbildung bei Kommunikationsinhalten im Wege der technischen Portfolioanalyse. Ausgangsbasis dieses Ansatzes sind die Pflichtveröffentlichungen institutioneller Investoren, die allerdings von wenigen Ausnahmen abgesehen nur in Nordamerika die für die Auswertung erforderliche Quantität und Qualität aufweisen. Über die Analyse der Veränderungen der Portfoliostruktur im Zeitablauf wird dabei versucht, die maßgeblich zu Anlageentscheidungen beitragenden Argumente mit den charakteristischen Merkmalen der eigenen Aktie abzugleichen. Die Ergebnisse erlauben unter anderem ein besseres Verständnis der Einschätzung der Aktie im Vergleich zu jenen der Wettbewerber aus Sicht der Investoren. Damit ermöglichen sie im Vergleich zu den klassischen sogenannten „Targetting-Ansätzen" eine sowohl zeitlich als auch inhaltlich exakter auf die Interessen der Anleger ausgerichtete Kommunikation.

Die beschriebenen technischen Erleichterungen können allerdings nicht die eigenen Bemühungen der Emittenten ersetzen. Hier zeigt sich aus europäischer Perspektive ein gravierender Nachteil, nämlich die räumliche Distanz zu Nordamerika. Analysten und institutionelle Investoren legen Wert auf Ansprechpartner in den Unternehmen, die ihnen auch außerhalb von Analysten- oder Investorenkonferenzen zur Verfügung stehen. Die für eine solide Investor Relations-Arbeit erforderliche Vertrautheit der handelnden Personen im Umgang miteinander läßt sich wegen der räumlichen Distanz naturgemäß nur mit größerem Aufwand als in Europa darstellen.

Fast alle bedeutenden amerikanischen Wertpapierhäuser sowie viele institutionelle Anleger haben auf dieses Problem mit der Einrichtung von Außenstellen in Europa reagiert. Der umgekehrte Schritt, nämlich Investor Relations-Einheiten europäischer Emittenten in Nordamerika, bildet dagegen bisher eher die Ausnahme, obwohl auf den ersten Blick viel für diesen Ansatz spricht.

Allerdings muß man sich dabei vor Augen führen, daß die Ausstattung einer solchen „Außenstelle" von Investor Relations besonderen Anforderungen genügen muß. Dies gilt zuallererst für den Informationsfluß. Aktualität des Informationsstandes und solides Hintergrundwissen zu den Vorgängen innerhalb des Emittenten sind eine zwingende Basis der Investor Relations-Arbeit, gleich ob diese aus der Zentrale heraus oder an einem anderen Ort erfolgt. Die bloße Erfüllung dieser internen „Bringschuld" des Emittenten genügt aber nicht. Während Analysten und Investoren den Investor Relations-Mitarbeitern aus der Zentrale in der Regel einen guten Informationsstand und damit Vertrauenswürdigkeit auch wegen der räumlichen Nähe zu den Entscheidungsträgern im Unternehmen zubilligen, muß sich eine Außenstelle diese Akzeptanz zunächst erarbeiten.

Es verwundert daher nicht, daß die Resonanz auf entsprechende Initiativen europäischer Emittenten in den USA gemischt ausfällt. Um die Chancen und Potentiale einer Außenstelle in Nordamerika optimal zu nutzen, bedarf es daher einer sorgfältigen Vorbereitung. Spürbare Ergebnisse können dabei ohnehin kurzfristig nicht erwartet werden, denn zunächst handelt es sich um eine Ergänzung der bestehenden Aktivitäten, deren Reichweite nur sukzessive ausgebaut werden kann. Als ersten Schritt im Zuge der Realisierung gilt es daher die Akzeptanz „vor Ort" zu erarbeiten.

Bei den an der Ostküste der USA ansässigen Investoren dürften sich die positiven Auswirkungen der Einrichtung einer Außenstelle in Grenzen halten. International ausgerichtete Fonds aus dieser Region verfügen in der Regel bereits über eigene Einheiten in Europa, die bereits in engem Kontakt mit den Emittenten stehen und die Anlageentscheidungen maßgeblich beeinflussen. Ein anderes Bild ergibt sich allerdings für Kanada und den Rest der USA. Abgesehen von wenigen großen Adressen scheinen Anleger aus diesen Regionen bisher in europäischen Aktien nur in begrenztem Umfang engagiert zu sein. Es ist offensichtlich, daß dabei auch kommunikative Aspekte eine Rolle spielen. Hier kann eine Investor Relations-Außenstelle in den USA maßgeblich dazu beitragen, Informationslücken zu schließen. Zugleich erlaubt sie, sich unmittelbar vor Ort über die aktuellen Tendenzen und Einschätzungen der Anleger zu informieren. Damit eröffnen sich beachtliche, bisher kaum erschlossene Potentiale für europäische Emittenten. Auch die Deutsche Telekom beabsichtigt daher, künftig für Investoren in den USA einen festen Ansprechpartner anzubieten. Ein willkommener Nebeneffekt dieses Schrittes ist die Unterstützung vor Ort bei anderen Investor Relations-Maßnahmen, so etwa der organisatorischen Abwicklung von Roadshows. Auch dies trägt dazu bei, die Distanz zwischen dem Emittenten und den amerikanischen Kapitalmarktteilnehmern zu verringern.

Die bisherigen Erfahrungen der Deutschen Telekom zeigen, daß europäische Ansätze bei Investor Relations nicht im Verhältnis 1:1 auf Amerika übertragen werden können, sondern spezifischer Anpassungen bedürfen. Die Anforderungen an einen in den USA börsennotierten europäischen Emittenten gehen aber weiter. Während die Deutsche Telekom im Inland zum Beispiel vermutlich allen Kapitalmarktteilnehmern als Anlagealternative bekannt ist, bedarf es bei amerikanischen Anlegern fortgesetzter Anstrengungen, um überhaupt bei Investitionsentscheidungen in Betracht gezogen zu werden. Insoweit weist der Wettbewerb der Aktiengesellschaften um die Gunst der Aktionäre für uns dort eine andere Qualität auf. Neben die Konkurrenz einer im Verhältnis zum Heimatmarkt ungleich größeren Zahl von Unternehmen um das Geld der Investoren erlangen zusätzliche Faktoren wie zum Beispiel das Wechselkursrisiko der Kapitalanleger Bedeutung. Und schließlich haben amerikanische Investoren einen höheren Bedarf an Informationen über den Heimatmarkt des Emittenten.

Dies alles bietet sicher gute Ansatzpunkte für Investor Relations, um das Gespräch mit den Kapitalmarktteilnehmern zu führen. Dies muß aber auch entsprechend konsequent umgesetzt werden. Zusammenfassend läßt sich daher festhalten, daß der Gang an den US-Kapitalmarkt zwar die Investor Relations europäischer Emittenten mit neuen Herausforderungen konfrontiert. Damit verbunden ist aber zugleich die Chance, zusätzliche Anlegerschichten zu erschließen und wertvolle Ideen und Anregungen für die Investor Relations-Arbeit in anderen Märkten aufzugreifen.

Erfahrungen mit der Notierung an der NASDAQ

Bericht der QIAGEN
Prof. Dr. Carsten P. Claussen
Hoffmann, Liebs, Fritsch & Partner und Qiagen N.V.

Inhalt

Erfahrungen kann man sammeln aus markanten und typischen Einzelfällen oder aus einer Vielzahl von Fällen. Hier ist zu berichten von den Erfahrungen aus einem Einzelfall, nämlich der Einführung der Aktien an dem NASDAQ-Markt in den USA der erst vor einem Jahrzehnt gegründeten Gesellschaft QIAGEN. Dies ist ein Unternehmen aus dem biotechnologischen Umfeld. Zu einem solchen Vorhaben gibt es keine Vorbilder und Erfahrungsfelder, denn keine Gesellschaft aus Deutschland hat bis 1996 eine Kapitalerhöhung an der NASDAQ-Börse als Primärbörse placiert. Kaum ein so junges aus Deutschland stammendes Unternehmen ist diesen Weg gegangen. Unter den wenigen Gesellschaften aus Deutschland, die an den NASDAQ-Markt gehen, ist keines aus dem molekularbiologischen Industriefeld, alle anderen AGs sind dem Umsatz nach größer. Für deutsche, junge Aktiengesellschaften ist der NASDAQ-Markt also kein vertrautes Marktsegment. Da dieses Marktsegment aber für junge innovative Gesellschaften sehr interessant ist und damit zu rechnen ist, daß in naher Zukunft viele Unternehmen für diesen Markt ein waches Interesse entwickeln werden, ist es angezeigt, über diesen Börsengang hier zu berichten und die gesammelten Erfahrungen weiterzutragen, damit die Erfolge von anderen nachvollzogen und etwaige Fehler vermieden werden können.

1. Wer ist die QIAGEN und was produziert QIAGEN?

Die QIAGEN kann man als einen Spin-off der Heinrich Heine Universität zu Düsseldorf bezeichnen. Dort arbeiteten drei junge Wissenschaftler am Lehrstuhl für Physikalische Biologie und nach Abschluß ihrer akademischen Ausbildung und Assistententätigkeit beschlossen sie, sich selbständig zu machen. In Düsseldorf wurde aus kleinsten Anfängen heraus in zwölf Jahren ein Unternehmen, das Wirkstoffe für die Isolierung und Reinigung von Nukleinsäure (DNA) zum Ziel hat, zu einer führenden Stellung auf dem Weltmarkt aufgebaut. QIAGEN verfügt heute über ein breites Angebotsspektrum von über 200 verschiedenen Anbietungs- und chemischen Ausformungen.

Diese Produkte können die Nukleinsäuren DNA und RNA besser reinigen und vor allen Dingen einfacher und schneller reinigen als herkömmliche, insbesondere manuelle Bearbeitungsmethoden, die geringere Performance und geringere Anwenderfreundlichkeit bieten. Das Verfahren der Reinigung von Nukleinsäure kann man sich - grob vereinfacht - so vorstellen, daß die in der Zelle von Pflanzen oder Blut enthaltene Nukleinsäure in eine Einwegplastiksäule eingeführt wird, dort einen chemischen Reinigungsprozeß durchläuft. Dort wird das zu trennende Probenmaterial mit chemisch modifiziertem kunststoffähnlichen Material in Kontakt gebracht, das spezifisch auf Nukleinsäure reagiert und diesen Träger der menschlichen Erbinformation im Zellkern wie auf einem Magnet anzeigt. Nach diesem Vorgang verlassen die Fremdstoffe die Einwegplastiksäule in einem zweiten Waschgang. Die Nukleinsäure wird von dem Trägermaterial getrennt und ist mit einem Reinheits- und Reproduzierbarkeitsgrad von 99 % bestens geeignet für sensible Anwendungen in der Forschung und in zukünftigen kommerziellen Märkten wie z.B. der DNA-Sequenzierung, der molekularen Diagnostik, der genetischen Vakzine und der Gentherapie.

2. Wofür braucht man hochreine Nukleinsäure?

Das Reinigen von Nukleinsäure bzw. DNA und RNA ist wichtig, weil die Trägersubstanz die Erbinformation enthält. Jede Zelle überträgt bei jeder Teilung diese Erbinformation in die neue Zelle weiter. Mit der Erforschung dieser Erbinformation - der Gene - befaßt sich seit 30 Jahren die Wissenschaft von der Molekularbiologie. Für sie ist die optimal gereinigte Nukleinsäure notwendige Arbeitsgrundlage.

Die molekularbiologische Forschung und die mit ihr zusammenhängenden, sich neu entwickelnden Märkte benötigen deshalb hochreine Nukleinsäuren, weil die Verfügbarkeit reiner Nukleinsäuren ein kritischer Faktor für die Zuverlässigkeit und Reproduzierbarkeit molekularbiologischer Experimente ist. Hochreine Nukleinsäure wird mithin in wissenschaftlichen als auch in industriellen Forschungslabors benötigt, weil es dort auf die Genauigkeit der Ergebnisse in der molekularen Nukleinsäuren-Diagnostik und auf die Sicherheit der auf Nukleinsäuren basierenden Impfstoffe und Arzneimittel für die Humanmedizin ankommt. Nukleinsäuren sind fragile Moleküle, die schnell von anderen Zellbestandteilen getrennt werden müssen, um ihre strukturelle Integrität und ihre biologische Aktivität beizubehalten, was das Isolieren und Reinigen der Nukleinsäuren zu einem komplexen und sensiblen Prozeß macht.

Damit ist zugleich festgestellt, daß die molekularbiologische Forschung der Anfangskunde und nach wie vor der größte Kunde der QIAGEN ist. Denn die Forschung braucht das genetische Material von Lebewesen für ihre Arbeit in eindeutig identifiziertem Zustand, um die in der Gene enthaltenen genetischen Informationen identifizieren und möglicherweise auch gestalten zu können. Neben diesem Absatzpotential der QIAGEN-Produkte in der molekularbiologischen Forschung, also in praktisch jeden, nach diesen Methoden arbeitenden universitären Forschungseinrichtungen - in den USA z. B. in Boston und in Californien, um einige zu nennen - entwickelt sich ein weiteres Absatzfeld in der gentechnischen Industrie.

Da alle Gentechnik der hier beschriebenen Art darauf abzielt, schwere Krankheiten auf ihre genetische Verursachung oder Auswirkung hin zu überprüfen und Wege zu finden, Erkrankungen zu mildern oder abzubauen, indem Gegenkräfte aktiviert werden, kann damit gerechnet werden, daß dereinst auch die medizinische Praxis breite Anwendung in der Entwicklung oder Anwendung von Therapeutika und Diagnostika findet, weil auch dort die Notwendigkeit der Reinigung von Nukleinsäure gegeben ist. Gegenwärtig hat QIAGEN ca. 150.000 Anwender, die jeweils eins oder mehrere Produkte gebrauchen.

In diesem Markt der DNA-Isolierung und Reinigung hat sich QIAGEN weltweit einen Marktanteil von 15 % erworben. Der Wettbewerb reinigt Nukleinsäure nach dem herkömmlichen manuellen Verfahren, das die oben angesprochenen Nachteile ausweist. Dieser Markt wächst weiterhin mit großen Schritten, und zwar sowohl in der zweckfreien genetischen Forschung als auch in der pharmakologischen Industrie sowie dereinst in der medizinischen Praxis. Neben dem Wachsen des Marktes der Biotech-Industrie und damit ihres Werkzeuges QIAGEN hat sich dieser Anbieter auch ein Ansteigen seines eigenen Marktanteils auf die Fahnen geschrieben, so daß mit einem weiteren stürmischen Umsatzwachstum in der Zukunft zu rechnen ist. Marktschätzungen gehen davon aus, daß 40 % Umsatzwachstum p.a. wie in der Vergangenheit so auch in der Zukunft durchaus erreichbar sein können. Konkret bedeutet dies in Zahlen der Vergangenheit, daß seit 1992 der Umsatz mit $ 11,0 Mio. auf $ 54,0 Mio. in 1996 stieg. 1997 sollten ca. $ 75 Mio. Umsatz erreicht werden. Denn der konsolidierte Umsatz stieg in den ersten drei Quartalen 1997 um währungsbereinigte 42 % an. Waren es bei QIAGEN noch $ 14,2 Mio. Umsatz im dritten Quartal 1996, so waren es $ 19,0 Mio. im dritten Quartal 1997. Der Gewinn pro Aktie stieg um 33 % von $ 0,09 im dritten Quartal 1996 auf $ 0,12 im dritten Quartal 1997. Das gewichtete Mittel der ausgegebenen Aktien stieg von 16,9 Millionen für das dritte Quartal 1996 auf 17,1 Millionen Stück für das dritte Quartal 1997. So ist man bei QIAGEN mit dem Umsatz- und Gewinnwachstum zufrieden und sieht hierin eine Bestätigung der Qualität des sich stetig erweiternden Technologieportfolios sowie der Marketingpräsenz. Man glaubt an einen Technologie- und Marktvorsprung vor allen Wettbewerbern.

Diese Zahlen machen deutlich, daß QIAGEN nicht vergleichbar ist mit sonstigen Bio-Tech-Unternehmen, die regelmäßig über die Idee zu einem Präparat verfügen oder über einen neuen Wirkstoff nachdenken, aber weder das Produkt entwickelt noch Märkte erschlossen haben, geschweige denn die Gewinnschwelle erreichten. Bei diesen echten Ventureunternehmen haben wir in Deutschland gravierende Finanzierungsprobleme, die der Lösung harren. Aber mit dem Börsengang der QIAGEN haben diese Probleme keinen Zusammenhang. QIAGEN ging als ertragstarkes, etabliertes Unternehmen in den Kapitalmarkt.

Über die QIAGEN gibt es eine breite Fülle von Publikationen, auf die verwiesen werden kann.

3. Wer ist QIAGEN und wie ist QIAGEN finanziert?

Zentrale Figur dieser jetzt zwölf Jahre alten Unternehmung QIAGEN ist Dr. Metin Colpan, ein promovierter Biochemiker internationalen Zuschnitts, der die Reinigung von Nukleinsäure auf chromatographischer Basis entdeckt und sich hat patentieren lassen. Ihm zur Seite steht ein ebenfalls international ausgerichteter Finanzchef Peer Schatz sowie bei flacher Hierarchiestruktur eine breit angelegte zweite Ebene, bestehend aus einer Crew von Chemikern und der Molekularbiologie zugewandten Naturwissenschaftlern anderer Disziplinen, die die Bereiche Forschung, Produktion, Marketing und Vertrieb der QIAGEN in ihren Händen halten. Insgesamt beschäftigt das Unternehmen ca. 600 Mitarbeiter, die allesamt mit Optionsrechten auf QIAGEN-Aktien ausgestattet sind; viele sind auch Aktionäre der QIAGEN. Der Aufsichtsrat setzt sich aus Vertretern der zwölf Jahre das Unternehmen finanzierenden Venture-Kapitalgesellschaften zusammen und aus Erfahrungsträgern in der Unternehmensleitung und speziellen Einzelsegmenten der Unternehmenstätigkeit. Alle Organmitglieder sind Aktionäre und/oder Inhaber von Optionsrechten auf QIAGEN-Aktien.

Fünf führende Venture-Kapitalgesellschaften haben die QIAGEN finanziell über die ersten zwölf Jahre ihrer Existenz begleitet. Vier Venture-Kapitalgesellschaften haben ihr Material inzwischen dem Markt zur Verfügung gestellt. Verblieben ist hiervon bis heute mit einem Anteil von fast 7 % des Kapitals die Alafi Capital Company, San Francisco, als der größte Aktionär der Gesellschaft und zugleich als ein kompetenter Kenner der gentechnischen Wissenschaft und gentechnischen Industrieszene nicht nur an der Ostküste der USA. Von den Gründern hält der Chief-Executive-Officer weiterhin den größten Anteil und ist der zweitgrößte Aktionär der QIAGEN. Insgesamt hält das erweiterte Management und die Alafi Company ca. 40 % des Kapitals und wird dies auch weiterhin in etwa halten. Ansonsten ist die Gesellschaft eine Publikumsaktiengesellschaft, bei der über 60 % des Aktienkapitals breit gestreut sind, der sog. „free-float". Dies entspricht konzeptionell und auch in der Dimension in etwa dem, was der NASDAQ-Markt an Engagement des Managements erwartet.

4. Wie ist QIAGEN gesellschaftsrechtlich organisiert?

Mit dem Börsengang in NewYork in 1996 war eine Neugestaltung der Konzernstruktur verbunden: Als Muttergesellschaft fungiert die 1996 gegründete QIAGEN N.V., Venlo, eine nach niederländischem Recht lebende Holdinggesellschaft. Sie hat folgende Tochtergesellschaften: In Deutschland die Zelle des Konzerns, die QIAGEN GmbH in Hilden, wo die Produktion und die Forschung angesiedelt sind; und in den USA, die den Vertriebsschwerpunkt darstellt; auch Großbritannien, der Schweiz, Frankreich, Australien, Kanada und einem Joint-Venture auf 50 %-Basis in Japan. Von diesen Tochtergesellschaften werden QIAGEN-Produkte weltweit in über 35 Ländern an wissenschaftliche Forschungsinstitute sowie Unternehmen im Pharma- und Biotechnologiebereich verkauft. Wichtig ist es festzuhalten, daß diese Konzernstruktur mit einer niederländischen Holding- und Muttergesellschaft mit der Börseneinführung am NASDAQ-Markt keine Rechts- oder Sachzwänge verbunden sind. QIAGEN hätte auch als deutsche Aktiengesellschaft diesen NASDAQ-Markt erschließen können. Es waren Gesichtspunkte des niederländischen Aktienrechtes, das börsengehandelte kleine Aktiengesellschaften flexibler und liberaler behandelt. Zumal in der für QIAGEN entscheidenden Position der Stock-options ist das holländische Recht aufgeschlossen, während sich die deutsche Rechtsordnung hiermit schwer tut. Schließlich sprach für eine niederländische Holding das eher atmosphärisch zu greifende Argument, daß die Niederländer und das niederländische Aktienwesen für amerikanische Anleger näherliegender und verständlicher sind als das deutsche.

Beispiel: mit der deutschen Inhaberaktie können Amerikaner nicht viel anfangen, ihre Denkweise ist auf die Namensaktie eingestellt. Hierauf reagieren deutsche AGs durch die Emission von sog. ADRs, den American Depositary Receipts, das sind Hinterlegungsscheine, die die Verbriefung des Rechtes darstellen und registriert sind. Die Niederländer haben zwar auch Inhaberaktien, deren Inhaber aber in einem Register festgehalten sind, was viel einfacher ist.

Aber - wie gesagt - für den Leser, der sich über Erfahrungen mit dem NASDAQ-Markt orientieren will, ist es wichtig festzuhalten, daß eine niederländische Holding nicht essentiell für einen Börsengang in den USA ist.

5. Warum an den NASDAQ-Markt?

Am Anfang der Überlegung steht die Größenordnung. Der NASDAQ-Markt ist der zweitgrößte Wertpapiermarkt der Welt. Dort werden Aktien von 5.499 Gesellschaften täglich gehandelt, das Marktvolumen bewegt sich in der Größenordnung von über 3.260 Milliarden Dollar, 541 aktive Marktteilnehmer sind in diesem Markt tätig. In diesem Markt sich einzuordnen, erscheint leichter als in kleineren Märkten.

Der NASDAQ-Markt erreicht in Kategorien der finanziellen Stärke die bedeutsamste Anlegerszene, die wir kennen. Nasdaq-Werte werden von den amerikanischen Pensionsfonds gekauft, die 25 % des amerikanischen Inlandsproduktes als Vermögenswerte verwalten[1], also eine Nachfragemacht darstellen, die unvergleichlich ist. Über die amerikanischen Pensionsfonds hinaus ist der NASDAQ-Markt ein vielen anderen Anlegerkreisen zugewandter offener großer Markt, ohne nationale Grenzen, also für Anleger aus aller Welt offen. Diese Internationalität gilt auch für die Emittenten, die ohne Betonung des Heimatlandes an diesem Markt begrüßt werden, wenn das Konzept stimmt. Der NASDAQ-Markt ist also nicht nur groß, sondern bringt alle relevanten Berufsgruppen zusammen: die Aktienkäufer, die Analysten, die „Money-Manager“ im weitesten Sinne. So lag denn der Gedanke nahe, daß die amerikanische Kapitalmarktkraft auch Interesse an der Qiagen-Aktie empfinden wird.

Am NASDAQ-Markt sind etwa 300 Biotechnologiewerte von insgesamt 1.300 Bio-Tech-Unternehmen in den USA börsennotiert, was diesen Markt ebenfalls empfiehlt für Unternehmen aus dieser Branche. Denn die US-Firmen der Bio-Tech-Branche machen einen 7-mal größeren Umsatz als alle Bio-Tech-Firmen in der EU; sie treiben einen 4-mal so hohen F- & E-Aufwand wie alle EU-Firmen dieser Branche. Der dort in den USA angesiedelte NASDAQ-Markt ist also mit den Werten der Biotechnologie ebenso vertraut wie mit den Werten der elektronischen Kommunikationsbranche. Diese beiden typischen Felder von modernen Wachstumsindustrien sind in diesem Marktsegment zuhause. Da dies auch Märkte und Aktien mit in der Regel höherer Volatilität sind als die Märkte der schon seit Jahrzehnten gehandelten Aktien, ist davon auszugehen, daß die Investition am NASDAQ-Markt diese Besonderheit von jungen Wachstumsunternehmen in ihren drei Datenkränzen, also sowohl im Umsatz wie im Ertrag wie im Börsenkurs kennt und versteht.

Im deutschen Markt wurde 1995 - 1996 kein gentechnisches Jungunternehmen gehandelt. Hier hätte 1996 die QIAGEN ein Novum dar-

1) In Deutschland verwalten Pensionsfonds 6 % des Bruttoinlandsprodukts.

gestellt, während sie in den USA im Windschatten von Amgen, Genentech, von Perkin & Elmer und Biogen, um nur einige zu nennen, auf ein verständnisvolles Umfeld stößt.

Zu den Argumenten für den Nasdaq-Markt gehört gewiß auch die Tatsache, daß die USA weltweit die unbestrittene und unanfechtbare Führungsposition in der Aktienorientierung ihres Wirtschafts- und Soziallebens innehaben. Was liegt näher für ein Unternehmen, das sich mit der Idee der Öffnung seiner Kapitalbasis für jedermann öffnet, dann den Weg über den Ozean anzutreten, wo Aktien, Going-public und IPO allgemeines Denk- und Sprachgut sind. So gesehen war die Entscheidung für den NASDAQ-Markt eine vorsichtige, Risiken vermeidende, mithin konservative Entscheidung.

Ein Gesichtspunkt für den Nasdaq-Markt sind auch die dort tätigen Emissionshäuser. In den USA gibt es Emissionsbanken, die sich auf den biotechnischen Markt spezialisiert haben, die ausgebaute und mit Naturwissenschaftlern aller Couleur besetzte Spezialabteilungen haben. Diese Fachleute sind hilfreich für emissionswillige Unternehmen dieser Branche, weil diese Emissionskandidaten zumeist von Biochemikern geführt werden, die keine Kenntnisse vom Emissionsgeschäft haben. Ihnen helfen die in der Molekularbiologie geschulten Fachleute in den Investmentbanken, ihre unternehmerische Botschaft in die Sprache des Emissionsgeschäftes umzusetzen und in den Markt zu transportieren. Bei den amerikanischen Investmentbanken kann man Banker finden, die Verständnis für den unternehmerischen Antritt von Biochemikern haben; die Urteilskraft besitzen, ob das Vorhaben Sinn macht; Menschen, die ihre Sprache sprechen; die Märkte kennen, auch die anzusprechenden Investoren; die eine sachgerechte Due-Diligence abarbeiten können.

Dies sind die allgemeinen Gesichtspunkte, die für den NASDAQ-Markt streiten. Hinzu kommen die Spezialgesichtspunkte, nämlich daß die Qiagen ein Wachstumsunternehmen par exellence ist. Auch der durchschnittlich geschätzte Netto-Gewinnanstieg zwischen 40 bis 50% p.a. bis zum Ende dieses Jahrhunderts weist die Qiagen eindeutig als ein Wachstumsunternehmen aus. Diese Wachstumsrate liegt deutlich höher als die durchschnittliche Wachstumsrate der klassischen Pharma-Aktiengesellschaften und wohl auch über denen der etablierten Bio-Tech-Unternehmen nicht nur in Deutschland, sondern vor allen Dingen in den USA.

Auch im Vergleich zu den börsennotierten Zulieferern für die gentechnische Industrie und für die Pharma-Industrie, zu denen die QIAGEN gehört, ist die Wachstumsrate der letzteren Gesellschaft höher. Für Werte mit diesen Wachstumspotentialen ist der NASDAQ-Markt dereinst geschaffen worden und hier hat sich der NASDAQ-Markt voll etabliert. Prominentestes Beispiel hierfür ist die Microsoft-Aktie, die an der NASDAQ gehandelt wird, auch Intel, Costco, um einige Werte zu nennen. Aus dieser Wachstumskonzeption des Marktes ergeben sich Konsequenzen für die Finanzierung des Unternehmens.

Hier denken die am NASDAQ-Markt operierenden Kreise ähnlich, wie die Geschäftsphilosophie der Qiagen ausgerichtet ist, nämlich daß die Unternehmensfinanzierung nicht mit verzinslichen und rückzahlbaren Krediten möglich ist, sondern zentral mit Eigenkapital. Dies entspricht der Risikoträchtigkeit von High-Tech-Firmen im allgemeinen und dem vorgelegten Wachstumstakt im besonderen. Hinzu kommt, daß die am NASDAQ-Markt operierenden Anleger wissen, daß es nicht vernünftiger Finanzpolitik entspricht, in Fragen extremen Wachstums und damit steigenden Eigenkapitalbedarfes Dividenden zu zahlen, sondern daß es sinnvoll ist, das Betriebsergebnis im Unternehmen zu belassen, also Selbstfinanzierung zu betreiben.

Die Qiagen ist eine internationale Gesellschaft, die 60 % ihres Umsatzes in den Vereinigten Staaten erzielt, also der Denkmentalität der USA vertraut ist und hieran nichts Fremdes erkennt. Allerdings gilt für QIAGEN nicht die Regel von General Motors, daß die Käufer der Produkte auch die Käufer der Aktie sind und man deshalb nach den USA gehen müsse. Dafür sind die QIAGEN-Produkte zu spezialisiert. Andererseits gibt es keine Bestätigung dafür, daß der NASDAQ-Markt ausschließlich offen sei für Gesellschaften, die mehr als 50% ihres Umsatzes in den USA erzielen.

Für ein kleineres Unternehmen mit flacher Hirarchiestruktur und ohne Stabsstellen ist das amerikanische System des Going-public, also der Unternehmensbegleitung an die Börse durch eine Fülle von spezialisierten Beratern, die die komplexe Sacharbeit übernehmen, insbesondere das Wirken der Analystenabteilungen in den Investmentbanken, ein sinnvolles System. Diese banken- und emissionskundigen Analysten der Investmenthäuser begleiten zum einen den finanzwirtschaftlichen Teil des Emissionsvorganges, und sie arbeiten sich zum anderen in die Produkte und die Arbeitswelt des Emittenten ein und übernehmen sodann die Erklärung der Komplexprodukte von High-Tech-Unternehmen im Markt auf neutraler Basis. Dies sind alles Operationen, die der Emittent selbst schwer ausüben kann.

Dieser langen Liste von Positivargumenten standen in der komplexen internen Entscheidungsphase über einen Börsengang und die Auswahl des richtigen Marktsegments auch einige Negativargumente gegenüber, über die nachzudenken ist:

Man begibt sich trotz aller internationalen Ausrichtung und trotz aller Berater auf ein letztlich unbekanntes Terrain, von dem vor allem gewußt wird, daß es sich normalerweise nur größeren Firmen, die über ausreichende Stabsabteilungen verfügen, leicht erschließt (Argument „Blindflug“).

Die Intensität der erforderlichen Beratung hat zur Konsequenz, daß das Risiko entsteht, man begebe sich in die Hände von Dritten und könne damit die Kontrolle über den Einsatz der eigenen Arbeitszeit und schlimmer noch die Kontrolle des eigenen Unternehmens verlieren, was wirtschaftlich und juristisch unakzeptabel wäre. Hiermit einhergehend ist die Höhe der Beratungskosten gewiß ein ernsthaftes Argument. Wir wissen von Schering, daß dort ein Börsengang in den USA erst erwogen wird, wenn dieser Komplex der Beratungskosten sich entsprechend den an anderen Orten außerhalb der USA gebräuchlichen Dimensionen einpendelt.

Trotz intensiver Beratung und Betreuung durch die US-amerikanischen Investmentbanken schreckt der Arbeitsaufwand. Selbst wenn man als Emittent aufgrund der Vielzahl von Beratungen keine eigenen Leistungen zu vollbringen hat, also kaum fertige Papiere zu erstellen hat, so obliegt dem Emittenten doch die Aufgabe des Zusammentragens aller Daten und Fakten; der Emittent ist wesentlich mit der Koordinationsaufgabe aller Berater und Instanzen befaßt, die die Geschäftsleitung des Emittenten auch nicht auf die nächste Ebene delegieren kann. Diese Arbeit muß vom Emittenten geleistet werden bei kleinen Stäben und mit einem Personal, zu deren Berufsbild nicht das Going-public und das IPO als Spezialbeschäftigung zählt.

Schließlich ist das Risiko von Regreßverfahren durch unzufriedene Aktionäre und deren Anwälte ein Problemfeld, das man im Blick haben muß.

In der Abwägung all dieser Argumente fiel im Laufe des Jahres 1995 bei der QIAGEN die Entscheidung für den IPO und den Börsengang am NASDAQ-Markt. 1 Jahr nach diesem Börsengang und 2 Jahre nach dieser Entscheidungsfindung, kann dies als ein glücklicher Entschluß der QIAGEN gewertet werden, und zwar aus folgenden Gründen: Es wurde im IPO für die Aktie ein Preis von 12 $ erzielt. Nach 1 Jahr steht die Aktie bei 40 $, die Erstzeichner können also hoch zufrieden sein. Im ersten Durchgang konnten 30 Mio. $ Eigenkapital und Liquidität in das Unternehmen eingefahren werden, die finanzwirtschaftlich ein völlig entspanntes Wirken und Expandieren ermöglichen. In einer nachgeschalteten Zweitemission, ein Jahr später, konnten die Wünsche von zwei Großgesellschaftern auf Verkauf ihrer Pakete ohne Belastungen des Marktes in geordneten und ruhigen Bahnen befriedigt werden und ihnen ihre Wünsche nach zwölf Jahren verdienstvollen Mitwirkens am Aufbau der QIAGEN erfüllt werden, was ohne den IPO nicht möglich gewesen wäre, es sei denn, man hätte eine Veränderung der Aktionärsstruktur bei der QIAGEN in Kauf genommen. So ist weit und breit niemand zu erkennen, der an diesem Börsengang Schaden genommen hätte, aber viele - die Gesellschaft, ihre Aktionäre, ihre Mitarbeiter und Gremien - sind mit diesem IPO zufrieden.

6. Erfahrungen mit dem Marktsegment NASDAQ

Hier ist nach den Erfahrungen gefragt und nicht nach der Technik für ein Going-public am NASDAQ-Markt. Mithin folgen jetzt keine Ausführungen zu den rechtlichen und administrativen Bedingungen eines Börsenganges in den Vereinigten Staaten im allgemeinen und an den NASDAQ-Markt im besonderen. Dies kann hier ausgeklammert werden, weil dies der Leser weiß oder an anderen Stellen - auch in diesem Buch - nachlesen kann, wie die rechtlichen Rahmenbedingungen dieses Börsenganges zu erfassen sind. Hier geht es darum, Interessenten die den gleichen Weg erwägen, Erfahrungen mit auf den Weg zu geben, damit sie diese Erfahrungen in ihre Urteilsfindung und in ihre Entscheidung einbeziehen können.

6.1 Zum Preis

Die erste Erkenntnis beim Gang an die NASDAQ-Börse ist, daß in dem hier geschilderten Fall, aber auch in sonst eruierten Fällen, die an der NASDAQ erzielbaren Preise pro Aktie keinen konkurrierenden Marktplatz finden, der bessere Preise bietet oder auch nur kompetetiv ist, wohl nicht mal in einem Korridor von 20-25 %. Dies ist keine wissenschaftlich unterlegte Aussage. Denn Preisvergleiche von IPOs in den verschiedenen Marktsegmenten gibt es nicht. Auch mag dies inzwischen in Deutschland anders sein wegen des Neuen Marktes, der auf ähnliche Emittenten abzielt wie der NASDAQ-Markt. Aber der Neue Markt stand, als bei QIAGEN die Entscheidungen reiften - also im Jahr 1995 - noch nicht zur Diskussion, sondern damals gab es für dieses Marktsegment des Going-public von High-Tech-Unternehmen den Geregelten Markt, der sich als nicht sehr leistungsfähig und nicht als ein übermäßig erfolgreiches Marktsegment erwiesen hatte. - Allerdings muß der Emittent bedenken, daß seit 1995 die Globalisierung der Kapitalmärkte in einem atemberaubendem Tempo fortgeschritten ist, so daß nicht nur der Neue Markt sondern auch diese Globalisierung eine Nivellierung des Preisniveaus von IPOs zur Folge hat.

Deshalb muß jeder Emittent prüfen, ob die positiven Erfahrungen im „pricing" im NASDAQ-Markt von QIAGEN für ihn fortgelten. Bei dem pricing der QIAGEN-Aktie waltete sogar Behutsamkeit. Denn der Kurs der Stammaktien ist sei dem IPO in den USA im Juni 1996 stark gestiegen, von 12,- $ bis auf über 46,- $, begleitet von raschen und heftigen Kursschwankungen. Hierfür ursächlich waren neben den generellen Schwankungen des Aktienmarktes besondere Faktoren eines jungen Börsenwertes, wie Ankündigungen technologischer Innovationen oder neuer Produkte durch die Gesellschaft oder ihrer Wettbewerber, Schwankungen der Betriebsergebnisse der Gesellschaft von Quartal zu Quartal, Änderungen der wirtschaftlichen Rahmenbedingungen für die Biotechnologie-Branche. Fest steht jedenfalls, daß die QIAGEN-Aktie 1996 mit einem price/earnings-multiple von 100 bewertet wurde bei einem Kurs von 40,- $ aufgrund der Gewinnschätzung für 1997 mit ca. 40 cts. pro Aktie, was in anderen Branchen Kopfschütteln verursacht. Auch Ende 1997 liegt die Bewertung bei mehr als dem fünfzigfachen des Kurs-/Gewinnverhältnisses, bewertet bei einer Gewinnschätzung für 1998 von 75 cts. Diese Bewertung akzeptiert inzwischen der Neue Markt, Analysten geben weiterhin Kaufempfehlungen. Wir haben also einen Entwicklungsprozeß in der Bewertung von Aktien mit inszeniert, der der Annäherung der Märkte dient. Vielleicht ist dieses pricing aber auch ein weiteres Beispiel für den Ausbruch aus der traditionellen Bewertung nach Maßgabe der price/earnings ratios und eine Hinwendung zur Einbeziehung von Zukunftspotentialen in die Wertvorstellung.

6.2 Zur Analystenkultur

Neu sind die Erfahrungen, die Kontinentaleuropäer mit dem Berufsstand der Analysten, angesiedelt bei den Investmentbanken in den USA, machen. Dies sind hoch spezialisierte Branchenkenner, die das zum Going-public entschlossene Unternehmen beurteilen, seine Produkte kennen und deren Märkte; sie sind urteilsfähig zur Zukunft der Produkte wie zu den Megatrends von Technologien und im Pharmabereich von Perspektiven neuer Wirkstoffe. Diese Analysten messen nicht nur anhand von betriebswirtschaftlichen Mengengerüsten aus der Vergangenheit, sondern - wie gesagt - verstärkt anhand von Wertung und Gewichtung von Produkten und ihren Marktchancen in der Zukunft. Im konkreten Fall begab sich die QIAGEN zu den Analysten von drei Investmentbanken, die viele der 1.300 amerikanischen Bio-Tech-Unternehmen kennen und Hunderte hiervon beurteilen können. Dieser geballte Branchen-Know-how fließt in die Beurteilung des geplanten IPO ein. Die Analysten formen sich ein Bild, ob das geplante Wachstum realistisch, die Ertragskraft dauerhaft wahrscheinlich und die Position in der Branche ausreichend gefestigt ist - dies alles wird aus der Erfahrung mit einer kritischen Masse von über 1.300 Branchenunternehmen herausgefiltert. Hieraus ist zu lernen, daß die Figur des Analysten bei einem Going-public schwerlich zu überschätzen ist. Allgemeiner formuliert ist für die deutsche Analystenszene hieraus zu folgern, daß bis zur Anpassung an die angelsächsische Analystenwelt noch ein langer Weg zu gehen ist. Diese Fragestellung wird der Neue Markt zu beantworten haben, wenn er gegenüber dem NASDAQ-Markt keine strukturellen und nicht nur größenmäßige Defizite aufweisen will. Diese Analystenarbeit mit ihren ständigen, bohrenden Fragen ist vom Emittenten nicht belastend zu werten, obgleich die Betreuung der Analysten und deren Bedienung mit Material zeitraubend ist. Der Emittent gewinnt in vielen Gesprächen mit dem branchenkundigen Analysten an konkretem Wissen, an Anregungen, an Hintergrundwissen. So wird aus den Fragen der Analysten ein Dialog zum Nutzen beider Seiten des Tisches. Die Arbeitsweise der Analysten ist eine von Weisungen unabhängige. Dies entspricht ihrem Berufsverständnis, auch den rechtlichen Vorgaben, nämlich den insiderrechtlichen Chinese-Walls-Geboten. Der Emittent hat gegenüber einer ihn nicht fröhlich stimmenden Bewertung seiner Aktie kein Rechtsmittel. Diese Dominanz der Figur des Analysten hat zur Folge, daß seine Person ein wichtiges Argument ist bei der Auswahl des Investmentbankiers, der die Bücher führt.

Abschließend ist wohl müßig darauf hinzuweisen, daß im Umgang mit Analysten und mit den Anlegern vollkommene Offenheit des Emittenten das einzig zum Ziel führende Konzept ist. Diese vollkommene Offenheit über unternehmerische Erfolge und Fehlschläge sollte nicht nur exekutiert werden, sondern es ist zu wünschen, daß dies einem inneren Bedürfnis und einer moralischen Grundposition entspricht. Jede Art von Camouflage, von Vernebelungstaktik oder Unterdrücken von relevanten Unternehmensberichten wird von den Vollprofis auf der anderen Seite des Tisches sofort erkannt und durchschaut. Einmal vollzogene Fehlinfos sind ohne Personalwechsel nicht reparierbar. Dieser Grundkonzeption des „true and fair-view" oder auf deutsch „der Politik der gläsernen, aber verschlossenen (Dividendenlosigkeit) Taschen" fühlt sich die QIAGEN von tief her verpflichtet, was Teil ihrer Emissionserfolge ist.

6.3 Zur Einbindung des Managements

Die am NASDAQ-Markt wirkenden Kreise gehen von einem hohen Kapitalanteil in den Händen des Top-Managements aus, um ein dauerhaftes Verweilen und Wirken in der Corporation zu sichern; um die Motivation zum Wohle des Shareholder-Value abzusichern und die Identifikation zwischen der Gesellschaft und den leitenden Kräften zu sichern. Anzustreben sind etwa 20 % des Kapitals in den Händen des Top-Managements. Ein höherer Anteil sollte in Sonderfällen erreicht werden, weil der hohe Managementanteil auch als Bremse gegen unabgestimmte Aufkäufe durch Wettbewerber und/oder Konzerne dient. Ist ein so hoher Kapitalanteil finanziell nicht darstellbar, dann sollten Stock-options daneben eingesetzt werden. Der sich ergebende Gestaltungsbedarf ist nur individuell unter Beachtung vieler Gesichtspunkte – wie z. B. des Schutzes vor Verwässerung – auszuloten. In diesen Kontext gehört die wichtige Erfahrung, daß die von der QIAGEN betriebene Stock-option-Politik mit dem flächendeckenden Stock-option-Plan, der sämtliche Mitarbeiter einschließt – auch Neueinstellungen, auch die AR-Mitglieder – nicht nur als eine gute Idee aufgefaßt wurde, sondern weitergehend nahezu als eine Bedingung der Emissionshäuser gesehen wird. Die Investoren legen auf ein hohes Eigenkapitalengagement des Managements im weitesten Sinne Wert. Vergleicht man dies mit den Mühseligkeiten des deutschen Gesetzgebers, die Stock-option in Deutschland als ein sinnvolles Arbeitnehmerbeteiligungs- und Kapitalmarktinstrument durchzusetzen, weiß man, wo der Reformstau in diesem Lande angesiedelt ist.

6.4 Zur Dividendenpolitik

Erfahrung lehrt, daß die Dividendenlosigkeit als erklärte Unternehmenspolitik der QIAGEN-Aktie kein Thema bei dem Börsengang an der NASDAQ ist. Auch von „günstigen Bezugsrechten" ist nicht die Rede. Die Investoren wissen, daß extremes Wachstum der Finanzierung bedarf und daß hierfür das selbst erarbeitete Betriebsergebnis am besten geeignet ist. Käufer der QIAGEN-Aktie erwarten Kursnutzen aus ihrem Investment, was einerseits das Management in die Pflicht nimmt, andererseits sind Börsenkurse von exogenen auch emotionalen Faktoren abhängig - ein weites Feld.

6.5 Belastungen durch den IPO

Die Vielzahl von Beratern, Investmenthäusern, Analysten, Wirtschaftsprüfern, vor allen Dingen von Rechtsanwälten, diesseits aber hauptsächlich jenseits des Atlantik, verursachen hohe direkte Kosten. Alle diese direkten Kosten eines Börsenganges eines ausländischen Unternehmens kleinerer Größenordnung am NASDAQ-Markt sind möglicherweise mit bis zu 13 % - normalerweise 8 % - des Emissionserlöses einzukalkulieren. Dies ist ein Fakt. Darüber hinaus üben diese Berater einen starken Einfluß auf den Arbeitsrhythmus eines Emittenten, der ein Going-public im NASDAQ-Markt betreibt, aus. Es werden also indirekte Kosten von Tausenden von Stunden verursacht. Daneben beeinflußt ein Going-public massiv die Entscheidungs- und Denkstrukturen eines Managements, was nicht in Kostenkategorien einzufangen ist. Dafür entfallen Anzeigekosten, PR-Kosten und andere Kosten für Investor Relations, die bei der Telecom mehrere hundert Millionen DM ausmachten. Den Vertrieb besorgen die Road-shows, das Marketing die Analysen. Warum diese Road-shows noch heute durch das Umherziehen von Personen durch das Land zu erfolgen haben, während viele andere rechtsrelevante Verhandlungen und Vertragsschlüsse virtuell erfolgen, ist offen.

Zum Thema Arbeitsbelastung des Managements und den dort entstehenden Kosten gehört auch die Belastung nach dem Going-public für die Information und Pflege der Anleger- und Analystenszene nach dem Börsengang. Amerikanische Analysten verfolgen die von ihnen beobachteten Aktien punktgenau, aktualisieren ihre Analysen, überdenken ihr Anlageurteil. All dies will verfolgt sein und ist nicht mit einer Ad-hoc-Mitteilung nach § 31 WpHG erledigt. Es muß für ein dauerhaftes à jour Verhalten gesorgt werden. Die Analysteninfo und die Verbreitung der „quarterlies“ bei den relevanten Anlegerkreisen und der Presse kann zwar durch den Einsatz moderner Medienvermittler erfolgen, aber persönlicher Einsatz bleibt erforderlich. Mit Vorbehalt gegriffen kann man sagen, daß der CFO mit einem IPO bis zu 9 Monaten hauptberuflich befaßt ist und der CEO sicher zwei Monate hierfür aufzuwenden hat. Die nachfolgende Analysten- und Anlegerbetreuung „kostet“ den CFO 20 - 30 % seiner Arbeitszeit und zwar zumeist auswärts.

6.6 Zur Nationalitätenfrage

Erfahrung lehrt des weiteren, daß nationale Gesichtspunkte bei einem IPO in den USA keine Rolle spielen. Weder spielt die Frage des Sitzes der Gesellschaft eine wesentliche Rolle für die Bewertung durch amerikanische Analysten, noch die nationale Zusammensetzung von Management und Board und leitenden Mitarbeitern. So ist die Gründung einer börsenfähigen Holding in Delaware nicht erforderlich, um am NASDAQ akzeptiert zu werden. Für viele amerikanische Anleger, zumeist die Pensionsfonds, ist der einzige nationale Gesichtspunkt, der zählt, daß ein listing in NewYork gegeben sein muß, damit die Pensionskassen die Aktie erwerben und ihrem Portfolio beifügen dürfen. Gegen Aktien mit deutschem Hintergrund bestehen keine Vorbehalte. 12 % aller deutschen Aktien sind in ausländischer - stark in amerikanischer - Hand, ohne daß sich hieraus Verwerfungen ergeben hätten. Hinzu kam für die QIAGEN, daß sie sich selbst als internationales Unternehmen verstand. Vorstand und Aufsichtsrat sind über die Grenzen hinweg besetzt. Neben deutsch ist englisch die company-language.

Vielmehr hat die erfolgreiche Einführung der QIAGEN-Aktie am NASDAQ in Deutschland zu der Konsequenz geführt, daß Börsenmakler einen Handel im Freiverkehr in Berlin und Frankfurt eröffneten, notabene auf gleicher Kursbasis und mit dem Ergebnis, daß bis zu 40% des free-float nach Deutschland heimkehrten.

7. Von Hilden nach New York und wieder zurück

Am Anfang, im Jahre 1995, gab es kaum die Fragestellung, ob der deutsche oder der US-Markt für eine QIAGEN-Emission offen und geeignet sei, weil für das Produkt, nämlich die Reinigung von Nukleinsäure für die gentechnische Forschung und die molekularbiologische Industrie, das Verständnis in den USA ungleich höher entwickelt war als anderswo. Wo Verständnis und Respekt vor einem Produkt herrschen, ist die Frage nach dem Preis, der bei einem Börsengang zu erzielen ist, in anderen Dimensionen angesiedelt als dort, wo dieses Verständnis fehlt. Aber es kamen auch allgemeine Daten hinzu, die die Entscheidung nahelegten, mit diesem jungen Unternehmen an die Börse in NewYork zu gehen: Die Investorenkultur gegenüber jungen Unternehmen aus dem High-Tech-Bereich ist in den USA höher entwickelt als anderwärts. Die Gentechnik stand 1995 in Deutschland noch in der kritischen Debatte. Das Going-public war in Deutschland noch nicht kräftig genug entwickelt: Es gibt in Deutschland um die dreißig Börsengänge pro Jahr, die die Fachleute alle einzeln kennen und beim Namen aufrufen können, was der Anzahl nach 1% der Going-publics des US-Marktes war.

Dies hat sich in nur zwei Jahren nachhaltig geändert. Bio-Technologie ist als Wirtschaftszweig von der Politik ausgemacht, was mit dem Wirken des Bundesministers für Bildung, Wissenschaft, Forschung und Technologie, Dr. Rüttgers, zu tun hat. Der Bio-Regio-Wettbewerb ist Ausdruck dieses veränderten Politikverständnisses, auch das entschlackte Gen-Gesetz. Die Anzahl der Bio-Tech-Unternehmen in Deutschland hat sich seitdem auf 150 Firmen verdoppelt. Es wird auch häufig von einem Bewußtseinswandel in der Bevölkerung in der Beurteilung der Gentechnik gesprochen, was Umfragen bestätigen. Gentechnik gilt in Deutschland nicht mehr als Teufelswerk und Bürgerschreck.

Sodann wurde im März 1997 der Neue Markt in Frankfurt als privatrechtlicher Marktplatz geschaffen, der sich jüngerer Technologiewerte verpflichtet weiß. Dieses Marktsegment konnte sich – noch in kleinen Schritten – in Richtung auf den NASDAQ-Markt orientieren; jedenfalls ist die Bewertung nach traditionellem Bewertungsmuster nach price/earnings um 1/3 höher als die Bewertung bei den DAX-Werten, die im amtlichen Markt zu Hause sind. Diese relativ stolze Bewertung am Neuen Markt ist in Einklang zu bringen mit den Geboten der Fairness des pricing gegenüber den Aktienzeichnern. Dies ist die hohe Kunst des Emissionswesens, die die Werte des Neuen Marktes zu beachten haben. Die QIAGEN hat sich jetzt dem Neuen Markt zugewandt. Dabei hat sich die Frage des pricing nicht gestellt, weil für die Notierung im Neuen Markt die Kursgestaltung am NASDAQ-Markt bindend war.

Alle diese Gesichtspunkte, auch die Erfolge des Freiverkehrs im Handel und in der Placierung von nur im NASDAQ-Markt offiziell gehandelten Qiagen-Aktien, waren Anlaß genug, auch hier in Deutschland ein Listing vorzunehmen, wofür sich der Neue Markt anbot. Dies geschah im September 1997, schon im Oktober 1997 wurden dort börsentäglich über 150.000 Stück umgesetzt, im ganzen Monat 3.305.846 Stück, was zufriedenstellend ist. – Die Einbeziehung in diesen Neuen Markt brachte weder spezielle Probleme noch Erkenntnisse – wer die Börsenbehörden in den USA glücklich passiert hat, der kennt keine Schwierigkeiten in seinem ferneren Emittentenleben.

Wir hoffen, daß die vorstehenden Erfahrungen für den Leser von Interesse sind. Es sind die Erfahrungen eines Erstlings, nämlich des ersten Bio-Tech-Unternehmens mit deutschem Hintergrund an der NASDAQ. Auch das 1997 nachgeschobene Double-listing, nämlich der Zugang zum Neuen Markt, sind eine neue Erfahrung; von beiden Seiten des Atlantik den Aktienmarkt anzusehen, hat in vergleichbarer Weise wohl nur noch das Haus SGL-Carbon AG und LHS-Group geleistet. Dies Double-listing ist ein Erfahrungsträger erster Güte, weil er den Vergleich zwischen den Märkten ermöglicht. Unsere Hoffnung geht dahin, daß aus unseren Erfahrungen von vielen deutschen Gründungsunternehmen Nutzen gezogen wird und der von QIAGEN eingeschlagene Weg von vielen anderen als der Königsweg gesehen wird. Darüber hinaus ist zu wünschen, daß die Märkte in den verschiedenen Ländern voneinander lernen, sich so aufzurüsten, daß sie die Vorteile des anderen in Zukunft kopieren und die eigenen Defizite abstellen, damit diejenigen, die den Schritt des IPO erwägen, so glückliche und positive Erfahrungen machen, wie die QIAGEN.

VIII.
Autoren, Institutionen, Ansprechpartner

Die Autoren

Dr. Barbara Böhnlein
Diplom-Volkswirtin, Mitarbeiterin der Deutsche Börse AG, Frankfurt/Main verantwortlich für die Bereiche Market Development, Emittentenakquisition und -betreuung.

Andreas von Buddenbrock
Managing Director Merrill Lynch Capital Markets Bank Limited, Vorsitzender der Geschäftsführung von Merrill Lynch in Deutschland.

Prof. Dr. Carsten Peter Claussen
Rechtsanwalt, Partner der Kanzlei Hoffmann, Liebs, Fritsch & Partner, Düsseldorf und Aufsichtsratsvorsitzender der Qiagen N.V.

Christof von Dryander
Deutscher und amerikanischer Rechtsanwalt und Partner bei Cleary, Gottlieb, Steen & Hamilton in Frankfurt/Main. Die Schwerpunkte seiner Tätigkeit liegen im Kapitalmarkt- und Bankrecht.

Paul Dudek
Chief of the Office of International Corporate Finance, U.S. Securities and Exchange Commission, der amerikanische Wertpapieraufsichtsbehörde, Washington, D.C.

Mark D. Fichtel
Executive Vice President und Mitglied des Office of the Chairman der American Stock Exchange. Schwerpunkte seiner Tätigkeit sind die strategische Planung und die Koordination des laufenden Geschäfts der American Stock Exchange.

Dr. Reto Francioni
Mitglied des Vorstandes Deutsche Börse AG, Frankfurt/Main und verantwortlich für Xetra (Kassamarkt). Zugleich ist er Geschäftsführer der FWB Frankfurter Wertpapierbörse und der Eurex Deutschland (DTB Deutsche Terminbörse)

Dr. Manfred Gentz
Mitglied des Vorstands der Daimler-Benz AG und dort mit dem Ressort Finanzen und Controlling betraut. Darüber hinaus ist er Mitglied

verschiedener Aufsichts- und Beiräte, u.a. der Hannoverischen Leben A.G., der Deutschen Hypothekenbank und der DWS Deutsche Gesellschaft für Wertpapiersparen mbH. Dr. Gentz ist Mitglied des Vorstandes des Deutschen Aktieninstituts e.V.

Rolfjosef Hamacher
Rechtsanwalt und Fachanwalt für Steuerrecht. Er ist Prokurist der KPMG Deutsche Treuhand-Gesellschaft Aktiengesellschaft, Frankfurt/Main.

Dr. Sven Hayn
Wissenschaftlicher Assistent des Geschäftsführers der ARTHUR ANDERSEN Wirtschaftsprüfungsgesellschaft Steuerberatungsgesellschaft mbH, Frankfurt/Main.

Dr. Sebastian Heintges
Steuerberater in der Wirtschaftsprüfungsgesellschaft Pricewaterhouse-Coopers Frankfurt/Main.

Dr. Stephan Hutter
Amerikanischer Rechtsanwalt und Partner der internationalen Anwaltssozietät Shearman & Sterling, Frankfurt /Main. Die Schwerpunkte seiner Tätigkeit liegen in der Beratung deutscher, österreichischer und schweizerischer Unternehmen bei U.S.-amerikanischen und internationalen Kapitalmarkttransaktionen und Unternehmenskäufen.

Max Dietrich Kley
Mitglied des Vorstands der BASF AG in Ludwigshafen. Er ist Mitglied des Vorstands und seit 1998 Präsident des Deutschen Aktieninstituts e.V.

Dr. Joachim Kröske
Mitglied des Vorstands der Deutschen Telekom AG, Bonn, und verantwortlich für den Bereich Finanzen, Controlling, Gebäude und Liegenschaften. Dr. Kröske ist Mitglied des Vorstands des Deutschen Aktieninstituts e.V.

Michael Kruesmann
CEO/Partner der Gavin Anderson & Company Worldwide GmbH, Frankfurt/Main.

Dr. Walburga Kullmann
Rechtsanwältin und Partnerin der Rechtsanwaltskanzlei Bruckhaus Westrick Heller Löber, Frankfurt/Main. Ihre Tätigkeitsschwerpunkte sind die Begleitung und Strukturierung von in- und ausländischen Kapitalmarkttransaktionen.

Brian Lane
Direktor der Division of Corporation Finance der U.S. Securities and Exchange Commission, der amerikanische Wertpapieraufsichtsbehörde, Washington, D.C.

Arthur Levitt
Chairman der U.S. Securities and Exchange Commission, der amerikanische Wertpapieraufsichtsbehörde, Washington, D.C.

Dr. Claus Löwe
Vorsitzender der Geschäftsführung der J.P. Morgan GmbH, Frankfurt/Main, Managing Director von J.P. Morgan & Co. Inc. und Mitglied des European Management Committees. Dr. Löwe ist Area Head für die Region Deutschland/Österreich für J.P. Morgan.

Friedrich Menzel
Sprecher des Vorstands der Citibank AG, Frankfurt/Main. Er ist Mitglied des Vorstands des Deutschen Aktieninstituts e.V.

David F. Morrison
Rechtsanwalt und Partner des Büros der Rechtsanwaltskanzlei Sullivan & Cromwell, Frankfurt/Main. Die Schwerpunkte seiner Arbeit liegen in der Beratung europäischer Unternehmen bei US-amerikanischen und internationalen Aktien- und Bondemissionen.

Jochen Pape
Wirtschaftsprüfer und Steuerberater, Partner der Wirtschaftsprüfungsgesellschaft PricewaterhouseCoopers, Frankfurt/Main. Er ist seit 1998 deutscher Delegierter im IASC (International Accounting Standards Committee).

Andreas Prechtel
Rechtsanwalt, Consultant bei Towers Perrin, Inc., Frankfurt/Main. A. Prechtel war von 1995 bis 1997 beim Deutschen Aktieninstitut e.V. (DAI) tätig.

Dr. Lutz Raettig
Vorsitzender des Vorstandes der Morgan Stanley Bank AG, Frankfurt/Main und Managing Director von Morgan Stanley & Co. Inc. Dr. Raettig ist gleichzeitig Leiter der Region Deutschland/Österreich der Morgan Stanley Dean Witter Gruppe.

Kurt P. Ramin
Partner der Wirtschaftsprüfungsgesellschaft PricewaterhouseCoopers, New York. Zur Zeit ist er Direktor beim International Accounting Standards Committee (IASC), London.

Prof. Dr. Rüdiger von Rosen
Geschäftsführendes Vorstandsmitglied des Deutschen Aktieninstituts e.V., Frankfurt/Main und Honorarprofessor an der Johann Wolfgang Goethe-Universität in Frankfurt.

Rainer Schätzle
Practice Leader Executive Compensation bei Towers Perrin, Inc., Frankfurt/Main.

James E. Shapiro
Vice President, International Listings, Asia Pacific, bei der New York Stock Exchange, Inc., New York.

Dr. Christoph W. Stanger
Executive Director der Investment Banking Division der Goldman Sachs & Co. OHG, Frankfurt/Main. Seine Tätigkeitsschwerpunkte liegen im Bereich inländischer und internationaler Kapitalmarkttransaktionen.

Pamela C. Stanger
Rechtsanwältin und Associate der Rechtsanwaltskanzlei Sullivan & Cromwell, Frankfurt/Main, zuständig für "international corporate finance".

Prof. Dr. Claus-Peter Weber
Partner und Geschäftsführer von ARTHUR ANDERSEN Wirtschaftsprüfungsgesellschaft Steuerberatungsgesellschaft mbH, Deutschland, Frankfurt/Main und Honorarprofessor an der Universität des Saarlandes, Saarbrücken.

Rainer Wunderlin
Managing Direktor der Bank of New York, Frankfurt/Main mit Zuständigkeit für die Bereich Corporate Trust und Securities Processing in Deutschland, Österreich und der Schweiz. R. Wunderlin ist Mitglied des Vorstands des Deutschen Aktieninstituts e.V.

Frank G. Zarb
Chairman and Chief Executive Officer of the National Association of Securities Dealers, Inc. (NASD), Washington D.C.

Adressen und Ansprechpartner

The American Stock Exchange

- American Stock Exchange
  86 Trinity Place
  New York, New York 10006-1872, USA
  Telefon: +1 (212) 306-1411
  Fax: +1 (212) 306-5464
  E-mail: mfichtel@amex.com
  Internet: http://www.amex.com

- Ansprechpartner: Mark D. Fichtel, Executive Vice President

Arthur Andersen

- ARTHUR ANDERSEN Wirtschaftsprüfungsgesellschaft
  Steuerberatungsgesellschaft mbH
  Mergenthalerallee 10-12
  65760 Eschborn/Frankfurt/M., Germany
  Telefon: +49 (6196) 996-210
  Telefax: +49 (6196) 996-342
  Internet: http://www.arthurandersen.de

- Ansprechpartner:
  Prof. Dr. Claus-Peter Weber, Geschäftsführer
  Dr. Sven Hayn

The Bank of New York

- The Bank of New York
  Depositary Receipts Division
  101 Barclay Street, 22 Floor
  New York, N.Y. 10286, USA
  Telefon: +1(212) 815-2345
  Fax: +1(212) 571-3050

- The Bank of New York
  Niedenau 61-63
  60325 Frankfurt , Germany
  Telefon: +49 (69) 97151-226
  Fax: +49 (69) 97151-272

- Ansprechpartner
  Rainer Wunderlin, Managing Director Corporate Trust

Bruckhaus Westrick Heller Löber

- Bruckhaus Westrick Heller Löber
  Taunusanlage 11
  60329 Frankfurt/Main
  Tel.: +49 (69) 273080
  Fax: +49 (69) 232664
  Email: Info@BRUCKHAUS.COM
  Internet: 100733.1026@COMPUSERVE.COM
- Ansprechpartner: Dr. Walburga Kullmann, Rechtsanwältin

Citibank AG

- Citibank AG
  Neue Mainzer Straße 75
  60311 Frankfurt, Germany
  Telefon: +49 (69) 1366-1442
  Fax: +49 (69) 1366-1551
- Ansprechpartner:
  Friedrich W. Menzel, Sprecher des Vorstands

Cleary, Gottlieb, Steen & Hamilton

- Cleary, Gottlieb, Steen & Hamilton
  Ulmenstraße 37-39
  60325 Frankfurt, Germany
  Telefon: +49 (69) 971030
  Fax: +49 (69) 97103 199
- Ansprechpartner: Christof von Dryander, Rechtsanwalt

Daimler Benz AG

- Daimler-Benz AG
  Epplestraße 225
  70546 Stuttgart, Germany
  Telefon: +49 (0711) 17-0
  Fax: +49 (0711) 17-94313
- Ansprechpartner:
  Dr. Hans-Georg Bruns, Mitglied des Direktoriums,
  Rechnungswesen Konzern
  Hansjörg Wössner, Rechnungswesen Konzern/
  Externe Berichterstattung
  Ralf Brammer, Leiter der Direktion Investor Relations

Deutsche Börse AG

- Deutsche Börse AG
  Börsenplatz 4
  60313 Frankfurt, Germany
  Telefon: +49 (69) 2101-0
  Fax: +49 (69) 2101-2201

- Ansprechpartner:
  Dr. Reto Francioni, Mitglied des Vorstands
  Dr. Barbara Böhnlein

Deutsche Telekom AG

- Deutsche Telekom AG
  Friedrich-Ebert-Allee 140
  53113 Bonn, Germany
  Telefon: +49 (228) 181-0
  Fax: +49 (228) 181-8980

- Ansprechpartner:
  Dr. Joachim Kröske, Mitglied des Vorstands

Deutsches Aktieninstitut e.V.

- Deutsches Aktieninstitut e.V.
  Biebergasse 6 - 10
  60313 Frankfurt/Main, Germany
  Telefon: +49 (69) 92915-0
  Fax: +49 (69) 92915-12

- Ansprechpartner:
  Prof. Dr. Rüdiger von Rosen, Geschäftsführendes Vorstandsmitglied
  Markus Herdina, Rechtsanwalt

Gavin Anderson & Company

- Gavin Anderson & Company
  Eschersheimer Landstrasse 10
  60322 Frankfurt/Main, Germany
  Telefon: +49 (69) 959 610-0
  Fax: +49 (69) 959 610-11

- Ansprechpartner:
  Michael Kruesmann, CEO/Partner

Goldman Sachs & Co. OHG

- Goldman Sachs & Co OHG
  Friedrich-Ebert-Anlage 49
  60380 Frankfurt/Main, Germany
  Telefon: +49 (69) 7532-0
  Fax: +49 (69) 7532-2800
- Ansprechpartner:
  Dr. Christoph W. Stanger, Executive Director

Hofmann, Liebs, Fritsch & Partner

- Hoffmann Liebs Fritsch & Partner
  Kaiserwerther Strasse 119
  40474 Düsseldorf, Germany
  Telefon: +49 (211) 51882-0
  Fax: +49 (211) 51882-100
  email: hlfp.duesseldorf@t-online.de
- Ansprechpartner:
  Prof. Dr. Carsten P. Claussen, Partner
  Dr. Rüdiger Liebs, Partner

IASC

- International Accounting Standards Committee
  166, Fleet Street
  London EC4A 2DY, England
  Telefon: +44 (171) 353 0565
  Fax: +44 (171) 353 0562
  email: kramin@iasc.org.uk
  Internet: http://www.iasc.org.uk
- Ansprechpartner:
  Kurt P. Ramin, Direktor

J.P. Morgan GmbH

- J.P. Morgan GmbH Frankfurt
  Börsenstrasse 2-4
  60313 Frankfurt/Main, Germany
  Telefon: +49 (69) 7124-0
- Ansprechpartner:
  Dr. Klaus Löwe, Managing Director
  Ulrich Siebert, Vice President

KPMG

- KPMG Deutsche Treuhand-Gesellschaft AG
  Marie-Curie-Strasse 30
  60439 Frankfurt/Main, Germany
  Telefon: +49 (69) 95 87-0
  Fax: +49 (69) 95 87-1050
- Ansprechpartner:
  Rolfjosef Hamacher, Fachanwalt für Steuerrecht

Merrill Lynch

- Merrill Lynch Capital Markets Bank Limited
  Taunustor 2
  60311 Frankfurt, Germany
  Telefon: +49 (69) 2994-0
  Fax: +49 (69) 2994-442
- Ansprechpartner:
  Andreas von Buddenbrock, Managing Director

Morgan Stanley Bank AG

- Morgan Stanley Bank AG
  Postfach 10 16 01
  Rahmhofstrasse 2-4
  60313 Frankfurt, Germany
  Telefon: +49 (69) 2166-0
  Fax: +49 (69) 2166-1595
- Ansprechpartner:
  Dr. Lutz Raettig, Vorsitzender des Vorstands
  Heinz Holsten

NASD

- National Association of Securities Dealers, Inc.
  1735 K Street, NW
  Washington, DC 20006, USA
  Telefon: +1 (202) 728-8933
  Fax: +1 (202) 728-8371
  E-mail: leahyr@nasd.com
  Internet: http://www.nasdaq.com
- Ansprechpartner: Robert D. Leahy, Senior Vice President Corporate Communications

New York Stock Exchange, Inc.

- New York Stock Exchange, Inc.
  11 Wall Street
  New York, N.Y. 10005, USA
  Telefon: +1 (202) 656 20 77
  Fax: +1 (202) 656 20 16

- Ansprechpartner:
  Georges Ugeux, Executve Vice President International & Research

PricewaterhouseCoopers

- PricewaterhouseCoopers
  Graf-Recke-Strasse 82
  40239 Düsseldorf, Germany
  Telefon: +49 (211) 9615-0
  Fax: +49 (211) 9615-573

- Ansprechpartner:
  Jochen Pape, Wirtschaftsprüfer/Steuerberater

- PricewaterhouseCoopers
  1301 Avenue of the Americas
  New York, NY 10019, USA
  Telefon: +1 (212) 259-1000
  Fax: +1 (212) 259-1301
  email: kurt.ramin@uk.pwcglobal.com

- Ansprechpartner:
  William E. Decker, Partner
  Kurt P. Ramin, Partner

Qiagen AG

- Qiagen GmbH
  Max-Volmer-Strasse 4
  40724 Hilden, Germany
  Telefon: +49 (2103) 892-0
  Fax: +49 (2103) 892-777

- Ansprechpartner:
  Prof. Dr. Carsten Claussen, Rechtsanwalt
  Hoffmann Liebs Fritsch & Partner
  Kaiserwerther Strasse 119
  40474 Düsseldorf, Germany

SEC

- Securities and Exchange Commission
  450 5th Street, N. W.
  Washington, D.C. 20549, USA
  Telefon: +1 (202) 942 0010
  Fax: +1 (202) 942 9656
  Internet: http://www.sec.gov
- Ansprechpartner:
  Arthur Levitt, Chairman
  Paul M. Dudek
  Brian J. Lane

Shearman & Sterling

- Shearman & Sterling
  Bockenheimer Landstr. 55
  60325 Frankfurt/Main, Germany
  Telefon: +49 (69) 97 107-230
  Fax: +49 (69) 97 107-101
- Ansprechpartner:
  Dr. Stephan Hutter, Attorney at Law

Sullivan & Cromwell

- Sullivan & Cromwell
  Oberlindenau 54-56
  60329 Frankfurt/Main, Germany
  Telefon: +49 (69) 71 91-0
  Fax: +49 (69) 71 91-2620
- Ansprechpartner:
  David F. Morrison, Attorney at Law

Towers Perrin, Inc.

- Towers Perrin Forster & Crosby Inc.
  Im Trutz 55
  60322 Frankfurt/Main, Germany
  Telefon: +49 (69) 153 090-0
  Fax: +49 (69) 153 090-50
- Ansprechpartner:
  Rainer J. Schätzle, Practice Leader Executive Compensation
  Andreas Prechtel, Rechtsanwalt